U0829687

权威·前沿·原创

皮书系列为
“十二五”“十三五”国家重点图书出版规划项目

BLUE BOOK

智库成果出版与传播平台

汽车与保险蓝皮书
BLUE BOOK OF AUTOMOBILE AND INSURANCE

中国汽车与保险大数据发展报告（2021）

REPORT ON DEVELOPMENT OF CHINESE AUTOMOBILE AND INSURANCE BIG DATA (2021)

中国汽车技术研究中心有限公司
中国银行保险信息技术管理有限公司 / 研 创

社会科学文献出版社
SOCIAL SCIENCES ACADEMIC PRESS (CHINA)

图书在版编目(CIP)数据

中国汽车与保险大数据发展报告.2021 / 中国汽车技术研究中心有限公司，中国银行保险信息技术管理有限公司研创.-- 北京：社会科学文献出版社，2021.10
（汽车与保险蓝皮书）
ISBN 978-7-5201-9069-5

Ⅰ.①中… Ⅱ.①中… ②中… Ⅲ.①汽车保险-研究报告-中国-2021 Ⅳ.①F842.634

中国版本图书馆CIP数据核字（2021）第193880号

汽车与保险蓝皮书
中国汽车与保险大数据发展报告（2021）

研　　创 / 中国汽车技术研究中心有限公司
中国银行保险信息技术管理有限公司

出 版 人 / 王利民
组稿编辑 / 丁　凡
责任编辑 / 高振华
责任印制 / 王京美

出　　版 / 社会科学文献出版社·城市和绿色发展分社（010）59367143
地址：北京市北三环中路甲29号院华龙大厦　邮编：100029
网址：www.ssap.com.cn
发　　行 / 市场营销中心（010）59367081　59367083
印　　装 / 天津千鹤文化传播有限公司

规　　格 / 开　本：787mm×1092mm　1/16
印　张：24.5　字　数：402千字
版　　次 / 2021年10月第1版　2021年10月第1次印刷
书　　号 / ISBN 978-7-5201-9069-5
定　　价 / 198.00元

本书如有印装质量问题，请与读者服务中心（010-59367028）联系

《中国汽车与保险大数据发展报告（2021）》
编 委 会

主编简介

冯　屹　教授级高级工程师，中汽数据有限公司总经理，曾任全国汽车标准化技术委员会副秘书长。主持或参与完成了《汽车加速行驶车外噪声限值及测量方法》、《燃料电池汽车安全性试验研究与检测评价》等多项国家标准及省部级科研课题。

石一飞　中国银行保险信息技术管理有限公司业务三部总经理，曾在原中国保监会统计信息部工作，长期从事保险行业信息化规划和建设、信息安全监管、行业标准化、监管信息化建设和行业信息共享平台建设运营工作。

摘　要

《中国汽车与保险大数据发展报告（2021）》是由中国汽车技术研究中心有限公司、中国银行保险信息技术管理有限公司共同组织研创的，由汽车与保险行业多位资深从业人员，通过大数据分析，共同撰写的全面论述中国汽车与保险大数据发展现状及趋势的权威著作。

自我国实施国家大数据战略以来，大数据产业经历了爆发式的发展，汽车与保险大数据产业取得了长足进步。在此背景下，本书以“中国汽车与保险大数据现状及展望”为主题，详细论述了中国汽车与保险大数据的发展历程、发展现状以及面临的问题与挑战，并结合当前形势提出未来发展思路。

全书包括总报告、汽车大数据篇、保险大数据篇、数字化转型篇 4 个部分。

汽车大数据篇以汽车全产业链大数据融合为背景，围绕汽车产品大数据、市场大数据、后市场大数据展开，从产品创新、市场引领、后市场提质等多角度进行了全面、深入的分析。

保险大数据篇围绕大数据在车险行业的实际应用展开，分地区、分险种、分车辆种类等对我国车险理赔情况和车险风险进行分析，为车险行业各个业务领域的大数据应用提供了参考。

数字化转型篇针对汽车与保险产业链数字化转型的痛点难点，解读行业数字化转型趋势与重点要素，为汽车与保险产业链经营主体数字化转型提供参考。

综观全书，从基于大数据应用的实例研究入手，深入分析了大数据在汽车行业、保险行业各个细分领域的应用，同时对我国大数据以及汽车与保险产业链数字化转型存在的问题与挑战进行了客观分析并提出了相应建议。本书对汽车行业、保险行业及其他相关行业的大数据建设与应用具有重要的参考价值和研究意义。

关键词： 大数据战略　汽车与保险　数字化

Abstract

Report on Development of Chinese Automobile and Insurance Big Data (*2021*) was jointly organized and edited by China Automotive Technology Research Center Co. , Ltd. (CATARC) and China Banking and Insurance Information Technology Management Co. , Ltd. (CBIT) . A number of senior practitioners in the automobile and insurance industry have jointly written authoritative works on the development status and trend of China's automobile and insurance big data through big data analysis.

Since the implementation of China's national big data strategy, the big data industry has experienced explosive development, and the automobile and insurance big data industry has made great progress. Under this background, this book takes "the Status and Prospect of China's Automobile and Insurance Big Data" as the theme, discusses in detail the development process, development status, problems and challenges faced by China's automobile and insurance big data, and puts forward future development suggestions combined with the current situation.

The book includes four parts: the general report, the automobile big data, the insurance big data and the digital transformation.

Based on the background of big data integration of the whole automobile industry chain, the automobile big data chapter focuses on the big data of automobile products, market and post market, and makes a comprehensive and in-depth analysis from the perspectives of product innovation, market leading and quality improvement on post market.

The insurance big data chapter focuses on the practical application of big data in the automobile insurance industry, covering new energy automobile insurance, operating fleet risk, risk analysis, etc. , and based on big data research, it released the 2020 national commercial vehicle insurance risk map, providing a reference for big data application in various business fields of the automobile insurance industry.

Based on the pain points and difficulties of the digital transformation of the automobile and insurance industry chain, the digital transformation chapter interprets the trend and key elements of the industry digital transformation, so as to provide a reference for the digital transformation of the main operators of the automobile and insurance industry chain.

Throughout the book, starting with the case study based on big data application, this paper analyzes the application of big data in various subdivision fields of automobile industry and insurance industry, and objectively analyzes the problems and challenges existing in the development of big data in China, and puts forward corresponding suggestions. This book has important reference value and research significance for the construction and application of big data in automobile industry, insurance industry and other related industries.

Keywords: Big Data Strategy; Automobile and Insurance Industry; Digitization

目 录

Ⅰ 总报告

Ⅱ 汽车大数据篇

Ⅲ　保险大数据篇

Ⅳ　数字化转型篇

皮书数据库阅读**使用指南**

CONTENTS

Ⅰ General Report

Ⅱ Automobile Big Data

Ⅲ The Insurance Big Data

Ⅳ The Digital Transformation of Automobile and Insurance Industry Chain

总 报 告

General Report

B.1

中国汽车与保险大数据发展现状及展望

刘英男　杨 欧　谢雪钰*

摘 要： 2021年，《中华人民共和国国民经济和社会发展第十四个五年规划和2035年远景目标纲要》（以下简称《纲要》）发布，《纲要》指出“迎接数字时代，激活数据要素潜能，推进网络强国建设，加快建设数字经济、数字社会、数字政府，以数字化转型整体驱动生产方式、生活方式和治理方式变革”。2020年4月，《中共中央国务院关于构建更加完善的要素市场化配置体制机制的意见》发布，数据已和其他要素一起，融入了我国经济价值创造体系，成为数字经济时代的基础性资源、战略性资源和重要生产力。本报告立足大数据产业相关政策与数字化发展趋势，聚焦汽车与保险产业链融合发展，一方面对我国大数据、汽车大数据、保险大数据发展现状进行梳理，另一方

* 刘英男，中汽数据有限公司后市场数据室主任，中级工程师，研究方向为汽车后市场产业链；杨欧，中汽数据有限公司后市场数据室市场研究经理，中级工程师，研究方向为汽车后市场产业链；谢雪钰，中汽数据有限公司后市场数据室市场研究助理，研究方向为汽车后市场产业链。

面紧扣数字化、智能化发展主题，对汽车与保险产业链数字化趋势以及产业链产品创新、市场创新、后市场创新进行解读，为产业链上下游实现健康持续发展赋能。

关键词：　大数据　汽车产业　保险产业　数字化

一　中国大数据产业发展现状及展望

（一）政策引领，赋能大数据跨行业融合发展

2021 年 3 月 11 日，十三届全国人大四次会议表决通过了《中华人民共和国国民经济和社会发展第十四个五年规划和 2035 年远景目标纲要》（以下简称《纲要》），《纲要》阐明了国家战略意图，明确未来政府工作重点方向，引导规范市场主体行为，助力我国开启全面建设社会主义现代化国家新征程。从《纲要》中可以看出，与之前的政策文件提供单独篇章集中描述大数据发展不同，“十四五”期间，大数据已经不是新兴的技术产业，而是正在成为融入经济社会发展各领域的要素、资源、动力、观念；并且，大数据带动的新一代信息技术总体正在从“前沿技术”变为“重要应用”，发挥的价值日益明显。大数据赋能各行业融合发展成为新的时代主题。

2020 年，工信部发布《工业数据分类分级指南（试行）》《关于工业大数据发展的指导意见》《关于推动工业互联网加快发展的通知》等，利用多种手段引导各方协同挖掘工业数据应用价值，为大数据在工业制造全过程、全产业链、产品全生命周期的应用创新提供关键支撑，大数据成为各行业全流程基础资源，支撑行业发展。

另外，《关于加快推进国有企业数字化转型工作的通知》以及“十四五”规划中均把数字化转型作为重点工作方向来强调，为践行新发展理念、促进数字经济和实体经济融合发展、构建新发展格局提供新的指导纲要。其中，“十四五”规划中，数字化转型作为独立篇章被提及，进一步表明数字化已经成为国家建设一个重要且基本的组成部分。从内容层面看，我国的数字化建设将

以数字化转型为驱动，涵盖数字经济、数字社会、数字政府等方面，并辅以良好的数字生态，标准化、全方位、多角度对我国数字化转型进行规范。未来，随着信息技术的发展、行业数字化融合发展以及跨行业生态体系的建立，我国将发展成为一个以数据为驱动要素的数字化、智能化国家。

（二）技术赋能，助推我国大数据产业高速发展

当前，以大数据为核心的新一代信息技术革命，加速推动我国各领域的数字化转型升级；以数字孪生、人机协同、边缘计算、区块链等为引领的大数据技术，加速了数据资源的汇集整合与开放共享，催生新业态和新模式，助力我国从数据大国向数据强国迈进。2020 年，中国大数据产业规模达 6388 亿元，同比增长 18.6%，预计未来三年将保持 15% 以上的年均增速，到 2023 年产业规模将超过 10000 亿元（见图 1）。

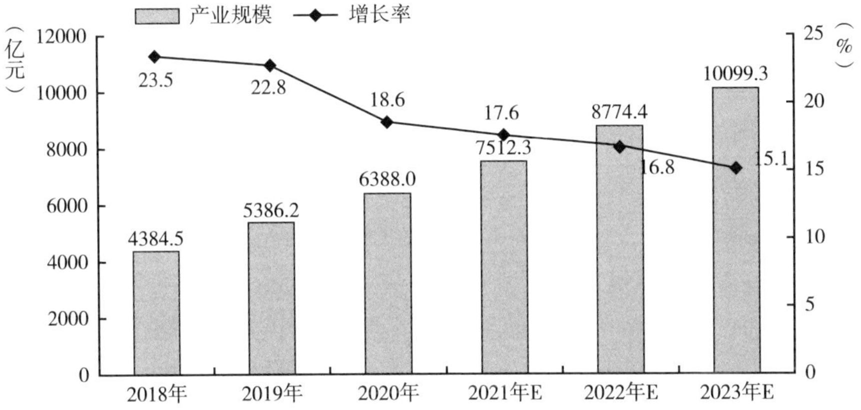

图 1　2018～2023 年大数据产业规模及增长率预测

资料来源：据公开资料整理。

大数据关联技术、大数据融合应用技术和大数据底层技术等技术攻关为大数据产业规模化发展提供了基础支撑。在大数据关联技术方面，大数据与虚拟现实、云计算、人工智能、工业互联网等技术交叉融合态势逐渐加强，相互依托、相互促进，互为技术价值体现；在大数据融合应用方面，从虚拟经济逐步向实体经济过渡，健康医疗、工业、交通等领域的大数据融合应用技术加快突破和创新；在大数据底层技术方面，信息安全、模式识别、语言工程、计算机

辅助设计、高性能计算等加快突破，大数据技术领域逐渐补齐短板，并进一步强化长板，增强大数据产业质量和安全。

未来，随着增强分析、内存中计算、数据虚拟化和大数据处理框架的趋势不断加强，以及持续智能、边缘计算和数据操作（DataOps）等新趋势的出现，以大数据技术为依托、以数据融合和数据价值挖掘为导向、兼顾数据自治与自我进化的大数据产业将进一步向纵深发展。

（三）市场赋能，推进大数据在各领域的落地应用

1. 政务领域：大数据助力政府服务模式优化转型

依托大数据技术的数字政府建设成为推进我国国家治理体系和治理能力现代化的有效手段，截至2020年11月底，我国有23个省级城市和31个重点城市地方政府明确了政务数据统筹管理机构，有力推进本地数字政府建设。“掌上办”“指尖办”成为政务服务标配，“一网通办”“异地可办”“跨省通办”渐成趋势，企业和群众获得感、满意度不断提升。根据《2020联合国电子政务调查报告》，我国电子政务发展指数国际排名从2018年的第65位上升到2020年的第45位。

随着国家电子政务制度体系的逐步完善，在线政务服务不断优化，政务数据共享步伐不断加快，电子政务支撑行政效能加快提升。首先，基于区块链技术建立数据互联共享机制和数据开放平台，从“线下跑”向“网上办”、由“分头办”向“协同办”的成效更加明显；其次，“互联网+信访”工作模式、“互联网+督查”系统建设等为企业和群众搭建社情民意直通车，为问题线索及时高效接收、梳理、反馈、统计等全流程提供支撑保障；最后，借助通信大数据为疫情监测分析工作提供有力支撑，通过建立卫生健康、公安、海关等多部门的信息共享机制，监测全国重点地区人员流动情况、涉疫重点人群流动情况，并通过“新冠肺炎疫情防控线索建议征集专栏”在线平台对疫情防控工作形成强有力的督查，为精准防控和复工复产提供有力支持。

2. 金融领域：大数据加速金融行业转型升级

过去五年，金融大数据分析服务市场的收入上涨了124.26%。根据预测，2021年大数据与金融行业服务市场的收入将会同比上涨38.52%，达到1255亿元。同时，中国人民银行公布的《金融科技发展规划（2019～2021年）》、

工信部公布的《推动企业上云实施指南（2018～2020年）》等政策，为金融大数据进一步发展提供了方向指引和政策支持。

大数据技术进步及其应用创新为金融行业各细分领域的数字化转型升级提供技术支撑。一方面，大数据持续赋能金融服务领域并创造价值；另一方面，大数据技术进步也催生出更多创新商业模式。其中，银行大数据应用表现在客户画像应用、精准营销、风险管控、运营优化等方面；保险行业大数据应用表现在客户细分和精细化营销、欺诈行为分析、精细化运营等方面；证券行业大数据应用表现在股价预测、客户关系管理、投资景气指数等方面。目前，人工智能（AI）、超自动化、区块链、物联网、无代码开发平台等大数据技术已在金融细分领域逐渐深化实践应用，未来将体现更大价值。

3. 工业领域：大数据赋能制造业数字化转型

工业互联网立足新一代信息技术，通过与工业经济深度融合，形成全新工业生态，催生新型应用模式。我国工业互联网于2018～2020年起步发展，为巩固提升发展成效，《工业互联网创新发展行动计划（2021～2023年）》（以下简称《计划》）出台。《计划》提出数据汇聚赋能行动、新型模式培育行动、技术能力提升行动、产业协同发展行动、安全保障强化行动和开放合作深化行动等11项重点行动任务，助力解决工业互联网发展中的深层次难点、痛点问题，推动产业数字化，带动数字产业化。

工业领域大数据融合发展需要紧密打造与各细分领域技术、知识、经验、痛点融合发展的模式，充分调动各方积极性，形成多主体多模式协同创新的产业生态，探索符合行业发展实际需求的智能化制造、网络化协同、规模化定制、服务化延伸、数字化管理等新模式；另外，需发挥云计算、5G技术、边缘计算、AI智能等新一代信息技术优势，激发数据要素作用，促进制造业数字化、网络化、智能化升级。

二　汽车大数据发展综述

（一）市场大数据发展趋势

21世纪以来，全球汽车行业稳步发展，美国、欧洲、日本等传统汽车工业国家和地区整体发展平稳，而以中国、印度等新兴国家为代表的新兴汽车市场发展较为迅速。根据 Markline 的相关统计数据，全球汽车销量从 2004 年的 5529.07 万辆增加至 2018 年的 9265.41 万辆，世界汽车市场总体走势平稳；然而受中国汽车市场的影响，在 2019 年出现下行压力，同比下降 3.93%。进入 2020 年，受新冠肺炎疫情影响，全球汽车总销量 7705 万辆，同比下滑 13.44%，这是近年来全球车市首次出现同比两位数的下滑。其中，全年北美洲市场份额持续下跌至 22%，回归到 2012 年的世界市场份额水平，其中美国市场份额跌至 19.2%。对比之下，虽然 2020 年全球汽车市场受疫情影响较大，但随着下半年疫情防控成效初显以及中国市场在全球车市中突出的表现，中国汽车市场世界份额攀升至 32.85%，这是继 2017 年首次突破 31% 之后的再度走高，中国市场在全球车市中的重要性再次得到展现（见图 2）。

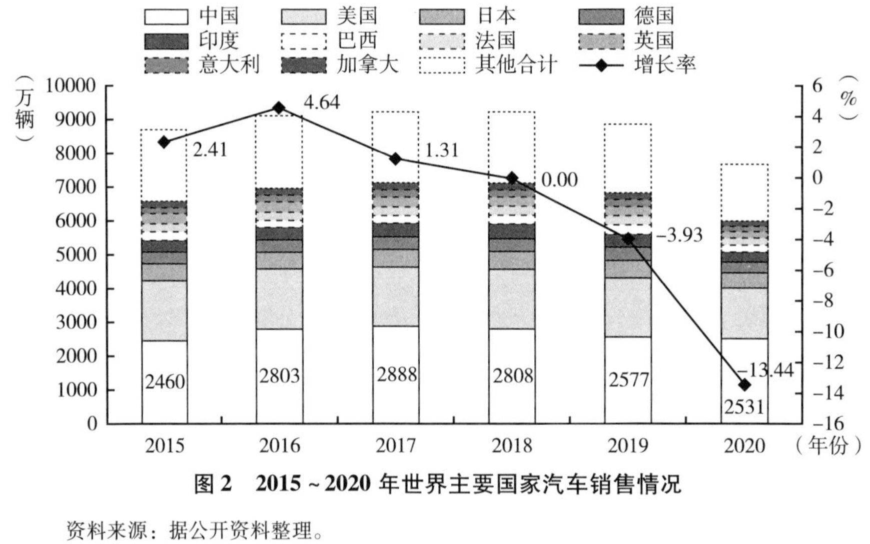

图 2　2015～2020 年世界主要国家汽车销售情况

资料来源：据公开资料整理。

总体来看，全球汽车行业已进入存量竞争市场，过去汽车市场高利润率及高增速难以再现，加之受到新冠肺炎疫情的影响，短期的增长波动与市场的不确定性将给汽车产业链各环节参与者带来生存发展的挑战，汽车市场和行业结构深度变革势在必行。随着汽车产业与新一代信息通信、新能源、新材料等技术深度融合，汽车电动化、智能化、网联化、共享化的进程明显加快，四大颠覆性趋势带来的变革性机遇正孕育着汽车大数据发展的下一个春天。

（二）产品大数据发展趋势

2018 年至今，中国乘用车销量已连续三年下行，我国汽车行业进入存量竞争市场，与此同时，汽车“新四化”正加速重塑中国汽车产业价值链，推动汽车市场向上与多元化发展。

1. 增换购需求强劲，消费升级成主要趋势

2016～2020 年，换购对于整体零售市场的贡献度由 24.8% 提高至 33.6%，换购市场的重要性进一步提升。受消费升级趋势影响，品牌呈现向上升级走势，豪华、合资品牌凭借自身的品牌和产品优势，仍旧占据换购市场的主导地位，换购市场总体份额接近 80%。此外，随着自主品牌实力和影响力不断增强，2020 年换购后选择自主品牌的用户比例较 2019 年增长 1.5 个百分点，提升至 20.6%（见图 3）。

图 3　2018～2020 年中国乘用车换购后各品牌类别市场份额

资料来源：中汽数据有限公司。

2. 年轻一代渐成汽车消费主力，女性购车需求快速增长

从整体乘用车市场来看，相比 2015 年，2020 年消费群体年轻化趋势显著，“90 后”消费群体占比由 5.2% 上升至 30.9%，成为购车主力；且女性汽车消费需求显著增长，成为汽车市场不可忽视的消费群体。以上变化促使车企根据用户主体变化，改变自身的生产导向和营销方式，从把握用户消费偏好出

发，从车辆属性、造型设计、动力性能等多方面布局，生产更贴近年轻用户消费需求的产品。

3. 科技感已成重要决策因素，智能网联汽车备受青睐

5G 通讯、高速公路网的快速发展，北斗卫星导航系统的全区域覆盖，高等级自动驾驶汽车道路测试的全面展开，以及智能座舱的加速创新，为智能网联汽车技术迭代升级和产品落地创造了新机遇。《麦肯锡 2021 汽车消费者洞察报告》显示：有 80% 的消费者将自动驾驶功能纳入选购下一台车时的重要考量；同时，70% 的客户认可 OTA 模式，其中 60% 以上愿意为此付费。如何赶上数字化“特快车”，驱动汽车产品智能化变革，成为各车企不容忽视的议题。

未来，汽车消费市场需求朝着多元化、数字化、个性化方向发展，车企需以消费者大数据为依托，借助数字化工具连通线上线下触点，洞察客户需求变化，打造符合消费者预期的产品。而汽车与大数据的融合发展已是大势所趋，只有深化数字化变革，加快产品迭代更新，才是建立客户黏性、实现可持续发展的制胜关键。

（三）后市场大数据发展趋势

2017 年以来，随着国务院《“十三五”节能减排综合工作方案》的发布，《汽车产业中长期发展规划》《中共中央国务院关于完善促进消费体制机制进一步激发居民消费潜力的若干意见》等政策措施相继落地实施，国家政策层面为推动汽车后市场产业发展、深挖汽车后市场产业潜力提供了重要支撑。近年来，我国乘用车市场保有量继续保持稳步增长，截至 2020 年，乘用车保有量接近 2.3 亿辆，其中二手车保有量达 4685.1 万辆，占比 20.6%，占比逐年提升（见图 4）。从车龄的角度来看，2016～2020 年，汽车市场 5 年以上车龄占比分别为 37.1%、40.0%、43.5%、47.4%、51.4%，车辆老龄化趋势逐渐明显（见图 5），2020 年中国汽车后市场行业规模达 14665.3 亿元，较 2019 年增加了 1333.2 亿元，同比增长 10.0%，且将在未来持续保持增长。总的来说，逐年提升的汽车保有量、稳步增长的二手车保有量、逐步老化的车龄结构都为我国汽车的后市场领域提供了良好的发展基础。随着我国汽车行业保有车辆的数量及结构的双重变化，汽车后市场规模将逐年扩大，我国汽车后市场的产品和服务万亿市场的机会即将到来。

未来，随着数字化转型的落地，汽车后市场逐渐成熟，多方融合的产业生态愈加丰富，刺激市场基于数据资产、业务联动及消费端催生多种服务形式，且在新能源汽车时代，汽车后市场将迎来多种能量补给模式、产品创新模式、营销服务模式的创新发展，互联网基因与汽车后市场继续融合发展，为我国汽车后市场的发展带来更多的可能性。

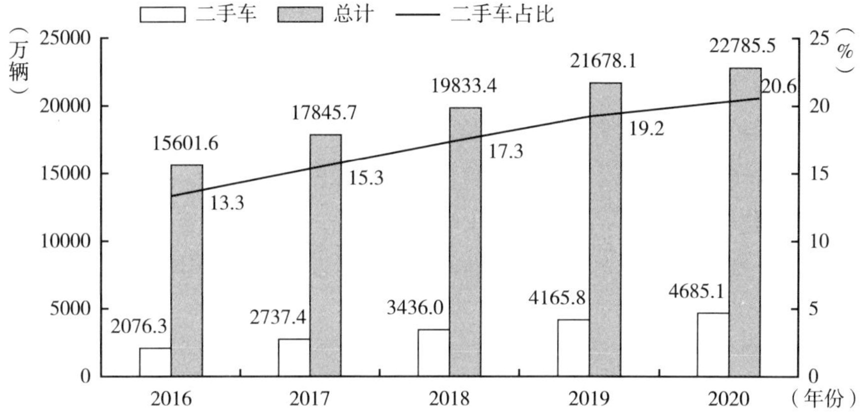

图4　2016～2020年中国乘用车市场保有量

资料来源：中汽数据有限公司。

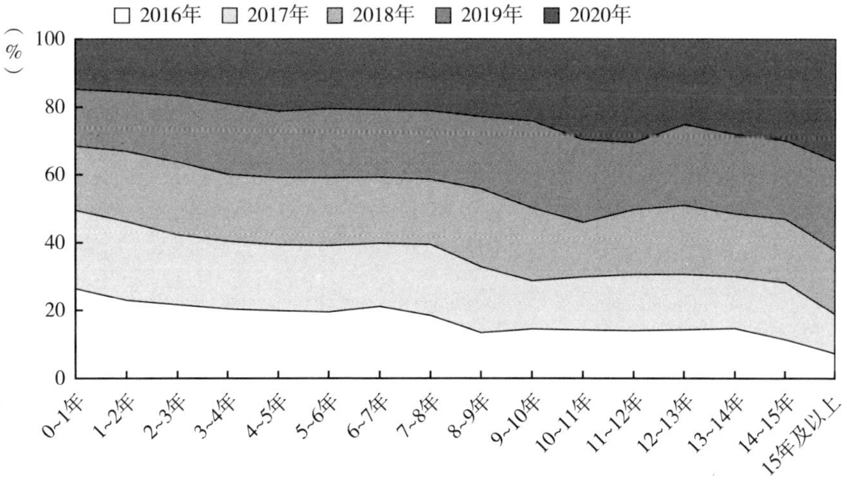

图5　2016～2020年我国乘用车市场保有量车龄变化情况

资料来源：中汽数据有限公司。

三　汽车保险大数据发展综述

（一）政策赋能，规范车险行业健康发展

近年来，为提升我国汽车保险质量，增强车险行业竞争能力，提高整体市场经济效益，国家相继出台各类相关改革政策。2020 年 9 月，银保监会下发《中国银保监会关于印发实施车险综合改革指导意见的通知》（以下简称《通知》），短期内将“降价、增保、提质”作为阶段性目标。《通知》的出台旨在解决好车险领域的复杂问题，从大幅度提升交强险责任限额、全面保障商车险保险责任、丰富商车险产品、科学化商车险价格、市场化车险产品、优化无赔款优待系数等角度出发，实现车险高质量发展，更好地维护消费者权益，保障车险行业健康持续发展（见表 1）。

表 1　2020 年中国车险综合改革相关政策

时间	政策、会议	具体内容
2020. 7	《关于实施车险综合改革的指导意见（征求意见稿）有关情况说明》	总体来看，《指导意见》提出的改革思路为：将“保护消费者权益”作为改革的主要目标，市场化条款费率形成机制建立、保障责任优化、附加费用合理、市场竞争有序等具体目标都将服务于这个主要目标
2020. 7	由《中国银行保险报》主办的“新时代车险的变革与创新”直播访谈	银保监会财险部副主任尹江鳌：我个人的理解，此次改革最大的特点就是改革的目标清晰，明确提出了改革的目标是保护消费者权益。具体来看，怎么样体现以人民为中心，有以下 4 点：1）价格更低；2）保障更多；3）服务更好；4）机制灵活
2020. 9	《中国银保监会关于印发实施车险综合改革指导意见的通知》	以“保护消费者权益”为主要目标，具体包括：市场化条款费率形成机制建立、保障责任优化、产品服务丰富、附加费用合理、市场体系健全、市场竞争有序、经营效益提升、车险高质量发展等。短期内将“降价、增保、提质”作为阶段性目标

资料来源：据公开资料整理。

此外，2020年8月发布的《推动财产保险业高质量发展三年行动方案（2020～2022年）》明确指出，支持财产保险公司制定数字化转型战略，利用大数据、云计算、区块链、人工智能等科技手段，对传统保险操作流程进行更新再造，提高数字化、线上化、智能化的建设水平。立足现代科技技术，改造和优化传统保险业务流程。

（二）市场赋能，保障车险行业持续增长

近年来，我国汽车市场增速放缓，汽车保有量持续增加，市场由增量市场向存量市场转变。随着保有量的持续增长，车辆承保数量持续上升，从2012年的4005亿元增长至2018年的7834亿元，复合年增长率为12.18%；到2019年中国车险保费收入达到8188亿元，同比增长4.52%；2020年1～11月我国车险保费收入为7480亿元（见图6）。然而，由于汽车产销量的下降，承保增长率保持下降趋势。

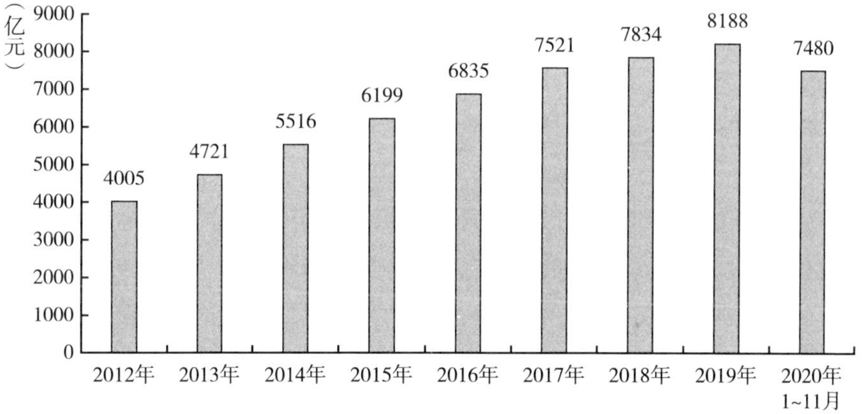

图6　2012～2020年11月全国车险保费收入

资料来源：据公开资料整理。

（三）产品赋能，创新“互联网+车险”新方向

伴随着信息技术的飞速发展，越来越多的物联网、大数据、人工智能技术被用到车险风险防控领域，助力传统的车险风控管理方式向智能化、标准化、

模块化转型，确保可快速、精准、全方位地实现车险风控各环节的风险识别、风险分析、风险评估、风险预警、风险处理等。

1. 车联网智能化管理

远程理赔：基于车联网技术以及智能主动安全预警设备终端，确保在第一时间获得、了解车辆故障信息与相关数据，为理赔环节搭建智能化管理平台，通过节约时间、人力、物力成本，为远程赔付提供支持，提升客户体验，助力品牌服务水平提升。

理赔反欺诈：基于大数据、人工智能等技术，搭建智能系统，通过自动实时上传事故现场相关图片及视频数据，为现场事故勘察提供依据，并建立理赔反欺诈机制。

车险监管机制：搭建客户端安全管理平台，预防事故发生，从而降低车险理赔率。

2. 人工智能主动安全预警设备终端应用

ADAS 汽车前防碰撞预警系统包括前方防碰撞预警、安全车距提醒、车道偏离预警、前车离开提醒、限速标识牌识别及超速报警、行车记录仪、碰撞事故传感器、本车车速及驾驶员相关动作记录、前车状况。

GPS 管理包括定位、轨迹回放、电子围栏、防盗窃、汽车营运规律统计分析。

驾驶员疲劳和不良驾驶行为检测预警系统包括闭眼睛、打哈欠、低头、抽烟、左顾右盼、打电话、遮挡报警、离岗和异常等预警。

汽车左右盲区监测预警系统包括左右盲区障碍物侦测预警、变道辅助、后防碰撞。

车载监控记录系统包括车内及驾驶环境行车记录和存储。

3. 汽车保险行业 AI 大数据统计分析管理

科学统计和分析系统：把人工智能主动安全预警设备终端数据整合到汽车保险的 AI 大数据库中，基于人工智能算法的 AI 大数据统计分析，打造保险公司车险风控管理系统。

有效的风控操作流程和机制：以结果为导向，形成自身的保险风控操作系统，有效帮助客户降低理赔率，让客户也从中受益，降低车险成本，改造不良驾驶行为，培养优质客户，吸引更多客户资源。

精准、快速、全面的车险数据统计分析：减少投入，降低风控成本，提高产品竞争力和品牌影响力。

四　大数据融合，助推汽车与保险产业链生态数字化进程

数字化时代，“创新融合”为汽车与保险产业链的发展提供新的动能，通过数据资产集成、智能模型搭建、业务协作创新等，规划业务单元与业务单元线、业务模块与业务模块网、行业板块与行业板块生态间的联系，提供业务改善计划仿真与实施细则，实现汽车与保险行业产品创新、市场创新、后市场创新等全生命周期阶段的业务效益提升、业务模式优化、新兴业务打造。2035年，在制造业全面生态级数字化阶段，建成涵盖汽车与保险生态体系汽车零部件产业链、金融产业链、保险产业链、二手车产业链等细分产业的共生共赢共建生态系统。生态系统以发展壮大数字业务为目标，并完成制定有利于生态圈发展的组织发展战略及生态圈发展战略，实现生态体系内的数据引领、运营赋能、柔性管理。

汽车大数据篇

Automobile Big Data

B.2

大数据视角下的中国乘用车市场发展趋势研究

刘春辉　杨少武　冯　杰*

摘　要：　自2018年以来，中国乘用车市场在政策扰动、宏观经济下行及新冠肺炎疫情等多重因素影响下呈现连续负增长。2021年在国家稳定和扩大汽车消费的政策导向下，宏观经济的持续恢复支撑购车需求释放，叠加新产品对市场的驱动效果，乘用车市场呈现超预期的恢复。本文通过对乘用车市场大数据深度解析，挖掘乘用车市场结构性亮点，并从经济、政策、企业、产品、消费者等多维度探索市场变化原因和方向，最终对2021年乘用车市场发展趋势进行有效预判。

---

* 刘春辉，中国汽车技术研究中心有限公司中汽数据有限公司市场数据室高级经理，高级工程师，研究方向为汽车市场研究预测；杨少武，中国汽车技术研究中心有限公司中汽数据有限公司市场数据室研究经理，中级工程师，研究方向为汽车市场研究预测；冯杰，中国汽车技术研究中心有限公司中汽数据有限公司市场数据室研究经理，中级工程师，研究方向为汽车市场研究预测。

关键词：　中国乘用车市场　大数据　趋势展望

一　中国乘用车市场整体发展分析

（一）中国乘用车市场展现强大发展韧性，多因素驱动市场恢复性高增长

突如其来的新冠肺炎疫情让中国汽车行业“调整恢复期”延后，面临巨大冲击，全行业共同努力、砥砺前行，在党中央的正确领导下积极抗击疫情，有效抑制疫情发展，实现全面复工复产。国家及地方政府出台多项利好政策促进汽车消费，各企业也积极探索创新营销模式，助力汽车市场快速复苏，中国汽车工业协会数据显示，2020 年我国乘用车累计销售 2017.8 万辆，同比下降 5.9%，降幅较 2019 年收窄 3.6 个百分点，全年市场表现远超年初预期，中国汽车行业呈现强大的发展韧性和内生动力。现阶段全球汽车市场已进入滞涨阶段，全面暴发的新冠肺炎疫情让降幅进一步扩大，根据 OICA 数据，全球乘用车 2020 年市场销量规模为 5359.9 万辆，同比降幅达 15.9%，受疫情持续影响，美国、日本、德国等发达国家的乘用车销量降幅明显，迫使全球乘用车市场销量趋缓（见图 1）。从全球竞争格局来看，2020 年中国乘用车销量占全球总量的比重再次提升，以 37.6% 的全球销量占比连续第十二年全球第一；而疫情未得到有效控制的美国 2020 年占比下降至 6.3%，被日本超越，全年乘用车销量同比下降 27.9%，市场表现远不及全球市场（见图 2）。

全国疫情基本控制后，中国乘用车市场快速回升，自 2020 年 4 月起实现连续的同比正增长，积极向好的发展态势延续。进入 2021 年，全球疫情逐步缓解，世界经济明显复苏，大趋势下国内经济总体稳定回升，GDP 同比增长 12.7%，其中生产需求持续恢复，尤其是新兴动能进一步培育壮大，就业形势总体稳定，显现出坚实的发展韧劲，为车市提供有力支撑。同时，加速品牌向上的自主企业以高质量产品抢占市场，高端增换购需求旺盛促进豪华车市场持续高增长，政策及新产品驱动新能源市场呈现数倍高增长。多因素共同驱动中

国乘用车市场实现显著的恢复性增长。中国汽车工业协会数据显示，截至2021年6月中国乘用车市场累计销量为1000.7万辆，在2020年同期低基数下同比增长27.1%（见图3）。

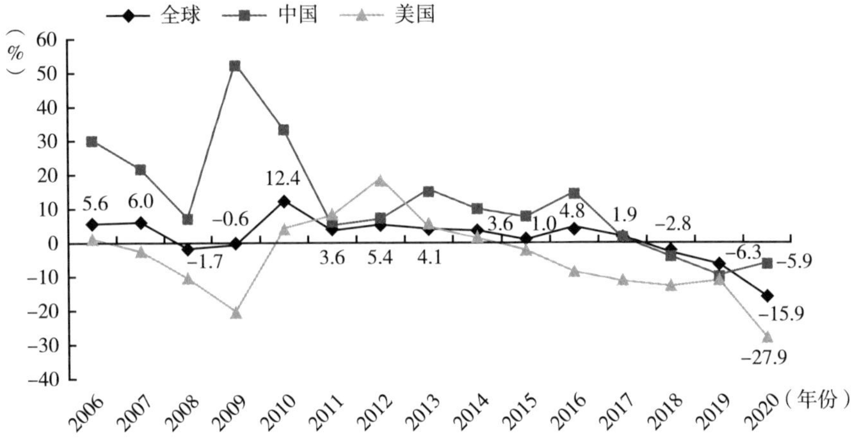

图1　全球及中、美乘用车销量增速表现

资料来源：OICA。

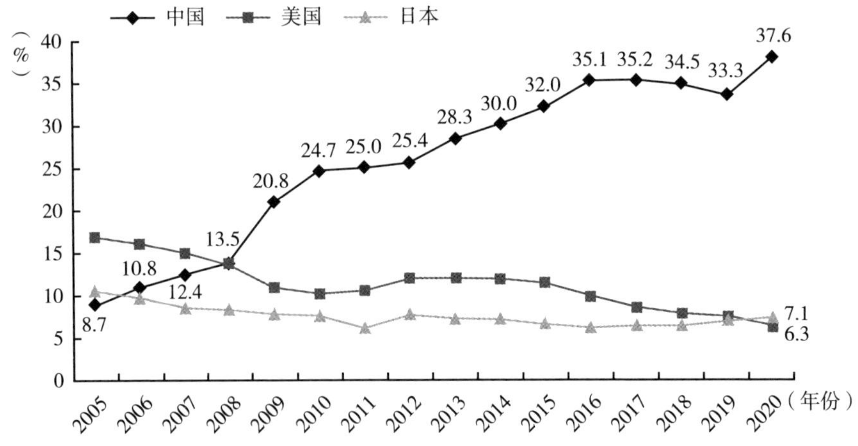

图2　中、美、日乘用车销量占全球的比重

资料来源：OICA。

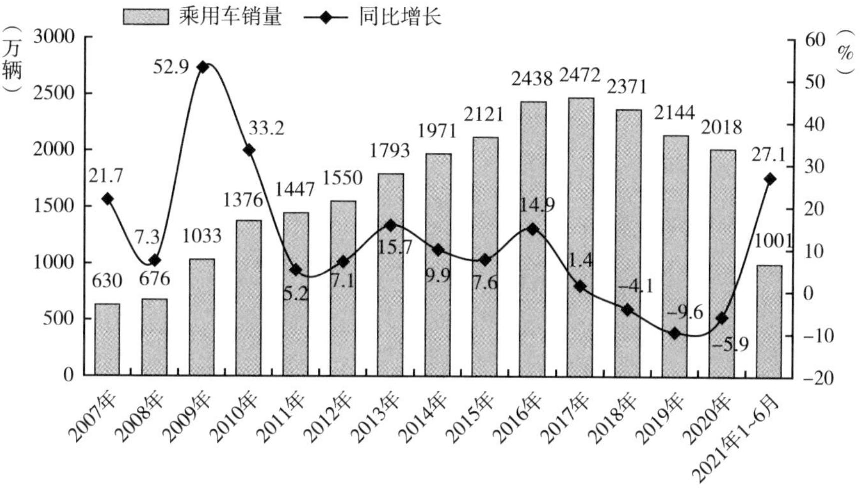

图3　2007～2021年6月中国乘用车市场表现

资料来源：中国汽车工业协会。

（二）市场发展逐步趋于平稳，芯片短缺促使行业被动去库存

从月度走势来看，2021年一季度中国乘用车市场增长态势稳健，其中春节前需求加速释放，1月迎来开门红，同比增长27.3%；2月同比增幅达到416.9%，这种高增长更多得益于2020年同期疫情下的低基数；局部疫情后的返乡购车需求加速释放，3月同比增幅维持高位；进入二季度，受到芯片短缺影响，市场增幅放缓并逐步趋于下降，其中4月作为传统销售淡季，购车需求不旺，同比增幅较上月放缓至10.9%，5～6月芯片供给不足影响凸显，南北大众、东风本田及上汽通用等主流企业销量显著回落，导致整体市场呈现下滑态势，其中6月同比下降11.0%。

从库存预警指数看，2021年上半年的库存预警指数均低于上年同期水平，但整体均位于荣枯线之上，表明市场需求相对回升，库存仍具有一定压力。其中2月和5月库存预警指数均环比显著下降，整体库存压力减小，前者由于节前消费态势延续，后者由于芯片短缺导致供给下降，经销商库存下降；而6月经销商为了冲击半年目标，适度被动补库，库存预警指数环比增长（见图4）。

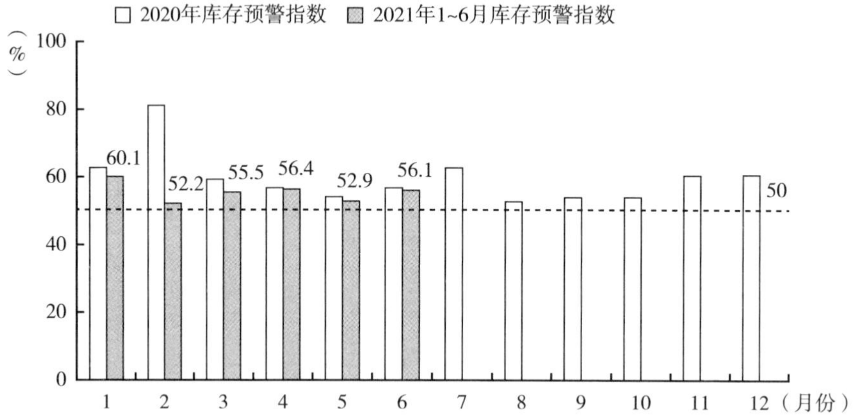

图 4　2020～2021 年 6 月乘用车库存预警指数

资料来源：中国汽车流通协会。

从库存系数看，受芯片短缺影响，汽车产能不足，供给端畅销车型库存不足，同时随着经济回暖和政策刺激需求端显著回升，整个汽车市场处于被动去库存阶段，共同导致 2021 年上半年库存系数较上年同期显著下降，其中 6 月库存系数为 1.48，回落至警戒线下方（见图 5）。

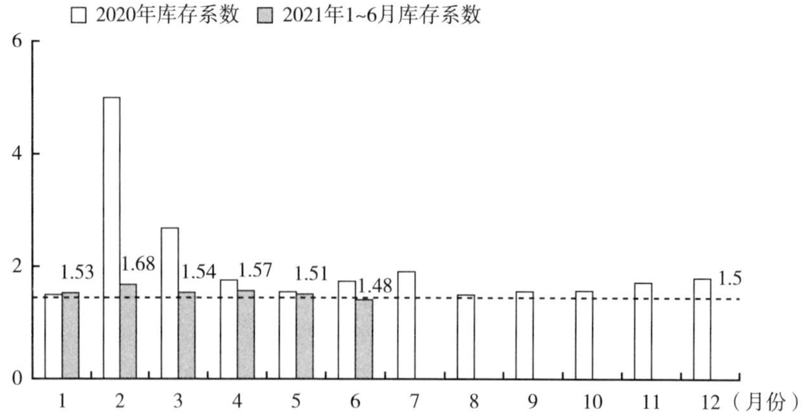

图 5　2020～2021 年 6 月乘用车库存系数

资料来源：中国汽车流通协会。

（三）景气复苏带动业绩回暖，多因素作用下盈利能力趋稳

2021 年上半年汽车行业全行业营业收入总额为 4.29 万亿元，同比增长 28.0%；全行业利润总额为 2876 亿元，同比增长 45.2%。2020 年下半年行业在疫情影响减缓、新车投放加速下迎来高增速，2021 年 1～5 月高景气延续，汽车产销持续保持增长，行业盈利能力保持高位，超过 2019 年同期水平，汽车行业营收和利润增速均实现大幅提升；6 月汽车制造业行业景气度偏低，企业利润下滑幅度较大，“缺芯”影响下，生产活动弱化，叠加库存整体水平处于低位，制约汽车销售表现，尽管汽车终端价格仍表现强劲，但难以弥补供需缺口扩大带来的拖累，企业盈利能力回落。但整体来看，芯片短缺及上游原材料涨价造成的汽车行业利润短期承压，随着下半年芯片供应紧张情况缓解，行业利润和盈利能力预计得到进一步改善。

二　中国乘用车市场结构性亮点分析

（一）区域增长呈现“东高西低”态势，东部地区增速领跑

分区域市场来看，2021 年 1～6 月，区域市场增速呈现“东高西低”特征。东部地区同比增长 37.2%，成为上半年各区域的“领头羊”，该地区经济发展水平领先全国，居民较高的消费能力支撑汽车消费保持强劲，购车需求旺盛，天津、杭州、广州、海南等限购城市增加汽车购买指标，区域市场被抑制的汽车消费需求集中释放；2020 年受疫情影响较严重的中部及东北地区在较低基数下同比增长超过 30%，宏观经济持续恢复，居民收入稳步回升，市场增长势头稳健；西部地区人均可支配收入相对较低，疫情使得收入差距增大，西部地区购买力恢复缓慢，销量增速低于全国平均水平（见图 6）。

（二）高级别城市需求加速释放，一线城市增速领跑全国

分城市级别来看，2021 年 1～6 月，受疫情控制良好叠加低基数影响，各线城市增幅均超过 25%。高级别城市购车需求加速释放，一线城市增速领跑，终端销量同比增长 41.7%，且超过 2019 年同期水平，高收入群体对汽车等大宗消费品的

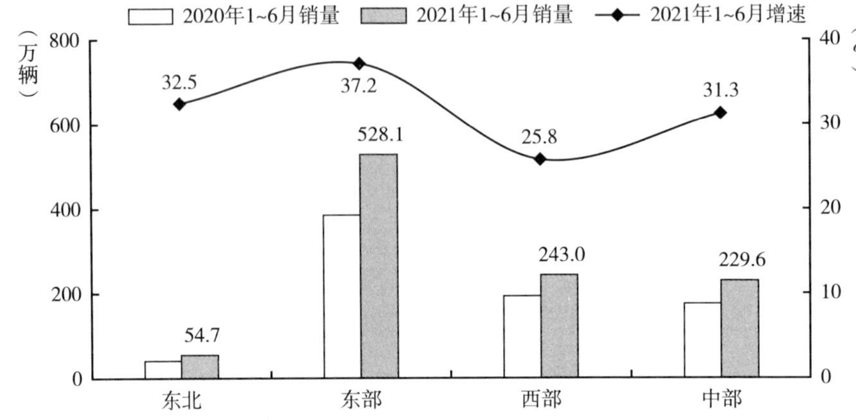

图6　2021年1~6月区域市场表现情况

资料来源：中汽数据有限公司终端零售数据。

购买力更强；二线城市紧随其后，整体表现良好，但疫情对销量形成短期扰动；三、四线城市需求较一、二线城市恢复稍慢，但仍呈现稳步恢复特征，上半年累计实现34.1%和32.6%的增长，居民收入保持恢复性增长，消费信心及消费能力逐步好转是主要因素；五、六线城市恢复稍慢，1~6月累计增长25.6%和27.4%，符合城市消费特点的低级别新能源汽车提供增长动力（见图7）。

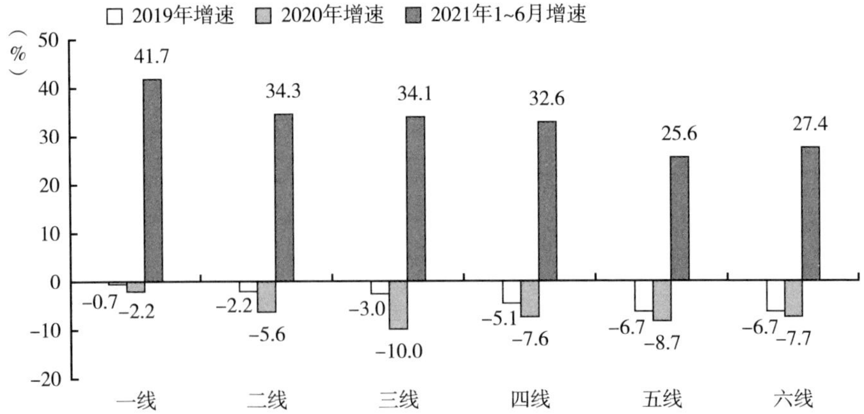

图7　2019年、2020年、2021年1~6月一至六线城市市场增长情况

资料来源：中汽数据有限公司终端零售数据。

（三）自主和美系表现抢眼，新能源贡献主要增量

2021 年 1 ~6 月，乘用车各个系别市场表现呈分化态势，韩系乘用车销量同比下降 9.5%，其余系别均实现 20% 以上的增长，自主品牌和美系市场表现抢眼，挤占欧日韩系市场份额。其中，自主品牌在长安、吉利、哈弗、比亚迪、奇瑞等多个品牌的强势表现助推下销量达到 393.2 万辆，同比增长 48.9%，市场份额提升 4.1 个百分点至 37.3%，销量、增速和份额三项均领先其他系别。美系销量提升至 100.4 万辆，同比增长 40.2%，市场份额提升 0.5 个百分点至 9.5%，主要源于别克、凯迪拉克的销量回暖，以及特斯拉和林肯国产化带来的增量（见图 8）。此外，新能源乘用车有力支撑自主品牌和美系销量增长，已成为两个系别乘用车市场增量的重要组成部分。其中，自主品牌新能源乘用车销量同比增长 277.6%，在自主品牌 129.2 万辆的增量中，新能源乘用车贡献 56.0 万辆，占到增量的 43.3%；美系新能源乘用车销量同比增长 158.3%，在美系 28.8 万辆增量中，新能源乘用车贡献 8.9 万辆，占到增量的 30.9%。

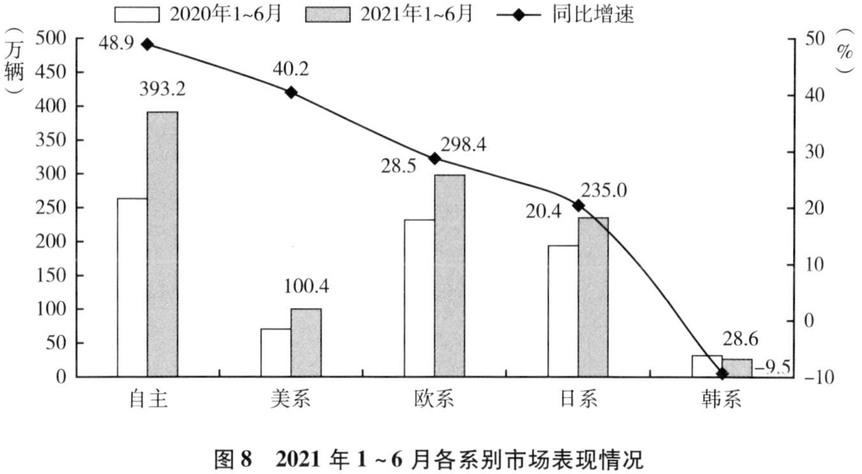

图 8　2021 年 1 ~6 月各系别市场表现情况

资料来源：中汽数据有限公司终端零售数据。

（四）豪华车市场表现强劲，推动乘用车市场稳步增长

2021 年 1 ~6 月，中国豪华车市场在供需两端的有力推动下继续表现强劲，终

端零售达205.1万辆，占整体乘用车市场份额在上年同期基础上再提升1个百分点至19.4%，销量同比增长39.9%，比乘用车市场增速高出7个百分点。供给端，除个别企业外，豪华车市场受芯片短缺影响整体在可控范围内，部分产品优惠力度虽略有缩小，但整体的价格下探进一步降低了消费者购买豪华车的门槛，激发购买欲望；需求端，国内疫情整体得到有效控制，宏观经济系统性恢复，居民收入水平持续提高，汽车消费者对品牌、品质、服务等汽车附加属性更加关注，在消费升级趋势下首购和换购人群购置高档豪华车比例增大。豪华车市场的快速增长，为中国乘用车市场稳步发展提供有力支撑，起到示范性的引领作用。

从豪华车市场内部品牌看，2021年上半年阵营内各品牌竞争十分激烈，排名变化较大。第一阵营中，宝马、奔驰、奥迪均实现26%以上的高增长，销量均在40万辆以上，稳居豪华车销量前三，其中宝马表现更为出色，在3系、5系和X3等车型增量推动下销量达到44.9万辆，超过奔驰，居榜首。第二阵营中，特斯拉由于年初Model Y国产交付的加入，销量如虎添翼，虽然该品牌4月、5月销量受到刹车失灵舆论风波的负面影响，但在6月市场表现恢复明显，上半年销量同比增长162.9%达到13.2万辆，超越雷克萨斯、凯迪拉克和红旗，排名升至第二阵营榜首。此外，自主品牌红旗在旗下HS5、H5、H9等车型带动下，销量超过11万辆，同比增长84.4%，表现突出（见图9）。

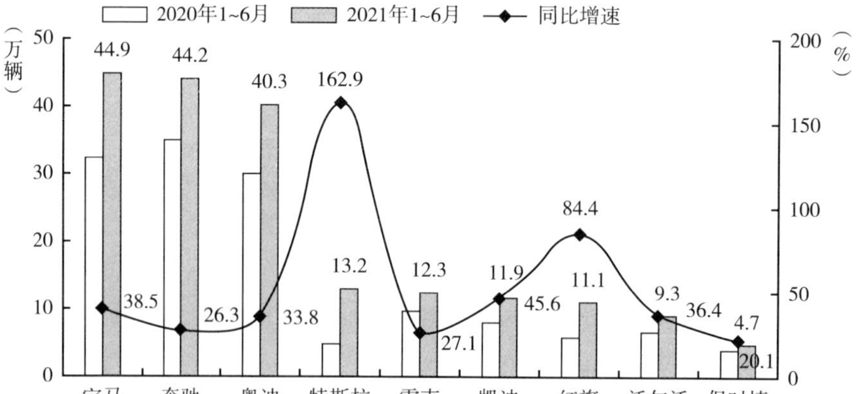

图9　2021年1~6月豪华品牌市场表现情况

资料来源：中汽数据有限公司终端零售数据。

（五）乘用车消费结构调整，SUV 渐成市场主力

SUV 车型凭借其内部空间大、装载能力强、通过性好等优势，能更好地满足多样化用车需求，近年来受到更多消费者的青睐。随着我国乘用车消费结构的逐渐调整，SUV 市场份额整体呈现上行态势。2021 年 1～6 月，SUV 在哈弗 H6、长安 CS75、本田 CR－V 等头部车型带动下，市场销量达到 482.5 万辆，市场份额达到 45.7%，逐渐追平轿车市场，成为市场主力（见图 10）。

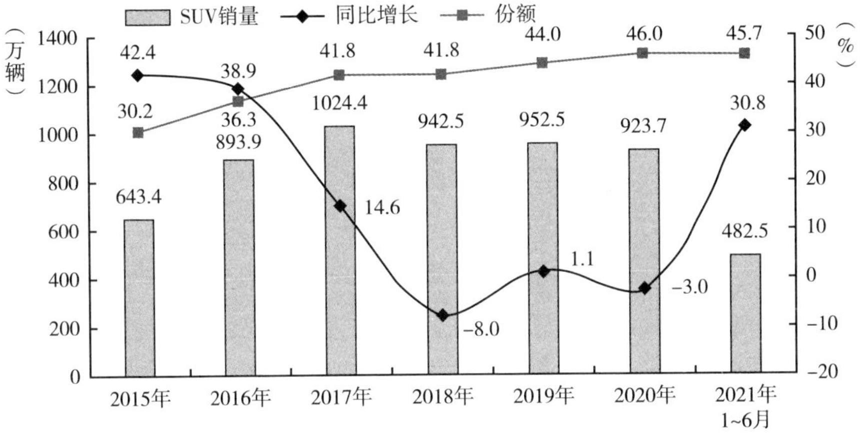

图 10　2015～2021 年 6 月 SUV 市场表现情况

资料来源：中汽数据有限公司终端零售数据。

从需求端来看，在 2020 年疫情影响的低基数下，多数主流 SUV 均呈现高速增长态势，其中自主品牌旗下车型哈弗 H6、长安 CS75 在改款换代后，性价比进一步提升，保持稳定的高增长。日系产品本田 CR－V、丰田 RAV4 等在较大的终端优惠下，市场销量直追自主品牌。奔驰 GLC 受芯片短缺影响严重，终端库存不足、折扣收紧，市场增长幅度不敌奥迪 Q5L 和宝马 X3 等豪华车（见表 1）。

从供给端来看，2021 年 1～6 月新车上市节奏加快，整车企业共推出 133 款全新 SUV 车型，欧尚 X5、特斯拉 Model Y、哈弗大狗等 11 个新车型上半年累计销量超过 1 万辆，逐渐得到消费者的认可，成为 SUV 市场增长新的驱动力。国产特斯拉 Model Y 凭借较高的性价比和领先的智能化、电动化技术水

平，成为唯一累计销量突破万辆的外资品牌 SUV 新产品；长城品牌旗下新车型哈弗大狗、坦克 300、哈弗初恋等市场定位独特，更好地满足年轻消费者个性化、多元化需求，市场表现出色；领克 06、蔚来 EC6 等高端化定位新车型在高质量的服务加持下，实现自主品牌的向上突破（见表 2）。

表 1　2021 年 1 ~ 6 月主流 SUV 市场表现

单位：辆，%

主流车型	1 ~ 6 月累计销量	占 SUV 市场比重	增速
哈弗 H6	179796	3.7	59.4
长安 CS75	150930	3.1	46.3
本田 CR - V	132170	2.7	62.3
途观 L	96237	2.0	37.2
丰田 RAV4	94803	2.0	30.6
本田 XR - V	92586	1.9	58.4
哈弗 M6	87615	1.8	36.4
缤智	83724	1.7	61.2
奔驰 GLC 级	82271	1.7	3.3
奇骏	80295	1.7	17.4
博越	79961	1.7	3.8
皓影	78631	1.6	44.4
逍客	76162	1.6	29.2
奥迪 Q5L	74923	1.6	25.5
宝马 X3	72589	1.5	26.2

资料来源：中汽数据有限公司终端零售数据。

表 2　2021 年 1 ~ 6 月主流 SUV 新车销量表现

单位：辆，%

主流新车型	1 ~ 6 月累计销量	占 SUV 市场比重	贡献率
欧尚 X5	59050	1.2	5.2
特斯拉 Model Y	46570	1.0	4.1
哈弗大狗	43134	0.9	3.8
坦克 300	31595	0.7	2.8
比亚迪宋 PLUS	28507	0.6	2.5
领克 06	24292	0.5	2.1

续表

主流新车型	1～6月累计销量	占SUV市场比重	贡献率
风行T5 EVO	21695	0.4	1.9
风光500	19495	0.4	1.7
哈弗初恋	16866	0.3	1.5
蔚来EC6	14740	0.3	1.3
长安UNI－K	13140	0.3	1.2

注：贡献率指该车型增量在SUV市场增量中所占的比重。

资料来源：中汽数据有限公司终端零售数据。

（六）A00级市场重焕活力，高级别产品持续向好

从细分市场内部结构看，2021年1～6月，乘用车市场终端销量相比2019年略有下滑，B级SUV、A00级轿车、A级SUV等细分市场在新产品满足多元化市场需求下贡献主要增量，A级轿车、A0级SUV等由于老款车型竞争力下降拖累整体市场。得益于消费升级下的高端增换购及新能源需求，B级SUV和B级轿车增量显著，在特斯拉Model Y的国产上市以及比亚迪宋PLUS、吉利豪越、长安UNI－K等自主品牌高性价比新车型的带动下，B级SUV市场绝对增量高达26.8万辆，成为增量贡献最高的细分市场；A00级轿车市场贡献21.3万辆增量，宏光MINI凭借极高的性价比优势和对消费者需求的精准把控，带动A00级轿车市场焕发出新的活力；A级SUV作为近年市场销量的主力，成为企业重点布局的细分市场，在欧尚X5、长安UNI－T、威兰达、哈弗大狗等新车型驱动下，贡献20.0万辆增量。相比之下，捷达、科沃兹、领动等老款车型产品竞争力下降导致A级轿车市场表现不佳，贡献71.4万辆的主减量；A0级SUV市场下行则主要由于宝骏510、哈弗H2等曾经的爆款车型市场表现大幅下滑，贡献29.3万辆的减量（见图11）。

（七）豪华品牌表现稳健加自主品牌向上升级，25万元及以上高价格区间领跑市场

2021年1～6月，25万元及以上车型市场销量达到242.4万辆，同比增长42.7%，奔驰、宝马、奥迪等豪华品牌的高速增长仍然是带动25万元及以上价

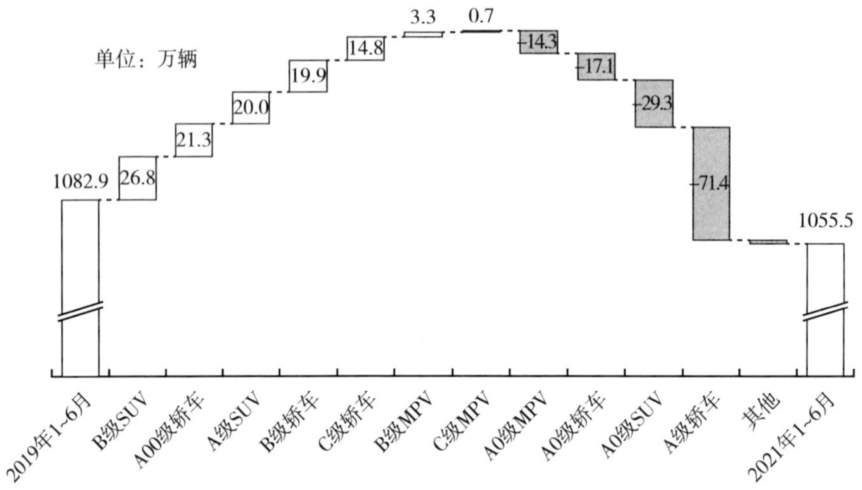

图 11　2021 年 1～6 月乘用车市场内部结构特征

资料来源：中汽数据有限公司终端零售数据。

格段的主力群体，增速领跑市场；从份额来看，整体市场价格向上偏移，25 万元及以上市场份额提升至 23.0%，除豪华品牌带来的增长外，自主品牌向上升级策略初显成效，比亚迪汉、理想 ONE、小鹏 P7 等高价格车型逐渐获得消费者认可，为该细分市场带来新的增量。10 万元以下市场在 2020 年同期低基数下同比增长 29.7%，但新车型宏光 MINI 为该细分市场带来的份额净增长不及宝骏 510、远景、嘉悦 A5 等车型销量大幅下滑所导致的份额减少，市场份额跌至 22.4%（见图 12）。

（八）产品供给驱动效果显著，新能源高增长势头延续

2021 年 1～6 月，新能源乘用车累计销售 100.4 万辆，同比实现 225.2% 的高速增长，远高于整体乘用车市场 32.9% 的增幅，在整体乘用车市场份额中再创新高，达 9.5%。一方面，疫情后经济的平稳恢复从宏观层面拉动市场需求释放；另一方面，供给端多元化、有竞争力产品的投放，是激活新能源市场需求、带来市场增量及延续高增长势头的关键（见图 13）。

近年来，在政策驱动、企业新能源化转型等多因素促进下，新能源市场迎来产品密集投放期，其中，特斯拉 Model 3、Model Y 顺利实现国产化并凭借领

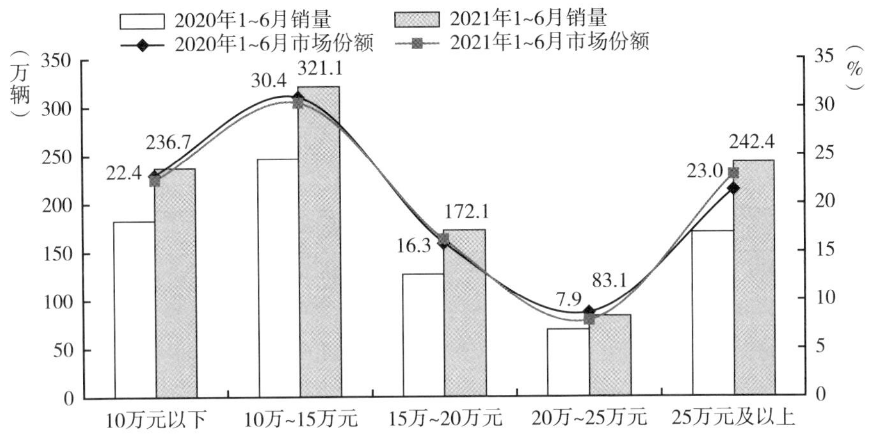

图12　2021 年 1 ~ 6 月各价格区间市场表现情况

资料来源：中汽数据有限公司终端零售数据。

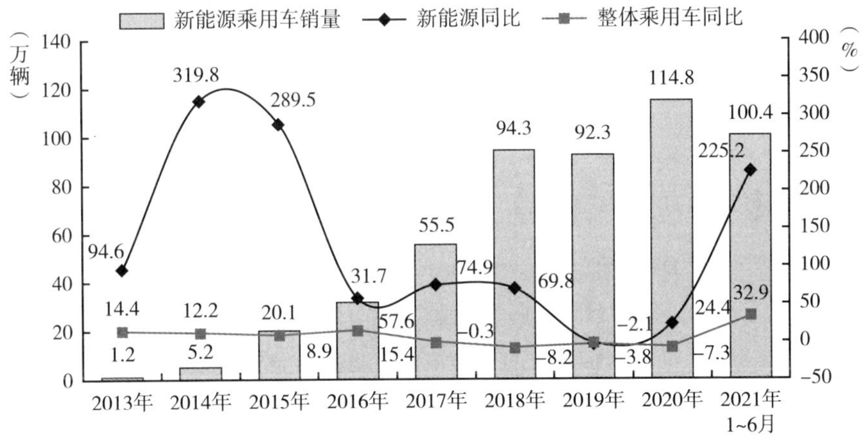

图13　2013 ~ 2021 年 6 月新能源市场表现情况

资料来源：中汽数据有限公司终端零售数据。

先的智能化水平及科技属性成为行业标杆，比亚迪汉及理想 ONE 等车型以前卫的造型、先进的技术赋能品牌及产品向上突围，宏光 MINI 以精准定位强势进入市场，并稳居新能源市场销量冠军宝座。根据终端零售数据，2021 年 1 ~ 6 月，宏光 MINI 以月均销量逾 2. 6 万辆稳居新能源市场销量榜首，单车增量贡献率达 22. 5%，特斯拉 Model 3、Model Y 月均销量合计逾 2. 1 万辆，比亚迪汉、理想 ONE 等多款自主车型市场表现突出，均成为驱动新能源市场增长的强大动力（见表 3）。

表 3　2021 年 1～6 月典型新能源新车型销量表现

单位：辆，%

主流车型	1～6 月累计销量	占新能源市场份额	增量贡献率
宏光 MINI	157023	15. 6	22. 5
特斯拉 Model 3	85194	8. 5	5. 3
特斯拉 Model Y	46570	4. 6	6. 7
比亚迪汉	46243	4. 6	6. 6
理想 ONE	30514	3. 0	3. 0
传祺 AION. S	29918	3. 0	2. 1
小鹏 P7	19366	1. 9	2. 7
蔚来 ES6	17561	1. 8	0. 9
上汽 Clever	14801	1. 5	2. 1
哪吒 V	14758	1. 5	2. 1

注：贡献率指该车型增量在新能源增量中所占的比重。

资料来源：中汽数据有限公司终端零售数据。

（九）“80后”“90后”成消费主体，“她经济”悄然崛起

2021 年 1～6 月，乘用车市场“90 后”用户占比已达到 33. 0%，仅次于“80 后”的 34. 9%，“80 后”“90 后”成消费主体，体现出乘用车消费主体进一步年轻化的态势。同时，各大车企加速追赶年轻化浪潮，车型改款换代时通过增加双色车身、运动套件等满足年轻消费者购车需求，并且不断推出像哈弗大狗、长安 UNI－T 等这类重视个性化、多元化、智能化需求的新车型，积极抢占年轻消费者市场（见图 14）。

从性别角度看，2021 年 1～6 月，乘用车市场女性占比为 34. 5%，但在新能源乘用车市场这一比例则高达近 50%，提高了约 15 个百分点。一方面，新能源乘用车在造型、智能交互、便利化操作等方面都有了很大提升，更加契合女性消费者的审美及需求；另一方面，越来越多车企开始注重“她经济”的影响，并不断尝试通过外观、内饰的女性化精致设计以及联名营销等方式，打动女性用户（见图 15）。

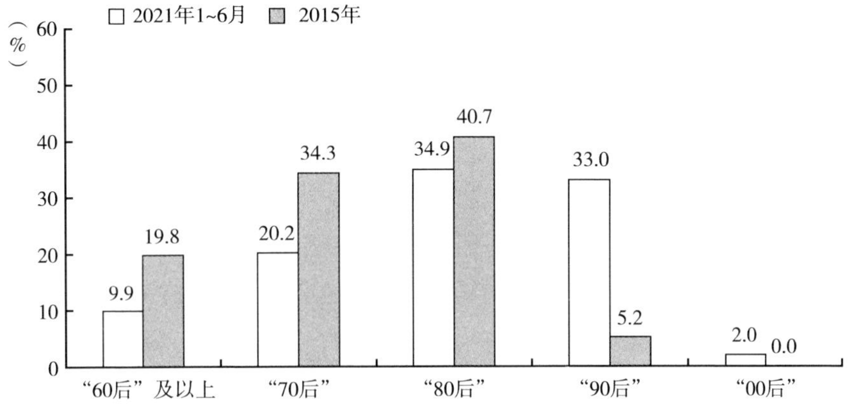

图 14　2021 年 1～6 月乘用车用户分年龄段占比

资料来源：中汽数据有限公司终端零售数据。

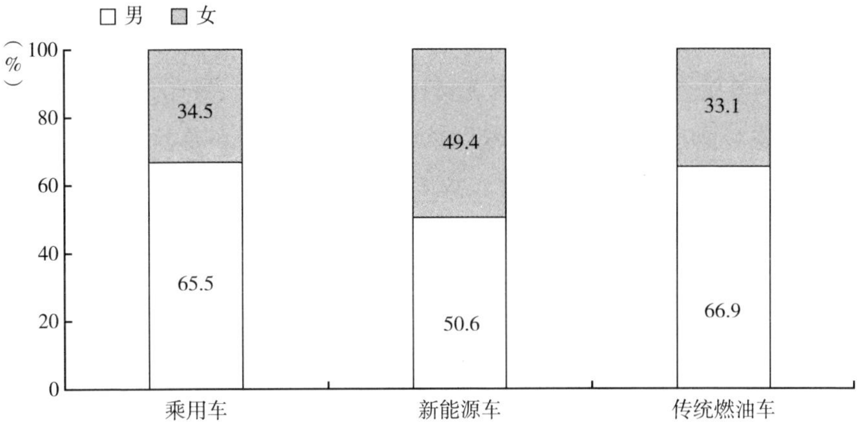

图 15　2021 年 1～6 月乘用车用户分性别占比

资料来源：中汽数据有限公司终端零售数据。

三　中国乘用车市场发展环境分析

（一）经济环境：中国经济稳中加固，经济增速向常态化回归

2021 年上半年，国民经济整体复苏态势向好，一季度 GDP 增速 18.3%，整体经济强劲反弹，二季度尽管受到基数效应减退影响，GDP 仍实现同比

7.9%的增速，经济复苏势头平稳，上半年 GDP 累计增速 12.7%，两年平均增长 5.3%，经济增速逐步接近潜在水平。

经济内生动力增强，内需保持复苏态势，消费、投资稳步回升。上半年，社会消费品零售总额、全国固定资产投资分别同比增长 23% 和 12.6%，两年平均增速均为 4.4%，内生增长动力进一步提振，其中，受益于外需回暖、企业利润改善、金融支持力度加大等因素，制造业投资明显回暖。

外需景气度保持高位，成为拉动中国经济的重要力量。上半年我国出口延续 2020 年下半年的强势表现，出口替代效应发挥支撑作用，随着全球经济持续修复，海外生产持续上行，我国出口额高速增长势头将难以持续，海外需求对中国经济的拉动预期减弱。

价格方面，由于全球供需错配引起的输入性通胀压力叠加国内高耗能产业限产，大宗商品价格持续上涨，但上下游价格传导机制不畅，通胀风险整体可控。

宏观政策保持连续性、稳定性和可持续性的总基调。一方面，加大对小微企业、个体工商户的帮扶力度，目前已经在抑制大宗商品价格上涨、深化“放管服”改革优化营商环境、进一步加大财税金融政策支持力度、反垄断促进公平竞争等方面，形成了一套组合政策方案；另一方面，加大对新动能发展培育的支持力度，在货币政策保持流动性合理充裕的情况下，发挥好结构性货币政策工具的精准导向作用，使资金更多流向科技创新、绿色发展等重点领域。

下半年经济复苏的增量动力将有序切换到以消费为主的内循环，外需拉动力趋势性下行。制造业投资可能成为拉动下半年经济复苏的重要推手，消费仍在恢复，但下半年消费较难恢复到疫情前水平。不急转弯是贯穿全年的宏观政策主逻辑，预计下半年“货币不松”搭配“财政不紧”，防微杜渐的货币定力和相对充裕的财政空间更着眼于跨周期应对长期结构性问题；同时，影响到“十四五”和更长时期内中国经济转型成败的一系列方向性慢变量正在迎来重要拐点，“碳中和、碳达峰”打造中国“绿色资产”，“三孩”政策有望挖掘经济发展潜能，重点区域规划有助于激活和塑造增长极。在“十四五”的开局之年，中国经济增长依然会领跑全球主要经济体，预计全年 GDP 增速为 7% ~9%。

（二）政策环境：围绕促消费和新能源发展政策高频推出，利好市场需求加速释放

进入2021年，促进汽车消费的整体基调不变，国家及地方政府陆续出台多项政策支撑汽车行业加速复苏，同时围绕“碳达峰、碳中和”的高质量发展基调，国家加速新能源与节能汽车的顶层设计，各省市也发布新能源规划和相应支撑政策，逐步形成“国家层面引导，地方政府主导”的政策体系，共同推动汽车市场向好发展。

汽车促进消费方面，2021年初国家释放促进汽车消费积极信号，商务部等部门联合印发多项通知政策，针对释放汽车消费潜力、改善汽车使用条件和优化汽车管理服务等多方面提出建议和措施，并通过梳理当前商务领域促进汽车消费的主要工作任务和一些地方好的经验做法，促使各地方政府结合实际，因地制宜采取有效措施，进一步巩固汽车消费市场回升向好势头。各地方政府也积极响应国家号召，出台多项举措促进消费，1月份海南发布2021年指标配置公告，较2020年年初配额数量增加6万个，同时杭州发布《杭州市小客车“区域指标”和“浙A区域号牌”设置管理办法》，明确通过资格审查的单位和个人可直接申领“区域指标”，随后4月广州市再次在原有12万个指标基础上增加3万个配置额度，且全部配置用于个人节能车指标摇号，5月天津市明确新增3.5万个小客车个人增量指标，是落实国家促进汽车消费政策的重要举措。

新能源发展方面，中国“碳达峰、碳中和”目标落实思路逐渐清晰，2020年末《新能源汽车产业发展规划（2021～2035年）》和《节能与新能源汽车技术路线图（2.0版）》的发布进一步明确未来中长期发展思路，为实现新能源发展顶层设计护航。为进一步促进新能源需求释放，2021年3～12月，工信部等部门联合组织开展新一轮新能源汽车下乡活动，推动低线城市和农村的市场规模进一步扩大，通过乡村城市的消费潜能增加新能源汽车市场渗透率。同时北京、上海、山东、江苏、安徽等省市均陆续提出“十四五”期间新能源汽车产业发展目标，为短、中长期的新能源市场发展明确规划方向，推动全面市场向高质量发展。此外，3月政府工作报告中提到未来工作重点聚焦在新能源汽车产业链后端及新能源汽车使用环节，随后以海南、上海、湖北等为代表的省市陆续发布充电基础设施相关支撑政策，加速新能源使用环境完

善，增强消费者购买新能源汽车的欲望，刺激消费，较好地推动车辆的电动化进程。5 月，国家市场监管总局批准发布换电安全国标，填补了换电模式无标准可依的空白，有助于指导企业技术开发，提升换电安全性，促进新能源产业高质量发展。

总体来看，上半年国家及省市围绕促进汽车消费和新能源市场发展已出台多项汽车行业相关政策，明确发展方向，并释放积极信号，未来或将有更多区域继续跟进，进而加速消费需求进一步释放，各汽车企业应紧跟各地具体细则，结合自身实际情况确定精准营销策略。

（三）市场环境：豪华车、新能源及新产品仍是驱动力，芯片短缺不利影响或持续

1. 豪华车及新能源仍是市场增长的重要驱动力

2021 年 1 ~6 月豪华车市场同比增长 39.9%，增幅好于整体乘用车，延续 2020 年 4 月以来的增长态势，换购同时伴随着跨级提升的需求，对豪华车市场形成巨大拉动作用。2021 年下半年，市场消费升级趋势越发明显，高端车型首购换购需求仍旧旺盛，将加速豪华车市场需求释放。

2021 年 1 ~6 月新能源市场同比增长 225.2%，对乘用车的增量贡献率达到 26.7%。当前新能源市场发展处于政策驱动向市场驱动的转变期，上半年新能源市场的高增长一方面来自国家和地方政府多项政策支撑，另一方面更多地因为供给端满足市场需求的产品支撑。进入下半年，国家和地方仍将围绕新能源发展目标出台支撑政策，同时供给端自主品牌、合资品牌以及特斯拉将全面推出市场化产品，持续推动新能源需求释放，将成为驱动整体市场增长的关键因素。

2. 新车型上市节奏加快，为市场带来新的驱动力

2020 年受疫情影响，国内外多个大型车展被迫取消，汽车行业新车型上市节奏整体放缓，部分新车型上市时间延至 2021 年。根据中汽数据有限公司新车数据，2021 年上半年上市的全新车型多达 208 款，其中特斯拉 Model Y 月销量已突破 1 万辆，长安 UNI - K、风行 T5 EVO、亚洲狮等新车型市场月销量也已稳定在 3000 辆以上，在各自细分市场占有一席之地。同时，2021 年上海车展发布的星越 L、极氪 001 、皇冠陆放等新车型也将在下半年陆续上市交付，结合新车型市场爬坡周期，将为下半年市场增长带来新的驱动力。

3. 芯片供需缺口短期难完全解决，不利于市场需求释放

2020 年受疫情影响，大部分车企取消或下调汽车芯片订单，芯片供应商将产能更多转向智能手机、智能家电等领域。而随着汽车市场回暖以及汽车智能化、电动化发展对芯片需求的增加，叠加部分厂商不可预判的停产，导致芯片出现供不应求，部分车型停产，终端销售优惠收紧。2021 年上半年由于停电、自然灾害、火灾等原因停产的芯片大型厂商将在下半年恢复生产并快速进入常态经营，部分新进入的中小型芯片厂商的产能也将得到较充分释放，因此 2021 年下半年汽车芯片供应将有一定提升。同时，汽车厂商为应对芯片短缺，将灵活制订生产计划，并对个别车型进行减配处理，保障整车的生产。但考虑到目前汽车厂商芯片库存整体基本趋空及过量的订购需求，芯片供需缺口短期仍难完全解决，影响整车生产供给，不利于乘用车市场需求的释放。

四 中国乘用车市场发展趋势预判

2021 年下半年，国内经济总体运行将延续稳中向好发展态势，多项宏观政策工具仍将持续支撑实体经济发展，以消费和制造业投资为中坚力量的内循环将成为经济复苏动力，全年经济发展将呈现前高后稳的趋势，仍将维持对乘用车市场的利好支撑。同时，国家促进汽车消费的整体基调仍将保持不变，各地依然会不间断出台购车补贴政策，以深圳市为代表的限购城市或将参考广州，倾向增加节能车的购车指标，持续拉动需求释放。在“双碳目标”的大背景下，支撑新能源市场发展的相关政策在各地方政府有望陆续出台，以进一步推动新能源全面布局，同时满足市场多元化需求的新能源产品陆续上市，加速新能源汽车销量提升。此外，上半年以各类车展为媒介的上市新车型逐步完成爬坡周期，将成为下半年市场增量的新驱动力，但下半年芯片供需缺口短期仍难得到完全解决，影响整车生产供给，不利于乘用车市场需求释放。

综合以上分析，2021 年中国乘用车市场将呈现“前强后弱”的发展趋势，下半年豪华车以及新能源汽车仍将是市场增量的重要驱动力，但 2020 年下半年处于疫情后恢复期，整体市场呈现相对高基数，下半年市场将呈现微下滑态势。总体来看，按照终端零售口径预测，2021 年全年乘用车销量有望达到 2195 万辆，同比增长 9.3%。

B.3
基于大数据的中国商用车市场发展研究

唐宝安　贾术艳　宋雨童*

摘　要：　当前，商用车市场已进入由成长期向成熟期过渡的重要阶段，市场规模达到历史高位，产品结构持续优化调整。在国民经济发展的推动下，商用车市场迎来新的发展阶段。本报告以大数据分析为基础，立足商用车市场发展特征及变化趋势，对商用车市场运行状况进行深入研究，通过挖掘市场发展的驱动因素，预判市场发展的潜力，为推动商用车市场发展、支持企业经营决策提供参考。

关键词：　商用车　大数据　市场特征

一　前言

商用车一直是我国国民经济发展的重要“晴雨表”和生产资料，自 1956 年发展至今，商用车市场规模逐步扩大，广泛分布于物流、工程、矿区、港区以及其他生产、生活的各个运输环节，年均销量达到 400 万辆以上，总体市场保有量达到 3100 万辆。商用车市场发展，不仅反映了我国国民经济发展水平的不断提高，也体现了商用车产品与技术的不断进步。

从商用车市场的发展进程来看，当前我国商用车市场正处在由成长期向成

* 唐宝安，中汽数据有限公司数据业务本部市场数据室高级主管，助理工程师，研究方向为商用车市场；贾术艳，中汽数据有限公司数据业务本部市场数据室研究经理，中级工程师，研究方向为商用车市场预测；宋雨童，中汽数据有限公司数据业务本部市场数据室研究经理，助理经济师，研究方向为商用车政策。

熟期过渡的阶段，这一阶段商用车市场各项政策法规频出，政府管理体系逐步完善，对运输领域事前事中事后的监管更加全面。在内外部因素影响下，商用车市场销量出现较大波动，且产品结构逐步优化，同时随着排放标准升级及老旧车淘汰的推进，商用车市场迎来换购期，销量规模达到较高水平。2021 年商用车市场销量再创历史新高，1～6 月销售 267.1 万辆，同比增长 25.5%，超出历史最高销量近 55 万辆，在国内经济回稳向好形势下，商用车市场进一步展现出强劲的发展韧性。但受企业资源投入、市场供求关系以及排放升级政策影响，全年销量将明显呈现“前高后低”的特征。

同时，上半年，商用车市场结构进一步优化，在工程项目大规模启动、国六标准实施带动提前集中购买等因素推动下，卡车市场对商用车市场增长的贡献率超 90%，客车市场增幅较高，但对市场拉动作用较小。总体来看，中重卡、轻卡、皮卡、轻客是商用车市场的重要增长点。

二　大数据视角下中国商用车市场发展特征分析

（一）中重卡：排放升级、基建启动推动中重卡市场销量高涨，自卸车增幅远高行业平均水平

2021 年上半年，中重卡市场进一步延续 2020 年的高增长态势，市场销量再创历史新高。1～6 月中重卡终端实现销售 104.5 万辆，同比增长 35.7%，除 5 月低于历史最高值外，其余月份销量均创历史纪录，1～6 月累计销量超出历史最高销量达 27 万辆以上（见图 1）。究其增长原因，除国三老旧车淘汰、“双超”治理、物流行业拉动等因素外，疫情缓解下国内经济恢复性增长带动基建大规模启动、国六标准实施引起国五提前采购是促使其增长的核心因素。一方面，国六柴油重卡产品的高价格和不确定的可靠性加剧了用户对国五柴油重卡的依赖；另一方面，企业“押注”上半年的竞争心理，使其加大了缓供政策、促销政策等的投入力度，供需两端共同推动了 2021 年上半年中重卡市场的增长。

从销量走势看，2021 年 1～6 月中重卡市场销量波动较大，大体经历了高、低、高三个阶段。从每个阶段来看，中重卡市场增长原因有所差异。一季

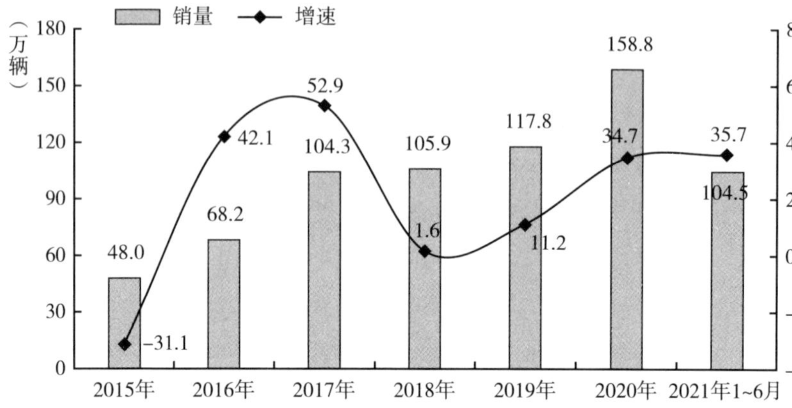

图 1　2015～2021 年 6 月中重卡市场增长情况

资料来源：中汽数据有限公司终端零售数据。

度中重卡市场在 2020 年部分月份的低基数和各企业缓供促销政策影响下，市场销量快速增长，企业大规模的促销投入拉动用户需求集中释放；进入二季度，中重卡市场销量有所回落，但总体需求规模仅次于 2020 年同期，体现市场对国六标准升级的应对能力；6 月市场销量大幅回升，主要源于用户对国五车辆和国六车辆购车成本的考量。总体来看，1～6 月中重卡进一步延续了 2020 年的增长态势（见图 2）。

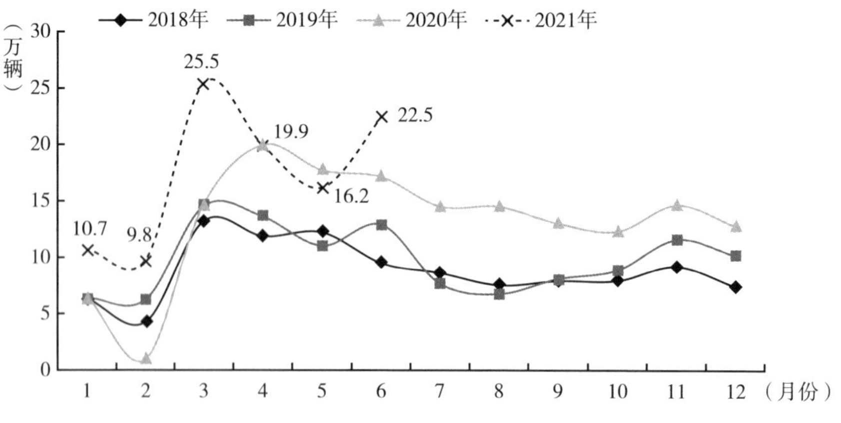

图 2　2018～2021 年 6 月中重卡市场月度销量走势

资料来源：中汽数据有限公司终端零售数据。

从需求结构来看，2021 年上半年中重卡市场整体呈现两大特点：一是中卡市场快速发展；二是牵引车增幅低于行业平均水平，自卸车贡献率提高。从中卡市场来看，自 2020 年按轴收费政策实施后，中卡市场销量占比逐步增长，中卡两轴车收费的优势，大幅提升了中卡市场在中短途城际运输领域的竞争力，使黄牌轻卡大吨位车型以及重卡小吨位车型需求，逐步转向中卡车型，2021 年 1～6 月中卡车型占比较 2020 年全年提升了 0.7 个百分点（见图 3），且 1～6 月中卡市场销量同比增长 51.5%，增幅远超重卡。

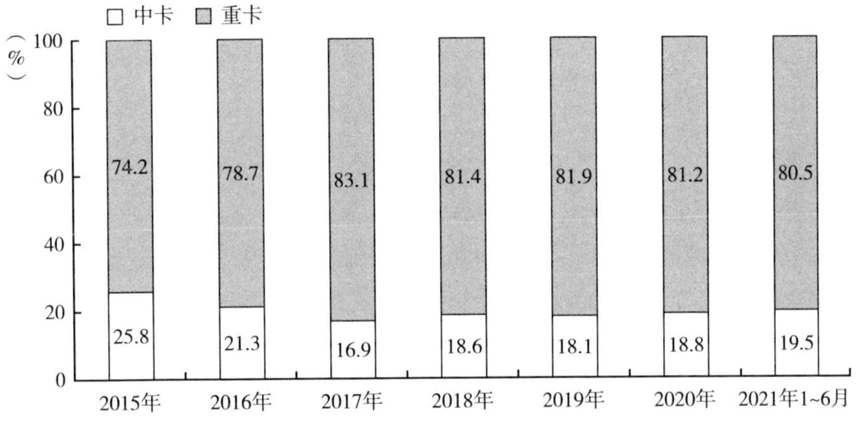

图 3　2015～2021 年 6 月中重卡销量结构变化

资料来源：中汽数据有限公司终端零售数据。

从具体车型结构来看，2021 年 1～6 月牵引车占比 44.9%，较 2020 年全年降低了 3.0 个百分点；自卸车占比 17.9%，较 2020 年全年增长了 3.4 个百分点；载货车占比略有增长，专用车占比略有下滑。同时，随着 2020 年延期工程项目落地以及 2021 年新工程项目开工，工程用车需求也进一步释放，上半年自卸车市场终端零售同比增长了 78.3%，远高行业平均水平，对中重卡市场需求的拉动作用进一步增强。牵引车受前期增长的过度透支影响，在终端需求减弱态势下，牵引车市场增长略显疲软，2021 年 1～6 月，牵引车市场销量增长 24.3%，增幅低于中重卡行业平均水平（见图 4）。

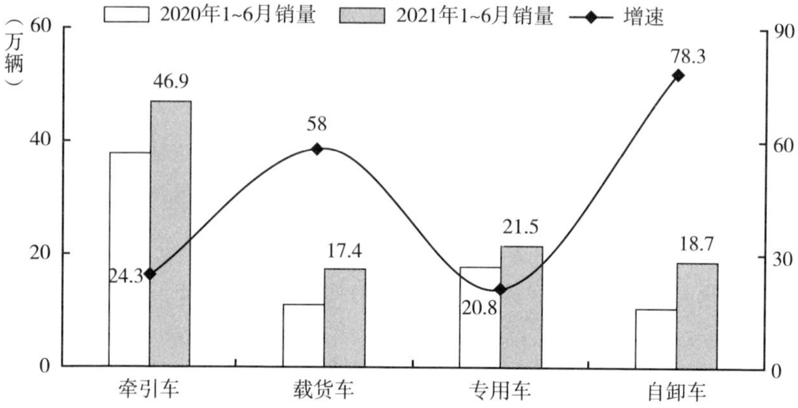

图4 中重卡各车型销量情况

资料来源：中汽数据有限公司终端零售数据。

（二）轻卡：蓝牌轻卡治理持续释放运力需求，动力小排量化趋势明显

伴随经济逐步复苏，市场环境整体向好，乡村振兴进一步促进网上购物市场的繁荣，带动城市、城乡物流快速发展，轻卡需求持续释放，市场销量稳步走高。同时，国六排放升级、老旧车淘汰、“大吨小标”治理、绿色货运等行业政策，也对轻卡市场形成重要支撑。2021 年 1 ~6 月轻卡累计销量 91.0 万辆，同比上升 26.6%（见图 5）。

自 2019 年“521 事件”以来，蓝牌轻卡治理持续趋严，产品呈现合规化、轻量化发展趋势。进入 2021 年，相关部门正在拟订蓝牌轻卡新的技术标准，从目前掌握的信息来看，新技术标准或将对蓝牌轻卡的发动机排量、轮胎截面宽度以及货箱内尺寸等作出规范，尤其是对发动机排量的限定较为严格，新技术标准下蓝牌轻卡配装的发动机排量或将不超过 2.5L。新的技术标准目前还未正式发布，但从 2019 年“521 事件”以来国家和行业对超载轻卡治理的力度和决心不难看出，蓝牌轻卡配装的动力小排量化将成为市场发展主旋律，企业也纷纷提前布局合规化、轻量化的小排量轻卡产品。数据显示，2021 年 1 ~6 月，蓝牌轻卡配装 2.5L 排量以下动力的产品比重为 57.4%，较 2020 年提升 6.4 个百分点（见图 6）。

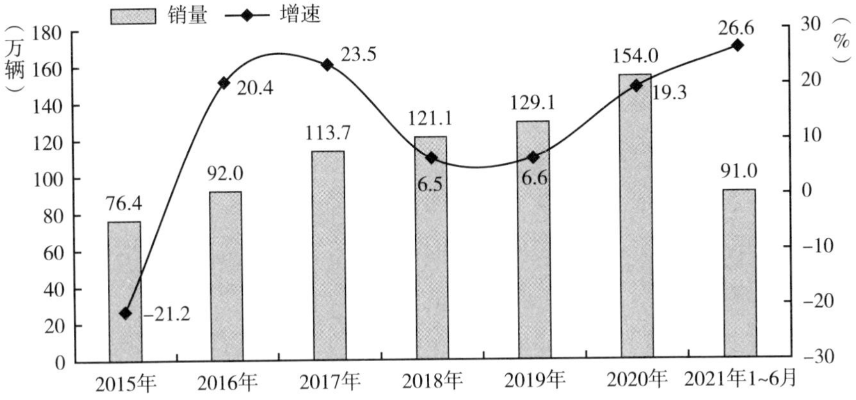

图 5　2015 年至 2021 年 6 月轻卡市场增长情况

资料来源：中汽数据有限公司终端零售数据。

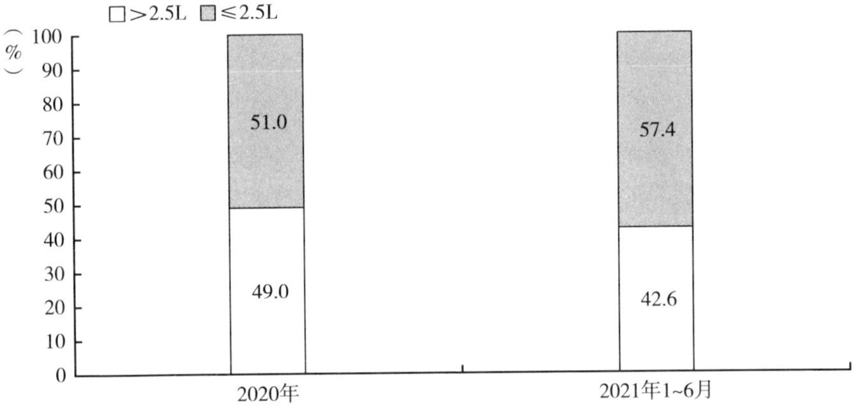

图 6　2020 年至 2021 年 6 月蓝牌轻卡动力排量结构变化

资料来源：中汽数据有限公司终端零售数据。

自 2018 年起，交通运输部、公安部、商务部联合在全国实行了城市绿色货运配送试点工作，在 2021 年公示中，天津市、石家庄市、安阳市等全国 16 个城市获得“绿色货运配送示范城市”称号。在新能源补贴逐年退坡的大环境下，新能源轻卡在路权方面的优势保证了市场稳步发展，尤其是 2021 年轻卡市场面对国六升级成本增加的压力下，为新能源轻卡的需求带来了利好。2021 年 1 ~ 6 月，新能源轻卡累计销售 9749 辆，同比增长 104.0%。

（三）微卡：市场销量逐步回归平稳，需求结构呈现两极分化趋势

2020 年以来，在我国疫苗普及率不断提高、疫情防控形势整体向好的背景下，我国宏观经济持续复苏，微卡销量保持稳定增长态势。2021 年 1 ~ 6 月，微卡市场累计销量为 29.6 万辆，同比下滑 6.6%，主要是受上半年社会消费增长动力不足及国内部分地区疫情出现反复的影响；同时，轻卡市场相关产品的价格下探也对微卡销量造成了一定的冲击。

从 2021 年上半年月度销量来看，微卡市场逆转 2020 年的高增长态势，逐步回归常态化走势，上半年销量呈现“前高后低”的特征，排除 2020 年 1 月、2 月的低基数，微卡市场 2021 年各月销量几乎均同比下滑，但这种下滑并不意味市场需求的走低，而是意味着回归平稳（见图 7）。

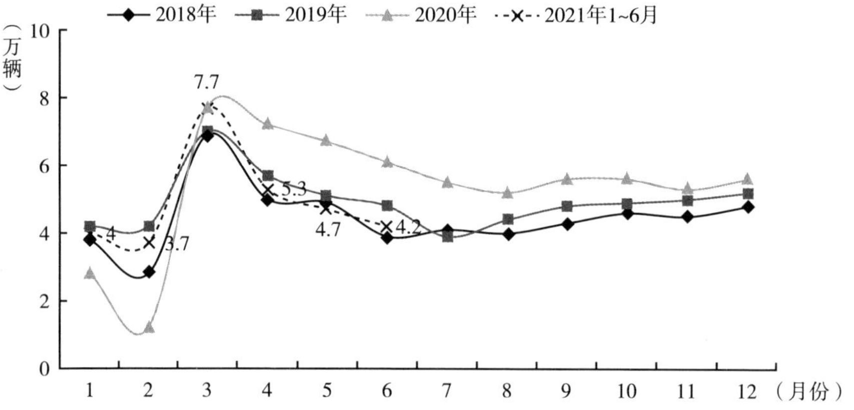

图 7　2018 ~ 2021 年 6 月微卡市场月度销量走势

资料来源：中汽数据有限公司终端零售数据。

从车型结构特征来看，2021 年 1 ~ 6 月，大微卡销量 17.3 万辆，占比 58.3%，占比增长 0.4 个百分点；常规微卡销量 12.4 万辆，占比 41.8%，占比下降 0.4 个百分点（见图 8）。

从区域结构来看，微卡需求主要集中于河北、浙江、广东和云南等省，其销量占比均超过 7%。TOP10 省份中，河北、浙江、广东微卡需求量均超过上年同期水平，其中浙江、广东销量增幅较大（见图 9）；四川、广西、云南和甘肃销量同比大幅下降。

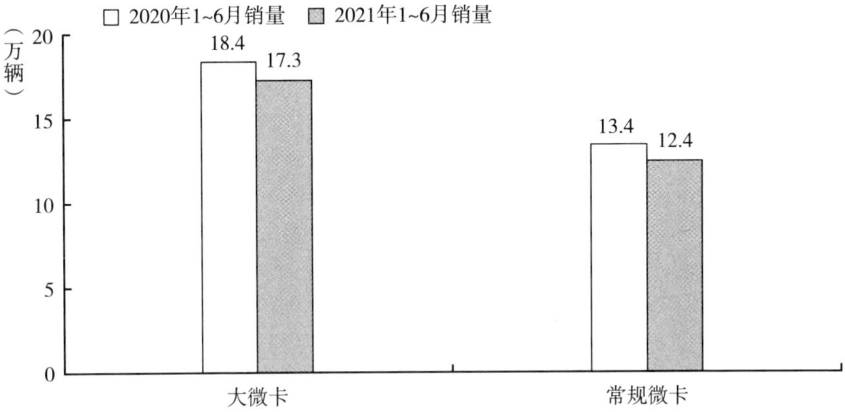

图 8　车型销量表现

注：大微卡：2. 0T < 总质量≤2. 5T；常规微卡：总质量≤2. 0T。
资料来源：中汽数据有限公司终端零售数据。

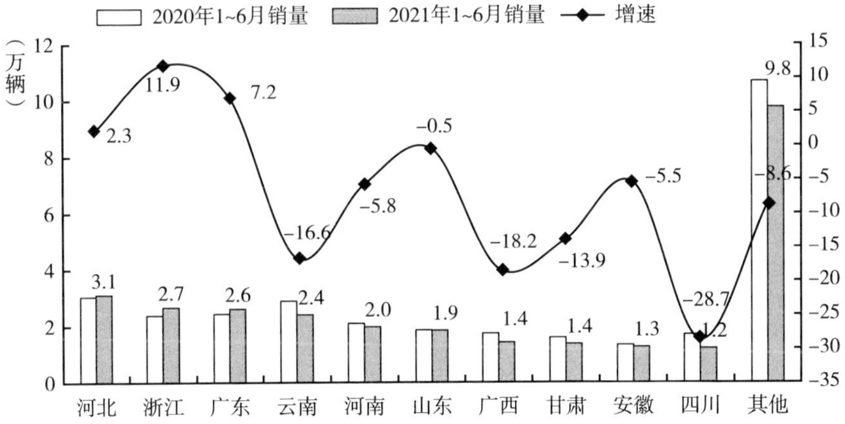

图 9　TOP10 省份微卡销量情况

资料来源：中汽数据有限公司终端零售数据。

从轴距结构来看，大轴距需求进一步显现是 2021 年微卡市场的重要特征之一。2021 年上半年，微卡主销轴距集中在 3050 毫米、3350 毫米，合计占比 71. 0% 。其中，3350 毫米轴距市场份额 31. 6% ，同比增长 2. 1 个百分点，份额增幅最大（见图 10）。得益于城镇化建设和乡村振兴战略的不断推进，各省市不断推进的城乡道路交通升级改造工程，叠加我国经济复苏和消费增长对城乡运力提升的需求，以及轻卡市场不断轻量化发展，对大轴距微卡需求形成了较强的支撑。

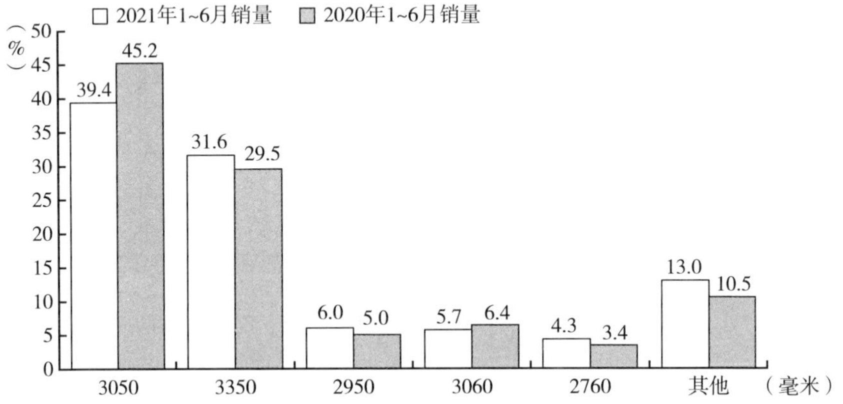

图 10　TOP5 轴距市场份额

资料来源：中汽数据有限公司终端零售数据。

（四）皮卡：市场迎来重要机遇期，政策利好和产品多样化推动销量快速增长

皮卡市场在政策以及产品、市场快速发展的推动下，迎来了市场的重要机遇期。2016 年以来，开放皮卡限行、“取消两证”、取消车身喷字及反光条等政策陆续落地施行，皮卡购买和使用环节便利性显著提升，乘用属性得到强化，有效拓展其需求面向群体，明显利好皮卡市场。同时，“十三五”期间我国经济水平持续稳定提升，城镇化快速推进，居民消费水平、结构以及观念发生转变，皮卡产品的市场接受度逐渐提升。在此背景下，近年皮卡市场快速发展，市场规模持续扩张。2015 ~ 2020 年，销量规模实现了从 30 万辆向 40 万辆的突破，年均复合增长 6.2%。

2021 年以来，多个政府部门陆续发布推进皮卡下乡、鼓励农村消费、大力发展皮卡市场以及持续推进开放皮卡进城等政策，持续给皮卡市场注入强劲动力。重大工程项目的持续推进也拉动工程用皮卡市场的稳定增长。同时，长城、上汽大通、五十铃等企业纷纷推出皮卡新产品，对产品的外观、内饰、配置等方面进行了全方位升级，使得皮卡产品能够更好地满足消费者需求。在政

策、需求以及供给多方利好因素推动下，2021 年上半年皮卡市场实现销量 23.1 万辆，同比上涨 23.7%，皮卡市场销量持续快速增长（见图 11）。

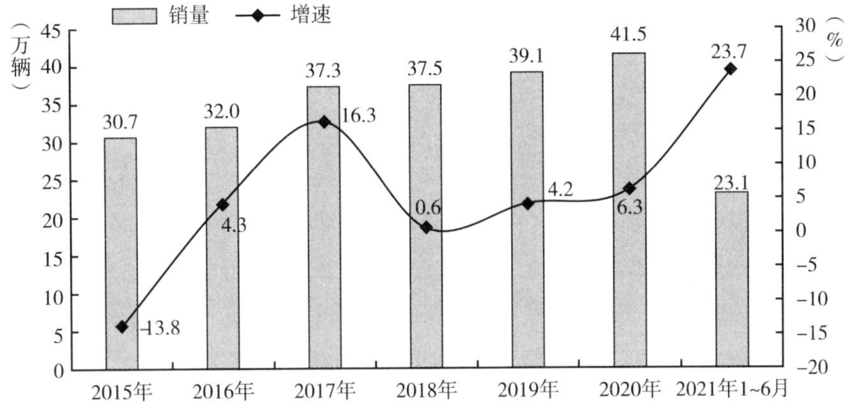

图 11　2015 年至 2021 年 6 月皮卡市场表现

资料来源：中汽数据有限公司终端零售数据。

从区域结构来看，华东、西南以及华北地区仍然是皮卡的主要销售区域，合计市场份额占全部销量的 56.7%（见图 12）。其中，上海、浙江、安徽、山东等区域销量快速增长，拉动华东超过西南区域成为销量首位。四川、河北、云南、新疆等省（自治区）上半年销量均超过了 1 万辆，且同比销量增长较快，也是皮卡市场主要销售区域。与上年同期相比，各区域销量占比集中度有所降低，反映出了皮卡开放范围不断拓展的政策效果，皮卡产品的市场接受度广泛提升。

从竞争格局来看，2021 年上半年长城皮卡市场份额达 45.9%，同比下行 2.6 个百分点，但仍然保持绝对领先位置，皮卡市场“1 + N”的格局仍然存在（见图 13）。随着更多企业皮卡新产品的推出，皮卡市场竞争更加激烈，长城皮卡的绝对领先优势将受到挑战。此外，从产品类型来看，国六排放、柴油机、2.0L 以下排量是皮卡市场的主流，份额以及销量规模增长均较快，一定程度上反映了环保性能以及经济性是用户购买皮卡的关键偏好因素。定制化的改装皮卡产品同样受到了市场欢迎，展现了当前皮卡主流用户的个性化需求。

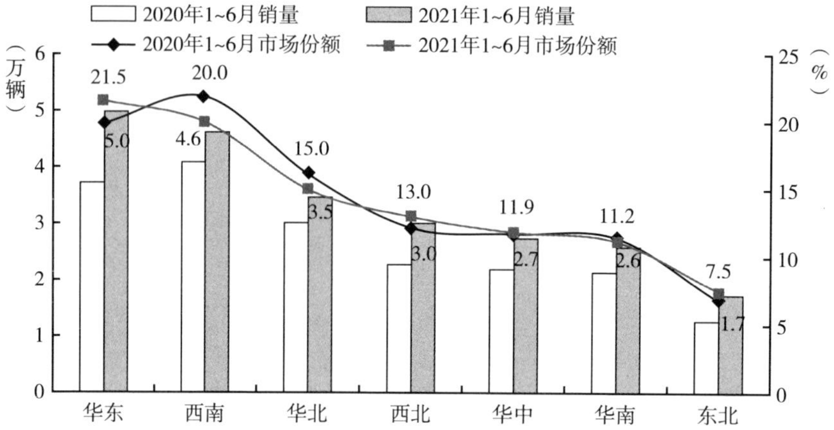

图 12　皮卡分区域市场表现

资料来源：中汽数据有限公司终端零售数据。

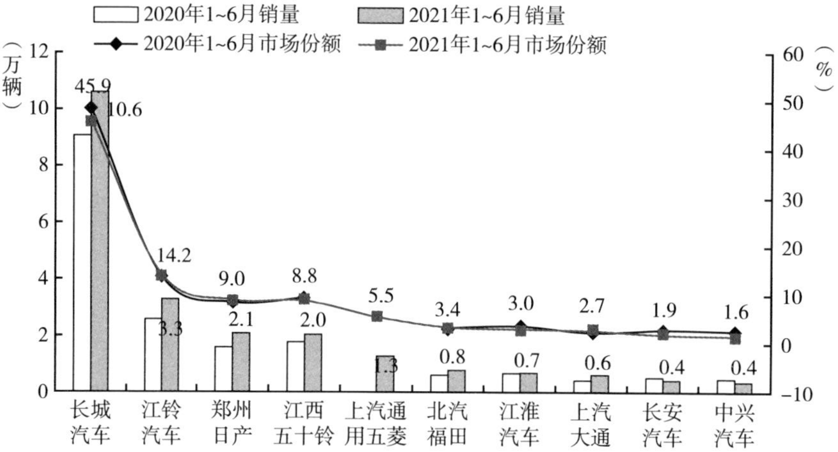

图 13　皮卡竞争格局

资料来源：中汽数据有限公司终端零售数据。

多用途属性将赋能皮卡在提升交通运输效率的解决方案中扮演重要角色。长期来看，皮卡市场仍然有较大的发展空间。2021 年下半年，皮卡开放进城、促消费、深度挖掘乡村消费需求等利好政策将持续发挥对市场的带动效应。同时，江淮、福田、日产等车企纷纷规划推出皮卡新品，以满足日益多样化和个性化的皮卡需求。预期下半年皮卡市场销量持续处于高位，但受到上年同期基数前低后高的影响，销量同比增速预期回落。

（五）大中客：市场恢复性增长，但表现不及疫前

受重型柴油车国六排放升级拉动的提前采购以及2020年同期低基数等因素影响，2021年1～6月，大中客市场销量同比提升28.0%，尤其是6月，国五排放车型集中采购，大中客市场销量增幅高达106.1%，但仍不及2019年同期需求水平（见图14）。随着国内疫情防控常态化，居民远行受限；同时，受疫情影响经济拮据的中小型企业投资减少，政府财政向防疫支出倾斜，大中客各细分市场相继受创，其销量始终保持在一个相对较低的水平。

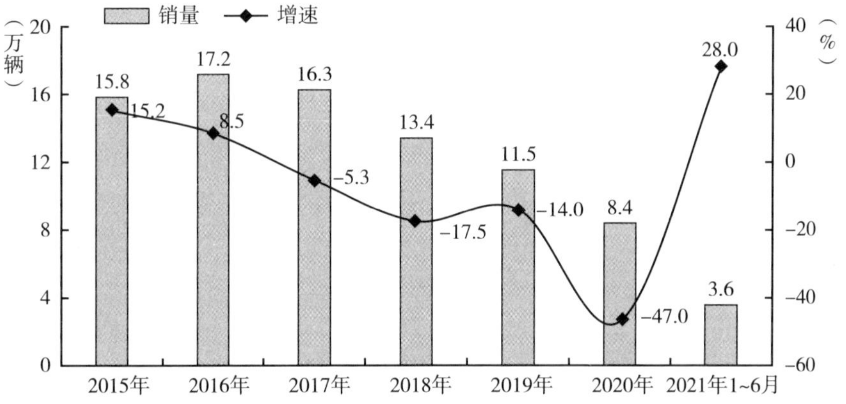

图14　2015年至2021年6月大中客市场表现

资料来源：中汽数据有限公司终端零售数据。

从历年的趋势表现来看，公交市场的比重呈现上升趋势，截至2020年，其比重已经高达65.3%。2021年1～6月，公交市场的比重回落至40.1%，回落的原因有三个，一是公路客车市场正在逐步回暖，在国家的严格防控下，国内疫情的复发被控制在小范围内，2020年疫情期间被抑制的消费需求得到了释放，国内居民旅游需求回暖，拉动了公路客车销量的回升；二是公路客车市场受排放升级影响需求前移，拉高上半年市场比重；三是公交市场表现低迷，目前新能源公交进入“低补贴时代”，公交市场回归市场调控，同时，往年政策调控下的集中采购严重透支了市场需求，公交市场发展放缓（见图15）。

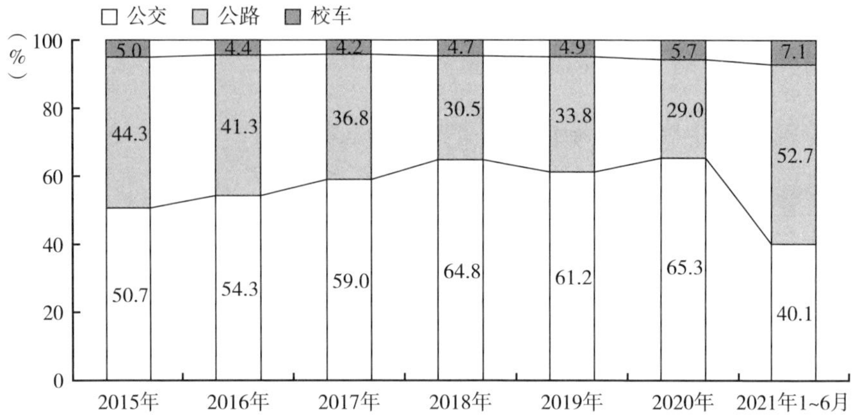

图 15　2015 年至 2021 年 6 月大中客细分车型结构走势

资料来源：中汽数据有限公司终端零售数据。

（六）轻客：电商、城市物流带动强势增长

2021 年 1 ~6 月，轻客市场销量 15. 2 万辆，同比提升 42. 6% （见图 16）。其中，宽体轻客销量 12. 1 万辆，同比提升 50. 8% ；窄体轻客销量 2. 3 万辆，同比提升 14. 8% ；中巴销量 0. 8 万，同比提升 25. 4% 。自 2020 年以来，国内的新冠肺炎疫情在小范围内不断反复，疫情防控常态化，居民自发减少出行频次，其生活对线上购物的依赖度提高，拉升线上零售业的需求，促进城市物流市场的增长，进而带动轻客市场厢式轻客、物流自备车等车型销量增长。此外，应疫情防控需求，医疗救护车、冷链冷保车、服务车等改装车的销量也保持在一个较高的水准。

从轻客需求结构看，宽体轻客比重增长较快，2021 年 1 ~6 月，宽体轻客比重高达 79. 9% ，较 2020 年全年提升了 4. 8 个百分点；窄体轻客比重 14. 9% ，较 2020 年全年下滑了 3. 3 个百分点；中巴比重 5. 2% ，较 2020 年全年下滑了 1. 5 个百分点（见图 17）。宽体轻客在动力、操控、空间、载重，乃至舒适性等方面均占据优势，且更易于专用车的改装，其在城市物流市场以及专用车市场更具竞争力。而窄体轻客市场，自“453 号文件”执行以来，一直呈现颓势。受限法律法规，作为曾经主销产品的 M1 类车型完全退出市场，现如今窄体轻客主要凭借其成本与通过性的优势立足低端改装车市场以及团体通

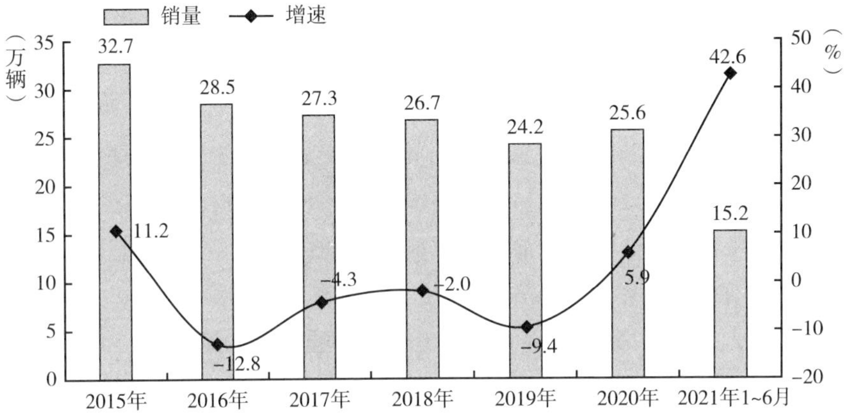

图 16　2015 年至 2021 年 6 月轻客市场表现

资料来源：中汽数据有限公司终端零售数据。

勤市场。此外，中巴车市场比重同样呈现下行的趋势，一方面是共享交通在“最后一公里”领域逐步替代了微循环公交，另一方面是低端的轿车、MPV 进入农村地区，压缩了农村公共客运的生存空间。

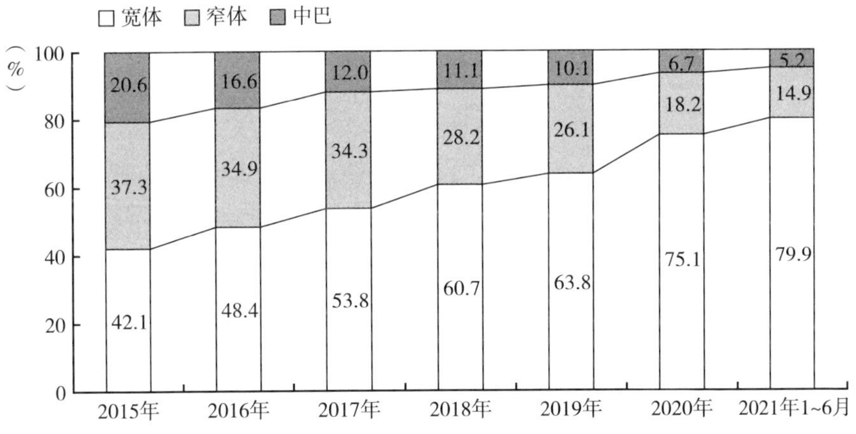

图 17　2015 年至 2021 年 6 月轻客需求结构变化

资料来源：中汽数据有限公司终端零售数据。

截至 2020 年 12 月 31 日，国内轻客市场保有量共计 202.5 万辆，其中宽体轻客保有量 101.3 万辆，窄体轻客保有量 68.0 万辆，中巴保有量 33.2 万辆。M1 类轻客主要以自备车的形式服务于城市物流市场，是城市物流市场的主力车型。目前，M1 类轻客保有量共有 39.6 万辆，占整个轻客保有量的 20%左右，随着国内道路安全管理趋严，“客货混用”将受到严格管控，M1 类轻客的比重将随之下降，这部分运力将逐渐向厢式轻客转移。此外，M1 类窄体轻客的保有量为 7.0 万辆，更新升级的过程中部分需求将转移至宽体轻客市场。车龄 7 年以上的车辆将成为主要的淘汰对象。

三　中国商用车市场发展环境分析

（一）经济环境：经济恢复重心转向内需，重点关注投资以及消费修复

2021 年上半年 GDP 同比增长 12.7%，两年平均增长 5.3%，比一季度加快 0.3 个百分点，经济增速基本接近疫情前水平。同时，经济呈现新经济发展提速、产业链全球领先等优势特点，工业生产快速恢复，高技术产品需求快速增长。在经济稳健修复的背景下，交通运输、工程建设、进出口贸易、工业品原材料供应等领域全面复苏，2021 年上半年商用车市场实现销量 267.1 万辆，同比增长 25.5%，商用车市场需求稳定增长。

从经济结构上看，三大需求投资、消费、进出口以及工业生产两年平均增速分别为 4.5%、4.4%、13.4%及 7.0%，工业生产和出口的高景气是上半年经济增长的重要支撑，投资以及消费恢复进程相对较慢，经济结构与常态化增长阶段的结构仍存在差异。具体来看，疫情对居民就业和收入的影响仍然存在，就业率虽然恢复至疫情前水平，但居民收入两年平均实际增速 5.1%，低于实际 GDP 增速，同样低于疫情前收入增长水平，可选消费和服务消费仍有较大的恢复空间。基建投资资金来源趋紧，需求放缓叠加周期因素导致制造业资本开支增长较慢。消费以及投资虽然持续恢复，但增长稍显乏力。出口维持快速增长得益于欧美等海外主要经济体经济持续修复需求增长，而东南亚等新兴市场出口型国家仍受疫情影响生产能力不足，我国快速恢复运行且完备的供应链在全球贸易中形成了较大优势。

下半年，经济发展将延续疫情后期新常态的发展优势，同时补充结构性短

板，经济增长重心从外需向内需转移，推动经济稳定发展。外需方面，在全球经济持续复苏情形下，发达国家即将进入全面重启和开放阶段，服务业加快修复进程，商品进口需求见顶，而发展中国家生产逐渐恢复，海外供给受限的情况逐渐缓解，我国出口的替代优势将逐渐减弱。考虑到，虽然全球经济修复持续推进，但“Delta”变异病毒仍在肆虐，海外经济恢复节奏仍受压制，预期外需对经济增长的贡献率将缓和下行。内需方面，国内疫情持续稳定，随着保就业、保民生一系列政策持续释放效应，内生动力不断增强，下半年旅游、出行等可选消费将持续回暖。财政节奏后置，2021 年上半年专项债发行规模不足全年额度的 30%，大规模专项债将集中在下半年发行，将有效打开基建的资金来源，拉动基建投资增长。同时，随着企业利润的不断修复、需求的不断增长，制造业投资内生修复动力也在不断增强。消费需求以及投资需求的恢复将成为下半年经济增长的重要支柱。受 2020 年前低后高基数影响，预期下半年经济数据缓辐下行，全年经济增速超过 8%，基本面对商用车需求形成稳定支撑。

（二）政策环境：加强事中事后监管并提升行业标准，有效拉动市场换购和增购需求

2021 年是“十四五”规划的开局之年，也是疫情后期恢复常态化的关键之年，政策从促进消费、兴建基础设施、加强事中事后监管、规范行业标准以及制定产业规划等维度入手，从短期到长期，促进商用车行业稳定可持续发展。

在宏观政策方面，实现“内循环”以及“乡村振兴”是我国经济发展的重要任务，2021 年国家持续出台多项政策促进消费。具体来看，在促进农村消费方面，政策多次提及鼓励购买 3.5 吨以下货车，淘汰不合排放标准的汽车并给予补贴，替换农用三轮车、四轮车，推进电子商务进农村和农产品出村进城。同时，提及推进农村基础设施完善，畅通城乡交通运输，构建城乡物流体系等政策，有效挖掘农村商用车市场新增及换购需求，其中满足短途轻量运输需求的轻微卡市场将被加速开发，扩大轻微卡市场规模。

在加强事中事后监管方面，2021 年工信部、交通部等部门陆续出台了多项政策提升商用车行业产品规范以及安全标准。其中，重点强调了加强危化品运输车辆整车及关键部件安全标准制定、规范发展专用校车、规范货车类道路机动车辆产品上装委托加装管理、加强治理公路车辆超限超载等领域，同时对

货运市场的运营规范以及市场垄断也进行了深入调查和市场规整，反映出了政策推动商用车行业安全、规范化、标准化发展的趋势，将有效提升商用车用户的用车环境以及权益保护。

在规范行业标准方面，2021 年上半年重型柴油车国六排放标准的全面实施给商用车尤其是卡车市场的销售结构带来了显著影响。下半年《机动车安全技术检验项目和方法》（以下简称《办法》）的实施或将继续影响轻卡市场。《方法》具体要求，自 2021 年 9 月 1 日起，轻微型货车将实施年检称重，轻型货车的空车质量应小于 4.5 吨。这一政策将直接导致不合格轻型货车无法上路行驶，这部分存量车型将被整改或淘汰，拉动需求的置换或转移。

在制定产业规划方面，上半年各地区纷纷出台“十四五”规划，商用车领域重点强调建设高效绿色的现代化物流体系，同时推动商用车新能源化发展，从而促进区域经济发展，调整能源利用结构。各地纷纷提倡绿色货运，对大量应用新能源货车运营的企业提供补贴，扩大营运区域，允许进入城区范围。此外，各地出台政策，基于具体应用场景，兴建基础设施，打破运营场景限制，持续改善新能源商用车在公交、环卫、机场、物流、港口等公共领域的使用环境，新能源车型比例将逐步提升。

综合来看，2021 年多项政策的出台都在推动商用车行业产品开发以及使用环节向规范化、专业化方向发展，将有效促进商用车市场的产品迭代，以及存量结构的更新，拉动市场换购和增购需求的稳定释放。同时，为推动“双碳”实现，新能源商用车的使用被重点关注，分场景新能源商用车运行稳步推进。2021 年下半年，政策将继续对商用车的市场发展以及优化起到“细水长流”的支撑作用，相对而言，下半年将实施的《机动车安全技术检验项目和方法》或将导致市场的明显波动。政策向行业内释放了轻型车标准化、规范化发展的信号，轻型车消费需求或将部分转向中型货车运营，对市场销量产生一定影响。

（三）市场环境：干线和支线运输需求齐头并进，多举措应对大宗商品价格上涨

2021 年上半年，受我国宏观经济持续复苏、商品消费稳定增长的影响，我国物流市场规模持续稳定增长。除 2 月受节假日和疫情防控要求影响 LPI、

中国仓储指数分别降至49.8%和48.9%外，其余各月两项指标均保持在50%以上，物流市场景气水平高位运行。其中，受新基建投资拉动影响，工业品物流总额稳步增长；受全球经济复苏影响，进口物流总额持续增长；受数字化赋能与政策利好的影响，与消费相关的物流总额保持高速增长。受上年同期高基数效应以及夏季物流业淡季的影响，预期三季度物流业景气指数将有一定程度的回调；考虑到“双11”等电商大促以及政策层面对公路交通建设的支持，预期四季度物流业景气指数回升。整体来看，预期下半年物流市场规模稳中有增，支撑商用车市场稳定增长的态势。从各细分市场来讲，国家邮政局“快递进村”工程的开展有助于释放农村地区对轻卡、微卡的需求；疫情凸显冷链物流建设的重要性，尤其是生鲜电商和疫苗生产企业对长途干线运输的需求，将对中重卡市场形成一定支撑。

另外，受各国大规模经济刺激政策和全球供应链断裂影响，全球范围内通胀预期高企，大宗商品价格持续高位运行，企业面临较大的输入性通胀压力。截至6月30日，全国大宗商品综合价格指数为1135，较年初上涨13.2%，同比上涨28.1%。细分各主要品种来看，钢铁等原材料价格上涨，使得商用车材料成本上升，车企利润空间受到挤压；受石油价格持续上涨影响，商用车运行成本增加，潜在客户车辆购置意愿下降；加之高通胀对企业利润的侵蚀，使得商用车市场在供需两端承压，预期政策层面将继续出台相关政策以平抑大宗商品价格波动。同时，通胀高企也将迫使车企加大研发投资力度，加快产品迭代，升级产品结构。

四 中国商用车市场发展趋势展望

进入“十四五”时期，我国经济更加注重高质量发展，推动内循环、新型城镇化发展、实现乡村振兴以及建设现代化物流体系等重大发展规划目标提出，商用车作为重要的生产资料，将在经济增长中发挥重要的战略性作用。随着商用车产业的持续发展以及技术水平的不断提升，商用车标准化、定制化、高端化以及清洁化等趋势将不断推动，市场将在产品和技术的不断更迭中稳定可持续发展。2021年，我国经济进入深度修复阶段，稳健的货币政策和积极的财政政策将持续向市场释放支撑效用。内生动力不断增长，消费短板深度修复，资本开支形成正向循环，重大工程项目加快落地，从基本面保障商用车需求稳定增长。老旧车辆淘汰、治超治限等政策，将有效拉动商用车的增购和换购需求。“双碳”目标的提出将推动新能源商用车迎来市场快速发展的机会。物流运输市场持续稳定增长，将持续带动商用车市场需求。总体来看，2021年商用车市场终端零售环境平稳向好，预计全年销售455.9万辆，与2020年销量基本持平。

从卡车市场来看，工程建设项目的陆续开工尤其是下半年基建投资的资金充盈、物流市场的稳定扩张以及现代化物流体系的建设、深度布局“最后一公里”短途运输都将有效拉动卡车市场需求的长期稳定增长。综合考虑2020年老旧车淘汰政策提前透支了2021年的部分需求，预期2021年卡车市场总销量416.6万辆，销量与2020年基本持平。同时，2021年7月1日起重型车国六排放标准的全面实施，促使经销商在上半年为“国五”卡车集中上牌，提前透支需求将形成需求前置的销售格局，下半年销量规模和增速相比上半年出现下滑。预期卡车市场下半年实现销量168.3万辆，同比下滑23.4%。

客车市场在下半年乃至未来1～2年销量将有所回落，主要源于轻客市场的收紧。受疫情影响，物流自备车、厢式轻客、医疗救护车、冷链冷保车集中采购与更新，城市物流市场的运力持续释放，透支了轻客市场未来1～2年的市场需求。大中客市场保持平稳发展，常规能源公交以及6年以上的新能源公交陆续更新，公交市场需求持续释放。而因国六排放升级提前消费的公路客车市场需求透支，未来市场将会收紧。预期客车市场下半年实现销量20.5万辆，同比下滑0.5%。

B.4 存量时代下汽车市场发展态势研究

李 康　袁义欣　岳素欣*

摘　要：　当下中国汽车市场正由依托增量快速扩张的阶段步入依靠存量稳步发展的阶段，二手车市场和增换购市场的重要性彰显，如何应对这一变化成为汽车企业在未来市场竞争中难以回避的重要问题。本文基于二手车市场和增换购市场当下的发展特征，对存量时代下未来汽车市场的发展趋势进行了综合预判。本文认为政策法规的不断完善及市场发展阶段的大势所趋，为二手车市场和增换购市场提供了有利的外部环境和内生动力，预计2021年二手乘用车市场规模将达到1600万辆左右，个人增换购用户对零售市场的贡献度将突破31%，企业有必要调整存量市场经营策略，实现精细化管理。

关键词：　存量时代　二手车市场　增换购市场

一　中国乘用车市场整体分析

近年来，我国乘用车保有量持续提升，为二手车市场发展提供重要基盘。与持续走低的新车市场相比，二手车市场呈现高速增长势头，2021 年 1 ~ 6 月，二手乘用车交易量 746 万辆，同比增长 14.0%，受疫情期间低基数影响，增速低于新车市场。二手车与新车比达到 0.71，较上年提升 0.16，与新车市场差距进

* 李康，中汽数据有限公司中级经济师，研究方向为汽车换购、二手车市场；袁义欣，中汽数据有限公司工程师，研究方向为二手车市场；岳素欣，中汽数据有限公司工程师，研究方向为乘用车换购市场。

一步缩小。而二手车市场比较成熟的美国市场，二手车与新车比为2.3，与之相比仍存在较大差距，我国二手车市场还具有很大的市场潜力待挖掘。2020年以来，二手车行业利好政策频出，将推动二手车市场进一步快速发展。

与二手车市场快速发展伴随而来的是增换购需求的快速释放。随着中国乘用车市场由快速增长期进入稳步发展期，增换购用户逐渐成为乘用车市场发展的重要推动力。中汽数据有限公司增换购数据显示，2021年上半年个人增换购用户贡献了314.2万辆新车销量，在整体零售市场中占比近30%，相较2020年提升了1.4个百分点，增换购市场重要性进一步凸显（见图1）。在这样的背景下，如何把握增换购市场发展特征及趋势、满足增换购用户需求、提升增换购市场竞争力便成为乘用车企业应当关注的重要话题。

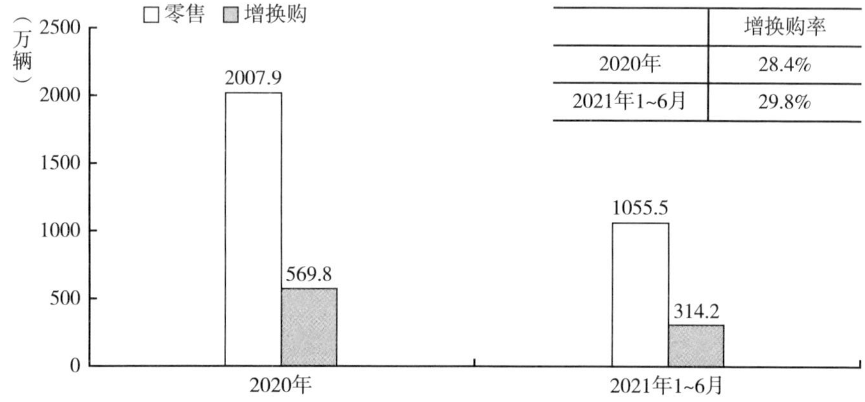

	增换购率
2020年	28.4%
2021年1~6月	29.8%

图1　2020年至2021年6月新车零售VS增换购

注：增换购率＝增换购规模/零售规模，直接表明增换购市场在整体零售市场中的重要性。
资料来源：中汽中心中汽数据有限公司。

二　中国乘用车存量市场发展特征分析

（一）中国乘用车二手车市场发展特征分析

1. 二手车市场呈现“老龄化”趋势

2021年1~6月，我国二手车车龄小于5年的车辆占交易总量的21.1%，与2020年相比下降3.9个百分点，而11年以上车辆占比由20.8%提升至26.6%，整体市场“老龄化”趋势加重（见图2）。一方面，5年内车辆主要是国五及以上标准，受整体经济环境及疫情影响，部分消费者收入降低，推迟车辆置换，首购车辆使用周期普遍延长至6~7年，国五、国六标准车辆尚未进入置换高峰期；另一方面，2011年国四标准开始全面实施，11年以上车辆国四标准占比增多，而国四标准车辆占据整体二手车市场47%的份额，这也是导致长车龄车辆比重增加的重要原因。

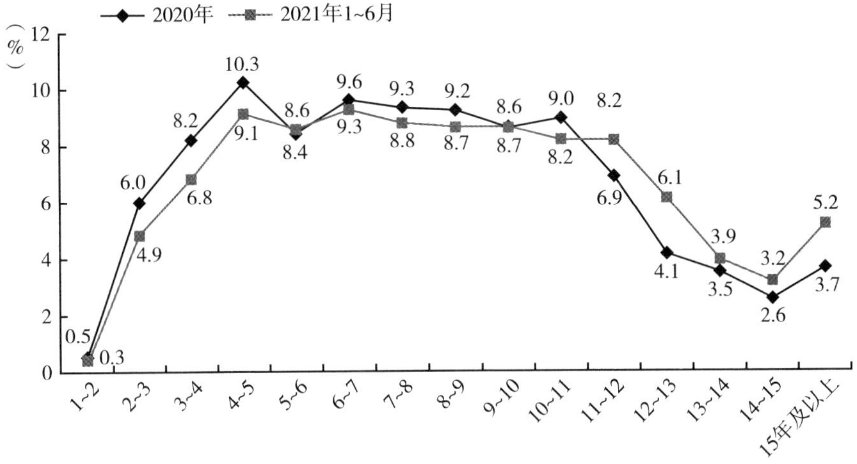

图2　2020年至2021年6月二手车车龄结构特征

资料来源：中汽中心中汽数据有限公司。

二手车车龄结构特征与城市发展水平存在一定的相关关系。发达城市车龄更趋于“年轻化”，以北京市为例，二手车车龄2~6年内占比51.3%，消费者更趋于选择车况优良的年轻车型。三、四线城市长车龄二手车更多，以枣庄市为例，二手车车龄集中在6~12年，主要由于三、四线城市消费水平低，消费者更注重性价比和实用性（见图3）。

2. 豪华品牌二手车交易势头增长迅猛，主流合资品牌仍是市场主力

2021年1~6月，豪华品牌二手车交易量76.3万辆，同比增长23.6%，非豪华品牌增速仅为13.0%，呈现高速增长势头，有效拉动了整体二手车市场增长。从供给端来看，豪华品牌车辆平均使用周期在4年左右，用户换车频

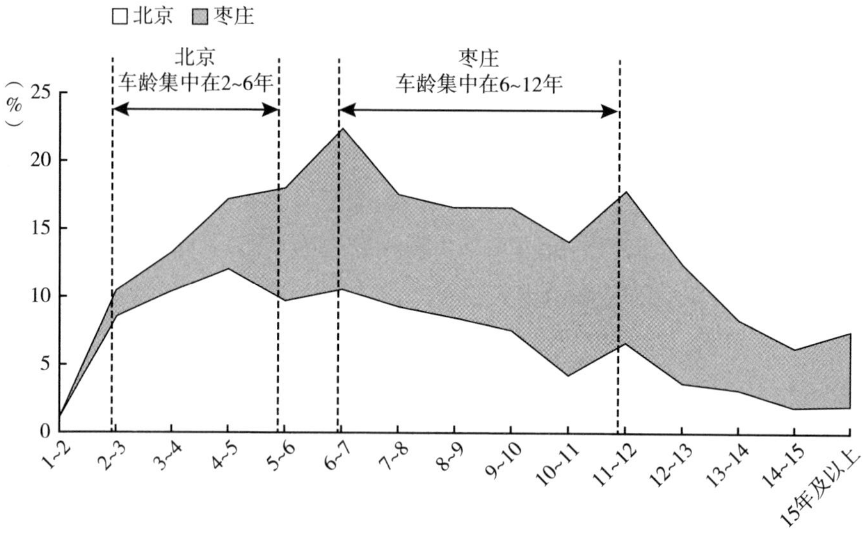

图 3　2021 年 1～6 月重点城市二手车车龄结构特征

资料来源：中汽中心中汽数据有限公司。

率相对较高，豪华品牌二手车车源增多。另外，豪华品牌二手车车龄更加“年轻化”，2021 年 1～6 月豪华品牌车龄 5 年内的占比 34%，高出非豪华品牌 10 个百分点，并且这一比例还在增加，这为豪华品牌提供了更多的优质车源。从需求端来看，受消费升级趋势影响，消费者对豪华品牌需求增长，带动了豪华品牌二手车市场的表现，同时消费者对二手车的接受度也逐步提高，部分消费者会放弃原有非豪华品牌新车购买计划，转而选择购买车况优良、性价比高的豪华二手车。这在一定程度上对豪华品牌二手车市场产生积极的拉动作用。

从豪华二手车车型市场来看，以 BBA 为首的第一阵营占据绝对优势，2021 年 1～6 月，二手车交易量 54.8 万辆，占据豪华市场 71.8% 的份额，头部效应显著。奔驰品牌交易规模在豪华二手车市场中排名第三，但 2021 年上半年增速达 28.8%，远高于排名第一的奥迪，未来发展不可小觑。在豪华二手车车型 TOP10 中，前九名都是奥迪、宝马、奔驰旗下车型，其中奥迪 A6L、宝马 5 系最为畅销，为豪华二手车市场贡献重要力量。近年来，BBA 品牌均非常重视二手业务，积极布局品牌认证二手车，对其二手车发展起到良好的推动作用。

合资品牌由于较高保有量和性价比，在二手车市场仍占据主导地位，2021年1~6月，市场份额占比55.3%。二手车市场TOP10品牌中合资品牌占据8席，其中，2021年1~6月，排名第一的大众二手车交易量高达92.5万辆，占据绝对优势，表明其更受消费者的青睐。自主品牌中五菱市场保有量大，加上其较强的实用性、可靠性和高保值率，在三线及以下城市拥有大量客户群体，二手车交易量仅次于大众，表现优异（见图4）。

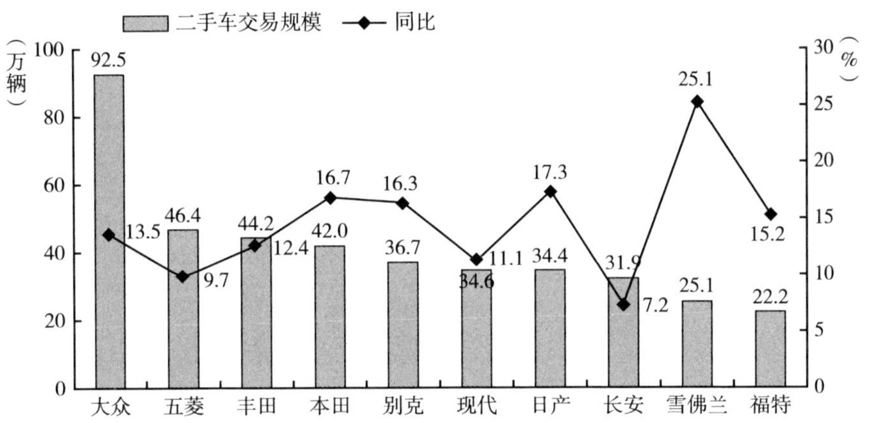

图4　2021年1~6月二手车交易量TOP10品牌

资料来源：中汽中心中汽数据有限公司。

从区域分布特点来看，豪华品牌主要集中在华东、华南、华北等经济比较发达的城市，其中北京、上海是豪华品牌的主要交易城市。合资、自主品牌的主要交易区仍然集中在华东地区，但受品牌厂商所在地和战略布局影响，一些主流品牌二手车市场交易呈现明显的地域差异性。如大众在东北、华北具有良好的客户群体，因此，大众在东北、华北的二手车市场份额明显高于其他地区。长安汽车总部位于重庆，战略布局侧重西南地区，使得长安在西南地区的二手车交易量远超其他地区。

3. 二手车跨区域流通性显著增强

二手车异地流转比重是反映二手车区域流通性的重要指标，随着取消限迁政策的逐步落实，一些地方性不合理限制相应取消，二手车异地流转走势呈现逐年增长趋势，2021年上半年全国二手车跨城市交易的比重为31.6%，高于近几年同期水平，二手车跨区域流通性显著增强。一方面，受取消限迁政策影响，国三及以下标准车型市场得到释放，实现区域流通；另一方面，国四、国五标准车型受限迁政策限制较小，2021 年 1 ~ 6 月，其二手车市场份额为 82%，相比 2016 年提升 22%，是拉动全市场异地流转比重提升的中坚力量，而且国五标准车型仍旧处于快速增长阶段。2021 年上半年，国六标准车型异地流转比重为 41.4%，虽然仅占 1.5% 的市场份额，但未来随着国六标准车型逐步进入置换期，国六标准市场份额将逐步增加，进一步带动二手车市场流通性的增强（见图 5）。

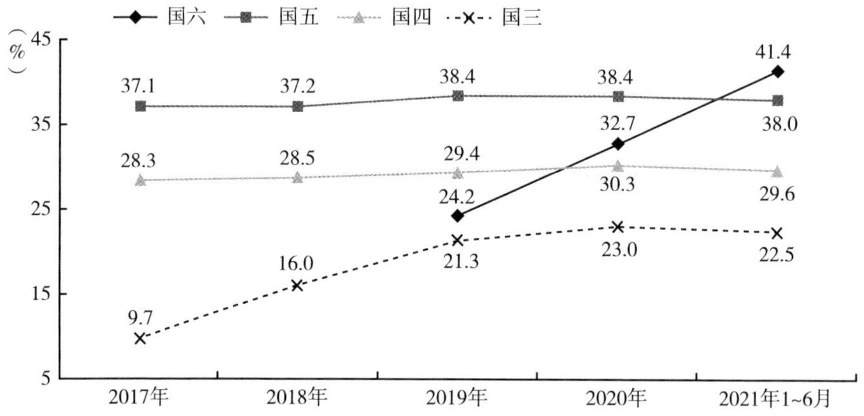

图 5　2017 ~ 2021 年 6 月不同排放水平二手车异地交易走势

资料来源：中汽中心中汽数据有限公司。

从品牌层面来看，二手车异地流转比重呈现豪华品牌 > 合资品牌 > 自主品牌的特点，主要受豪华品牌保值率高、车商更容易获得区域溢价因素影响。合资品牌中以丰田、本田、日产为代表的日系品牌跨区域流通性表现亮眼，其中，2021 年 1 ~ 6 月，丰田品牌异地流转比重为 39.7%，比肩豪华品牌，保值率高、市场基盘大、受众群体多是重要影响因素。一方面，日系品牌具有可靠、稳定、耐用的特点，这是很多消费者选择二手车的首要关注点，从而吸引了众多二手车消费者；另一方面，日系品牌产品布局相对完善，A、B 级轿车、SUV 等主要细分市场均有车型分布，为消费者提供多元化选择。同时，日系车新车降价空间不多，稳固了其在二手车市场的保值率，有效带动了跨区域流通性的提高。

（二）中国乘用车换购市场发展特征分析

1. 自主品牌增换购市场竞争力明显提升

相较2020年，自主品牌在增换购市场中的份额大幅增长4个百分点，提升至32.3%，直接反映出自主品牌在增换购市场中竞争力的增强（见图6）。而这主要得益于A级车和C级车两个细分市场的突出表现。在A级车市场中，自主品牌通过精准洞察并满足细分需求来提升自身竞争力，市场份额由2020年的33.2%提升至37.2%，其中，坦克300、哈弗大狗、五菱凯捷、欧尚X5等新车型的贡献较为突出。在C级车市场中，自主品牌主要借助新能源路线实现向上升级，市场份额由2020年的6.6%提升至2021年13.3%，其中，理想ONE、小鹏P7、比亚迪汉、蔚来ES8等车型的贡献较为突出。自主品牌在A级车和C级车市场取得进一步突破的路径存在差异，这两个细分市场对于自主品牌的战略意义也是有所不同的，A级产品的作用在于增强品牌国民度和知名度，而C级产品的意义在于提升品牌高度和档次。在存量竞争时代，持续满足存量用户的增换购需求意义重大，自主品牌应双管齐下，形成高端产品为中低端市场提供良好辐射力、中低端市场为高端产品输送优质用户的良性循环。

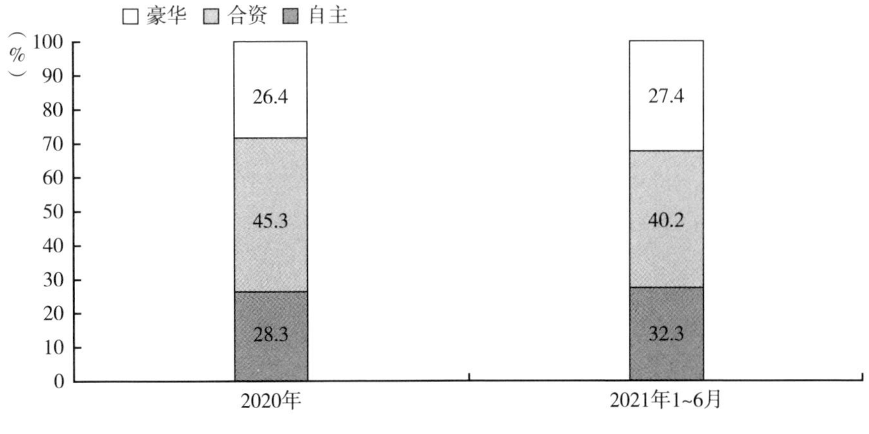

图6　各品牌类别增换购市场占有率变化

资料来源：中汽中心中汽数据有限公司。

2. 新能源车主增换购更具流动性和消费升级潜力

传统车增换购用户主要由 A 级车流向传统 A、B 级车市场，增换购前后具有相对稳定性，消费升级幅度不明显（见图 7）。而新能源增换购用户主要由 A00 级车流向传统 A、B 级车和新能源 B 级车市场，其中不乏特斯拉 Model 3、奔驰 C 级、宝马 3 系等豪华车（见图 8）。这一方面直接打破对于 A00 级新能源用户的固有认知，即购买新能源 A00 级产品的车主更多不是由于消费能力有限，而是由于新能源 A00 级产品恰到好处地满足了其某一细分使用场景的需求；另一方面直接体现出新能源 A00 级车主较强的流动性和消费升级潜力。

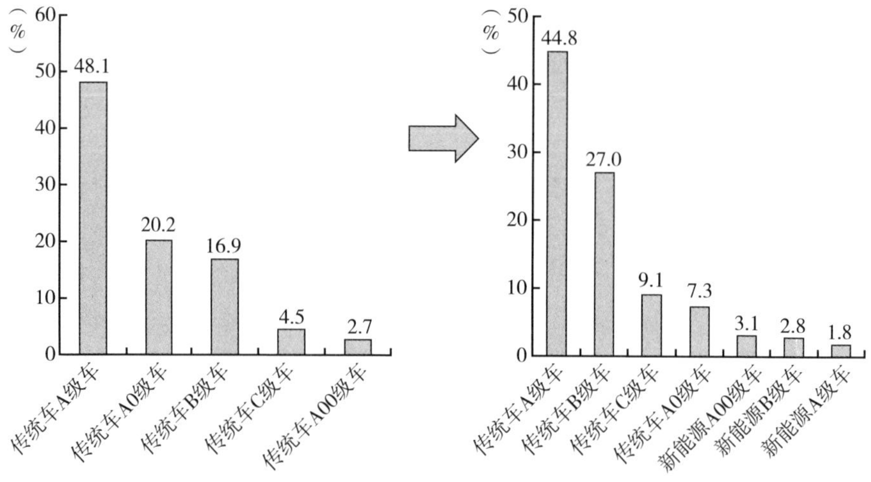

图 7　传统车用户增换购前（左）后（右）车结构对比

资料来源：中汽中心中汽数据有限公司。

目前，新能源 A00 级细分市场的存量用户规模已较为可观，同时新能源 A00 级车的产品属性、使用场景等决定了这部分用户的增换购周期相对较短。以宏光 MINI 为例，自 2020 年 6 月上市至今，其存量用户规模已接近 30 万，而目前部分宏光 MINI 用户已发生增换购行为。这一方面对于以五菱宏光为代表的 A00 级新能源产品主机厂的保客能力是一种考验，即如何引导 A00 级新能源用户在自身品牌内部实现消费升级；另一方面对于传统 A、B 级细分市场对应的相关主机厂也是市场机遇，即如何更好地承接 A00 级新能源用户的增换购需求，扩大自身的增换购市场份额。

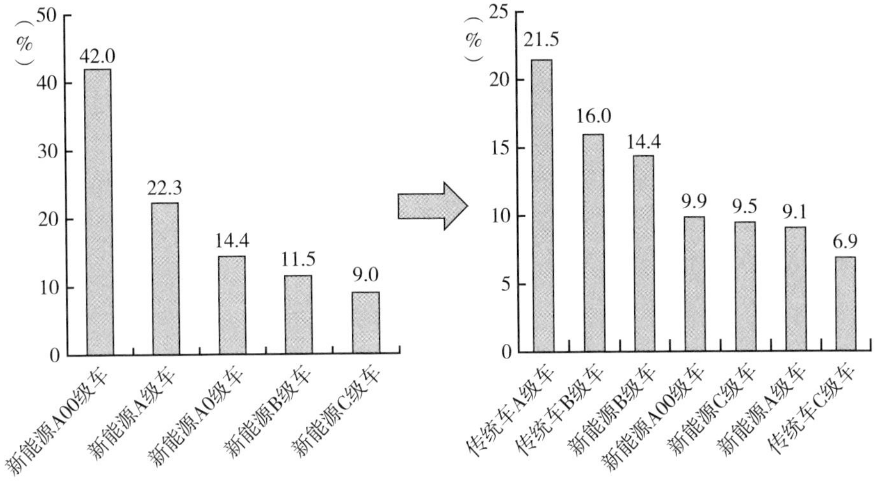

图 8　新能源用户增换购前（左）后（右）车结构

资料来源：中汽中心中汽数据有限公司。

3. "90后"用户消费意愿强，同时品牌观念开放

目前，增换购市场以"80 后"用户为主，占比达 41.0%，同时"90 后"占比已接近 20%，未来这一比例还将持续提升（见图 9）。这就意味着，当下车企提升增换购市场表现的重点在于满足"80 后"用户的增换购需求，但考虑到"90 后"的重要性不断凸显，如何更好地满足"90 后"的增换购需求将成为未来车企提升自身在增换购市场竞争力的重要抓手。

首先，从车型类别看，"90 后"相较其他年龄层用户更加偏爱轿车，对于 SUV 的热情相对较低（见图 10）。这主要是受以下因素影响：一方面，SUV 热潮盛行之时，"90 后"年龄尚小，对于汽车市场的关注度不高，因此整体上受 SUV 热潮的影响不大，"90 后"对于 SUV 没有像其他年龄层那样明显的情怀滤镜；另一方面，SUV 的一大卖点在于空间大、动力强劲，因此适合大家庭的集体出行。然而眼下"90 后"相当一部分尚未步入婚姻，或是刚刚组建小家庭，"90 后"所处的人生阶段决定了其对于大空间 SUV 的需求并不迫切。相比之下，省油耐用的轿车更受"90 后"推崇也就不足为奇了。

其次，在品牌类别的选择上，"90 后"也呈现出了鲜明的独特性。一方面，相较其他年龄层的用户群体，"90 后"首购时选择豪华品牌的占比最高，达

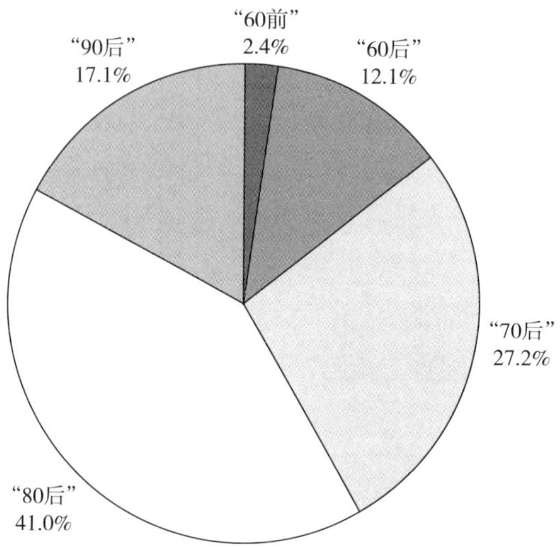

图 9　增换购市场年龄结构分布

资料来源：中汽中心中汽数据有限公司。

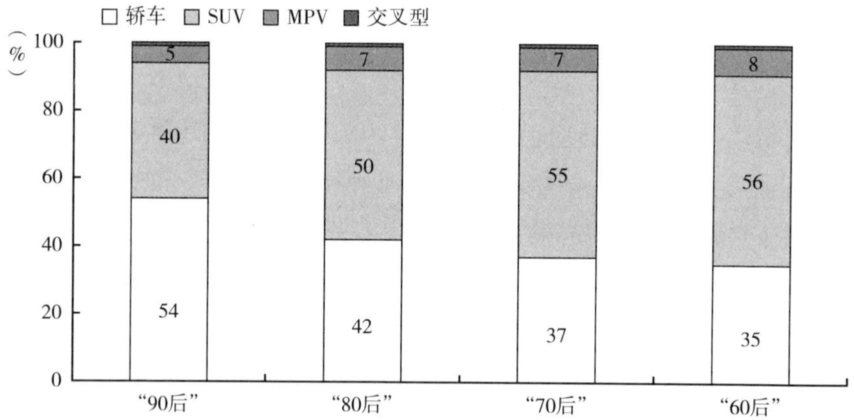

图 10　增换购用户车型类别选择

资料来源：中汽中心中汽数据有限公司。

15%，即购车起步点较高。这表明虽然"90 后"的财富积累程度尚不及其他年龄层，但"90 后"是更愿意为自己喜好买单的用户群体，他们有着较强烈的购买欲望。另一方面，相较其他年龄层的用户群体，"90 后"增换购时选择自主品牌的比例明显更高，达36%。这不仅是由于“90后”的品牌观念并不固化，所谓的豪华、合资、自主品牌之间的固有区隔对其购车决策影响并不大；也由于自主品牌近年来在迎合“90后”的外观审美、品牌认知等方面做出了更多尝试，并取得一定成效。综合上述两点来看，“90后”既有着较强的购买力，又具备开放包容的品牌观念，这对于造车新势力的兴起或是产品竞争力突出而品牌高度略显不足的自主品牌的再度崛起将是重要的市场机遇（见图11）。

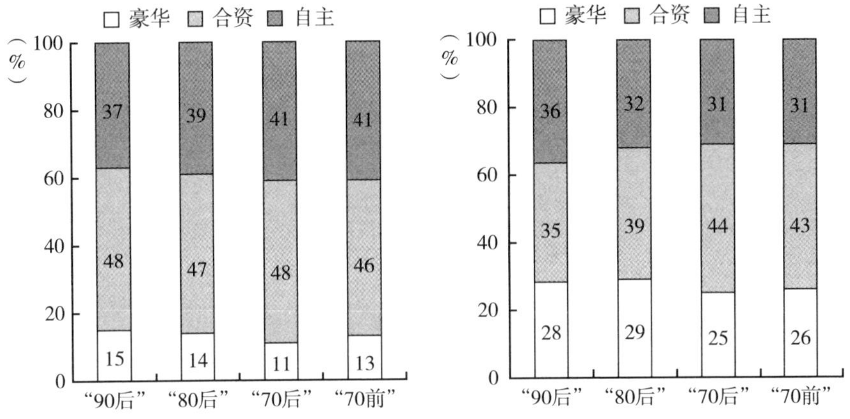

图11　各年龄段首购用户（左）和增换购用户（右）品牌选择

资料来源：中汽中心中汽数据有限公司。

4. 女性增换购偏爱豪华车、大车

随着女性经济实力和社会地位的提升，她们在乘用车市场中的角色也经历了由旁观者向参与者、决策者的转变，这一点在高学历、高收入、处于高级别城市中的女性群体中体现得尤为明显。目前，女性在增换购市场中的份额已近30%，重要性不言而喻（见图12）。此外，女性用户群体崛起的重要性不仅直接体现在当下的市场份额上，还将在日后对汽车企业的产品设计、品牌塑造、营销策略等产生深远的影响。因此，女性在购车决策过程中呈现出来的特征也成为车企的关注热点。

在品牌类别的选择上，女性明显更爱豪华车。女性用户增换购选择豪华车的比例达39.2%，这一比例几乎是男性的两倍，直接体现女性用户对于品牌档次、服务品质、产品质量等的较高要求。在车型类别的选择上，女性用户对

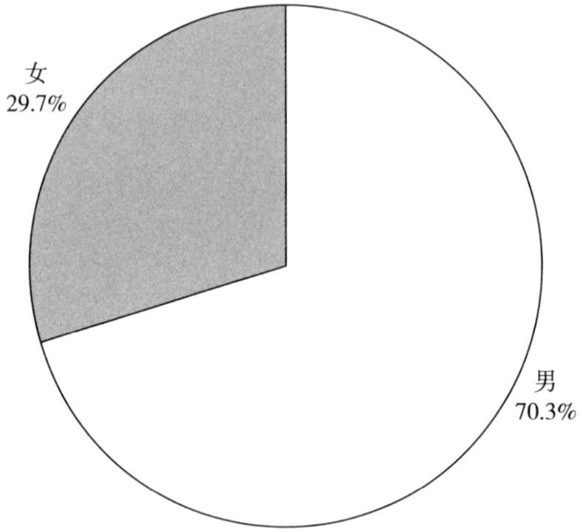

图 12　增换购市场性别结构

资料来源：中汽中心中汽数据有限公司。

于 SUV 的偏爱与男性相比可谓不相上下，这也在一定程度上打破了“男性买 SUV，女性买轿车”的刻板印象（见图 13）。

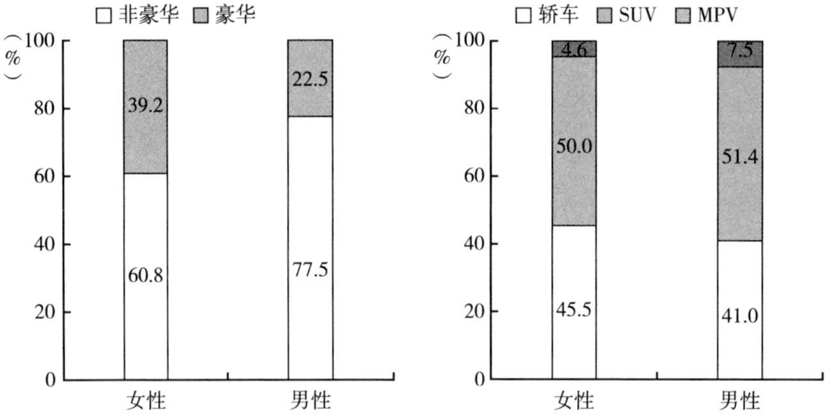

图 13　男性 VS 女性增换购品牌（左）和车型（右）类别选择

资料来源：中汽中心中汽数据有限公司。

燃料种类的选择上，女性增换购用户对于新能源产品的接受度相对更高，占比达 13.1%。这在一定程度上是由于受到了 A00 级新能源产品的拉动，A00

级新能源车型的主要使用场景为接送孩子上下学、买菜等，这与女性的家庭角色高度契合（见图 14）。

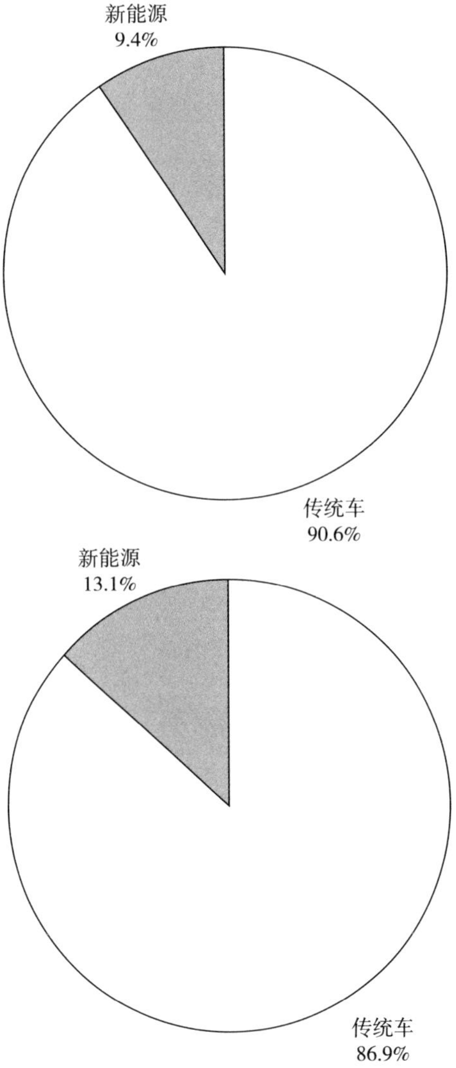

图 14　男性（上）和女性（下）增换购新能源类型选择

资料来源：中汽中心中汽数据有限公司。

但女性的增换购需求并非均由 A00 级产品带动，如图 15 所示，在车型级别的选择上，女性呈现出两头高中间低的特征，即选择 A 级产品的比例相对较低，选择A00级、B级和C级的比例均高于男性。这表明，女性的购车需求呈现出多元化特征，照顾家庭的确是女性用户日常生活的一部分，但其生活半径不止于此，工作需要或自我满足需要等使得高级别车型同样受到女性增换购用户的青睐。

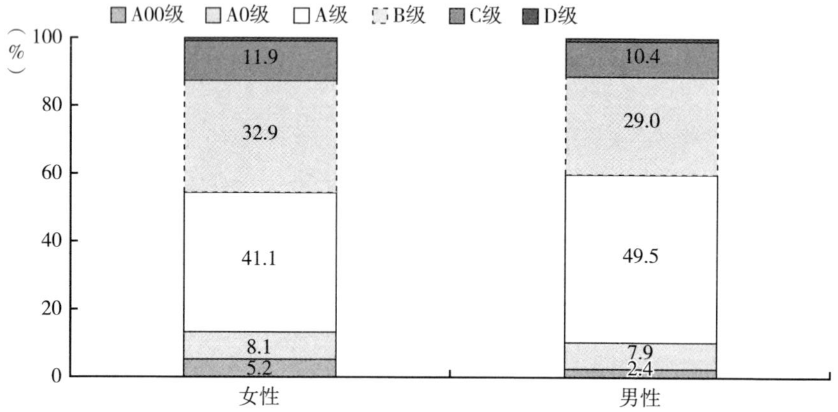

图15　男性VS女性增换购车辆级别选择

资料来源：中汽中心中汽数据有限公司。

三　中国乘用车存量市场展望及企业运营发展建议

（一）市场发展环境分析

从政策环境来看，2020年以来国家和地方层面出台多项政策和措施来推动二手车市场快速发展，其中增值税改为减按0.5%征收已于2020年5月正式落地实施，很大程度上降低了二手车经销企业的经营成本。进入2021年以来，在国家各部委"促消费"大背景下，二手车市场作为汽车市场的重要组成部分，多措并举加快流通。2月9日，商务部发布《商务领域促进汽车消费工作指引》，提出全面取消二手车限迁政策，除大气防治重点区域外，不得限制符合在用车排放标准的二手车迁入。"两会"政府工作报告中，再提"取消二手车不合理限制，促进二手车消费"。4月19日，商务部、公安部、国家税务总局联合印发《关于推进二手车交易登记跨省通办便利二手车异地交易的通知》，推进二手车交易登记“跨省通办”，实行档案资料电子化网上传递，并在天津、太原等20个城市开展试点。现阶段，全面取消限迁、二手车异地交易跨省通办正在各部门联合推动下逐步落地实施。河南、广东、重庆等地区也纷纷出台相应政策去除阻碍二手车流通的壁垒，加快二手车市场发展。未来随着“简化二手车经销企业购入机动车交易登记”相关政策的具体落实，二手车商品属性问题将得到解决，将更有效提升二手车流通效率并降低流通成本。

国家出台的“促消费”政策中提出加快淘汰老旧机动车，开展汽车以旧换新，有条件的地区可对淘汰国三及以下排放标准汽车并购买新车的给予补贴，上海、广东等地目前也正在开展“汽车以旧换新”专项行动，这将激发换购市场发展潜力，有效拉动换购市场增长。

总体来看，国家和地区已经出台了一系列促进二手车行业发展的政策，未来地方性政策将会持续跟进落实，各项法规、标准也会持续完善，推动二手车市场健康快速有序发展。“以旧换新”政策的施行及整体宏观经济的恢复向好、消费者购买力的提升，将带动换购市场的快速发展。

从市场环境来看，目前中国乘用车市场已由增量时代向存量时代转变，2020年中国乘用车保有量达到2.28亿辆，同比增长7.5%，二手车析出率5.9%，为二手车市场发展提供重要基础。未来，随着市场保有量的进一步增加，二手车市场规模将进一步扩大。

2021年以来，芯片短缺对汽车行业特别是新车市场带来了不利影响。一方面，通用、日产、北京奔驰、大众等主流企业由于芯片短缺纷纷宣布暂时关闭部分工厂或停产部分产品，汽车厂商库存持续下降。另一方面，部分车企通过减配来减少芯片对产品交付的影响，例如，奥迪7月5日公开向经销商发布公告，即日起交付的包含A6L、A4L、Q5L等热门车型暂时只配备一只钥匙，另一只钥匙需等到产能恢复的时候，由经销商向车主交付。同时由于新车供应不足，新车优惠力度普遍减小，这些因素将导致一部分急于用车的消费者转而选择购买二手车，一定程度上会刺激二手车市场的发展、给二手车市场发展带来一定机遇。

（二）市场发展趋势预判

疫情得到有效控制后，国家和地方的汽车“促消费”政策带动了汽车行业的逐步恢复，二手车市场也呈现快速增长势头。取消限迁、二手车异地交易跨省通办等政策红利的推动，将大大激发二手车市场活力。随着各项标准、法规的完善，健康、规范、统一的二手车市场秩序将逐步建立。金融、售后等相关服务体系的逐步健全将会给消费者带来购买新车的同等体验，进一步提升消费者对二手车的接受度，扩大二手车市场消费群体。从供给端来看，换购市场需求的快速释放将给二手车市场提供大量车源；从需求端来看，部分消费者受芯片荒和疫情期低收入影响，涌入二手车市场。综合考虑多种因素，预计2021年二手乘用车市场规模将达到1600万辆左右，同比增长超15%。

与此同时，增换购市场也呈蓬勃发展之势，2021年上半年增换购市场同比增速达42.8%，高出整体新车零售市场10个百分点，成为拉动中国乘用车市场的重要增长点。在宏观经济形势向好、乘用车市场恢复性增长的背景下，预计2021年全年个人增换购用户对零售市场的贡献度将突破31%，未来增换购市场的重要性还将进一步增强。

从市场经营主体来看，在政策影响下，原有的“传统二手车交易市场+小车商”的行业格局将发生改变，二手车经营主体结构将会重塑。增值税改革政策及后续临时产权政策的落地将让原有的依靠收取过户费的二手车交易市场或经纪公司收入降低，中小型车商、经纪公司将会逐步向规模化和经销企业方向转变，二手车商业模式将逐步由经纪模式向经销模式转变。大型经销商企业在二手车业务方面介入较早，在二手车车源和渠道方面具有天然优势，在各项有利条件推动下，经销商企业将成为二手车市场的中坚力量。二手车行业政策的推出也让主机厂认识到了开展二手车业务是行业发展的大趋势，豪华、合资、自主品牌车企纷纷布局品牌认证二手车，通过开展到店置换获取大量车源，同时带动新车销售。经销商企业及开展品牌认证二手车的4S店，在零售、金融、保险、检测认证等方面具有诸多优势，未来随着二手车业务的渗透和市场发展，将在二手车行业中扮演重要角色。

（三）企业运营发展建议

面对二手车市场快速发展、新车市场普遍“负毛利”的现状，一方面，企业需要加快二手车业务布局，特别是经销商企业和4S店要逐步转变之前依靠经纪公司和车商批售的模式，加强零售业务，实现批售与零售相结合；另一方面，企业需要转变经营思路，从重交易向重服务转变，通过加快完善检测认证、金融、保险、维修、保养等服务体系来获取新的利润增长点。同时，面对互联网及电商平台的冲击，企业需要创新发展模式，充分利用技术变革带来的机遇，综合利用线上线下资源，展开多方合作，拓宽业务领域，实现互利共赢。

从换购市场来看，一方面，为应对新形势下的市场发展挑战，企业有必要针对增换购市场开展精细化运营，从增换购市场分析、运营诊断、竞品对标、策略制定等方面入手，全方位提升增换购市场竞争力。另一方面，企业应对用户群体的变迁给予充分关注。当下“80后”无疑是增换购市场的主力，占比达41%，但“90后”的增换购需求会在未来2~3年快速释放，为了能在未来增换购市场竞争中占据优势，企业有必要未雨绸缪，从当下便对“90后”用户的增换购需求开展深入思考和研究。

B.5

大众汽车集团对中国汽车市场需求预测模型的数字化升级

张 岚　王 玮*

摘　要： 大众汽车集团市场研究部对中国汽车市场预测模型进行了颠覆性的升级，摈弃了使用多年的传统S曲线汽车保有量预测模型，创造性地提出了“人公里”这一全新概念，在大数据基础上，搭建多维度指标体系，对未来中国总的出行需求进行预测。大众汽车集团的市场分析预测模型数字化升级，将颠覆性的市场研究理念（以出行里程为研究重点而非购车需求）、海量的市场数据收集（调研样本量达到40000个）和先进的研究方法（大数据建模）相结合，对未来全新的中国出行市场进行研判预测，其成果将为政府决策和行业管理提供科学依据，有利于市场各方了解市场发展趋势，有助于中国汽车市场有序、高效发展。

关键词： 汽车市场　出行需求　市场预测模型

一　市场需求预测模型数字化升级的背景

（一）汽车销售趋势性变化

随着中国经济的高速发展，中国汽车产业也经历了几十年的快速增长期。

* 张岚，大众汽车（中国）投资有限公司集团销售市场部高级总监，研究方向为汽车市场；王玮，大众汽车（中国）投资有限公司集团销售市场部高级经理，研究方向为汽车市场。

1992 年，中国汽车产销量首次超过 100 万辆；到 2000 年，仅用 8 年时间就翻倍达到 200 万辆。同年，中国加入世贸组织，汽车产业更是进入黄金发展期。2008 年，中国成为全球乘用车销量冠军，并保持至今，巅峰是 2017 年的 2888 万辆。但是，自 2018 年起，受多重因素制约，中国汽车销量全年首次出现负增长，同比下降 2.8%。而 2019 年，受宏观经济下行、中美贸易摩擦持续、消费信心不足，以及“国六”排放标准提前实施、新能源汽车补贴大幅退坡等诸多因素影响，中国汽车销量同比下降 8.2%，仅为 2576.9 万辆，降幅进一步扩大。2020 年，受突如其来的新冠肺炎疫情影响，中国汽车销量下降为 2531.1 万辆。根据中汽协预测，2021 年中国汽车销量有望增长 4%，之后有望保持微增长，到 2025 年汽车销量有望达到 3000 万辆。

中国汽车行业的黄金发展期明显已经结束，汽车销售趋势已经转变，由快速增长变为小幅增长或微增长甚至开始下降。

（二）汽车行业新四化

汽车新四化：电动化、网联化、智能化、共享化。电动化，确切地说是新能源化，指的是新能源动力系统领域的发展和探索；网联化指的是车联网布局；智能化指的是无人驾驶或者驾驶辅助子系统；共享化指的是汽车共享与移动出行。

汽车“新四化”是汽车行业的大势所趋，由于更适合演变为高级智能移动终端，新能源汽车将迎来高速发展。汽车产业“新四化”已成为汽车行业公认的未来趋势，不具备“四化”特征便很有可能被淘汰。预计到 2027 年，在新购车用户中，“00”后将占 7.2%，“90”后占 41.8%，“80”后占 35.4%。这几代人是在互联网环境中成长起来的，无网络不生活。因此，汽车必将向高级智能移动终端演变，而新能源汽车将迎来高速发展。“中国制造 2025”作为我国制造强国战略的第一个十年行动纲领，将使数字化、智能化的产品创新和制造创新的共性技术在汽车产业集中体现，深化汽车制造业的生产模式和产业形态。

从具体和现实的方面来看，智能汽车较为成熟的和可预期的功能和系统，主要包括智能驾驶系统、生活服务系统、安全防护系统、位置服务系统以及用车服务系统等。可以看到，在智能汽车的定义中，传统的汽车只是提供了一个承载的物理平台，而智能汽车的智能，主要是由物联网、人工智能等信息技术带来的。

未来汽车本身也不只是一个代步的工具，因为智能化和网联化的突进，汽车将可能是一个移动的机器人，也是一个智能终端。汽车已经在融合智能手机的一切应用，很多功能已经司空见惯，如车载App、智能语音系统等，机器人的功能也已经部分应用，如自适应巡航系统、自动泊车等。

汽车将是应用到普通消费者中、综合最多先进科技的消费品。人类的先进科技应用，最大的普及性产品，就是汽车。汽车已经不仅是单纯的交通工具，而成为维系智能住宅、智能电网和智能社区，建立低碳社会，与生活息息相关的有效移动手段。目前，无论是新造车势力还是传统车企都将目光聚焦在两大方向，一是智能化，二是新能源，未来，二者相互融合或许还将创造出新领域。

汽车行业的“新四化”正在改变产业格局，如汽车行业以蔚来、小鹏为代表的新能源汽车的新势力造车企业，滴滴新出行模式等创新型企业的加入，极大地影响了产业格局。

（三）“出行1.0”向“出行2.0”的转化，“出行3.0”到来

传统汽车产业正在经历从“出行1.0”向“出行2.0”的转变。“出行1.0”的核心是交通工具的大工业化生产、道路的不断增加和公共交通作为人们出行的主要选择。“出行2.0”的主要特征是以共享出行为代表的出行服务的出现和蓬勃发展，其诞生的基础是数字技术、移动互联网技术和汽车新能源技术的突破性发展。根据预测，随着大数据的不断发展，5G、物联网（IoT）和自动驾驶的成熟应用，“出行3.0”时代也将到来：各种出行服务将进一步替代私家车，出行将变得“三维立体化且无缝连接”、“定制化”且满足客户更舒适、更经济、更便捷的需求。

（四）交通出行进入大数据时代

随着智能交通、智慧城市等概念的不断推进，城市交通领域已经具有较为成熟的数据采集和应用技术基础。海量的出行，将带来海量的出行数据。在大数据时代，由于信息搜集、处理和分析技术的进步，人们可以更为快捷地获取

或分析所需要的各项基础数据。大数据的采集和应用，为新时代城市交通的发展提供了新思路：一方面，大数据技术的应用为政府提升公共服务水平、促进产业创新提供了新的机遇；另一方面，大数据技术为企业了解和预测市场、分析客户、提升自身竞争力提供了有力工具。例如：企业可以借助大数据进行客户画像，了解客户的出行场景、对车辆和服务的需求，从而改善自己的产品和服务；也可以通过大数据分析，将不同城市进行市场潜力分类，从而确定市场开拓的优先次序；等等。

科技的日新月异、新玩家的进入、新商业模式的落地，不断提醒传统车企巨头，以新的视角审视行业变化，并对自己提出了新的问题："新四化"、大数据给汽车产业带来新业务机遇的同时也带来新的挑战，未来传统车企应如何积极有效备战以抓住新的契机并更好地应对挑战？

大众汽车集团市场研究部作为企业的战略性研究部门，充分发挥自身行业背景深厚、研究功底扎实的优势，与高校智库合作，形成"企研"合力，完成了"中国汽车市场需求预测模型的数字化升级"项目。在40000个客户调研访问、中国1980～2050年宏观经济统计和预测数据（分城市，320个指标）和全国交通大数据的海量研究数据基础上，提出了具有颠覆性意义的研究方法论，搭建了全新的数据模型，并取得了有说服力的研究成果。

二　市场需求预测模型数字化升级的意义

第一，当今世界，美国、欧洲、日韩等发达经济体，都要将"大交通"发展为"智慧交通"，并制定了相应的可持续发展战略。2019年9月，国务院发布《交通强国建设纲要》，首次明确了未来中国"大交通"的顶层设计，并将"大交通"产业定位成国家战略性产业，智能交通将融合汽车、通信、大数据和人工智能、新型基础设施建设等多个产业，成为拉动经济增长、占领科技高地的新引擎。而数字化是未来智能交通的前提，要想实现交通智能化，必须在硬件、软件、配套、政策支持、市场预测等各方面先实现数字化。

第二，无论是作为施政的政府机构，还是传统的汽车企业或是出行生态的各参与方，都需要对未来的用户出行需求进行深入的研究和准确预判。现有的预测方法主要关注私家车的购车需求增长，在"新四化"和"大交通"的发展大趋势下，需要新的预测方法反映购车市场和出行市场的需求侧变化，并结合自动驾驶、共享出行等新技术驱动的供给侧变化为市场的各个参与方提供战略性的决策支持，为政府提供决策支持，确保政策的合理性和行政管理的有效性，促进汽车市场的有序增长。

第三，中国级别各城市的经济发展水平、人口规模、人口密度、基础设施水平、公共交通供给、汽车消费和使用政策等存在显著的内部差异，需要进行差异化研究和预测，使得市场参与方和政策制定者能够真正做到“一城一策”。

第四，对新型汽车市场的规模预测方法论：以全民出行公里数（代替私家车购买需求）为研究重点，最终预测出各级市场的出行公里数增长趋势；据此可以推导出市场对各参与方需求增长规模，如新车增量需求（主机厂）、各类出行方式的增量需求（运营服务商）、零部件增量需求（零部件厂商）等。

第五，研究成果对政府精准研判、有效管理汽车市场将起到积极作用，对汽车市场各参与方的战略制定、目标确定、资源利用率提升起到支撑作用。

三　市场需求预测数字化模型的搭建

脱离了传统的S曲线汽车保有量预测模型，采用全新的研究体系从人的出行需求出发，综合考虑经济、人口、基础设施、城镇化率等宏观环境要素，电子商务、上门服务、居家办公等社会发展趋势，不同城市的限行限购等出行相关政策因素，人的不同出行场景、收入、家庭结构等微观要素，以及不同交通工具在成本、便利和舒适性上的综合效用，对未来不同级别城市不同出行场景的出行需求以及不同交通方式的出行规模进行了预测。

具体而言，我们提出了“人公里”这一概念作为预测的主要指标，“人公里”的概念就是：人数×出行里程数×出行的次数=总的出行需求。我们不再研究需要多少车，而是以人为核心，研究人的出行总量、出行场景、出行原因，进一步我们研究以什么样的交通方式去满足未来人的出行。

当确定了我们要以“人公里”这样一个出行单位来衡量未来出行需求的时候，就需要从三个维度进行深入的研究和分析。

第一个维度是出行场景。我们根据出行的必须或可选择性、高频或低频，把中国用户的出行大致分成了九类，比如日常通勤就属于高频的、必须的一种出行方式，休闲娱乐就属于非高频、可选择性的。

第二个维度是出行方式。包含了几乎所有能够满足人们市内出行的出行方式（不包含火车和飞机，因为本研究仅涉及市内出行）。

第三个维度是不同级别的城市。根据各个城市人口密度、经济发展、人的收入水平的不同，划分超大城市（如北京、上海）、大型城市（如南京）、中型城市和小型城市。

整个研究体系分为三大模块：出行总需求预测、非自动驾驶情境下的出行结构预测、自动驾驶出行服务场景下的出行结构预测。区别于常规的全国总量预测，每个模块均采用由下至上的预测方法，细分为不同城市类型、不同出行场景、不同交通方式、不同技术情景（是否出现自动驾驶出行服务），由各细分市场汇总为全国总需求和总出行结构。

对于自动驾驶出行服务场景下的出行结构预测，搭建了自动驾驶出行服务城市成熟度分级体系，综合考虑自动驾驶法律法规、试运行服务、智慧城市、智能交通、5G 等基础设施建设规划等因素，按照自动驾驶出行服务的引入时间点对城市进行分级，并结合消费者对自动驾驶出行服务的接受度和各种交通方式的综合效用，预测自动驾驶出行服务在不同城市的需求饱和点以及对其他交通方式的替代度。

在建模方法上创新性地采用传统的计量模型结合神经网络等大数据模型，将 40 个不同级别城市的 4 万个样本的出行调研数据、交通出行大数据、人口经济等统计数据有效融合，既发挥了大数据的代表性优势又发挥了调研数据对微观层面的多维度分析作用，以及统计数据的可预测性。

四　预测数字化模型的研究方法详述

一是出行需求研究。通过 4 万个样本的客户问卷调研，结合当前中国不同级别城市人的出行，从多个维度进行统计分析，包括场景、里程、次数、交通工具选择、费用等，归纳总结各级别城市人的出行需求，作为预测模型的基础。

二是人出行里程量化分析。通过将出行需求研究结果与全国交通大数据（高德地图）互相印证，对各级别城市人的出行里程进行量化分析，建立人出行里程预测公式：

人均出行次数 × 里程/次 × 人口 = 人的出行里程

三是多维指标体系建立。鉴别、筛选出与人的出行有关的多维度指标，并建立“出行里程宏/微观影响因素指标分析体系”，为出行市场行业研究竖立标杆（见图1）。

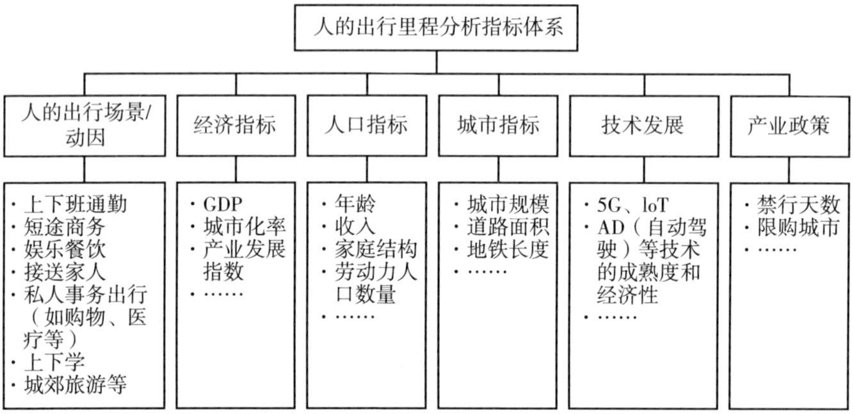

图1　出行里程宏/微观影响因素指标分析体系

资料来源：大众汽车集团。

四是多数据模型拟合。在以上研究成果基础上，综合运用 Lasso、Ridge 和 Elastic Net 等多个数据模型，建立人的出行里程分城市预测模型，最终得到 2019～2030 年的全国分年出行总里程。

五是出行方式特征数据库搭建。建立了最全面的不同出行方式特征数据库，为分析不同出行方式分担率打下坚实的数据基础（见图2）。

六是出行方式分担率确定。结合人的出行里程分析指标体系和不同出行方式特征数据库，利用多数据模型拟合，同时考虑各出行方式的替代关系，建立了客户选择出行方式可量化的选择模型：P（出行方式分担率）＝ g（人口统计、出行场景、宏观经济、基础设施、出行方式特征、法规等），将显著影响因子的数据代入时间序列，确定不同级别城市 2019～2030 年，分年的各种出

等待时间 单位：分钟

Mode
步行及骑行
公共汽车
地铁
摩托车及滑板车
私家车
出租车及网约车
拼车
长短租
分时租赁
自动驾驶出行服务

成本 单位：元/公里

Mode	超大城市	中型城市	小型城市
步行及骑行	0.20	…	…
公共汽车	0.16	…	…
地铁	0.35	…	…
摩托车及滑板车	0.50	…	…
私家车	2.91	…	…
出租车及网约车	3.10	…	…
拼车	2.17	…	…
长短租	2.00	…	…
分时租赁	1.95	…	…
自动驾驶出行服务	…	…	…

速度 单位：公里/小时

Mode	超大城市	中型城市	小型城市
步行及骑行	7.8	…	…
公共汽车	19.6	…	…
地铁	33.2	…	…
摩托车及滑板车	36.3	…	…
私家车	25.0	…	…
出租车及网约车		…	…
拼车	17.5	…	…
长短租	25.0	…	…
分时租赁		…	…
自动驾驶出行服务	…	…	…

图 2　出行方式特征数据库示例

资料来源：大众汽车集团。

行方式里程分担率。

七是建立自动驾驶出行服务城市分级别评分卡，以确定不同级别城市自动驾驶的应用成熟度，从而获得不同级别城市中长期出行里程发展曲线（见图 3）。

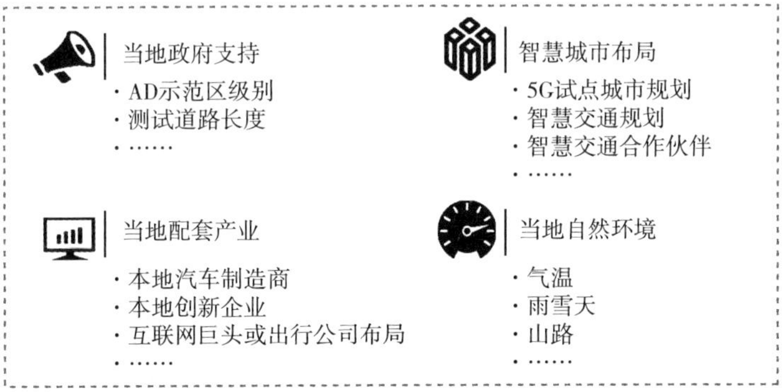

图 3　自动驾驶出行服务城市分级别评分卡示例

资料来源：大众汽车集团。

八是从出行里程数推导出新车销售量。通过大数据调研，得出现有不同交通工具年均行驶里程和载客量，结合未来出行里程预测，得出每年各种交通工具的保有量。更进一步，根据行业积累的不同交通工具（车辆）的报废曲线，推导出每年车辆的更新需求，从而对每年新车销售做出预测。

五　预测数字化模型得出的初步成果和意义

出行市场分析预测模型，将颠覆性的市场研究理念（以出行里程为研究重点而非购车需求）、海量的市场数据收集（调研样本量达到40000个）和先进的研究方法（大数据建模）相结合，对未来全新的中国出行市场进行研判预测，其成果将为政府决策和行业管理提供科学依据，有利于市场各参与方了解市场发展趋势，有助于中国汽车市场有序、高效发展。

预测数字化模型得出的初步成果：

第一，中国的总体出行需求在人口老龄化、劳动力人口减少、人口红利消失的大背景下，到2030年仍将实现50%的增长。实现这种增长的主要驱动力是城镇化的提升，城镇化会让我们的城市不断扩大，人们的出行半径会不断增加，同时随着人们收入的不断增加，休闲娱乐活动也会增加，这些共同带动了出行市场的增长。主要体现在：一个是出行的半径，也就是出行公里数的增加，另一个是出行次数的增加，总体来看，未来中国市场的出行需求将持续增长。

第二，出行场景的变化。与今天相比，到2030年，出行场景结构会发生变化。因为老龄化、数字化的发展，办公出行的比例是逐渐下降的；同时随着物流业、电子商务的发展，购物、餐饮、去银行取钱等生活服务的相关需求在下降，但是休闲娱乐等会随着人们收入的增加而不断上升。

第三，从城市内部的出行结构发展看，不同类型的城市由于基础设施水平、人口密度、经济发展水平的差异，出行结构未来的发展将呈现出显著的差异。超大型城市和大型城市仍以公交、地铁等公共交通为主，私家车出行分担率持续下降，共享出行随着自动驾驶出行服务的到来，份额快速上升。中型城市随着地铁的建设，公共交通的分担率持续提升，收入的提高也使得私家车的分担率小幅上升。小型城市由于公共交通供给有限，目前出行主要以个人的私家车和摩托电动车出行为主，随着收入的提高和道路设施的建设，私家车出行的份额将快速提升，也将成为未来私家车销售的主要增量空间。

第四，不同细分市场的增长趋势。出行服务市场（包含出租车及网约车、分时租赁、长短租和拼车）里程增速高于私家车里程增速，出行服务在大型和特大型城市更有增长潜力。自动驾驶出行服务随着成本的经济性、法律法规的出台，将在2030年左右实现快速发展，并替代现有的出行服务和私家车出行，尤其是家庭的第二辆车。私家车的增长更多来自中小型城市。

此次数字化升级是对我国交通行业市场需求研究的一次颠覆性理论突破，形成的研究结论和成果，已经在行业内引发热议和深入思考，并将对政策制定者、城市管理者、行业参与方产生持续、重要的影响。对国家政策制定者而言，它是制定大交通产业政策的重要参考；对不同级别城市的管理者而言，它是充分了解本城市特征、制定出行政策、打造智慧城市的有力工具；对传统主机厂家而言，它是分析消费者需求和市场走势、战略转型的决策依据；对“出行2.0”和“出行3.0”时代的出行生态中的各参与方（如充电桩厂商、出行服务商、自动驾驶技术方等）而言，它是了解客户出行需求和市场规模，发现商机、寻求合作机会必不可少的数据支撑。

B.6
高端电动车消费者画像及偏好特征研究

孟 健　檀浩琛　晋 娟*

摘　要： 在过去十几年间，我国新能源汽车从2000辆迅速增长至110多万辆，并且随着近两年豪华车销量的逆势增长、电动车市场体量不断增大，高端电动车这块“蛋糕”已经被越来越多的车企垂涎，特斯拉在中国市场风生水起，德系三强（奔驰、宝马、奥迪）也吹响了进攻高端电动车市场的号角，国内众多车企也推出了高端电动车品牌，如蔚来、极氪、岚图等。如何在高端电动车市场中准确抓取消费者需求是企业必须面临的挑战。本文以大数据为基础对高端电动车消费者进行深入洞察和分析，帮助车企获取高端电动车消费者画像以及偏好特征，以更好地迎接市场变革，把握消费者需求，实现精准获客。

关键词： 高端电动车　大数据　消费者画像　偏好特征

中国高端电动车市场体量不断增大，中国新能源市场与国际市场发展趋势基本一致，但国内新产品更加丰富，2019 年开始结束高速增长转为小幅下滑，但在 2020 年实现逆势上扬，累计销售 114.8 万辆，增长 24.4%。2020 年中高端新能源汽车保持高速增长（主要受特斯拉、蔚来产品拉动），月累计销售

---

* 孟健，中汽数据有限公司数据业务部产品数据室主任，中级工程师，研究方向为汽车产品及消费者研究、智能座舱；檀浩琛，中汽数据有限公司数据业务部产品数据室产品研究专员，助理工程师，研究方向为汽车产品及消费者发展趋势；晋娟，中汽数据有限公司数据业务部产品数据室研究助理，研究方向为汽车消费者。

26.1 万辆，增长 109.5%，占整体市场份额提升至 22.8%；其中 BEV 市场增势迅猛，累计销售 21.0 万辆，增长 164.0%，占整体高端市场份额提升至 80.2%。

特斯拉品牌发展前期销量受产能限制带来的交付时间长以及缺少低价位产品影响很大，随着上海超级工厂的建成、Model 3 的正式投产，2020 年特斯拉品牌销量快速拉升至 14.7 万辆。特斯拉稳居中国高端电动车销量第一名，因此本文后续将特斯拉车主和其他车主分开讨论。

一 高端电动车用户画像分析

（一）高端电动车车主基本特征

高端电动车总体市场男性占比 62.8%，女性占比 37.2%；已婚占比 81.3%，已育一胎占比 50.9%；“85 后”占比 36.6%，“80 后”到“95 后”占比为 89.4%；本科学历占比 62.0%，大专及以上学历占比 93.0%。

总的来说，特斯拉、蔚来及 BBA 车主均以男性为主，较为年轻，“85 后”为主，普遍已婚育有 1 孩，学历以本科为主；对比特斯拉、蔚来及 BBA 车主，特斯拉车主未婚比例较高，更为年轻化，而蔚来及 BBA 车主更成熟。

（二）高端电动车车主职业特征

高端电动车总体市场车主所处行业前五为计算机/互联网、金融/银行、贸易、服务/餐饮/旅游和房地产，职务占比较多的为中层管理人员、一般员工和企业主，单位主要是民营/私营企业。

特斯拉车主所处行业前五为计算机/互联网、金融/银行、贸易、服务/餐饮/旅游和房地产，职务占比较多的为中层管理人员、企业主和一般员工，单位主要是民营/私营企业。

蔚来及 BBA 车主所处行业前五为计算机/互联网、金融/银行、贸易、政府/非营利组织和专业服务/教育，职务占比较多的为中层管理人员、普通管理人员和一般员工，单位主要是民营/私营企业。

（三）高端电动车车主性格特点和兴趣爱好

高端电动车车主都较为外向开朗、热情豁达，而特斯拉车主相对更乐于享受生活，追求个性的表达和圈层文化，蔚来及 BBA 车主中存在一定比例相对内敛低调，生活态度较为平和，对个性表达也相对保守。

从兴趣爱好角度来看，特斯拉车主前五位爱好为旅行自驾、摄影电影、音乐乐器、户外运动和读书学习，蔚来及 BBA 车主前五位爱好为旅行自驾、摄影电影、户外运动、读书学习和交友聊天。总的来看，高端电动车车主兴趣爱好主要集中于旅游自驾、摄影、户外运动和艺术类等，其中特斯拉车主更加偏好音乐、读书这种比较耗时、提升自我修养的活动，而蔚来及 BBA 车主更加偏好交友聊天、社团活动这种互动类的活动。

（四）高端电动车车主收入及消费水平

特斯拉车主家庭年收入集中在 40 万 ~ 90 万元，占比为 57.2%（见图 1）；蔚来及 BBA 车主较特斯拉车主收入层级略低，集中在 30 万 ~ 80 万元（见图 2）。

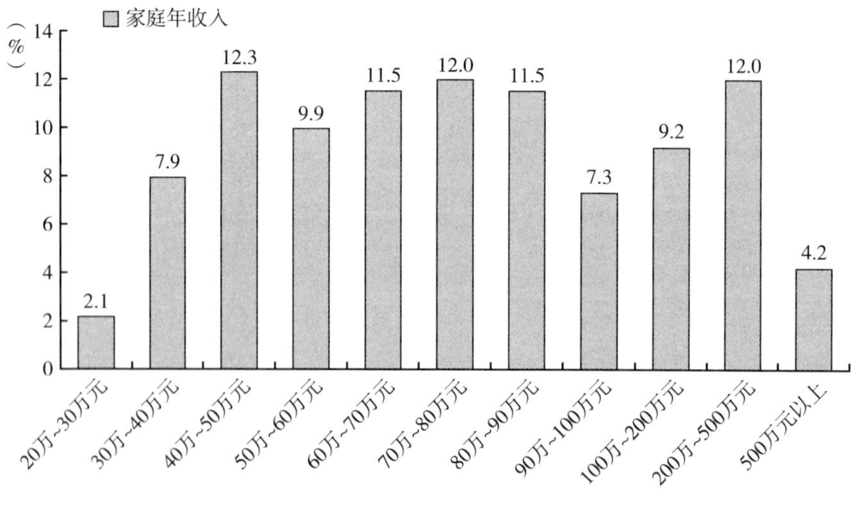

图 1　特斯拉车主收入情况

资料来源：中汽数据 2020 年高端电动车调研数据。

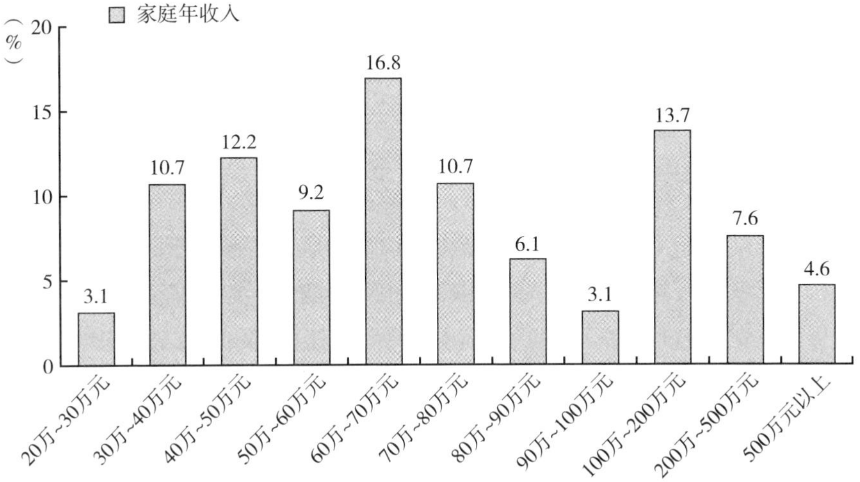

图 2　蔚来及 BBA 车主收入情况

资料来源：中汽数据 2020 年高端电动车调研数据。

特斯拉车主月消费集中在 5000～15000 元（见图 3），消费占家庭收入的 20%～30%，家庭可支配收入较充裕，家中通常有多辆车，购车用车较丰富；蔚来及 BBA 车主和特斯拉车主消费类似，消费占家庭收入的 25%～35%。

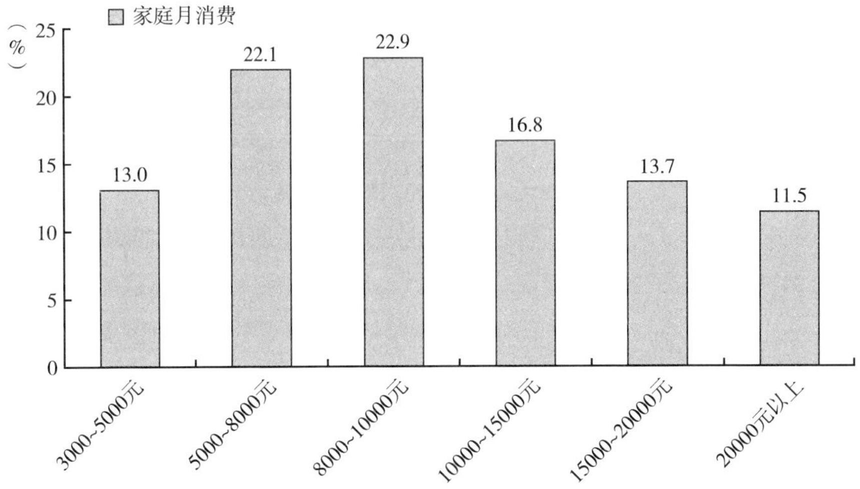

图 3　特斯拉车主消费水平

资料来源：中汽数据 2020 年高端电动车调研数据。

在消费偏好方面，特斯拉车主在旅行、数码产品、服饰和朋友娱乐等享受型消费方面占比较高，乐于尝试新鲜刺激的事物；蔚来及 BBA 车主除旅游外，对 3C 数码、服饰的消费偏好较强。

（五）高端电动车车主消费观

高端电动车车主认为购物是件新奇、愉快的事情，倾向于购买国内品牌的产品，不愿意进行超前消费。特斯拉车主相对更随性，愿意享受生活，追随自己的喜好消费，相对也更愿意进行超前消费，而蔚来及 BBA 竞品车主相对更理性，倾向于谨慎对比，也更愿意支持国内品牌。

（六）高端电动车车主工作观

高端电动车车主认为个人能力对工作重要。特斯拉车主整体对待工作更积极，更有事业心，渴望通过工作实现人生价值；而蔚来及 BBA 车主更希望工作和生活分开，希望能早日退休享受生活。

（七）高端电动车车主科技观

82.7% 的特斯拉车主、86.3% 的蔚来及 BBA 车主希望车辆搭载最新的娱乐功能；77.8% 的特斯拉车主、80.1% 的蔚来及 BBA 车主迫切渴望新鲜刺激的事物；83.4% 的特斯拉车主、84.0% 的蔚来及 BBA 车主对科学技术发展着迷，77.2% 的特斯拉车主、78.6% 的蔚来及 BBA 车主总是在寻找创新车型，88.8% 的特斯拉车主、92.3% 的蔚来及 BBA 车主希望车辆融入现代化技术。说明高端电动车车主普遍科技观较为开放，渴望尝试新兴科技产品，对科学技术的发展较为关心，乐于为新科技产品付费，其中特斯拉车主对新兴科技、创新车型的兴趣更强。

（八）高端电动车车主汽车观

88.7% 的特斯拉车主、93.1% 的蔚来及 BBA 车主对车辆充满热情，71.7% 的特斯拉车主、75.6% 的蔚来及 BBA 车主希望车辆反映社会地位，86.4% 的特斯拉车主、96.2% 的蔚来及 BBA 车主认为空间和舒适度是很重要的；70.9% 的特斯拉车主、82.4% 的蔚来及 BBA 车主愿意为车辆的环保功能交付溢价。说明高端电动车车主都对车辆有较高的热情，更看重车辆的实用性，更愿意为环保功能支付溢价。

（九）高端电动车车主聚类划分

依据背景信息（性别、年龄、学历等）、人群价值观、消费观、汽车观等多维因素，根据市场特点利用聚类方法，我们得出特斯拉竞品车主覆盖三类人群（分别为“潮流技术控”、“时尚达人”和“务实中产”）的结论。

1. 潮流技术控

潮流技术控是主力消费群体，以男性为主，“90 后”，计算机/互联网行业，追求新兴科技，渴望体验新鲜刺激的产品，对高科技品牌有天然的好感，主要看车辆的技术水平、智能化和独特的技术卖点。

2. 时尚达人

时尚达人以女性为主，“85 后”，影视/媒体行业，此类用户对技术不敏感，但认可新能源技术带来的潮流时尚属性，也关注新能源产品更丰富的车联网功能，渴望能拥有个性、高颜值、功能丰富的汽车产品。

3. 务实中产

务实中产是由传统大品牌转化到特斯拉及竞品的消费者，以男性、“80 后”/“85 后”为主，互联网/金融/贸易新兴行业，该类用户相对务实，对技术和创新有好感，但相对更理性，需要兼顾家庭实用和工作社交，购车时更看重可靠性和实用性，同时对品牌传达的社会地位有更明确的需求。

（十）高端电动车车主消费者画像总结

高端电动车车主的基本信息、职业特征、性格和兴趣爱好、收入和消费水平、工作观、科技观、汽车观存在共性和差异。

共性为以男性为主，均较为年轻，以“85 后”为主，普遍已婚育有 1 孩，学历以本科为主；行业特征相对类似，均以互联网、金融、贸易等新兴行业为主，主要是民营企业的中层管理人员；相对开朗豁达，乐于享受生活，较为外向，爱好旅游自驾、摄影、户外运动等活动；均为中高收入人群，相对热衷于享受型消费，数码产品和旅游消费占据主流；消费观普遍较为开放，认为购物是新奇、愉快的事情，愿意追随自己的喜好消费；普遍认为个人能力对工作很重要，对工作和事业态度较为积极；普遍科技观较为开放，渴望尝试新兴科技产品，对科学技术的发展较为关心，乐于为新科技产品付费。

差异在于特斯拉车主未婚比例较高，更为年轻化，而蔚来及 BBA 车主相对更成熟；特斯拉车主服务行业占比明显较高，有较高比例的企业主/老板，而蔚来及 BBA 车主政府 & 事业单位占比明显较高，且有较高比例的普通管理人员；特斯拉车主相对更乐于享受生活，追求个性的表达和圈层文化，注重提升自我修养，而蔚来及 BBA 存在部分车主趋于保守谨慎，相对内向，追求安稳；特斯拉车主家庭年收入集中在 40 万 ~90 万元，月消费集中在 5000 ~ 15000 元，而蔚来及 BBA 车主收入层级略低，集中在 30 万 ~80 万元；特斯拉车主相对更随性，愿意享受生活，也更愿意超前消费，而蔚来及 BBA 车主相对更理性，倾向于谨慎对比，也更愿意支持国内品牌；特斯拉车主更有事业心，希望在工作中获得成就感和满足感，而蔚来及 BBA 车主更希望工作和生活分开，希望能早日退休享受生活；特斯拉车主对新兴科技、创新车型的兴趣更强；蔚来及 BBA 车主更希望车辆能表达社会地位，倾向于选择实用性和豪华感兼具的车型。

二　高端电动车购车特征分析

（一）高端电动车车主购车动机分析

高端电动车车主购车多是因为日常通勤、收入增加车型升级、外出购物、接送孩子方便等家庭用途及品牌喜好，其中特斯拉车主受品牌因素影响购车的动机更强，蔚来及 BBA 车主购车更多是源自家庭使用车辆的实用性需求。

（二）高端电动车车主购买新能源车的原因

非限行限购城市消费者购买新能源车的原因主要是新能源车有补贴并且价格合适、节能环保、想要一个新能源品牌汽车、新能源车的配置高和使用成本低；限行城市消费者购买新能源车的原因是新能源车不限行、使用成本低和新能源车节能环保；限牌限行城市消费者购买新能源车的原因是新能源车不限行、节能环保、使用成本低和有补贴价格合适（见图 4）。

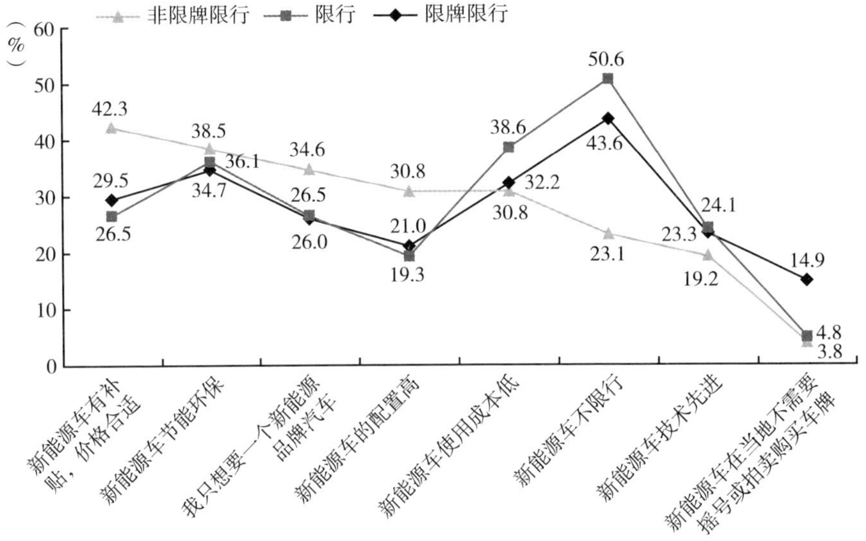

图 4　购买新能源车的原因

资料来源：中汽数据 2020 年高端电动车调研数据。

（三）高端电动车车主选购新能源车的顾虑

消费者选购新能源车的主要顾虑有续航里程短、电池寿命短、质量不可靠/不安全、动力不足和充电时间太长等方面，其中特斯拉车主对电池续航里程、电池寿命和动力性能的顾虑更突出，蔚来及 BBA 车主对汽车质量可靠性和安全性、配套设施以及保养维修的顾虑更突出（见图 5）。

（四）高端电动车车主购车关注及决策因素分析

从购车关注因素来看，消费者在购车过程中比较关注车辆的外观、动力 & 操控、安全性、乘坐舒适性、油耗/使用成本等因素，其中特斯拉车主更关注安全性和品牌，蔚来及 BBA 用户更关注内部空间和售后服务。

购车决策因素与关注因素情况一致，其中特斯拉车主购车过程相对更关注外观、安全性、续航和品牌，蔚来及 BBA 车主更关注内部空间、内饰和售后服务。

消费者购车关注和决策排名前三的因素分别是外观、动力 & 操控、安全，消费者关注的外观有科技感受、车身尺寸适宜性、线条的流畅度和造型的美观

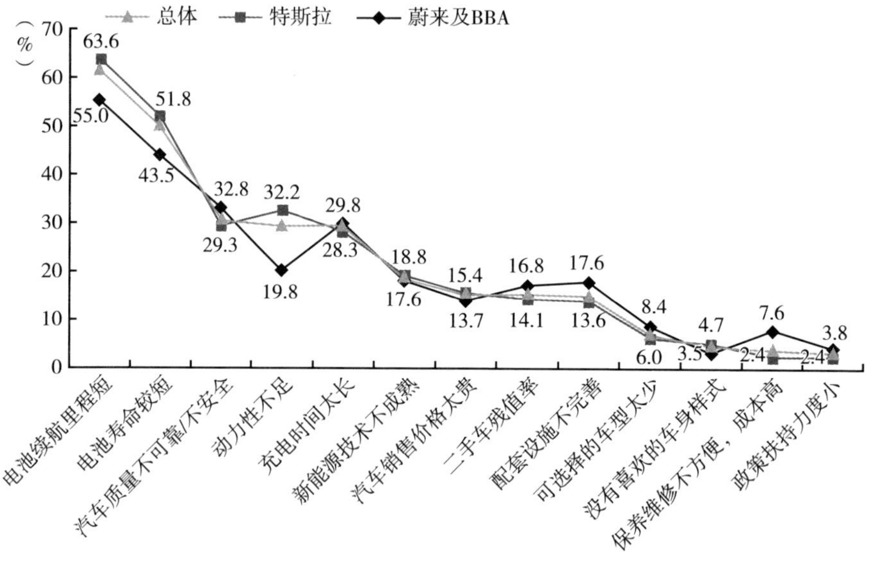

图5 选购新能源车的顾虑

资料来源：中汽数据2020年高端电动车调研数据。

度，动力 & 操控主要包括加速性能、转弯能力和驱动方式等方面，而消费者在安全方面主要关注网络安全性、电池安全性和软件程序的安全性能。

（五）高端电动车车主购车品牌倾向

高端电动车车主有8成在购车过程中有品牌倾向，其中特斯拉车主品牌倾向性更强。从品牌偏好来看，对特斯拉品牌偏好最强，超90%；其次是蔚来品牌，占比54.8%；排第三的是BBA等豪华品牌，占比28.4%，其中特斯拉车主对该类品牌偏好度要强于蔚来及BBA车主（见图6）。

（六）高端电动车车主品牌印象

高端电动车车主对特斯拉的品牌印象主要为电动车引领者、科技、简约、自动驾驶、降价等；对蔚来的品牌印象主要为豪华、换电、国产、NOMI等（见图7）。特斯拉品牌优势在于自动驾驶和驾驶体验上，劣势主要为售后服务差、降价严重；蔚来品牌优势在于配置高、换电方便，劣势有续航短、车机断网等。

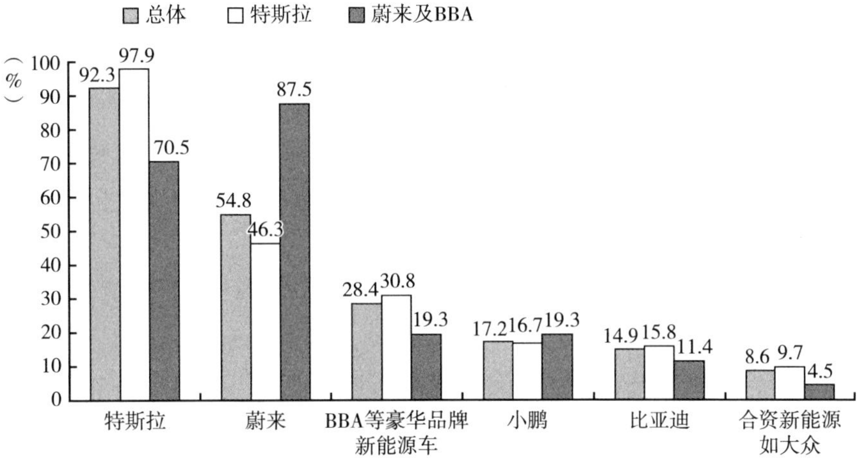

图 6　购车品牌倾向

资料来源：中汽数据 2020 年高端电动车调研数据。

图 7　特斯拉、蔚来品牌印象

（七）高端电动车车主全新 & 油改电动型偏好分析

高端电动车车主普遍偏好初始即为纯电的车型，觉得油改电版本比较陈旧，理念上缺乏新意。对于油改电产品，蔚来及 BBA 车主比特斯拉车主的接受度略高。

（八）高端电动车车主电池类型偏好

24.6% 的特斯拉车主和 51.9% 的蔚来及 BBA 车主对三元锂电池和磷酸铁锂电池偏好度较高（由于市面上大多车型采用了三元锂电池和磷酸铁锂电池），还有 30% 左右的车主觉得无所谓，对电池类型的关注度不高，主要选择可依赖的大品牌。

（九）高端电动车车主对不同续航里程的购买意愿分析

高端电动车车主对400~500公里续航购买意愿较300~400公里续航有显著提升，接近80%，500~600公里续航占比87.3%，达到一个比较满意的续航区间。因购车成本提升，用户对大于600公里续航里程车辆的购买意愿略低于前者，其中特斯拉车主的购买意愿达到87.2%。

（十）高端电动车车主购车特征总结

高端电动车车主在购车特征方面的动机、原因、顾虑、关注点存在共性和差异。

共性为购车动机多是因为日常通勤、收入增加、车型升级、外出购物、接送孩子方便等家庭用途及品牌喜好；主要原因是不限行、环保、成本低和有补贴等；主要顾虑因素有续航里程短、电池寿命短、质量不可靠和不安全、动力不足和充电时间太长等方面；消费者在购车过程中比较关注车辆的外观、动力&操控、安全性、乘坐舒适性、油耗/使用成本等因素。从偏好分析角度来看，一是有较强品牌偏好，对特斯拉、蔚来品牌倾向较强；二是偏好初始即为纯电产品，觉得油改电版本比较陈旧；三是对电池偏好不明显，主要倾向于三元锂电池和磷酸铁锂电池；四是车身轻量化对购车影响较大；五是特斯拉及竞品车主对400~500公里续航购买意愿较300~400公里续航有显著提升，接近80%，500~600公里续航达到一个比较满意的续航区间。

差异点在于特斯拉车主受品牌因素影响，购车的动机更强；更加看重新能源车的环保属性，想要一个新能源汽车品牌并更加认可新能源的先进性；对电池续航里程、电池寿命和动力性能的顾虑更突出；更关注安全性和品牌；蔚来及BBA车主购车动机源自家庭使用车辆的实用性需求；看重新能源车的高配置；对汽车质量可靠性和安全性、配套设施以及保养维修的顾虑更突出；更关注内部空间和售后服务。

三　高端电动车使用特征及满意度分析

（一）高端电动车用途

总体上高端电动车用户的车辆用途以上下班代步为主，比例在80%以上，其余用途主要为外出购物、出门散心、户外自驾游等个人及家庭用途，特斯拉、蔚来及 BBA 车主在车辆用途上基本相似，以上下班代步为主（见图 8）。

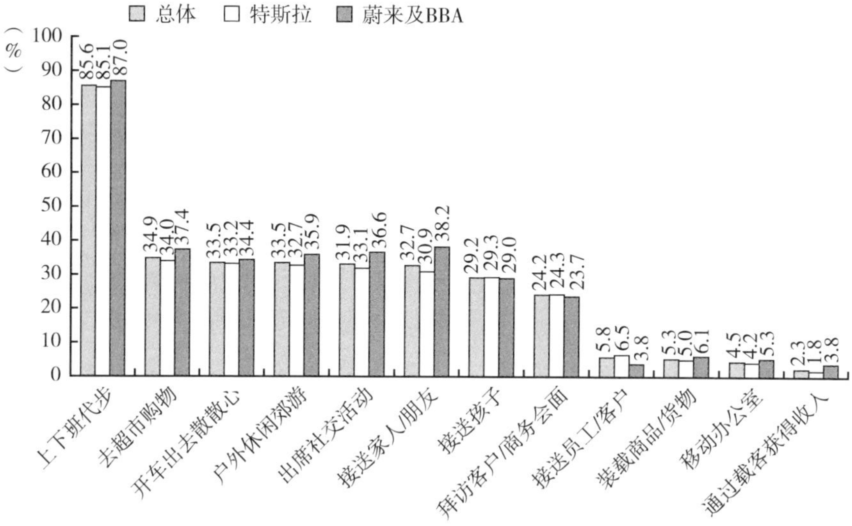

图 8　高端电动车主要用途

资料来源：中汽数据 2020 年高端电动车调研数据。

（二）高端电动车出行特征

首先，高端电动车用户车辆最远出行距离集中在 300～400 公里，主要为中短途行程，只有 5.3% 的用户出行距离大于 500 公里，目前市面上主流高端电动车的 NEDC 续航在 400～500 公里，大于 500 公里的行程对纯电动车来说是巨大的考验。特斯拉用户车辆行驶距离大于 400 公里的比例要高于蔚来及 BBA 用户车辆，这可能由于特斯拉目前在全国范围内超充桩数量已经超过 6000 桩，对特斯拉车主来说，补能高效、方便，易于出行至较远距离。

其次，高端电动车用户车辆通常乘坐 2～3 人，在工作日时间内总体行驶里程集中在 20～60 公里，日行驶里程超过 60 公里的比例不超过 15%，节假日日行驶里程主要集中在 100～200 公里，以周边短途自驾游为主，其中特斯拉车主长途出行及多人出行情况多于蔚来及 BBA 车主。

电动车的主要活动范围依旧以城市内居多，远途自驾多数车主选择燃油车或者其他交通工具如高铁、飞机等。

（三）高端电动车使用场景分析

绝大部分用户的使用场景为上下班代步、接送家人和假期的短途自驾游。上下班过程时间和路程相对较短，30～50公里居多，而周末和假期会有短途自驾游，普遍是省内或周边，路程能达200公里。

传统车辆的功能更多是出行。纯电动车基于可再生电能这种天然优势，功能应该承载更多吃住行，比如一个移动空间、移动的床，可以在车上生活娱乐办公休闲等。车辆在设计的时候就需要设计人员从更宽更高的角度出发，关注环保、经济、健康、私密性等。

（四）高端电动车充电设施情况分析

总体上，高端电动车车主家和单位附近有充电桩/充电站的比例很高，充电设施较完善，很少出现充电焦虑的情况。即使家和单位附近无充电桩，也是正在规划或者正在建设充电桩。值得注意的是，蔚来及BBA车主家里方便安装充电桩的比例要高于特斯拉车主，目前特斯拉的超充桩在全国范围内分布较为广泛，并且在充电速率上也要优于市面上绝大部分电动车，因此特斯拉车主家充电桩比例相对较低。

（五）高端电动车充电习惯分析

高端电动车车主通常选择在家充电，其次是单位充电桩或者家附近的充电桩。相对于慢充，快充的频率略高，特斯拉车主主要选择快充充电，而蔚来及BBA车主主要选择慢充充电；绝大部分车主会选择在晚上6点之后充电，大部分城市在晚上12点之后有波峰波谷电价政策，充电成本更低。充电频率方面，高端电动车车主基本每3～7天充电一次，其中特斯拉车主的充电频率要低于蔚来及BBA车主。

高端电动车车主在续航里程剩余50公里出现焦虑的频率最高，且蔚来及BBA车主在此阶段出现焦虑的占比明显高于特斯拉车主，而特斯拉车主在70公里出现续航焦虑的占比明显高于蔚来及BBA车主。100公里以上出现焦虑的比例最小。

（六）高端电动车额定续航里程和实际续航里程差距分析

（1）分车型来看，高端电动车总体额定续航里程和实际续航里程差值比为29.7%，特斯拉 Model 3 及特斯拉 Model S 续航里程差最高，特斯拉 Model X 的续航里程差值比是最小的。

（2）分城市来看，高端电动车在南方城市的额定续航和实际续航差值比略大于北方，北方城市中的郑州和南方城市中的深圳是续航里程差值比最小的城市，北方城市中的沈阳续航里程差值比较大主要是受温度的影响较大。

（七）高端电动车车辆评价分析

高端电动车车主主要的满意点 TOP3 分别是综合续航里程、车辆使用成本比传统车型低及不限行，Model S 车主比较注重能够对环保做贡献。

高端电动车车主主要的不满意点 TOP3 分别是维修保养费用、配置装备和综合续航里程，同时车主较为不满意的点还有空间、动力性、安静的驾驶舱等方面。

（八）高端电动车使用特征小结

高端电动车主要用途是上下班代步、外出购物、出门散心、户外郊游等个人及家庭用途，其中上下班代步比例在80%以上；最远出行距离通常为300~400公里，乘坐人数集中在2~3人，工作日行驶里程集中在40公里以内，节假日行驶里程集中在100~200公里；车主家和单位附近有充电桩/充电站的比例很高，充电设施较完善，很少出现充电焦虑的情况；通常都选择在家充电，其次是单位充电桩或家附近充电站，相较于慢充，快充的频率略高，绝大部分用户都选择晚上6点以后充电，基本每3~7天充一次电。

四　高端电动车整车产品需求分析

（一）高端电动车外观内饰风格偏好分析

（1）外观：高端电动车车主都偏好跑车运动感、舒适豪华感、极致速度、前卫科技、尊贵气度的外观设计，其中特斯拉车主对具有跑车运动感、极致速度感的外观偏好度更高，而蔚来及 BBA 车主对具有尊贵气度感、更大空间感和大气舒展的外观造型偏好度更高。

（2）内饰：高端电动车车主对于车型内饰最看重科技智能、做工精细以及前卫年轻化。其中，特斯拉车主更加看重前卫年轻化、未来感以及个性简约的内饰风格，而蔚来及 BBA 车主更加偏好做工精细、高档豪华感、大气稳重端庄的内饰风格。

（二）高端电动车续航需求分析

（1）最满意续航里程：高端电动车车主最满意续航里程为 400～600 公里，其中 400 公里续航蔚来及 BBA 车主满意占比明显高于特斯拉车主，而特斯拉车主在 600 公里以上续航满意的占比要高于其他车主。

（2）最小续航里程：高端电动车能接受最小续航里程大部分集中在 300～400 公里，300 公里之下接受人数占比在 20% 左右，蔚来及 BBA 车主最小续航里程的接受度为 400 公里左右。

（3）续航衰减满意度：当仪表显示续航里程减少 100 公里时，实际续航为 80 公里以上消费者比较满意；当实际续航为 50～80 公里时，消费者不太满意；而当实际续航为 50 公里以下时，消费者非常不满意，特斯拉车主对续航衰减的满意度相对较高，可容忍能力较强。

（三）高端电动车充电时间需求分析

（1）最满意充电时间：高端电动车车主最满意快充时间为 30 分钟左右，最满意慢充时间为 6 小时左右；快充方面两类人群选择相当，慢充方面特斯拉消费者最满意慢充时间为 6 小时，而蔚来及 BBA 车主对慢充的满意充电时间更长，在 8 小时左右。

（2）可接受的最长充电时间：高端电动车车主可接受最长快充时间为 1 小时左右，可接受最长慢充时间为 8 小时左右；快充方面两类人群选择相当，慢充方面特斯拉车主可接受慢充时间为 8 小时，而蔚来及 BBA 车主对慢充的可接受充电时间更长，在 10 小时左右。

（3）日常需求：高端电动车车主总体希望 30 分钟可达到电量为 60%～

80%，蔚来及 BBA 车主希望达到电量 80% 的占比更高；多认为充电达到 80% 即可满足日常使用需求，其中特斯拉车主认为 60% ~70% 的电量可满足日常需求的比例更高（需求较低），而蔚来及 BBA 车主对 90% 电量的认可度更高。

（四）高端电动车车主配置需求偏好

高端电动车车主对配置需求更加偏好主动安全（含 ADAS 配置）、被动安全配置，对舒适性功能配置、操控类功能配置需求较高，但对车辆工艺和其他个性化配置需求度较低。特斯拉用户更加偏爱被动安全和操控类配置，蔚来及 BBA 用户更加偏爱主动安全配置和座舱内饰类配置。

（1）主动安全类配置需求度分析：总体来看，主动刹车、360°全景影像、前方碰撞预警系统等配置的需求度比较高。相比来看，特斯拉车主对主动刹车的需求度更高，蔚来及 BBA 车主对 360°全景影像和前方碰撞预警的需求度更高，其中，盲点显示、注意力辅助系统需求差异较大。

（2）车机娱乐类配置需求度分析：总体来看，远程控制、车辆状态监测、导航功能等配置的需求度比较高。相比来看，蔚来及 BBA 车主对远程控制和车辆状态监测的需求度更高，特斯拉车主对导航功能的需求度更高，其中，维修保养/救援、入侵报警需求差异较大。

（3）个性化高科技智能配置需求度分析：总体来看，夜视系统、虚拟钥匙、AR 导航显示的需求度比较高。相比来看，特斯拉车主对夜视系统的需求度更高，蔚来及 BBA 车主对虚拟钥匙和 AR 导航显示的需求度更高，其中，手势控制需求差异较大。

（4）车机方面需求度分析：高端电动车车主主要希望车机提供个性化服务，安装的 App 有音乐、地图、视频，希望的交互方式为语音识别、触摸屏，相比来看，蔚来及 BBA 车主对与我的电话或家庭计算机相通的服务和免费服务需求度更高，且对语音识别的需求度明显高于特斯拉，但对触摸屏和方向盘控制器需求度相对较低。

（五）高端电动车售后质保服务类感知价值分析及偏好分析

高端电动车车主较代客充电更倾向免费到店充电服务，此外对终身质保偏好度明显较高，并且愿意为终身质保付出高价值，相比来看，特斯拉车主对终身质保偏好度更高，蔚来及 BBA 车主对终身道路救援、终身车联网服务偏好度更高。

（六）高端电动车增值服务包偏好分析

高端电动车车主对增值服务包的接受度较高，对全年车辆维修全包和每年 6 万公里内车辆保养全包等售后增值服务的偏好度更高，其他竞品车主较特斯拉车主对增值服务的选购意愿更强。

五　小结

2016～2020 年我国 GDP 稳步增长，2020 年受新冠肺炎疫情影响，我国 GDP 增长 2%，但仍为全球唯一正增长经济体；在 GDP 增速平稳的大环境下，央行降准、“房住不炒”、促进经济内循环等政策频频出台，为汽车行业营造了积极的消费环境，将有助于汽车消费市场的蓬勃发展。

在 2019 年之前，新能源市场处于政策驱动时期，此时产品问题较多，政策和出行成本是用户购买的主要驱动力；而随着 2020 年后的补贴逐步退坡，新能源市场将迎来市场驱动转型期，品牌和产品技术力是这一阶段的发展重点，到 2025 年，新能源技术成熟度进一步提高，成本逐步与燃油车拉平，服务生态逐步完善；2025 年之后，智慧城市时代到来，将迎来新能源车逐步取代燃油车的稳步发展期。

高端电动车车主以年轻用户为主，乐于尝试新鲜事物，对智能技术相关的产品有着天然的好感；此类用户普遍供职于新兴行业，中高收入，家庭压力不大，有条件和热情体验创新的新能源产品，此外，该类用户生活轨迹较为固定，且活动轨迹周边都有一定的充电条件，较少进行中远途自驾。该类消费者希望产品外观具备运动感和科技感，看重前卫年轻化和未来感的内饰；最满意续航在 600 公里以上，希望快充时间在 30 分钟左右，慢充 6 小时左右。看重自动驾驶方面的体验，对主动刹车、夜视系统、远程控制等配置需求度也都较高。对三电和电池终身质保、终身道路服务较满意，也认可其价值，也愿意为全年车辆维修全包和每年 6 万公里内车辆全包等增值服务付费。

B.7
中国乘用车市场智能网联装备搭载趋势研究

孟健　李杨　晋娟*

摘　要：近年来，中国乘用车市场已经由增量市场转为存量市场，搭载智能网联装备的汽车已经成为乘用车市场新的销量增长点，结合大数据分析，中国乘用车智能网联装备渗透率逐年上升；本文从中国乘用车智能网联装备发展背景、政策环境、技术现状等多个角度对中国乘用车市场智能网联装备搭载趋势进行分析，指出了目前智能网联装备发展所面临的问题，并提出了发展建议。

关键词：智能网联装备　大数据　乘用车市场

一　中国智能网联装备发展背景分析

（一）智能网联汽车工业发展背景

随着汽车工业的迅速发展，中国汽车市场已经由存量市场转变为增量市场，消费者对汽车的智能化、网联化提出了更高的需求。

智能化通过本身的车载传感器了解周围信息。在车用通信技术不成熟的

* 孟健，中汽数据有限公司产品数据室室主任，中级工程师，研究方向为汽车产品及消费者研究、智能座舱；李杨，中汽数据有限公司产品数据室研究员，助理工程师，研究方向为汽车产品及消费者；晋娟，中汽数据有限公司数据业务部产品数据室研究助理，研究方向为汽车消费者。

背景下，主要应用自主式技术路线，但依赖传统的汽车软硬件技术架构的自主式技术路线限制着智能驾驶向更高水平发展，对车载计算芯片和传感器提出了更高的要求。一方面，增加了成本和功耗的压力，同时安全性和可靠性也有待检验；另一方面，受到单点信息交互时间滞后的影响，智能化的效率也变低了。

网联式发展路径则是借助车联网和车载互联网的相关技术，在车－路－云三者之间进行信息传递；而随着基础设施的网联化、通信技术的应用、地图和定位技术精度的提高，车辆可靠性也得到不断提高。

结合我国国情和汽车时代发展背景，构建具有中国特色的智能网联汽车需要融合自主式和网联式智能。但由于我国复杂的交通环境和不同于西方国家的驾驶行为，国外标准的智能系统无法适应国内的情况，因此需要匹配中国治理机制的智能网联汽车产业相关标准。

（二）智能网联汽车市场规模增长趋势及研究

2020 年，全球市场具有车联网功能的车占比为 45%，预测至 2025 年可接近 60%。中国市场具有车联网功能的车比例逐步增加，预测在 2025 年将超过 75%，高于全球水平，如图 1 所示。

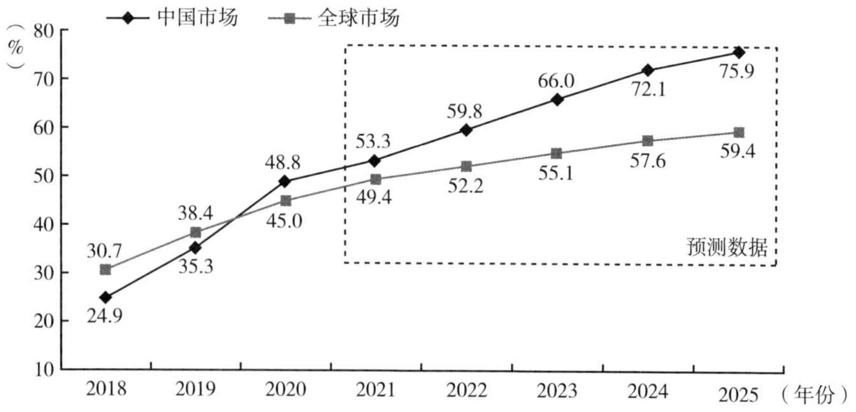

图 1　2018～2025 年智能网联功能新车渗透率趋势

资料来源：据公开资料整理。

未来，中国智能汽车市场将位列世界第一，车联网汽车将达到2800万辆。2020年中国市场汽车具备智能化和网联化功能的比例分别为22%和50%，市场规模达到2556亿元，如图2所示。

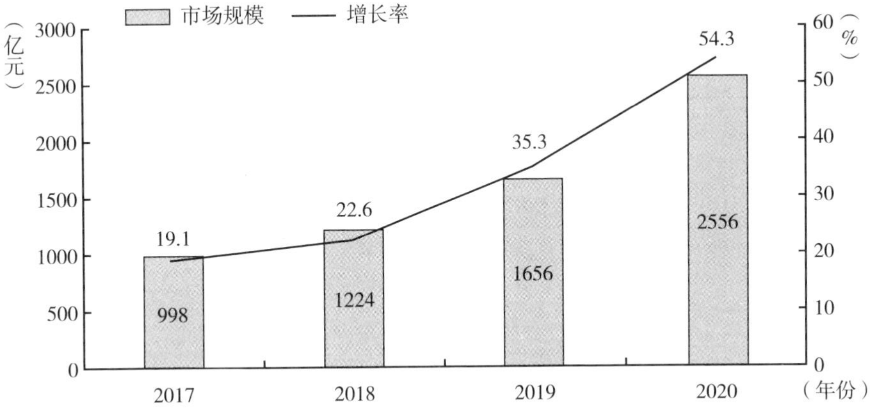

图2　2017～2020年中国智能网联汽车市场规模

资料来源：据公开资料整理。

网络技术的提升对智能网联汽车发展将起到推动作用，得益于完善的通信基础设施，2019年中国车载网络已全部升级至4G，目前有公共服务平台项目，如建设"5G＋车联网"的平台即将开展，目的是搭建开放性基础环境，促进车联网、5G网络和北斗等技术的共同创新，从而创建汽车产业智能网联的创新生态，至2025年，5G网络的应用比例预计将超过50%，5G技术的广泛应用、人工智能技术的提升、大数据技术的普及、新能源汽车的市场涌入推动了中国车联网市场的高速发展。

随着国内车企、互联网企业等加快布局自动驾驶领域，软件定义汽车时代到来，智能车联俨然成为汽车行业大势所趋。全球市场有45%的新车搭载了车联网功能，预测2025年近60%的车搭载。中国搭载车联网的汽车市场也在增加，预测2025年75%的车搭载。如今，包括5G网络、大数据、人工智能等，都促进着车联网市场规模的扩大和发展。

（三）智能网联汽车政策环境分析

在政策驱动、5G网络的推动下，我国智能网联汽车政策逐渐完善，　方面多种激励政策措施保障了汽车产业稳固发展；另一方面在新冠肺炎疫情背景下，国家先后出台了《智能汽车创新发展战略》《汽车驾驶自动化分级》等多项政策措施，激励产业的发展，并通过政策法规来推动和助力自动驾驶汽车的应用示范。相关政策如表1所示。

表1　中国智能网联汽车产业政策

2015年	《车联网发展创新行动计划(2015～2020年)》
2016年	《推进"互联网+"便捷交通,促进智能交通发展的实施方案》
	《智能网联汽车技术路线图1.0》
2017年	《国家车联网产业标准体系建设指南(智能网联汽车)》
	《智慧交通让出行更便捷行动方案(2017～2020年)》
2018年	《车联网(智能网联汽车)产业发展行动计划》
	《国家车联网产业标准体系建设指南》
	《关于加快推进新一代国家交通控制网和智慧公路试点的通知》
	《智能网联汽车道路测试管理规范》
2019年	《推进综合交通运输大数据发展行动纲要(2020～2025年)》
2020年	《智能汽车创新发展战略》
	《汽车驾驶自动化分级》
	《关于推动5G加快发展的通知》
	《2020年智能网联汽车标准化工作要点》
	《关于推动交通运输领域新型基础建设的指导意见》
	《智能网联汽车技术路线图2.0》
	《中国智能网联汽车7S体系架构框架》
	《交通运输部关于促进道路交通自动驾驶技术发展和应用的指导意见》
	《新能源汽车产业发展规划(2021～2035年)》
2021年	《国家车联网产业标准体系建设指南(指南交通相关)》
	《交通运输部关于服务构建新发展格局的指导意见》

具体来说，政策制定要符合中国联网运营标准，包括智能网联汽车的准入机制、网联模式以及一些相应监管等标准；符合中国乘用车不同类型架构设计条件下的制造标准，包括中国现在有的智能类设备终端、包含车载通信在内的各种通信系统、云平台、网关、ADAS以及汽车搭载的自动驾驶系统；遵循我国信息安全监管、数据隐私保护等规范。

二　中国智能网联汽车发展现状

（一）智能网联功能渗透率不断不升

2020 年中国智能网联类功能市场渗透率已经分别达到了 22% 和 50%，对应的中国市场规模达到 2556 亿元。在消费端，截至 2020 年 8 月智能汽车 App 月活用户已经达到 636 万。

（二）技术创新加快，技术发展迅速

2020 年上半年汽车领域公开的专利中，汽车智能化方面的专利公开量占比 55%。其中智能感知、执行控制以及整车技术是研发重点；网联化方面，主要集中在通信车联网、平台技术、地图与定位导航领域。另外，2020 年上半年智能网联汽车领域专利主申请人 Top10 中，国内企业占据 4 席。

现在智能网联汽车有三条主要赛道，一是车联网 V2X 车路协同，随着 5G 通信、高速公路网的快速发展以及北斗卫星导航系统的全区域覆盖，国内 C－V2X 技术的应用有了坚实的软硬件条件基础，技术标准也逐渐确立。二是自动驾驶，高等级自动驾驶汽车道路测试全面展开，目前全国已经建立近 50 家智能网联汽车测试区，同时百度、滴滴等公司加快了自动驾驶出租车（Robotaxi）载客商业探索的速度，BATH 均发布了自己的仿真测试平台，其中腾讯自动驾驶虚拟仿真平台 TADSim2. 0 可以构建超高真实度的仿真测试环境。三是智能座舱，2020 年，车载信息娱乐系统、驾驶信息显示系统、HUD、流媒体后视镜、行车记录仪、后排液晶显示六大座舱产品的市场规模分别为 364. 4 亿元、153. 3 亿元、26. 2 亿元、12. 6 亿元、7. 6 亿元、2. 6 亿元，随着市场规模的不断扩大，智能座舱赛道将吸引越来越多的玩家入场，加速技术应用的创新。从消费者的直观体验来说，未来智能座舱能够提供更加丰富的娱乐应用，目前智能座舱主要发力点集中在提升座舱算力和丰富智能座舱应用两个领域。

（三）软件定义汽车趋势愈发明朗

来自麦肯锡的研究指出，高效的车载计算平台已经成为支撑智能汽车的核

心部件，车载智能计算平台、软硬件开发能力将成为未来自动驾驶价值链中最重要的能力因素，艾瑞咨询等多家机构预测，未来软件与服务在汽车总价值中的占比将超过五成。以特斯拉为例，目前特斯拉的软件收入正在急剧增加，来自安信证券的研究指出，特斯拉2025年FSD（完全自动驾驶能力）的收入将近70亿美元，占特斯拉汽车业务营收的近9%，贡献25%的汽车业务毛利。中长期来看，FSD将大概率切换成软件订阅服务的商业模式，预计2030年的订阅服务收入有望超过160亿美元。

（四）智能网联示范区数量逐年增长

在示范区建立及运行方面，从2015年开始，我国便已经开始了全国的布局。截至目前，已经在北京、上海等地创建了20个以上的智能网联示范区，且初具规模，积极推动多种测试验证，助力我国智能网联汽车的快速发展（见表2）。

表2　中国智能网联乘用车示范区主要分布及发展情况

地方	智能网联乘用车示范区
吉林	国家智能网联乘用车应用(北方)示范区
辽宁	北汽盘锦无人驾驶汽车运营项目
北京	国家智能汽车与智慧交通示范区
安徽	V2X技术开发与示范场地建设项目
江苏	国家智能交通综合测试基地(无锡)、常熟中国智能车综合技术研发与测试中心、南京市江宁区智能网联开放测试区
上海	国家智能网联汽车示范区
浙江	杭州云栖小镇LTE－V车联网示范区、桐乡乌镇示范区、嘉善产业新城智能网联汽车测试场
福建	平潭无人驾驶汽车测试基地、漳州无人驾驶汽车社会实验室
武汉	武汉“智慧小镇”示范区、武汉雷诺自动驾驶示范区

（五）数据平台、创新联盟与重点项目支持

国家除应该积极完善相关道路测试的指导文件，努力建立高质量的智能网联车示范区，还要加快开展相应的基础数据平台建设。截至目前，国家交通网

联化统一监管平台已经初步建立，同时在工信部等部委的支持和帮助下，成立了“智能网联汽车产业技术创新联盟”，主要通过政策及战略研究、关键技术共享技术开发、人才培养、学术交流及跨国合作等不断促进我国智能网联汽车相关技术的发展（见表3）。

表3　中国建立智能网联汽车基础数据平台与产业创新联盟情况

中国智能网联汽车基础数据平台	交通行业已经初步建立了能够实现网联化的有监管性质的统一平台，并且具有全国通用性的架构基础，积累了大量的客户及数据资源
智能网联汽车产业技术创新战略联盟	已经成立“智能网联汽车产业技术创新战略联盟”，主要通过政策及战略研究、关键技术共享技术开发、人才培养、学术交流及跨国合作等不断促进我国智能网联汽车相关技术的发展

资料来源：前瞻产业研究院整理。

为了达到并赶超世界智能网联技术的发展水平，坚持开发具有我国自主知识产权的技术和产品，我国开展了一系列相关的国家重点研发项目，比如新能源智能汽车的电子电气架构研发、具备自动驾驶功能的智能网联汽车重点技术突破及相应的智能网联示范区运行等重点相关项目（见表4）。

表4　中国智能网联汽车国家重点研发项目

“智能电动汽车电子电气架构研发”项目	项目主要面对智能电动汽车大数据传输、实时融合的要求，应对恶劣复杂电磁环境和开放性安全攻防提出的挑战，构建跨平台开放式电子电气架构支撑体系、研发核心技术平台、应用验证、形成标准规范
“电动自动驾驶汽车关键技术研究与示范运行”项目	项目旨在实现三个统一：统一的目标（制定满足 SAE J3016 标准的高速/城市 L3 级自动驾驶场景）、统一的架构（制定统一的传感器器件、计算机平台软硬件、操作系统、芯片等自动驾驶系统架构）、统一的技术方案（希望将项目成果分布式地应用到整车企业的量产车辆上）

三　中国智能网联汽车重点装备市场趋势分析

（一）车载雷达

车载雷达作为智能网联汽车感知系统中的关键一环，已经成为和视觉传感器重要性相当的电子元器件。目前应用的车载雷达主要可以分为三种：超声波雷达、毫米波雷达和激光雷达。其中，超声波雷达作用距离较短，体积大且较重，但其技术要求低、成本低，目前主要应用于汽车泊车系统中；但在更为重要的自动驾驶领域毫米波雷达具有广阔的应用场景，相较于激光雷达它具有显著价格优势，并且在沙尘、雨雪等恶劣天气环境下也能保持良好工作性能，但目前国产乘用车毫米波雷达渗透率不到5%，距离国际标准水平的40% ~50%还有非常大的增长空间；激光雷达能够为汽车提供高精度数据，是高级别自动驾驶发展的必备方案，但目前由于高级别自动驾驶并未完全实现，因此该雷达在车载领域使用场景较少，但中长期具备较大发展潜力。

（二）高精地图

高精地图相较于传统的电子地图拥有更多的数据维度和更高的位置精度，可以使自动驾驶的安全性得到进一步提升。目前，自 2016 年原国家测绘地理信息局指出自动驾驶地图（高精地图）必须由具有导航电子地图制作测绘资质的单位承担以来，截至 2020 年 1 月我国符合资格的企业和机构仅有 2 家，其中主要是由传统图商、互联网巨头、自动驾驶初创企业组成。信息采集的方式目前有两种：一种是成本低但精度稍差一些的中报模式，另一种是采用专业高精地图采集车进行信息采集。在应用场景方面，目前的技术主要局限在高速公路和停车场应用中，较为复杂和庞大的城市道路还存在一定挑战。此外，国内目前还没出台专门针对自动驾驶地图的统一标准，也缺少对高精地图的专门验证测试区。从一定意义上来说，作为智能网联汽车发展的基础设施之一，高精地图需要更加完备的标准和更成熟的数据支撑。

（三）车载摄像头

车载摄像头被称为“自动驾驶之眼”，负责提供车辆周围环境图像信息。作为 ADAS 的核心传感器，车载摄像头的渗透率和装配数量在 ADAS 市场的快速推送下不断攀升。之前大部分高端汽车也仅搭载单颗摄像头以实现倒车影像这一功能，而现在随着智能网联汽车和自动驾驶技术的发展，未来汽车搭载的摄像头数量将会进一步增加。目前一个 ADAS 系统功能的完整实现需要至少 6 个摄像头，蔚来 ET7 更是搭载了 11 个车载摄像头。在图像识别技术层面，摄像头被逐渐定义为“只采集，不计算”，算力向中央集成，摄像头只负责将图像看得更清楚，无需对图像内容进行处理，这样剥离计算功能的摄像头不仅能够降低成本，也有助于车辆统一整合多个摄像头的信息。

（四）智能座舱

智能座舱是智能网联汽车技术的集大成者，在过去，人们对座舱的功能需求主要集中在行车参数、驾驶辅助信息、车辆体验、导航、信息娱乐、通信，但现在随着技术进步和科技发展，智能座舱能够满足用户更多的交互式需求。现阶段的智能座舱以大屏化、多屏化的显示和语音交互控制为特点，在功能上尽可能多地搭载各项便捷服务功能。未来，随着智能网联和自动驾驶技术的革新，智能座舱也将实现软件和硬件层面的提升，芯片、算法、操作系统等软硬件底层技术根据产品需求的不同应用到智能中控屏、液晶仪表盘、HUD 等智能化零部件中；不同零部件在驾驶舱内集成，形成一整套完整的应用解决方案，应用到整车中，进一步销售给消费者。

（五）多模交互

多模交互是一种融合了语音和视觉等多种感觉的 AI 交互方式，用户可以通过语音、手势甚至面部表情来对车辆下指令。目前，在传统的汽车中以“触摸 + 语音”为核心的交互模式已经发展得较为成熟，多模交互的意义不仅在于丰富用户交互操作，也在于多模交互将赋予汽车生命和智慧，让汽车实现主动思考，持续优化车内服务。目前，百度 Apollo 已经实现了业内首创的多模交互的人车交互功能，例如疲劳驾驶行为识别、点头摇头识别、表情识别、手势识别等。但目前该项技术并没有在上市车型中广泛应用，未来随着自动驾驶和人工智能技术的发展，预计会有越来越多的车企加入多模交互功能，为用户带来更多交互上的方便和出行上的便捷。

（六）自动驾驶

现阶段由于缺少 L3 级别自动驾驶量产的法规，L4 和 L5 的技术还不成熟，短期内国内外车企都将 L2 + 的高级别驾驶辅助系统作为首选方案，由于该级别自动驾驶技术难度较低，因此在市场中得到了快速推广。更多车企将目光放在了 L3 和 L4 的技术开发中，不同的是传统车企例如长安、吉利等致力于生产发布 L3 级别的自动驾驶系统，而一些造车新势力则更倾向于选择直接设计出能够实现 L4 或更高级别 L5 自动驾驶的车型。

（七）车联网

车联网是指借助无线通信技术，对车辆动态信息加以利用来为汽车运行提供各项功能的服务。根据威尔森发布的《车联网发展格局分析》报告，近年来车联网搭载率持续攀升，截至 2020 年 6 月已经有近 60% 的车型搭载了车联网应用，预计未来搭载率将会进一步提升；车联网的发展趋势与通信技术和互联网技术的发展密切相关，在功能搭载方面，目前主要集中在远程控制、导航和 OTA 升级，未来车联网将会融合多传感器信息技术，整合多传感器信息，并对这些信息进行自动分析、合理使用，以实现更多价值，同时云计算技术也将逐步引入车联网产品中，依托云计算技术强大的算力实现对信息更高效的处理。

四　智能网联装备发展面临的问题及建议

（一）智能网联装备发展面临的问题

1. 相关基础设施建设滞后

智能网联汽车的发展离不开智能网联装备的进步，但同时，作为一种智能交通工具，智能网联汽车同样需要与对应的智能交通设施进行及时的交换。智能网联汽车在行驶过程中的安全性和一些装备的搭载需要借助智能信号系统、道路信息采集单元等综合性配套计划处设施的部署和建设。相较于欧美和日本这些已经拥有成熟的智能交通规划建设方案的国家来讲，我国的规划进程相对落后，总体还在完善和改进中，这种前瞻性规划的落后就使一些滞后的道路交通技术设施建设制约了智能网联装备的应用和推广。

2. 缺少相关的法规标准和验证体系

我国智能网联汽车相关技术研究开始较晚，智能网联技术标准和法律体系不完善。正是由于缺少统一的技术规范标准，各个企业仅从自身技术角度考虑来开发设计各类智能网联设备，这就导致不同厂商之间的产品设备无法实现互联互通，进而更难以实现与车辆以外的其他智能信息终端深度联通。这将对今后智能网联设备的大范围应用造成很大阻碍。

此外，相较于传统汽车，智能网联汽车的技术和应用难度远高于传统汽车和其他一般车载设备，但目前我国并未健全智能网联汽车的测试和验证标准。特别是面对我国这种幅员辽阔、人口众多、道路环境复杂的国家，实现对智能网联车辆和设备全面的统一测试与检验是必须的。另外，行业内不仅在测试规则上尚未完成统一，现有的许多示范区测试场地能力也存在差异，部分场地测试内容单一、测试场景有限，难以满足技术开发和应用安全性要求，也同样制约着智能网联汽车技术的发展。

3. 缺乏核心技术和相关经验积累

智能网联汽车是集电子技术、通信技术、信息技术和制造工艺等各类高精尖技术于一体的产品，在整个汽车产业链中，一些关键性技术和设备的生产设计目前还受制于国外一些企业。硬件层面国内车企目前已经基本掌握了车载通讯控制器、超声波雷达技术的开发等，但在毫米波雷达、红外夜视仪、专用芯片等设备的制造与国外还存在较大差距。软件系统层面，在操作系统、环境感知和数据融合等领域，国内企业也处在攻关期，与国外相比还有一定距离。此外，由于众多车企与互联网厂商寻求合作，造成功能相近，产品同质化。如果未来产业链中的本土企业不能在高附加值领域迎头赶上，将会造成产业技术对外依赖度过高，丧失产业主导权等问题。

（二）智能网联装备发展建议

1. 制定统一的标准和法规

智能网联汽车的生产涉及汽车、通信、电子器件和软件等诸多领域，拥有一套统一的技术标准是实现不同品牌产品之间相互联通的必要前提，因此行业需要政府部门尽早制定各项标准，加速产业顶层规划设计，以推动产业内不同品牌和产品的衔接；同时智能网联汽车由于涉及各类信息的汇总和处理，并且对行驶过程中的一些突发事件具有一定的自主“判断性”，因此需要对汽车信息安全领域和自动驾驶领域的一些法律问题及时补充和完善。此外，行业协会和政府之间也要联合制定各类车载设备和整车检验测试的流程。对各类智能网联车载产品，包括智能终端、软件应用、电子器件等制定详细明确的认证规定，构建一套集产品技术验证、可靠性测试、计量标准于一体的综合测试体系，提升产业总体生态质量，解决当下各品牌之间检验标准不一、测试体系混乱的情况。

2. 提升产业链自主创新水平

在智能网联装备领域，由于我国起步相对较晚，因此在产业链内的一些高技术领域产品制造还存在一定不足，为了有力掌控全产业链产品制造的创新和优化，我们必须加强对人工智能、集成电路和智能网联汽车核心部件等关键领域的创新研发。国家应顺应产业和时代的发展需要，深入支持各项智能网联汽车科技项目，支持智能网联汽车企业与各高校所展开合作，力争在车载芯片、毫米波雷达、激光雷达和车载操作系统等领域实现突破，努力打造具有一系列自主知识产权的高质量供应链体系。

3. 搭建交通信息共享平台

智能网联汽车的发展离不开各项实时交通数据和用户的支撑，智能网联设备同样也需要依靠大量数据进行检验。现阶段，用户数据多集中在各类车企服务商和互联网厂商中，而实时交通信息很大程度上掌握在政府部门手中，为了使得信息之间能够互联互通，智能网联汽车能够接收处理实时交通数据，国家需要引导建立车辆和交通数据交互平台，并提供开放的统一接口。一方面，国家需要对信息采集的基础设施进行统一部署，增加对重点地区和复杂道路区域设备建设的重点投入，如 V2X 交通信号灯、交通状态广播系统等；另一方面，将更为详细的交通数据向各类车企开放提供的同时，也要积极鼓励不同车企之间实现信息共享，进而不断增加数据平台中各类交通和用户及产品数据的广度和精度，在降低总体成本的同时也能为智能网联汽车产品的检验提供海量数据保障。

B.8
智能座舱多模态交互发展现状与趋势分析

郁淑聪　郝 斌　肖华飞*

摘　要：　新技术的发展促进着汽车网联化与智能化进程，智能座舱作为乘员的移动生活空间，朝着功能更加丰富化的方向发展。为了实现对座舱丰富功能的交互控制，多模态交互成为发展趋势。本文主要从智能座舱的多模态交互技术、现阶段的发展情况以及未来发展趋势展开分析，通过对现阶段座舱交互模式的梳理，提出多模态交互技术需要包含的要素，在此基础上，展望未来多模态交互方式加持下的智能座舱。

关键词：　智能座舱　人机关系　多模交互

一　智能座舱与先进人机交互技术成为汽车产品重要发展趋势

（一）基础技术进步引领智能座舱时代，座舱定位与人机关系迎来变革

随着汽车工业的不断发展和进步，人们对汽车出行的依靠在加强，汽车

* 郁淑聪，中汽数据有限公司产品数据室高级主管，中级工程师，研究方向为智能座舱技术与产品；郝斌，中汽数据有限公司产品数据室研究经理，助理工程师，研究方向为智能座舱测试技术；肖华飞，中汽数据有限公司产品数据室研究经理，助理工程师，研究方向为智能座舱技术。

的使用频率也在逐渐上升。汽车的电动化、智能化、网联化、共享化成为汽车工业发展的新方向，并且成为行业认同的发展趋势。伴随着汽车的新四化发展，汽车的功能也从最初的运输工具向着多功能生活空间转变，新技术与高算力芯片的加持让汽车座舱衍生出越来越丰富的功能。而这样的趋势将重新定义汽车且给我们的生活与交通出行带来巨大的变革；且伴随着座舱功能愈加丰富，其形态设计、功能排布、用户交互方式等都将发生一系列变化，这也将会是汽车企业在未来发展与汽车设计中的一大创新因素，企业打造独具特色的座舱将在显著提升品牌关注度的同时助推差异化，吸引更多的用户。

汽车诞生至今，其座舱的发展可以大致划分为三个阶段：机械装置时期、电子融合时期、智能座舱时期。机械装置时期的汽车座舱主要服务于汽车的控制交互设备，包含简单的机械式仪表，驾驶员与汽车的交互不是很理想；电子融合时期则将电子显示屏带入座舱内，电气控制如导航、音乐与空调等多媒体娱乐功能显著提升了汽车座舱的驾乘舒适度，也开始引导汽车内的多媒体功能快速发展；步入智能座舱时期，大屏取代越来越多的物理按键，多屏联动将更多功能集成，HUD、智能助手、驾驶员状态监控、多模态交互等技术的不断发展应用，让汽车智能座舱的功能更加强大，结合氛围灯与车载多媒体设备营造的智能化场景，让汽车座舱不止于汽车的操控作为，更是成为一个舒适的驾乘生活环境。

汽车智能座舱在汽车业内一直没有非常明确的定义，在罗兰贝格与地平线联合发布的《智能座舱发展趋势白皮书》中给出的定义是："主要涵盖座舱内饰和座舱电子领域的创新与联动，是拥抱汽车行业发展新兴技术趋势，从消费者应用场景角度出发而构建的人机交互（HMI）体系。"从用户需求的角度看，汽车智能座舱就是通过各种智能化手段满足不同人在车内的不同需求，智能座舱相比现有座舱更加智能化、人性化，既能够洞察用户的需求，又能很好地满足用户的需求。而智能座舱的交互方式则成为智能座舱的重要发展方向，在视觉、触觉、听觉、嗅觉等单模态交互技术有力加持下，智能座舱正朝着多模交互的方向发展，衍生出更加精确感知用户指令、更加敏捷洞察用户状态、更加智能人性化交互的智能座舱产品。因此，多模交互与用户体验将会是汽车座舱的核心研究领域，具有十分重要的意义。

（二）主流企业纷纷加码智能座舱研发，先进人机交互方式成为开发重点

智能座舱因其成果的易感知性和实现难度相对自动驾驶较小等成为企业发展汽车智能化的重要部分，行业内的智能座舱相关技术在迅速增长。

企业针对智能座舱多模交互的发展趋势向着两大主要方面推进，其一是车载显示方面，其二是座舱智能芯片方面，而这两个方面都需要融合科技公司、互联网企业、软件算法企业等各方面的技术共同打造。

车载显示由车机大屏、仪表区、HDR以及副驾娱乐屏等设备组成，各类显示器所组成的车载显示系统是智能座舱内实现人机交互的主要媒介，车载显示所展现的车辆信息、乘员状态反馈信息、辅助功能以及娱乐多媒体等丰富的座舱功能同时也最直观地体现了座舱的智能化程度。

作为最直观最易感知品牌差异化的设施，国内外不同品牌的车型都在车载显示中显露身手，如理想ONE，车机大屏、仪表屏、副驾娱乐屏的多屏联动打造出科技感、智能感十足的车载显示系统；又如东风岚图的三联一体屏幕加上可升降调节的控制系统亦是吸引用户的一大亮点；再如保时捷新款电驱超跑Taycan也加入了多联屏和大尺寸的数字仪表盘。物理按键的逐步被取代，代表车机的交互模式在发生变革，从单通道的触控交互向着逐渐成形的语音视觉交互等多模态交互技术发展。

车机芯片是座舱实现智能化的核心驱动，为了满足多模交互对于硬件芯片的算力需求，铸就更加低延迟、高敏捷、高精度、情感化的智能座舱多模态人机交互技术，各企业在智能芯片上都提出了相应的发展实施计划。AI芯片是智能座舱的核心部件，综观全球各个车企的车机芯片，其主流市场由高通、TI、NXP、瑞萨等企业主导。随着座舱内对视觉感知、语音交互、触觉感知、网联通信等功能需求的提升，企业对AI芯片的要求也在不断提升。

在2020年9月发布的奔驰新一代S级中车机所搭载的是定制版英伟达Tegra X2芯片。通过NVIDIA GPU强大计算能力的加持，全新的Mercedes Benz User Experience（MBUX）系统更加强大，助力多模交互并且可带来轻松便捷的先进图形、乘员监测和自然语言处理技术。

国内方面，征程2自动驾驶芯片搭载到了长安UNIT、奇瑞蚂蚁等6款新

车型中，实现了包括视线注视亮屏、驾驶员分心提醒、驾驶员疲劳监测、驾驶员唇语识别、乘员智能语音拍照等多种智能化座舱功能，并且该芯片 2020 年出货量突破 10 万个，成为自主车规级 AI 芯片发展的重要里程碑。

就目前的智能座舱所搭载的交互模态而言，依旧是以触控操作为主、语音操作为亮点、视线控制为起步阶段的方式，初具多模交互的雏形。从目前的座舱发展趋势来看，头部企业已经在车载显示与车机芯片上做好了布局与规划，为后续实现多模态交互技术的落地应用打下了基础。

二　单一交互通道在汽车座舱的应用进入快速发展时期

汽车座舱单一交互通道按人体感知模态可以分为触觉、听觉、嗅觉与视觉，各个通道在汽车座舱领域都有相关应用。其中，触觉包括目前广泛使用的车载显示屏的触摸操控以及智能表面材料等；听觉则使用于语音控制车机以及智能助手的对话系统中；嗅觉的应用则是在空调系统，以及提神缓解疲劳和营造舒适氛围的车载香氛；视觉的应用则可以分为用户对座舱的操控，如手势控制、视线唤醒车机等，以及座舱的乘员监控系统，诸如车主身份识别、疲劳监控、情绪识别等。

（一）汽车智能座舱中触觉模态技术应用

传统的汽车座舱以物理操控按键为主，目前的电子化智能座舱大多以车载显示屏的触控为主，而触觉的应用不止于此，基于智能表面材料技术的应用，车内可以实现更多的非触屏触控操作，并且代替更多的机械按键，打造更加简洁富有科技感的座舱环境。

智能表面材料技术是指将触摸传感器如电子元器件添加到各类汽车内外饰的材料中，实现对应的控制功能的技术，如将其用在透光材料中，便可以实现通过触摸控制调节氛围光照，由于其应用区域的广泛，因此可以在以往不方便放置控制器的地方（如织物表面、侧板等位置）增加表面控键，并且在外观上由于没有增加突兀的按键不影响舱内布局的美观。除此之外，还能通过在薄壁制塑料胶制材料中集成触控传感器，从而制造出超薄的控制器，此类控制器能够安装在较薄的装饰件上，例如车门的功能饰板。智能表面材料的发展，为座舱内的多模态智能交互也提供了新的发展方向，因此许多主机厂与汽车内饰供应商在织物于内饰的显示与控制上共同研发基于触觉模态的智能座舱交互控制方式。

在2020年国际消费类电子产品展览会（International Consumer Electronics Show，简称CES）上，宝马公司推出了Vision BMW i International EASE座舱，在这款座舱内，基于智能表面材料的三维针织交互材料得到使用，用户触摸座椅表面即可完成多种控制操作。

2020年6月，作为汽车零部件供应商的头部企业，延锋发布XiM21智能座舱，将多屏联动和数字化技术、灯光氛围及实体材质结合在一起，实现触摸式开关及气氛营造。其中，表面材质可以有金属、水杉木等，以及陶瓷、金属、水晶质感等高光材质和柔性布艺材质，在触摸式开关方面，为保障安全性采取了压力感应，并且能在可期的时间内投入市场应用中。

可以预见的是，目前应用较少的智能表面材料能在将来的智能座舱内增添触觉模态的交互模式，在增加座舱的交互模式多样性的同时提升座舱的整体氛围与科技感。

（二）汽车智能座舱中听觉模态技术应用

汽车座舱内的听觉模态交互方式主要体现在座舱内所搭载的车载语音助手交互中，其主要功能就是通过语音操控车机内置的各个功能，如车载导航、语音控制、车内的多媒体娱乐设备等，此外还能通过语音识别和语言处理做到与用户对话的交互功能。基于听觉模态的智能座舱语音助手应用较广，目前市场的大部分车型都搭载有语音模块。

智能座舱听觉模态交互技术实现语音识别技术与语义理解技术的结合。其主要的技术路径如图1所示。

首先用户说的语音需要通过语音识别（Automatic Speech Recognition，ASR）模块，语音识别过程就是将自然声音转化为文字的过程，其主要包括将麦克风获取到的声波进行分帧处理并提取声学特征，然后将提取好的语言特征与对应的文本语音特征进行匹配，从而得到文本文字；而后通过自然语言理解（Natural Language Understanding，NLU）模块从文本信息中提取关键内容，具

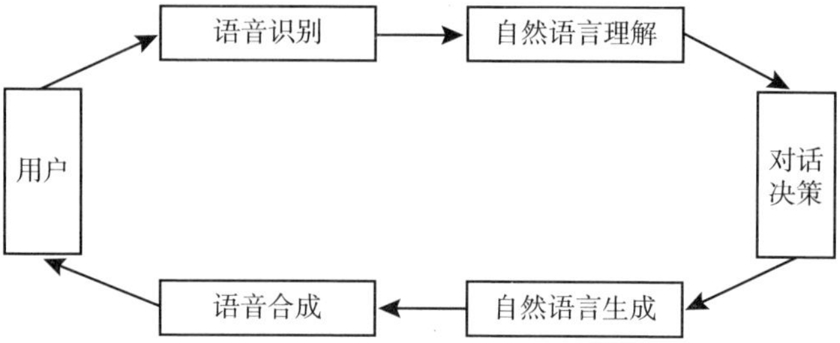

图 1　语音识别技术路径

体来说，就是理解语言、文本等，并且提取出有用的信息，用于后续的任务；提取出的文本信息将输入对话决策（Dialogue Decision，DD）模块，包含数据查询等功能，通过决策引擎得到执行用户的指令或进行信息的反馈；随后通过自然语言生成（Natural Language Generation，NLG）模块，将反馈的信息指令转化为文本信息；最后则是通过语音合成（Text To Speech，TTS）模块实现文本转语音的功能，将反馈信息通过语音输出。以上，即是语音助手的基本功能模块。

车载语音助手通过听觉模态实现用户与车机的交互，现阶段的企业应用场景十分广泛，例如奥迪出行助手 Cerence Drive 就采用语音识别、自然语言理解（NLU）、语音合成（TTS）以及语音信号增强技术集成的方式构成语音交互助手，能够倾听、理解并迅速响应驾驶者的要求。其语音助手的对话理解能力与自然语言理解技术、语音对话数据库，以及基于深度学习算法的语音合成和情境理解技术都有很大关联。奥迪出行助手在日常对话用语的识别效果中拥有较高的鲁棒性，同时其语音引擎包含的富有情感的语音交流模式也在一定程度上增加了语音助手的拟人化程度，能够完成多步骤任务和较为复杂的命令。

理想 ONE 所搭载的智能语音助手 WIKI 支持多模式唤醒的方式，方便用户在不同情况下唤醒语音助手，同时其音源识别功能也较好地在 WIKI 上实现，对于较为恶劣的识别环境如嘈杂背景声音等情况也有较好的识别效果，同时对于多语种对话（如中英文夹杂的情况）也能有较精准的识别效果，并且语音助手在车载屏上也有动画反馈。

结合目前听觉交互模态的应用来看，其语音助手的发展可以在三个方面（即语音识别准确率方面、智能化情感化的对话决策引擎方面，以及语音输出的拟人语调变化方面）进行，从而带来更加准确识别、更加情感智能、更加快速有效反馈的智能座舱车载语音助手。

（三）汽车智能座舱中嗅觉模态技术应用

嗅觉作为人体五大感觉之一，是传达外部空气环境的主要感知方式。汽车座舱内的嗅觉交互模态主要体现在两个方面：首先，空调系统对轿厢内的空气净化清新功能，其依赖的技术模块是车载空调；其次，嗅觉模态交互还体现在目前高端车型会搭载的香氛系统，其依赖的模块与空调系统关联。

传统的车载空调功能较为单一化，功能局限于对车内空气通风与控温方面。而随着用户对于空气健康体系的逐渐重视和需求，车载空调系统也出现了更加智能化和多功能化的变革。蔚来 ES8 车载空调所搭载的智能空气净化系统，包括一个车内 PM2.5 传感器，其作用主要是对车内空气中的 PM2.5 颗粒浓度进行监测，包括发动机燃烧产生的废气颗粒物、车内的二手烟残留以及其他粉尘颗粒等；还包括 HEPA 医疗级滤芯和负离子发生器共同改善车内环境质量。

相较于车载空调，智能香氛系统对用户的车内驾乘体验也有着明显的提升，因此车载智能香氛也越来越多地出现在车辆配置中。蔚来 ES8 搭载的智能香氛系统通过将香氛瓶插入中控储物箱的上方安装孔中，系统智能识别香氛，而后可在中控屏上直接选择香氛气味、浓度并控制香氛开关，不同的香氛气味为用户的车内体验带来不同的感受。

汽车空调系统会朝着保持车内外空气安全防护的方向发展，在经历新冠肺炎疫情之后，广大汽车用户对车内空气的安全性与病毒隔绝性有了更加强烈的需求，这样的需求也必将促进车内智能健康空调系统的发展。而对于车内智能香氛系统，其现阶段的功能较为局限，即用户需要在主观希望香氛净化车内空气时开启，而在未来的智能香氛系统发展中，需要考虑的是将香氛系统与驾驶员/乘员监控系统相结合，利用监控系统对驾驶员或者车内乘员所做状态监控（如疲劳检测、情绪检测）信息来智能释放调节香氛，从而做到在疲劳时通过提神类香氛在嗅觉上唤醒驾驶员，在负面情绪下通过清新的香氛使驾驶员感到放松。总而言之，对于嗅觉交互的车内应用，将在未来有宽广的发展空间，其功能将会更加注重健康配置，为用户打造清新健康且能提升行车安全的重要交互模态。

（四）汽车智能座舱中视觉模态技术应用

视觉作为人体对外界环境感知的重要通道，在汽车人机交互中起着至关重要的作用，视觉交互包括用户对车内信息的视觉反馈以及车机对驾驶员信息的图像识别。其中，囊括的交互方式包含车内布局审美、车机大屏 UI 界面、氛围灯、驾驶员视线控制、手势操控、乘员状态检测（疲劳检测、情绪检测等）等方面。本节内容主要从氛围灯、驾驶员视线追踪、手势识别操控、乘员状态检测（疲劳检测、情绪检测等）四个方面做主要技术及未来应用展望。

多色可调的智能氛围灯越来越多地出现在近年上市的车型中，通过在轿厢内的环绕式布局以及多种色调可调节预设的方式，为座舱用户营造不同的情境氛围。小鹏 P7 上的车载氛围灯呈线条形嵌入车门功能区以及中控上，在车内环绕式排布，加上色彩与亮度的可调节，使得在行车过程中营造不同氛围的座舱环境。此外，许多车型的氛围灯还能与一键智能模式联动，打造车厢的特定预设情境，满足用户在特定行车环境或静态环境下的娱乐、放松、休憩需求。例如，吉利帝豪 S，其搭载的智能驾驶情景交互系统，包含 4 种驾驶模式，分别是悦动模式、亲子模式、吸烟模式、醒神模式。又如，东风奕炫 GS 的浪漫模式中，氛围灯将配合音乐自动变成粉紫色，从视觉模态给予用户浪漫舒心的环境体验。

驾驶员的视线追踪技术是在视觉通道下与车机的交互控制技术。其技术路径是通过对驾驶员视线进行追踪，确定注视点，从而进行后续操作，例如驾驶员注意力监控与视线注视控制车机等。视线追踪也就是视线估计，其技术实现方法主要有两种：基于几何的方法（Geometry Based Methods）、基于外观的方法（Appearance Based Methods）。基于几何的视线追踪方法基本思路是通过检测眼球的特征点，如瞳孔位置、眼角等，计算注视点；基于外观的方法则是随着深度学习的广泛应用而迅速发展起来的算法，通过搭建神经网络模型学习如何通过外观图像映射到注视点的方式。两者都各有优劣，基于几何的方法准确稳定，对硬件算力要求更低，但是对于获取到的图像分辨率与图像质量（光照、角度等）有较严苛的要求；基于外观的方法对图像要求更低，在低分辨率与高噪声的图像上依然能够保持较高的鲁棒性，但是需要大量的数据集来训练模型，随着大数据时代下数据量的指数级增长以及深度学习的蓬勃发展，基于外观的方法在实车应用落地上将逐渐更加占优。

目前，应用在车机上的有通过驾驶员注视而唤醒车机的功能，例如在威马EX6PLUS中所搭载的语音助手便可以做到无须语音唤醒，通过视线注视唤醒助手，其具体操作是驾驶员眼睛注视中控摄像头数秒，而后语音助手便自动开启。在未来的智能座舱中，视线追踪将会在视觉交互模态上有更加广阔的发展空间，随着更加精确的视线估计模型搭载，将能够实现更全方位的视线估计，包括通过视线注视进行更加丰富的视线操控，以及通过划分车内注视区域，当驾驶员注视区域在非道路（如座椅、中控、仪表盘）等区域停留时间过长时提醒驾驶员专心驾驶，实现基于视觉交互的智能座舱用户注意力监测系统。

手势识别是视觉模态交互的另一个实现方向，手势作为人类交流的肢体语言之一，是传达一些基本指令信息的方式，而运用到智能座舱当中，则是希望汽车座舱能够通过图像识别来做到对乘员手势信息的感知，进而实现手势识别与车机控制。作为人机交互领域的研究热点之一，手势识别的技术路线主要有两条，其一是通过佩戴数据手套进行手势识别的方式，其二是通过基于视觉的手势识别技术。鉴于车内应用的场景要求，基于视觉的手势识别技术由于仅仅要求摄像头便能完成人机交互任务而更适合智能座舱的应用场景。基于视觉的手势识别技术主要是通过利用摄像头（单个或多个）拍摄获取手势信息来进行识别，其识别算法分为静态手势识别与动态手势识别。其中，静态手势识别包含手势分割与识别两个步骤，常用图像分割与二值图像提取特征分类的算法来实现静态手势识别；动态手势识别方法则需要考虑时间动态的手势识别，常用卷积神经网络结合长短时记忆网络（Long Short Term Memory，LSTM）进行识别分类。在现实车载环境中，手势交互背景环境复杂多变，不同用户在对车机功能表达操作时即使表达同一手势也会有差异，这均为准确的手势识别带来困难，进而影响着用户体验。为了提升用户体验，构建一个鲁棒性较好的手势识别系统除了需要精细的模型之外，还需要大量的训练数据。这也是未来手势识别技术想要成熟应用的前提。

尽管如此，目前已经有汽车座舱预搭载支持部分操作手势识别的功能，例如新一代的奔驰S级将手势识别功能进行了完善与进一步升级，除了对中控的手势操作外，还可以通过车内摄像头识别并理解人脸方向、肢体语言等信息，从而打开对应功能，进而实现后排乘客的隔空手势交互。在未来的手势识别的车规级应用中，需要在保证手势识别的鲁棒性的同时，增加可识别的手势操控，从而将手势识别的应用操作渠道扩宽，使之在座舱内的使用更加便捷。

智能座舱的乘员状态检测方式如疲劳检测、情绪检测在视觉模态有着较多的应用，基于疲劳检测的识别算法，应该结合计算机视觉与深度神经网络开发，通过驾驶员的脸部特征如眼睛、嘴巴作为模型判断驾驶员疲劳的依据，算法需要做到低延迟、高精度、实时监控，且考虑算力需求的经济性，以服务于实际应用。同样的基于情绪监测的识别算法，主要通过搭建 DNN 深度神经网络模型，结合驾驶员的面部表情数据集进行训练，得到高精度的驾驶员情绪识别模型，其算法实现依赖于驾驶员人脸表情数据。考虑到在实际车载应用中的各个驾驶场景，还应该对图像识别模型的鲁棒性进行考量，使得在图像质量不佳的情况下依旧能够得到不错的识别效果。

在实际应用方面，乘员疲劳检测功能应用较为广泛。其中，爱驰 U5 将摄像头安装于 A 柱，便于完整监控座舱内各个位置的乘员，也可实时监控驾驶员的状态。其疲劳检测主要通过图像识别打哈欠动作，当检测到短时间的多次打哈欠时系统会进行语音播报提示，从而有效增加了行车安全性。相对于疲劳监测，情绪识别的应用则相对处于起步阶段，由于人的面部微表情与情绪关联性存在较大的个体差异，需要构建鲁棒性较高的模型才能达到车规级的应用。

总体而言，视觉作为智能座舱的重要交互模态，视线控制、手势操控、乘员状态检测等交互方式，将有机结合在一起，通过信息融合，在视觉通道提升座舱的乘员感知与交互体验。

三　智能座舱多模态交互的研究进展及未来展望

（一）智能座舱多模态交互的定义

汽车智能座舱多模态交互是指用户与座舱交互媒介的多态化，即与传统的通过按键物理交互的方式不同，融合人体多个感知模态：视觉、听觉、触觉以及嗅觉，通过视线、语音、触摸、手势、气味等多模态的交互方式控制座舱，并且座舱也能对用户下达的多模态指令进行清楚的感知与智能化的决策，将信息以多模态的方式反馈给用户的一种智能化多模态交互系统。

（二）多模态交互对智能座舱发展的必要性

对智能座舱而言，多模态交互方式将会是必然的发展方向。由于智能座舱功能的不断丰富，企业为其定义为智能移动空间，即在未来的汽车智能座舱定义中，汽车将会以智能座舱为核心实现人、车、路的协同智能化。而伴随其向智能移动空间的方向发展，也必将是将驾驶需求弱化，逐步移交给更加智能的自动驾驶技术，届时座舱将以用户以及用户体验为中心，将生活化功能增添到座舱中，使之兼顾娱乐、通信等功能，让用户在各种场景下都能在座舱中获得随心愉快的驾乘体验。

而伴随着座舱的功能丰富化与生活化，传统的物理旋钮与物理按键的交互方式已经满足不了对多种内容的交互任务，因此数字屏幕在座舱中逐渐出现，取代了越来越多的物理按键。但是随着信息娱乐功能的极大丰富，数字触屏操作界面的缺点也开始显现，类似移动设备一样的多层级嵌套交互界面导致用户的操作负荷增加，操作效率相比于物理按键有所下降；并且由于触摸屏缺失了物理按键原本的触感反馈、易定位性及效率精细易实现盲操作等优势，单一使用其作为座舱的交互方式一定程度上影响到驾驶安全。

目前的交互方式还是以触屏交互为主，结合语音控制，而视觉基本只作为DMS系统的媒介。未来的汽车智能座舱是融合各个交互方式的多模态交互方式，从车辆、环境、驾驶员状态等全面的感知、融合、决策、交互。丰富多模的输入，区别于以往的交互方式，多模态交互在输入和输出方式上发生了质的变化，可以解放人们的双手和双眼，在丰富座舱的生活化功能的同时，降低驾驶场景的操作风险，提高驾驶安全度。

（三）智能座舱多模态交互的发展现状与未来展望

在智能座舱多模交互的发展趋势下，各企业均在尝试搭载实现多模交互的座舱产品。在视觉方面，国内主要基于DMS发展，其中搭载的相关车型有爱驰U5、小鹏P7、理想ONE、凯迪拉克CT6、广汽新能源Aion LX等。其中小鹏汽车打造的系统Xmart OS也有通过视觉监控驾驶员状态的功能，通过车内摄像头可实时检测驾驶员在行车过程中的疲劳行为特征（呵欠、长时间闭眼等），并在发生疲劳行为时及时做出预警。同时，语音交互与手势交互也在迅速发展扩张，但是语音作为多模态交互主要的组成部分，其依然存在许多技术难题，包括实现主动交互，多轮连续对话，以及语音抗噪等各种功能的提升。相比之下，手势识别的市场应用推进则相对缓慢，目前的手势识别主要实现基本手势功能以操控车机中控系统的基本功能。

简言之，对于目前的智能座舱多模交互落地现状，虽然结合语音、触摸、视觉、手势等感知的多模态技术已初步具备量产条件，但是还没有较为全面搭载各个交互模态的产品上市，做好多模态信息的融合感知，以及将各个模态的交互任务合理布置，是将智能座舱多模态交互推向用户友好型、体验智能型的重要未来发展方向。

展望未来智能座舱的多模态交互，将会是结合触觉、听觉、嗅觉、视觉的多个模态融合交互技术：利用智能表面材料增添触觉模态的交互模式，在增强座舱的交互模式多样性的同时提升座舱的整体氛围与科技感；通过能做到更加准确识别、更加情感智能、更加快速有效反馈的智能座舱车载语音助手，使座舱内的交互更加便捷；通过嗅觉交互的车内应用，将更加注重健康配置的功能性香氛，智能识别驾驶员状态，为用户提升行车安全；视觉作为智能座舱的重要交互模态，视线控制、手势操控、乘员状态检测等交互方式，将有机结合在一起，通过信息融合，在视觉通道提升座舱的乘员感知与交互体验。

B.9 以情景体验为核心的智能座舱产品开发模式

王 馨　郁淑聪　薛基勇*

摘　要： 在新四化、数字化变革的大环境下，传统的机械化开发思路导致了产品同质化、设计同质化、配置功能同质化等现象，无法适应快节奏的产品开发设计。软件定义汽车，以情景体验为核心的智能座舱产品开发模式成为目前主流趋势。这种敏捷开发模式缩短了开发时间，覆盖用户全部需求，实现了座舱产品或功能的快速迭代。本文从智能座舱产品发展概述出发，阐述了智能座舱情景研究方式以及智能座舱产品开发模式，介绍了中汽数据以情景为核心的座舱开发模式。

关键词： 智能座舱　产品开发模式　情景体验　情景研究

一　智能座舱产品发展概述

（一）智能座舱的定义

随着人工智能、5G 网络通信技术的发展，汽车正在向智能化、网联化、共享化以及电动化发展。现在的汽车已经不只是传统的出行工具，而且是一个

* 王馨，中汽数据有限公司产品数据室研究经理，中级经济师，研究方向为智能座舱情景及创意方案；郁淑聪，中汽数据有限公司产品数据室高级研究经理，中级工程师，研究方向为智能座舱情景及创意方案、多模态、测评等；薛基勇，中汽数据有限公司智能座舱研究员，助理工程师，研究方向为智能座舱应用情景。

像手机一样的移动通信终端。智能化的驾驶舱集成了通信、多模态交互、娱乐系统等更加丰富的功能，正在从舒适、方便的控制室向情感化、人性化智能座舱转变。但是不管在学术界还是在企业界，智能座舱都没有统一的定义，也没有明确的标准，而拼盘化的智能座舱功能与用户真正需要的座舱体验之间并不完全匹配，造成了功能上的冗余和成本的增加。

对于智能座舱的定义，业内主要包括了两种不同的看法。一种是从软硬件技术的角度出发，将智能座舱定义成涵盖了座舱电子领域与座舱造型内饰的完整体系，在这个定义下，汽车向驾驶员提供智能出行、智能互动、智能通信等个性化的服务，实现人－车－路的协同驾驶与智能交互。另一种是从用户需求与用户体验出发，智能座舱是既可以洞察和理解乘客需求，又能满足乘客需求的一种智能服务系统。智能座舱的最高阶段为“无感的舒适”，即乘客在智能座舱当中不用为驾驶和出行这件事情操心，还能从这一空间中获得相应的服务和舒适体验。

（二）智能座舱产品发展历程

根据汽车自动化系统的分级标准，智能座舱及其产品的发展历程可以分为机械时代、电子时代、智能时代、未来高度智能时代。2000 年以前基本为汽车座舱的机械时代，座舱的设计主要以人机工程学为指导，以驾驶员的安全性，车内设备的易操作性、简便性为前提。机械时代的座舱产品主要由单一的机械仪表和简单的音频播放设备组成，还不具有中控显示屏，只是单纯满足驾驶需求，功能结构较为单一，集成度较低，安全程度极低，不具备智能化产品。其中仪表盘是指针式仪表，只能显示车速、发动机转速、水温、油耗等基本信息，空调、灯光设备等仪器都是以物理按键的形式进行操控。

随着汽车电子技术的发展，电子信息系统逐步整合，2000～2015 年汽车进入了电子化时代，但是这个时代的座舱集成度、安全程度以及智能化程度还是较低。虽然已经有汽车开始使用液晶仪表和中控液晶显示屏了，但是使用数量极少，大多数还是装配传统的机械仪表。

2015 年后，生物识别技术、多模态交互技术在汽车上的广泛应用，使车辆的环境感知、决策、控制能力逐渐增强，汽车座舱迎来了高度集成化、高安全性、高度智能化和交互方式多样化的智能时代。机械仪表逐渐被中控大屏取代，智能座舱产品更加丰富，出现了DMS、车载娱乐系统、HUD抬头显示、语音助手、氛围灯等智能化产品。而目前汽车座舱产品正处于智能时代的初级阶段——智能助手，国内企业对智能座舱的研究主要集中在基础技术的开发和早期的开发应用，仅有蔚来等造车新势力企业在智能舱用户体验的方面走在前列。国外企业中，特斯拉虽然在软件定义汽车和电子电气架构方面较为领先，但在智舱交互体验方面表现一般。

在未来，智能座舱、智能网联、自动驾驶技术在汽车上的高度集成，让座舱的产品得到进一步的升级，多屏联动、AR虚拟呈现、万物互联、多渠道融合交互模式以及触摸反馈等功能进一步发展。汽车使用场景更加丰富化和生活化，具备娱乐、信息、互联等多方位场景功能。汽车座舱实现出行式机械座舱到智能化生活空间的转变，以“用户体验”为中心的座舱场景交互模式将变得无孔不入。

二　智能座舱情景研究方式

以情景体验为核心的智能座舱产品研究本质上是一种系统的方法论。整个系统以用户体验为中心，考虑整个人机交互过程中与之相关的所有要素、场景和角色，挖掘用户用车全流程的痛点、爽点，打造符合用户理性和感性需求的情感化座舱，保证极致的用户体验。基于情景研究设计的智能座舱研讨了人机共驾中可能出现的各种场景，具备了决策或半决策的功能，能够充分判断用户目的和行为，提供更加智能和清晰的解决方案。

智能座舱情景研究路径为：搭建用车情景数据库，明晰该情景下用户需求及用户任务，下一步将消费者语言转化为工程语言，从需求映射到产品开发，找到不同解决方案，通过对不同方案的体验与验证，选定最优解决方案。

（一）用车情景概念

用户用车情景是指车辆与用户、交通环境中其他交通参与者、设施、天气、光照、道路等的综合交互过程，即情景由人、车、环境三大类元素组成。不同的元素涉及的因素也大不相同，在环境这环，需考虑天气、时间、温度等自然环境以及交通状况、道路状况等交通环境的影响因素；在车辆这环，需以用户使用车辆为线，考虑车辆状态、用车动作、用车路线等因素；在人这环，应以用户体验为核心，考虑用户的出行目的、状态、成员属性等因素。

用车情景作为用户体验的载体，是提升优化用户体验的重要途径和依据。为了涵盖驾驶过程中的所有智能体验，需要收集用户出行前、驾驶中、驾驶后整个用车动线中使用车辆的全部场景。此外，用户在不同情景下具有特定的产品需求，情景越细分，需求越具体，情景化是基于用户体验产品设计的重要工具。

（二）多维度收集情景元素

场景思维下的智能座舱用户体验包括了以时间和空间为基准的交互体验，相应的，多维度情景元素的收集也从这两个不同的维度进行。以时间为基线的体验是指用户在时间轴上使用车辆的前、中、后的交互体验；空间体验包含了车内、车外的驾乘体验，在车内 UX 设计中，需覆盖不同位置的驾驶体验，像司机驾驶位置，尽可能提供关键行驶信息，同时要做好司机身体情绪疲劳状态监测。

此外，用车情景数据的收集以用户需求为出发点。用户主要用车情景与驾乘人员性别、年龄、职业、身份、文化、性格等息息相关，存在明显的个体差异，同样的需求在不同的情景下所需的解决方案也会不同。根据马斯洛需求层次理论，用户对汽车的需求层次可划分为基本需求、体验需求与情感需求三类。基本需求是以出行为目的，包含了基本的汽车驾驶、安全、舒适性等需求，此类用车场景较为普遍与统一；体验需求与驾乘人员特征习惯息息相关，存在明显的个体差异，以满足用户个性化需求为目的，如白领通勤办公时需要汽车具备路线规划、停车位查询以及临时办公等功能，而家庭主妇对于汽车要求则聚焦在商场购物时停车场查询、儿童照顾等功能上；随着科技进步，汽车向情感化座舱发展，衍生了情感需求，赋予汽车的情感诉求，甚至汽车本身能与驾乘人员进行情感交流，汽车成为用户出行的伙伴。体验与情感需求都具有多样化的特征，其目标用户类型繁多，在搜集情景数据时，需要进行用户研究。

为保证情景建设的全面性，要多维度收集情景元素，利用问卷调查、用户画像分析、数据挖掘、焦点小组、用户访谈、用户旅行图等多重手段获得情景构建的要素，即情景维度和元素，保证其真实性和全面性，形成底层数据库，用于后续的情景构建。

（三）初级用车情景库构建

初级用车情景库的构建需要综合考虑人－车－环境的状态与相互关系，结合使用与需求，设置情景库建设的基础标准，构建用车情景库，避免关键情景的遗漏；同时明确不同情景下用户的需求。初级用车情景库是对行程准备、寻车、解锁、载物、上车、车内准备、启动、驾驶、泊车、下车、锁车、停车等驾驶主情景进行切片与构建。

初级情景库的构建，要综合车辆状态、外部环境及使用者状态。在汽车状态方面，综合考虑车辆状态、电池状态、运动状态、零部件状态等维度元素，从汽车动力性、续航性、燃油消耗性（或耗电量）等方面挖掘用户的痛点，形成独立情景；对于使用者状态，考虑用户角色、身份、特征、使用氛围、状态等相关维度元素，包括但不限于身体姿态、心理状态、生理状态和社会身份，并分析多位使用者同时在汽车上出现的复杂情形，从用户的角度看待问题，细分更多情景；在外部环境方面上，综合自然环境、道路环境，其他与人和车有关的维度元素，包括但不限于时间、地理位置、天气状态、交通状态、通信环境状态等方面，将环境要素、车辆行驶状态、驾驶员状态进行有效组合，丰富初级用车情景库。通过对用车情景的研究，可以找到用户有需求痛点，但还未被解决的需求情景，创造新的解决方案。

（四）衍生细分用车情景库

由于车型各异，场景多变复杂，所以只构建初级情景库是不完全的，还需要根据专家经验，结合产品特征目录及消费者调研，建设衍生细分用车情景库。衍生细分用车情景库的建设是在明确情景概念、搭建初级独立用车情景库、确定不同情景下用户的需求痛点，以及明晰针对初始痛点的现有解决方案或功能等一系列工作之后的任务。

通过定量研究、定性跟访等手段，挖掘次级用车情景下的用户体验痛爽点，结合主场景对场景进行细分和切片，形成多个独立的情景。对主场景的细分以人－车－环境闭环系统为基础，综合考虑行车中三个组成要素的影响。例如，在车辆本身功能上，可以划分出在倒车影像下进行倒车、语音交互切换音乐、行人提醒系统提醒、手机 App 远程空调控制、车内无线手机充电功能、车外感知延迟等情景。在乘员便捷出行上，可以发掘老人上车不方便，远程手机操作降低空气悬挂；冬天气温低，手机 App 远程启动加热方向盘和座椅；在商场或者外界停车场，使用 App 快速找到车辆位置等场景。在外界环境上，为保证驾驶员行车安全，发现了实体遮阳板遮挡视线、紫外线太强造成车内温度偏高、路过空气污染严重地点时有毒气体流入驾驶舱等行车痛点情形。

通过细分用车情景的研究，可以发现现有功能配置或解决方案存在的不足及用户痛点，辅助进行功能的迭代与升级，从而更加满足用户的需求。

（五）情景价值研究与情景筛选

由于不同车型的定位不同、消费人群不同，尤其是智能汽车目标用户，其对应的高频用车情景与其他车型更大有不同，因此情景价值与用户群体直接相关，针对用车情景价值研究也是情景研究的关键环节。

在用车情景上，存在出现频率、感知程度等方面的不同难点；在高价值情景中，不同车型具有差异化的功能配置，对应了不同的消费人群，存在高价值场景不尽相同的问题。这些难题导致了用车情景的研究价值存在很大差异，所以智能座舱情景研究需要针对具体车型进行情景价值研究与情景筛选。

针对研究产品的车主和潜在消费者进行多维度调研，在基础情景库基础上筛选目标用户重点关注的情景，对各情景价值形成定量分析结论，并对用户痛点进行分级。

三　智能座舱产品开发模式现状及趋势分析

（一）汽车产品瀑式开发流程

在汽车行业，大部分汽车产品开发都是采用传统的瀑式开发流程，从前期需求调研，了解行业痛点，形成需求报告，对整个开发过程进行可行性分析；到概念设计，对整个汽车产品的动力总成方案、零部件配置方案、汽车外观设计、车身与零部件尺寸设计、质量管理方案设计等进行系统规划；再到产品设计环节，利用 CAD、CAE 等技术对设计的汽车产品进行仿真验证，满足使用标准后，搭建汽车油泥模型；最后到产品验证与成熟阶段，生产样车，对汽车的动力性、碰撞性能、燃油经济性（电池续航性）、舒适性等功能进行验证，当汽车所有指标达到标准后，对整车进行定型和批量生产。这种瀑式模型是一种典型的正向流水线的开发过程，对汽车产品开发的每个环节进行分级与分工，环环相扣，必须保证上一个环节的顺利完成，否则后续变更调节困难，影响后面开发过程。

在这种传统汽车产品的开发模式下，汽车核心竞争要素主要为造型工程设计、动力总成、底盘、电子电器。针对不同的竞争要素，可采用模块化开发模式，制定统一标准，让汽车每个组成部分成为独立的模块，交给不同的团队进行设计和处理，再按照统一的标准对接和组装，节约生产成本，缩短开发周期。

当前传统的产品开发模式基于流程，基于规划、市场人员的认知，基于当下的解决方案和经验做对标，从而导致产品同质化、设计同质化、配置功能同质化现象明显。在产品力上，“有配置无功能、有功能无体验”，引发产品创新面窄等问题。

受传统思维模式影响，以功能配置为导向的传统产品定义方式，以及同行业相互对标的竞争方式大大局限产品的创新空间及产品潜力，使得业界产品及服务陷入同质化的怪圈；工程开发导向系统固定，绝大多数车企长期采用功能配置思维，其背后是根深蒂固的工程研发导向体系，而非“为消费者打造所需解决方案”的服务行业；对供应商依赖强，传统模式下，面对新技术带来的风险，车企虽抱有兴趣，但少有敢为人先者，零件越成熟应用越广泛，功能导向的产品差异性就会越低。

随着智能网联、智能座舱等技术的发展，且随着传统汽车在底盘、车身、动力等机械方面的技术日益成熟，汽车的竞争要素发生了变化。现阶段智能汽车的核心竞争力转为数据、算法和软件，车辆行业的竞争实质上转化成为用户体验的竞争，以情景体验为核心的开发模式逐渐发展起来。

（二）智能座舱产品开发模式发展趋势与难点

在新四化背景下，汽车产品的开发周期越来越短，产品个性化需求越来越突出，汽车研发水平越来越高并向软件转移，定义性体验快速发展。软件定义汽车（SDV）成了必然发展方向。SDV 颠覆传统汽车价值，重塑产品价值链。汽车通过性能与功能双预置，硬件超前设计，拆解功能诉求并映射到软件模块中，通过 OTA 推送更新主要依赖软件的功能，是未来汽车智能化的基础和核心。但行业中智能座舱开发尚处于早期，仍存在一定的问题：开发的智能座舱不够智能；如何快速迭代验证，实现敏捷开发；以场景为核心的需求不够全面。

企业层面，在软件定义汽车的大背景下，企业面临的是向软件驱动开发全面转型。围绕硬件开发的传统瀑布式开发模式，转变为以“用户功能体验”为核心的多模融合的横向开发模式。企业面临围绕硬件而生的理念、组织、流程和工具等全面的挑战，在进行智能座舱产品开发时需要以创新、成本、质量、效率为导向，应对现阶段存在的以下问题。

（1）软件定义汽车，那如何定义软件。如何不依赖先前经验和专家意见、系统，进行具体建模和分析，遴选和优化系统架构，快速找出符合目标的潜在软件架构。

（2）如何搭建场景并设计创新性功能。通过定义特定场景来间接反映出用户的特定需求；场景状态相空间和状态矩阵进行场景分析和场景设计的工具；为了全面分析用户的需求，如何收集多而且真切反馈用户痛点的场景。

（3）如何敏捷开发，快速迭代测试。传统智能座舱开发时间太久，而且开发分级、后续迭代更新十分困难；引入高度柔性、开放的测试台架时，建模的场景库如何更加完善、更加真实；在拼盘化的功能叠加时，如何对开发的车型进行功能测试和产品体验评价。

（三）基于用户体验的产品开发模式

无论是数字化产品还是实体产品的体验打造，都是希望通过对用户注意力的引导来实现背后的商业目标。体验设计在其中扮演的角色，是将引导过程变得更为顺畅的一种工具。智能座舱作为一种新型的数字化实体产品，核心就是用户体验设计，其核心在于聚焦消费者核心用车情景及重点需求。

未来，将由软件主导开发汽车，智能座舱先行，改变了整个汽车产业链构成，相应的研发流程也会发生改变。智能座舱开发模式以情景体验为核心，采用敏捷开发的方式，加快产品的开发与验证进程。敏捷开发过程包括方案阶段、设计验证阶段以及投产启动。

在方案设计中，需要对产品的功能进行定义，并与实车对标，找出产品的亮点、缺点，为下一步迭代开发提出改进意见。建设用户情景库、痛点库，开发智能座舱功能库是功能定义的主要任务。为了建设包含元情景、聚合情景、用户特征、功能模板的多元数据库，将场景体验的输入、输出抽象化，并将特定的用户诉求转化为特定的场景体验。技术路线是先设计元情景数据特征提取和数据库框架，采集不同类型产品的多工况多维度人－车－环境批量结构化情景行为关系数据；然后对元情景数据归类清洗及特征筛选；接着聚合元情景数据，基于需求标签，提取元情景要素，以关联度高低、出现频率等为排序条件，聚合元情景形成目标用户的完整用车情景，围绕情景分析关联部件、功能等要素，评估情境中交互的亮点和薄弱环节；最后是情景可行性应用，结合清洗筛选出的元情景特征需求和各层级特性，提炼潜在应用需求。基于情景下用户需求构建部件功能库、服务信息库，并实现用户体验设计思维下的座舱产品逻辑库创建，为后面的设计环境、运行环境的分析提供基础。

在设计验证阶段，借助虚拟实验室平台，进行虚拟仿真感知迭代验证。通过改造柔性座舱平台，将智能座舱产品概念进行工程功能研发复现，通过定制化仿真场景，打造逼真的沉浸式仿真情景，将实车的功能与使用场景在虚拟座舱上完美复刻，借助座舱测试评价体系，对实车感知量化验证和实际功能进行验证，实现研发产品体验性能的快速评价和迭代优化。

软件定义汽车与互联网功能的大量涌入正在不断改变现有的智能座舱研发流程体系，智能座舱的人机交互关系更加复杂，越来越多的开发工作需要在灵活台架上实现反复测试与验证工作。以用户体验为核心，虚拟仿真平台为验证的产品开发模式快速复现座舱功能与交互，提前验证用户的体验，是未来发展的重要趋势。

四　中汽数据以情景为核心的座舱开发模式简介

用户体验产品的设计是不断将场景洞察转化为真实的用户利益，从客户视角去创造超越功能的体验亮点与细节。场景是智能座舱开发的核心，产品的需求都产生于场景当中。基于情景体验的智能座舱开发模式，发现和挖掘各种情景下的用户需求，将需求转化为工程语言，设计出最优的解决方案，指导整个座舱产品的开发。中国汽车技术研究中心数据资源中心打造的基于情境的产品开发策略主要分为以下几个部分：明确品牌及产品价值；锁定用户画像，挖掘用户诉求；梳理认知场景全旅程；分析用户旅程需求与痛点；创新体验功能，输出组合方案；定义功能体验交互设计逻辑；柔性座舱测试验证。

不同的座舱具有不同的特点，座舱的开发需要融入企业元素。在座舱产品开发前，需要明确品牌与产品价值。通过企业访谈、案头等方式对品牌或产品所需传达的核心价值进行梳理，使品牌价值核心贯穿产品打造过程，使产品设计概念有据可循。在概念设计阶段，产品兼备创新性与企业特色。

在明确产品价值、确定产品的可行性之后，需要寻找目标用户，挖掘用户深层诉求。对用户由表及里的行为、情绪、感受、认知诉求进行深度挖掘，并对不同诉求进行归纳梳理和侧重排序，为体验创新提供坚实的事实依据，确保打造的产品设计概念不浮于表面，而能真切地解决用户某种痛点。

为了更全面地收集用户痛点，在基础情景库的基础上，通过用车跟踪等方式，梳理目标用户核心用车情景，以及用户痛点及期望，形成体验地图。用情景三步法处理梳理的场景，深入挖掘用户不同用车情景下的需求及痛点。以人物、时间、地点、目的为构成要素对场景进行具体描述，然后根据用车动线对主场景进行切片，针对不同的切片情景逐一地多维度、多角度分析，深挖核心场景，提炼需求，整理得到每个环节的痛点。

充分结合人性与人因挖掘情景出现本源分析体验满足跨度，创新座舱体验功能，通过专家头脑风暴等形式，进行创意方案的碰撞输出。在特定的场景下，调用一些服务的组合，按照一定的交互方式向用户提供服务，优化组合方案。最后，采用虚拟仿真平台，采集多通道数据，对创意设计进行测试评价，验证座舱新产品或新功能的安全性、高效性以及有用性。

B.10
中国乘用车自主代客泊车（AVP）系统发展现状与趋势研究

左志强　刘正璇　沈永旺*

摘　要： 随着私家车的大规模普及，停车难、找车难已成为严重影响出行效率的痛点问题。目前，自动泊车功能在一定程度上减轻了驾驶员的负担，而智能网联技术的发展进一步促进了自主代客泊车功能的落地，以满足驾驶员更高的泊车需求。本文以乘用车自动泊车功能配置为基础，解析用户需求与市场发展趋势，深度挖掘自主代客泊车落地现状与技术难点，从多角度对未来自主代客泊车系统发展趋势进行研判，分析各项因素对该系统大规模落地的影响，总结当前亟待解决的技术问题。

关键词： 智能网联技术　自主代客泊车　私家车

一　乘用车自主代客泊车系统研究背景

（一）停车难与取车难已成为出行痛点

人民群众物质生活水平的提高，使私家车全面普及，随之带来了出行难

---

* 左志强，天津大学电气自动化与信息工程学院教授、博士生导师、自动化系主任，研究方向为智能网联车辆、集群化能源系统、网络安全与隐私保护、复杂网络与多智能体系统、非线性控制、鲁棒控制、水下机器人及天线伺服系统控制等；刘正璇，天津大学电气自动化与信息工程学院博士研究生，研究方向为智能网联车辆的决策与规划；沈永旺，中汽数据有限公司智能网联部项目主管，中级工程师，研究方向为智能网联汽车规划。

题。据2021年6月统计数据，我国乘用车汽车保有量已达2.37亿辆，而目前的停车位保有量和建设远远不足以支持如今的停车需求。车主需要花费大量时间寻找停车位，严重影响出行效率，停车难已成为当今快节奏生活的痛点问题。尤其在老旧城区，由于早期规划停车位数量少，停车难问题更为突出，很多附近居住的居民随意将车辆停在路边，严重影响过路车辆的行驶。在大型停车场，虽然车位数量众多，但车主往往在下车后需要步行很长距离才能离开停车场，并且由于停车位标注相似，车主记错停车位的情况时有发生，这在另一方面造成了取车困难。车主在停车时也会遇到停车位较窄的情况，这对于驾驶新手或者车辆较宽的车主来说是一个十分头疼的问题。现如今，停车难与取车难问题亟待解决，消费者对于车辆代步出行提出了更高的要求。

（二）自动泊车（APA）系统逐步落地升级

为解决消费者的停车问题，自动泊车应运而生。自动泊车技术到目前为止已经发展了20余年，形成了多个级别，从最开始的半自动泊车到“最后一公里”的自主代客泊车，逐步实现了在泊车场景下的自动驾驶技术落地，也满足了消费者的不同需求（见表1）。近年来，各车企逐步加大对自动泊车系统的投入力度，纷纷推出具备不同等级自动泊车系统的车型，乘用车市场自动泊车装备率（装备APA系统的在售车款型数目/细分市场在售车型款型总数目）也逐年提升（见图1）。从2020年乘用车品牌自动泊车装备率排名分析可以看出，中国自主品牌在自动泊车系统落地方面表现优异，高合、理想、小鹏、蔚来、威马等新势力车企均排在前列（见表2）。APA车型也广泛受到消费者的青睐，通过分析2019～2020年的APA车型销量数据（统计至2020年第三季度），除2020年第一季度受新冠肺炎疫情影响乘用车市场整体处于低迷状态外，其他季度的APA车型销量相对稳定或明显呈上升趋势（见图2）。

表1　自动泊车系统分级

级别名称	特征	自动驾驶分级	代表车型
半自动泊车	自动寻找车位，转向和制动自动化，油门和挡位需手动控制	L2	早期一些车型
自动泊车 APA	自动寻找车位，转向、制动、油门和挡位均自动化，只需在车内按泊车键，驾驶员需在车内	L2	吉利缤越、红旗 HS7、荣威 Marvel X、长城 VV7、奇瑞瑞虎7、蔚来 ES6 等

续表

级别名称	特征	自动驾驶分级	代表车型
遥控泊车 RPA	自动寻找车位，转向、制动、油门和挡位均自动化，在车外使用智能钥匙或手机 App 发送泊车指令，需在视野范围内	L3	特斯拉 Model3/S/X、长安 CS75、BMW 7 系、奥迪 Q7 等
自学习泊车	需提前学习停车路线，全程无须人工操控，依靠车辆本身传感器识别停车场内标志和车位线，实现自主泊车	L2/L3/L4	威马 W6、小鹏 P7
自主代客泊车 AVP	全程无须人工操控，无须在视野范围内，依靠车端与场端/高精地图端协同，实现“最后一公里”自动泊车	L4	高合 HiPhi X、红旗 E－HS9、部分概念车和测试车

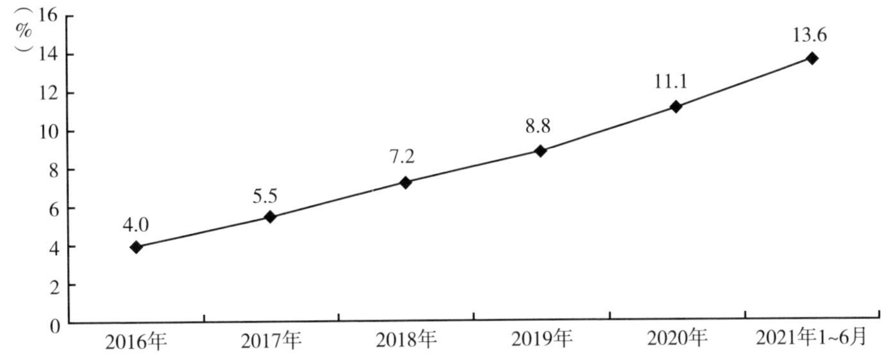

图 1　2016～2021 年 6 月中国乘用车自动泊车装备率变化趋势

资料来源：中汽中心中汽数据有限公司。

表 2　2020 年中国乘用车品牌自动泊车功能装备率排名

单位：%

排名	品牌	2020 年自动泊车装备率
1	高合	100
2	理想	100
3	路虎	91.7
4	奔驰	90.8

续表

排名	品牌	2020 年自动泊车装备率
5	零跑	76.9
6	天美	75.0
7	小鹏	68.4
8	捷豹	60.9
9	ARCFOX	50.0
10	爱驰	44.4
11	宝马	43.8
12	蔚来	41.2
13	领克	38.2
14	别克	34.5
15	威马	33.3
16	凯迪拉克	31.9
17	红旗	31.8
18	几何	29.4
19	林肯	25.0
20	斯柯达	23.9

资料来源：中汽中心中汽数据有限公司。

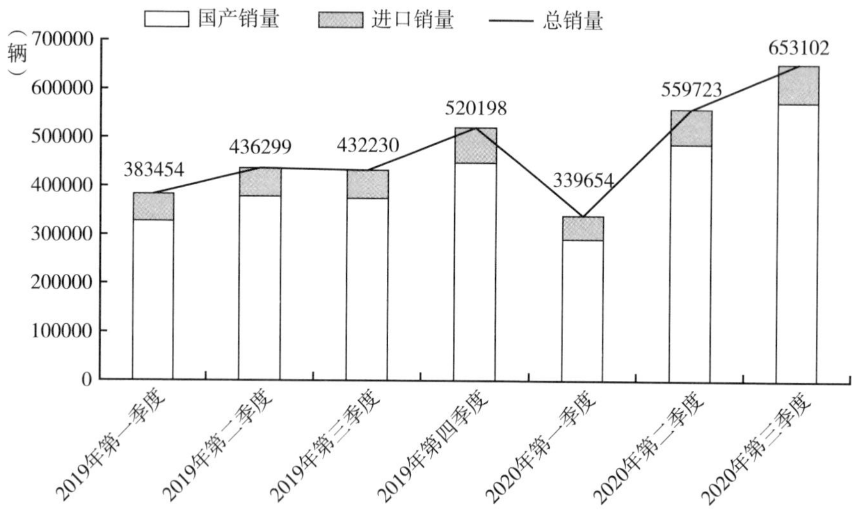

图 2　2019～2020 年第三季度中国乘用车自动泊车车型销量变化趋势

资料来源：中汽中心中汽数据有限公司。

（三）汽车智能化与网联化的发展满足更高等级泊车需求

近年来，以智能化、电动化、网联化和共享化为导向的汽车“新四化”正推动汽车行业加速升级转型。自动驾驶技术自20世纪80年代发展至今，已可实现特定场景的落地。车辆在泊车时处于低速行驶状态，且停车场一般为较为封闭的场地，因此该场景的技术风险较小，汽车行业普遍认为自主代客泊车是目前最有希望实现商业落地的自动驾驶技术应用场景。与此同时，车联网技术在物联网的背景下应运而生，车辆通过V2X可获取更为精准全面的环境信息，各主机厂与供应商均积极地加入车联网的研究中。将智能化与网联化相结合，智能网联车辆是目前世界范围内公认的可实现自动驾驶技术大规模落地的路线。自2016年起，我国工信部组织各方加紧制定智能网联汽车的发展战略、技术路线图和标准体系等，北京、上海、天津、长沙、沧州等多个城市均已建立智能网联测试道路，我国智能网联技术正处于稳步发展阶段。

随着智能网联技术的发展，车辆对于停车场环境的识别更加全面，而自主代客泊车技术是目前最有希望实现商业落地的自动驾驶技术应用场景，也是自动驾驶的第一步和最后一步，即包含了一键召唤和一键泊车两个功能。目前，越来越多的主机厂和供应商布局自主代客泊车系统的研发及落地，这也引起广大消费者的关注。

二　乘用车自主代客泊车系统研究现状

（一）车端智能技术不断发展，两条主线实现AVP系统设计

自主代客泊车的实现与其他场景的自动驾驶技术相类似，有两大主流路线：单车智能与网联协同。

单车智能路线依赖车辆自身配置的传感器感知停车场车位及周围环境，以建立停车场局部地图。在泊车过程中，车辆传感器实时检测车位位置、周围障碍物位置及其他交通参与者的运动，通过计算单元实时规划泊车轨迹，最后执行车辆速度与方向的控制。单车智能路线无需对停车场进行改造，适用于各类停车场，所有的感知与决策均由车辆完成，这也导致车辆需配置多个高精度传

感器，且对车端的计算能力要求较高。为应对周围环境的复杂性，车辆传感器需实现冗余感知，由此所带来的是高成本代价（见表3）。

表3　中国乘用车单车智能路线AVP研究动向

厂家	时间	动态
小鹏汽车、德赛西威	2018年6月	宣布进行自动驾驶战略合作，其中包括AVP系统
	2021年6月16日	小鹏P7迎来Xmart OS 2.6.0升级，可实现停车场记忆泊车（VPA）功能，号称为首款不依赖停车场改造实现“最后一公里”自动泊车功能的车型
上汽通用五菱、驭势科技	2018年11月	搭载AVP系统的宝骏E200陆续交付，总交付量在100台左右
Momenta	2019年7月	推出的Mpilot Parking系统，但目前未实现量产落地
威马、百度	2020年12月8日	威马W6在“2020百度Apollo生态大会”首次亮相，该车型搭配有与百度合作开发的“云端智能无人泊车系统（Cloud AVP）”

网联协同路线依靠停车场端的感知和计算设备实现对车辆位置和周围环境的识别，并通过V2X通信将停车场地图、车辆定位、障碍物信息和车位调度信息发送给车辆。车端依靠低成本传感器配合场端发送的环境信息即可实现对周围环境的识别，并控制车辆自动行驶至预定的停车位。网联协同路线是减少车端冗余、实现智能化升级的有效途径，该路线可大大降低车端传感器成本，且对车端的算法要求较低，而场端智能化改造需要花费很大的代价，该路线的大规模运行还需经历一段时间（见表4）。

表4　中国乘用车网联协同路线AVP研究动向

厂家	时间	动态
戴姆勒、博世	2018年9月	在北京戴姆勒研发中心展示其AVP技术，为二者合作在中国的首次亮相
地平线	2018年11月	在上海以奇瑞eQ1车型公开测试其AVP系统
禾多科技	2018年11月	推出智能代客泊车产品HoloParking，采用“车端+场端+高精度地图端”三端合一的路线，基于多传感器融合的感知和定位算法，泊车定位精度达到5cm，两车间隔最小仅10cm
华为	2019年	在深圳前海公共停车场完成了自主泊车测试，其具备C-V2X技术的领先优势，目前已完成自主代客泊车应用平台的开发，据称可实现真正意义上的全场景自主代客泊车

续表

厂家	时间	动态
高合	2020 年 9 月 24 日	高合 HiPhi X 上市,搭载基于车路协同开发的 L4 级全自主代客泊车系统
一汽红旗、纵目科技	2020 年 12 月 4 日	推出首款全尺寸豪华纯电 SUV——E－HS9,并在此车型搭载了纵目科技研发的 AVP 系统,可实现厘米级的精度控制

（二）多方携手，推动智慧停车场基础设施建设及 AVP 试点运行

智慧停车场在 AVP 系统中起到至关重要的作用，智慧停车场通过传感器实时检测停车位状态，实现停车位的监控和调度，从而达到停车位资源利用最大化的目的。与此同时，智慧停车场可监控 AVP 车辆的状态及周围环境，辅助实现车辆定位，并可及时处理 AVP 车辆遇到的危险情况。对于普通车辆，智慧停车场也可满足用户寻找空余车位、预约停车位、停车位导航、自动缴费以及反向寻找车辆等需求，实现用户停车服务的最优化。

近年来，智慧城市建设受到了国家层面的高度重视，多个城市投入大量资金和人力用于智慧城市基础设施建设和开展示范应用，而智慧城市发展需要以智能网联汽车作为新的切入点，实现协同发展。2021 年 4 月 28 日，住建部和工信部发布了《关于确定智慧城市基础设施与智能网联汽车协同发展第一批试点城市的通知》，确定北京、上海、广州、武汉、长沙、无锡 6 个城市为智慧城市基础设施与智能网联汽车协同发展第一批试点城市。而智慧停车场作为智慧城市的重要组成部分，推动停车场智能化建设和改造及开展智慧停车与自主泊车示范应用也成为智慧城市建设的重点工作之一。5 月 21 日，国务院办公厅转发《关于推动城市停车设施发展的意见》，也提及推广智能化停车服务。

随着一系列智能网联相关政策的发布，各大共享出行公司与停车场运营公司也在努力提升自身实力，助力停车场智能化建设和改造，搭建智慧出行平台。近年来，主机厂和供应商纷纷与智慧停车企业合作，积极推进 AVP 试点运行。2018 年，禾多科技宣布与停简单合作，借助停简单在停车场智能化升级改造方面的经验，推动 HoloParking 的落地。2019 年 1 月，纵目科技与科拓

停车宣布在低速自动驾驶和出行服务领域达成战略合作，加快推进 AVP 系统的车端、场端及云端的平台对接。

（三）行业标准先行，全面推动 AVP 系统落地

2020 年 5 月，《自主代客泊车系统总体技术要求》完成征求意见稿和编制说明，中国汽车工程学会印发该标准征求意见的通知。该标准完成了 AVP 功能定义、应用场景定义、系统总体技术规范要求和测试要求等内容的规范性解释。该标准对车端、场端和云平台的职责和要求进行了详细的定义，对各主机厂从事 AVP 系统开发具有重要指导意义。与《自主代客泊车系统总体技术要求》同步，《自主代客泊车（AVP）系统与通信技术标准》由中国通信工业协会批准立项。与此同时，由法雷奥牵头制定的 ISO 标准《ISO/CD 23374 – 1 Intelligent transport systems-Automated valet parking systems （AVPS）-Part1：System framework, communication interface, and vehicle operation》预计于 2021 年发布。

2021 年，《GB/T 智能网联汽车 自动泊车系统性能要求与试验方法》已报批，该标准规定了自动泊车系统的分类、泊车与巡库功能的技术要求及测试场景要求等，为自主代客泊车系统国标的推行打下基础。与此同时，汽标委也在逐步推进网联功能与应用领域标准化进程。2018 年 12 月，智能网联汽车分标委成立网联功能与应用标准工作组，有效推进了《GB/T 道路车辆 网联车辆方法论》《GB/T 基于 LTE – V2X 直连通信的车载信息交互系统技术要求》《智能网联汽车与移动终端信息交互功能标准化需求研究》等标准研究的进程，加速网联化技术的应用。

三　乘用车自主代客泊车系统典型案例分析

（一）高合 HiPhi X：世界首款搭载基于5G 车路协同的 AVP 车型

高合 HiPhi X 是华人运通旗下首款纯电动汽车，于 2020 年 9 月 24 日在北京车展实现全球上市，自 2021 年 5 月 8 日起，HiPhi X 按计划正式批量交付用户。HiPhi X 被定义为“全球首款可进化超跑 SUV”，真正实现了“软件定义汽车”，自上市起即受到行业相关人士的高度关注。

高合 HiPhi X 搭载 6 个计算平台（MPU）、562 个传感器与 307 个执行单元，标配 5G + V2X 与千兆以太网配置，可实现 L3 级自动驾驶功能与 L4 级车路协同 AVP。由于使用兼容 5G 技术的 OBU 车载通讯端实现 V2X，HiPhi X 可实现更加稳定、延时更低的通讯。HiPhi X 车身两侧布置可 360°旋转摄像头，使得视觉感知更加立体全面。该套 AVP 系统的实现需要在停车场预先安装激光雷达、红外夜视摄像头等高精度传感器以完成对停车空间的精确描绘。通过停车场搭建的计算与通信设备，可实现停车位调度，并将车辆定位、调度信息、周围障碍物信息等发送给 AVP 车辆。用户通过手机 App 即可实现自主泊车与一键召唤，车辆自主泊车过程中无须用户监督。此外，高合 HiPhi X 具备强大的 OTA 能力，在未来还可通过软件升级迭代持续提升 AVP 系统的体验。

据官方公布，高合 HiPhi X 拥有目前最可靠的全自主泊车功能，但华人运通并未公开相关测试数据，且受到场地的限制，该车 AVP 系统很难在消费者日常生活中使用，因此该系统的具体性能还有待验证。另外，高合 HiPhi X 起初定位即为豪华高端，其定价目前为 57 万 ~80 万元，受众仅为少数的高端消费者，因此该车 AVP 系统的验证还需很长一段时间。

（二）红旗 E - HS9：国内首款实现 L3 自动驾驶技术量产的车型

红旗 E - HS9 为一汽红旗推出的首款全尺寸豪华纯电 SUV，于 2020 年 12 月 4 日正式上市。红旗 E - HS9 搭载了交通拥堵自动驾驶系统（TJP）和 AVP 系统，全身配备了 24 个传感器以实现更为精准的环境感知，据称该 AVP 系统可实现厘米级的精度控制。同时红旗 E - HS9 具备较为强大的 OTA 能力和信息安全防护能力，在实现 V2X 和软件升级迭代的同时可进行全路径防护，确保用户网联信息安全。

早在 2018 年 12 月 26 日，纵目科技公开收到中国一汽的 AVP 项目定点信，宣布将在红旗品牌量产车型上部署 L4 级自动驾驶 AVP 产品，纵目科技也因此成为国内首个拿下整车厂 AVP 量产项目的公司。据纵目科技公布的 AVP 方案，其采用车端 - 场端 - 云端三端融合路线，车端传感器配置主要为高清环视摄像头、超声波雷达与毫米波雷达，且纵目科技专为 AVP 自主研发了可用于低速自动驾驶场景的毫米波雷达，该雷达的最小检测距离可达 10cm。通过高清摄像头与毫米波雷达的深度感知融合，纵目科技 AVP 系统可支持更为全面的使用场景。云端在此方案中执行大量的计算决策工作，登记用户的信息与相关特性，并对多个停车场景实施管理。停车场需要预先采集地图信息，建立高精度地图，并对场内设施与停车位进行实时跟踪以更新地图。

据纵目科技官网公布的红旗 AVP 视频，用户在上下客区域通过手机 App 开启一键泊车与一键召唤，车辆在行驶过程中遇到行人或其他车辆会采取制动避障，完整实现了 AVP 功能。但视频演示中停车场内车辆与行人较少，环境相对较为简单，未展示遇到突然出现障碍物、道路堵塞等极限情况的车辆反应。与高合 HiPhi X 相同，红旗 E－HS9 的受众仅为少数高端消费者，且其 AVP 系统使用场景受限，缺乏用户使用数据支撑，其具体性能有待进一步验证。

（三）威马 W6：百度 Apollo 助力 AVP 系统设计的车型

威马 W6 于 2020 年 12 月 8 日在“2020 百度 Apollo 生态大会”上首次亮相，并于 2021 年 4 月 16 日正式上市，该车型搭配与百度合作开发的“云端智能无人泊车系统（Cloud AVP）”。这套 AVP 系统可实现两种场景的自主泊车，一种是公共停车场（PAVP），另一种是拥有固定车位的私人停车场（HAVP）。在传感器配置上，威马 W6 采用了 7 个摄像头、5 个毫米波雷达和 12 个超声波雷达，AVP 系统工作时，这 24 个传感器相互配合，实现具备冗余的环境感知，最大限度确保泊车过程的安全。

对于 PAVP，威马采用了与高精度地图协同的方式，并在停车场设置定位图标辅助车辆进行定位。目前对于此场景，威马仅支持垂直车位，泊车过程中车速基本保持在 7km/h 以下，未来威马会通过 OTA 方式逐步开发水平车位与斜向车位。对于 HAVP，首次使用时车辆需要进行泊车路线学习，包括入库路线与出库路线，入库路线对应下车点到停车位的路径，出库路线对应停车位到上车点的路径，但目前仅支持最多 5 条、最长 100m 的学习路线。据用户体验反馈，再次使用 HAVP 时，车辆会完全复制学习的泊车路线，未对行驶路线进行优化，因此若用户在进行路线学习时存在一些不规范行驶操作，威马 W6 并不会进行规避。另外，据实测反应，威马 W6 在直线行驶时存在转向控制不稳定的问题。

威马 W6 虽实现了一定程度上的一键泊车与一键召唤，但泊车距离较短，且需在用户目视范围内使用，而宣称的跨楼层自主泊车目前未实现量产，且停车场景覆盖不全，距真正的自主代客泊车还有一段距离。

（四）小鹏 P7：首款可实现不依赖停车场改造的“最后一公里”泊车功能的车型

2021 年 6 月 16 日，小鹏 P7 正式迎来 Xmart OS 2. 6. 0 升级，并向部分用户开放了停车场记忆泊车（VPA）功能。小鹏的记忆泊车可实现司机手动完成一次泊车后，系统即可完成停车位和行驶轨迹的记忆，再次泊车时车辆可自动行驶至记忆的停车位。小鹏汽车于 2019 年推出的遥控泊车采用 20 个传感器完成环境感知和泊车入位，其中包括 12 个超声波雷达、4 个鱼眼摄像头、1 个单目摄像头和 3 个毫米波雷达，而此次系统升级无须增加硬件。在开启记忆泊车时，小鹏 P7 会开启车身全部摄像头，除上述摄像头外，还有 9 个高感知摄像头，采用高感知摄像头和环视摄像头相互配合，以实现对周围环境更精准的建模。与此同时，小鹏通过 IMU 确定车身姿态和运动方向，实现车辆位置的实时更新，最终绘制出对应的泊车路线图。

小鹏 P7 的 VPA 功能与威马 W6 的 HAVP 功能相似，但二者存在明显差异：①小鹏 P7 可记忆 100 个停车场、最长 1000 米的泊车路线（单个停车场支持一条路线），在路线记忆方面，小鹏 P7 要优于威马 W6；②小鹏 P7 在使用 VPA 功能时需要驾驶员在车内，仅为 L2 级自动驾驶，而威马 W6 已可实现车外一键泊车；③小鹏 P7 仅支持入库操作，尚未实现自动出库；④小鹏 P7 不支持手机端操作，而威马 W6 可支持手机端 App 远程操作。

虽然小鹏自称可实现“最后一公里”泊车功能，但其具体功能表现并未达到“最后一公里”的真正含义。需要指出的是，小鹏 P7 在设计初始即具备了完善的传感器配置及强大的计算能力，在未来仅需通过 OTA 软件升级即可让用户体验最新的自动驾驶技术，这一点无疑满足了消费者对于自动驾驶汽车的期待。

四　乘用车自主代客泊车系统应用洞察与研判

（一）停车场基础设施建设方案各不相同，智能化建设技术标准有待完善

通过对近几年世界范围公开的 AVP 方案分析，我们不难发现基于停车场

改造的 AVP 方案仅可在特定停车场内运行，这对于 AVP 的推广十分不利。对于不同停车场运营商，其智能化改造方案截然不同，而不同主机厂与供应商推出的 AVP 系统对停车场的要求也大相径庭。网联功能与应用领域相关标准的落地，可以规范未来停车场智能化基础设施与车辆之间的信息交互接口与数据格式，而停车场的智能化基础设施搭建方案距离标准化尚有很远的距离。停车场智能化改造需要考虑以下几个因素。

（1）无盲区、无遮挡感知；

（2）可适应各种天气环境；

（3）保障各链路通信网络安全；

（4）信息全面，可支持多种 AVP 方案；

（5）成本最优；

（6）具备可复制性与可推广性。

停车场智能化建设技术的标准化可促进不同 AVP 方案的推广，使真正的 AVP 切切实实应用到消费者的日常生活中。

（二）停车场景边界未知，亟待开展 AVP 系统预期功能安全（SOTIF）研究

停车场虽为比较封闭的环境，但仍存在一些复杂多变的因素，例如行人与人工驾驶车辆的行为具有不确定性，场内可能会受到天气或光照变化影响传感器感知效果，路面可能存在湿滑的情况影响车辆行驶等。此外，用户在使用手机 App 远程控制车辆时，存在误用的可能。而目前在各家宣传的 AVP 方案中，均未展示在停车极限场景下的功能表现。AVP 属于 L4 级自动驾驶功能，而各家推出的方案目前也未说明性能极限。面对以上问题，设计开发人员应充分考虑 AVP 系统的预期功能安全开发，由已知场景推导未知场景，开展未知场景测试，不断扩大 AVP 系统的设计运行区域（ODD），并将可预见危害场景的风险控制在可接受范围内。

今后需要将 SOTIF 融入 AVP 系统开发流程中，形成系统的解决方案，并通过数据积累与学习不断扩展 ODD 边界，努力为消费者提供车辆全生命周期的安全保障。

（三）各企业数据资源有限，急需促进企业间数据共享，实现全行业共同进步

为确保 AVP 系统的稳定性与安全性，各企业开发 AVP 系统时需要海量的数据支持，而各企业通过车辆采集所拥有的数据资源并不足以支撑 L4 级别自动驾驶，因此也限制了各企业 AVP 技术的发展。随着车辆智能化的不断发展，数据已经成为影响整个汽车行业的新的生产要素，车辆的整个开发流程及全生命周期的保障都离不开数据的支撑。各企业已逐步意识到数据的重要性，也深知单个企业数据体量有限，建立企业间数据共享机制与交互渠道已成为整个行业的迫切需求。未来，智能网联车辆将成为继手机之后的第二大移动终端，数据采集与上传将成为必然趋势，这也需要行业形成统一的数据格式与接口定义标准。在促进数据共享的同时，为避免数据泄露及隐私信息被非法利用，数据安全问题也应引起高度重视。

数据是车辆提升智能化的基础和关键，建立数据共享机制与交互渠道，可实现数据增值应用，并驱动技术进步与产业发展。

五　结语

AVP 是目前公认可最先实现乘用车自动驾驶技术商业化落地的场景，也是目前消费者最关注的功能。自 2020 年起，各企业逐步推出自己的 AVP 系统，然而很多企业目前仍停留在宣传阶段，具体性能与功能极限尚未知。而对于已经实现量产的威马 Cloud AVP 与小鹏 VPA，从目前可实现场景看，与真正意义的 AVP 存在较大差距。综合以上分析，AVP 技术的发展还面临以下问题。

（1）AVP 标准化进程在不断推进，但目前仍缺少停车场智能化建设的统一规范。

（2）SOTIF 理念目前仍未融入 AVP 系统开发过程中，使得 AVP 系统运行稳定性和安全性存在隐患。

（3）由于各企业数据资源有限，目前未形成企业间数据共享机制与交互渠道，这也导致 AVP 技术的发展受到制约。

目前，我国尚未迎来 AVP 技术的真正落地，还需各方携手共同克服以上挑战，真正意义上的“最后一公里”自主泊车未来可期。

B.11
跨行业大数据共建共享支撑主机厂售后数字化升级

马 欣　于宏扬*

摘　要： 2020年全年汽车产量2522.5万辆，销量2531.1万辆，分别同比下降2%和1.9%；同时，在车险方面，2020年9月19日，《关于实施车险综合改革的指导意见》正式实施，2020年车险承保利润降至79.57亿元，汽车与保险两个行业发展面临困难。数字化转型升级将成为两个产业可持续健康发展的最优解决方案，随着中国汽车市场从增量市场向保有量市场的转移，产值收益也在向售后方向转移，主机厂售后的数字化转型迫在眉睫。与此同时，支撑数字化转型的关键要素就是数据，数据作为数字化转型过程中的关键要素必不可少。车险行业与主机厂售后关系最密切，建立起汽车与保险跨行业大数据共建共享体系，将支撑数字化转型升级的数据要素在两个行业间形成共建共享，最终实现共赢。

关键词： 售后数字化　数据要素　跨行业大数据　共建共享

2020年，新冠肺炎疫情将汽车行业发展按下了“暂停键”，在疫情冲击的背景下，全行业不畏艰难，落实党中央、国务院决策部署，稳步推进复工复产，加快转变销售方式，积极拉动汽车消费，汽车销售工作逐步复苏，全年产

---

* 马欣，中汽数据有限公司工程师，中级工程师，研究方向为汽车后市场车险与售后业务；于宏扬，中汽数据有限公司工程师，中级工程师，研究方向为主机厂售后业务。

量销量整体增速稳中略有下降，基本抵消了疫情对汽车消费的影响，汽车行业整体展现出很好的内生动力和发展韧性。全年汽车产量 2522.5 万辆，销量 2531.1 万辆，分别同比下降 2% 和 1.9%，降幅比上年分别收窄 5.5 个和 6.3 个百分点。

与此同时，在车险方面，2020 年 9 月 19 日，《关于实施车险综合改革的指导意见》（行业称“车险综改”）正式实施。改革以“降价、增保、提质”为短期目标，也已经收获了明显成效。根据银保监会 2021 年 6 月初在新闻发布会上的介绍，截至 4 月底，相比改革前，整体车均保费下降 19.7%，近九成消费者车险保费支出下降，累计为消费者减少保费支出超过 1200 亿元。消费者实实在在获得了实惠。而对险企来说，车险经营则面临着更大的压力。截至 2021 年 3 月，有 6 个地区的车险综合成本率超过 100%，车险行业整体综合成本率上升到 98.61%，同比上升 3.19%；到 2021 年 5 月底，行业整体综合成本率进一步攀升至 99.5%。

根据公开资料，近几年是车险经营相对波动较大的几年。从 2013 年开始，车险综合成本率超过 100%，车险行业经营开始亏损；在严监管以及市场化改革双重因素的影响下，2015 ~ 2017 年，实现了车险综合成本率连续下降；2018 年综合成本率有所上升，整体维持在 100% 以下；2019 年车险盈利显著好转，整体车险承保利润为 103.60 亿元，盈利水平达 2013 年以来最好；2020 年车险承保利润降至 79.57 亿元，但仍保持了 1.01% 的承保利润率。2021 年，在保费收入低迷之势尚未扭转、综合赔付率高企的情况下，车险行业性亏损可能难以避免。

在汽车产业销量增速不断下降，车险综合成本率不断攀升的情况下，数字化转型升级成为两个产业可持续健康发展的最优解决方案。随着中国汽车市场从增量市场向保有量市场的转移，汽车产业产值收益也在向售后方向转移，主机厂售后的数字化转型迫在眉睫。与此同时，支撑数字化转型的关键要素就是数据，数据作为数字化转型过程中的关键要素必不可少，特别是通过数字化升级建立起外部数据与内部数据的融合，形成新的数据反馈机制。在主机厂售后所在的汽车后市场领域内，车险行业是与主机厂售后关系最密切的，建立起汽车与保险跨行业大数据共建共享体系，将支撑数字化转型升级的数据要素在两个行业间形成共建共享，最终实现共赢。

一 汽车产业售后领域数字化升级

（一）主机厂售后数字化升级背景

数字经济蓬勃发展，在推动生产力发展和生产关系变革的同时，对产业数字化转型升级提出了新要求。新冠肺炎疫情对汽车产业的影响，进一步凸显了产业数字化转型升级的必要性和紧迫性。习近平总书记指出，危和机总是同生并存的，克服了危即是机。疫情对我国经济社会发展带来前所未有的冲击，同时也为改造提升传统产业、培育壮大新兴产业提供了新机遇。充分发挥各方面积极作用，加快推进产业数字化转型升级，是推动我国经济实现质量变革、效率变革、动力变革的题中应有之义。

随着数字经济时代的来临，数据驱动汽车、软件定义汽车的数字化转型已成为汽车产业发展潮流。为促进汽车行业的健康快速发展，“两会”中提出《关于推动汽车产业互联网发展，加速数字化升级的提案》等文件共同助推汽车行业建立新形势下的汽车产业发展新业态。同时，疫情加速催化了数字经济新业态发展，5G、新基建、人工智能、大数据等，为行业注入了强大的技术动力，不少大型汽车企业已经开启数字化升级的大门，积极寻求新技术、新应用在数字化升级中的融合。未来汽车产业将会从产品形态、研发制造及服务方式等各个方面迎来新一轮变革。

（二）后市场相关领域数字化升级现状

1. 保险行业数字化

（1）承保和理赔的智能化。借助人工智能技术在移动 App 和智能终端实现承保和理赔等全流程智能化，用户零录入，实现自助式智能销售和理赔以及多源数据的智能接入。

（2）技术体系的分布式和业务中台化。实现核心和通用领域中台的共享化，从传统的集中式架构向微服务和分布式架构转型；提升应用的弹性伸缩能力和建立多中心的分布式技术体系，建立敏捷的研发运营一体化的运营模式，快速响应业务的变化。

（3）人工智能优化用户体验。建设智能化的移动互联和智能终端，以前台应用为主，PC 端应用为辅；建立前台灵活、中台共享和稳固、快速响应业务的架构。通过业务的移动和线上化，支持商业模式的创新。

2. 配件产业链的数字化升级

汽车后市场数字化升级后，在上游能够使厂商建立有效的生产、销售反馈路径；下游能使门店实现数字化管理，将产品供应链管理、服务、运营标准化；终端消费者则拥有更加可信任、高效的服务选择和人工智能优化用户体验。

实现数字化管理、运营，厂商、经销商及修理厂实现对消费品类和价格等数据收集，有针对性地开发新产品，智能备货，同时可以收集产品使用体验，加强与消费者的互动。

数字化升级需要具备的条件：品牌连锁汽修企业的数字化能力决定了数字化基础设施的建设能力；汽车后市场垂直行业的经验决定了汽修连锁的数据储备是否充足；标准化服务能力、标准化服务的规模化交付使数字化成为可能。

3. 出行行业的数字化升级

目前，中国网约车市场乘客端活跃用户规模为 10081. 6 万，在市场竞争方面呈现出“一超多强“的竞争格局。

主机厂扎堆网约车市场。作为网约车市场“新生儿”，这些主机厂背景网约车企业充分发挥自身在车源、牌照、本地网络等方面优势，同时选取“区域性 + B2C + 专车”的稳健发展策略。

运营车辆定制化生产，以 T3 出行为例，目前 T3 出行打造了 V. D. R 安全防护系统，实现对车辆及司机的实时管理，实现危险情况主动预判，提高出行服务安全性。

聚合平台模式，主机厂背景网约车企业为弥补市场认知度不足劣势，通过高德地图等聚合平台导流，扩大流量渠道以快速提高订单量，提高派单效率，减少研发投入。

（三）主机厂售后数字化升级背景

汽车售后数字化升级需要在两个层面进行研究与搭建，第一个层面是数据层面，第二个层面是数字化对接平台层面。

1. 数据层面——售后业务数据架构搭建

售后业务数字化升级的关键在于底层基础数据的支撑，底层数据架构的完善可以支撑业务的管理与创新。整体售后业务数据架构一共分为四层，即数据管理层、数据体系层、数据指标层、数据展示层（见图1）。

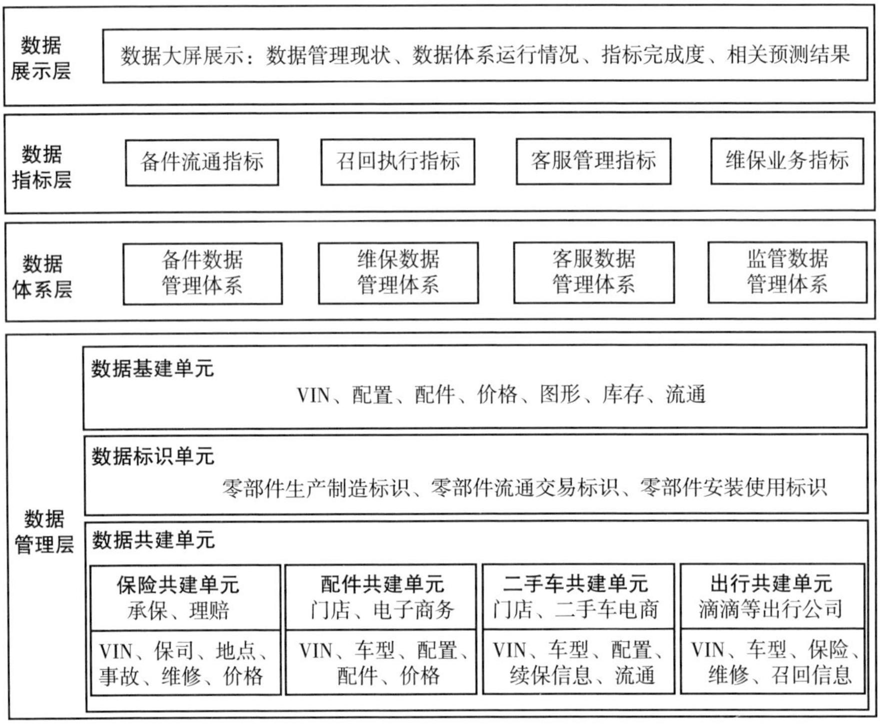

图1　数据架构层

（1）数据管理层——建立可配置化的数据仓库，创建可追溯的数据标识。整合售后业务数据，对数据进行分类，按照自生、共生、他生进行数据分类梳理；针对流通零部件建立起数据标识；整体实现数据管理的核心数据仓库。

（2）数据体系层——分解售后业务管理单元，以数据体系支撑业务管理。针对售后业务发展与管理，从数据管理层抽调数据形成对应数据管理体系。

（3）数据指标层——基于数据体系下的数据指标，确保数据真实性、及时性。建立起明确的数据运行指标，便于售后业务跟踪与调整。

（4）数据展示层——立足于业务展示，应用于业务监管。基于数据大屏展示，形成售后业务管理现状、相关预测的全景观展示。

2. 数字化对接平台层面——面向独立后市场的数字化对接平台

在主机厂售后的产业链上，基于底层基础数据去拓展与独立后市场领域的各项业务数字化合作创新（见图2）。

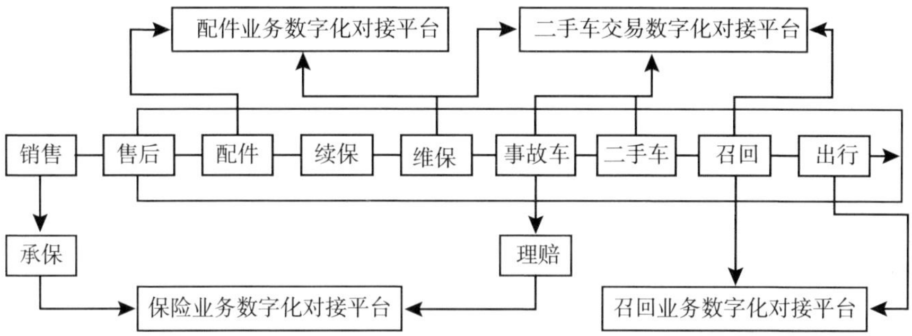

图2　业务对接层

（1）保险行业。形成保险业务数字化对接平台，服务于车险承保理赔业务，如承保续保环节车型车价与保单录单的闭环管理，事故车理赔定损车型配件与维修方案的闭环管理。

（2）零配件供应链。形成配件业务数字化对接平台，服务于配件流通、配件电子商务，如自建配件电商平台或与主流电商平台的数据对接。

（3）二手车交易。形成二手车交易数字化对接平台，服务于本品牌二手车交易，如本品牌二手车维保信息查询服务等。

（4）缺陷车辆召回。形成召回业务数字化对接平台，服务于各类运营车辆，如通过滴滴等出行公司实现召回信息的打通与管理。

二　数据要素是支撑数字化转型升级的关键要素

（一）整合汽车产业售后内部数据资源

数据资源是数据的自然维度，数据资产是数据的经济维度，两个概念相互融合，且不冲突。数据资源是载荷或记录信息的按一定规则排列组合的物理符号的集合，可以是数字、文字、图像，也可以是计算机代码的集合。

针对汽车产业售后环节，内部数据资源主要有数字、文字、静态图像资源，来源于企业内部各生产管理系统，如整车研发数据、整车装车数据、研发图形数据、备件流通数据，这些数据资源都是售后领域内部的关键数据资源，需要进行数据资源采集与集中管理。

（二）梳理汽车产业售后内部数据资产

数据资产，从本质上讲是产权的概念，是指由个人或企业拥有或者控制的，能够为个人或企业带来经济利益的，以物理或电子的方式记录的数据资源。

基于明确的汽车产业售后内部数据资源，形成了常规的数据积累，进而建立起汽车产业售后内部数据资产。梳理数据资产，为售后内部数据资产进行分类划分，可以形成当前保有量车型分组数据资产、装车配件数据资产、配件价格数据资产、配件供应链数据资产等。这些数据资产的梳理并建立，有效形成内部数据反馈机制，为售后数字化升级奠定了数据框架基础。

（三）明确数字化转型升级所需的关键数据要素

数据支撑生产的重要性突出，也明显提升了其他生产要素在整体生产中的使用效率，因此，数据已成为生产工作中不可或缺的生产资料。数据作为关键生产要素直接参与生产，需要进行市场化配置，形成生产要素价格及其体系。数据要素的价格体系建立，是建立在数据所有制基础上的。

生产要素主要包含资本、技术、劳动力以及数据。数据作为新型生产要素，具有双重属性，数据要素既是劳动工具又是劳动对象。首先，数据作为劳动对象，通过采集、加工、存储、流通、分析环节，具备了价值和使用价值；其次，数据作为劳动工具，通过融合应用能够提升生产效能，促进生产力发展。

在汽车产业售后领域，支撑售后数字化转型升级的关键数据要素就是车辆在用车环节的使用数据信息，包括车辆保险数据、车辆维修数据、车辆保养数据等。这些数据要素是提升汽车产业售后生产效率的关键要素，同时，这些数据要素分散在整个后市场领域的各个环节，不容易集中整合。其中，车险行业的数据更加集中，车险同时具备售后数字化升级中所需的关键数据要素——车辆事故与维修数据，结合事故维修数据，可以辅助售后业务精准决策，提高配件供应效率与销售收入。

（四）数据要素获取方式

数据需要通过数据要素市场完成配置并进行流通，数据要素市场以市场为根本调配机制，实现数据流动的价值或者数据在流动中产生价值。

目前，国内数据要素市场多以大数据交易中心形式存在，大数据交易中心往往不能满足关键数据要素的流动与配置，因此要形成数据要素在市场中的流转，需要针对性地建立起行业与行业之间的数据要素配置市场，将行业之间双方需要的关键数据要素进行调配，实现数据流通的价值也在数据流动中产生价值。所以，数据要素市场应该至少在 2 个行业间形成数据要素的调配，满足两个及以上行业之间的数据要素流通。

（五）国外数据要素市场发展概况

美国发达的信息产业提供了强大的数据供给和需求驱动力，促进其数据交易流通市场的形成和发展。美国在数据交易流通市场构建过程中，通过数据交易产业推动政策和法律制定，开放的政策和法律又进一步规范了数据交易产业的发展。

欧盟委员会希望通过政策和法律手段促进数据流通，解决数据市场分裂问题，将 27 个成员国打造成统一的数字交易流通市场；同时，通过发挥数据的规模优势建立起单一数字市场，摆脱美国“数据霸权”，回收欧盟自身“数据主权”，以繁荣数字经济发展。

德国提供了一个“实践先行”的思路，通过打造数据空间，构建行业内安全可信的数据交换途径，排除企业对数据交换不安全性的种种担忧，引领行业数字化转型，实现各行各业数据的互联互通，形成相对完整的数据流通共享生态。

作为高度重视数据价值的国家，英国采用开放银行战略对金融数据进行开发和利用，促进数据的交易和流通。该战略通过在金融市场开放安全的应用程序接口（API）将数据提供给授权的第三方使用，使金融市场中的中小企业与金融服务商更加安全、便捷地共享数据，从而激发市场活力，促进金融创新。

日本从自身国情出发，创新“数据银行”交易模式，最大化释放个人数据价值，提升数据交易流通市场活力。数据银行在与个人签订契约之后，通过个人数据商店（Personal Data Store，PDS）对个人数据进行管理，在获得个人明确授意的前提下，将数据作为资产提供给数据交易市场进行开发和利用。

三 跨行业大数据共建共享支撑关键数据要素

（一）汽车产业售后数据与后市场领域产业发展的壁垒

在主机厂与保险、维修、零部件行业之间，存在由于数据壁垒造成的制约行业快速发展的问题。主机厂售后数据关键要素在汽车后市场领域的生产过程中也是关键生产要素，关键要素在要素市场无法合理被调配使用，也间接影响了主机厂售后业务的发展。

1. 快速承保理赔

承保与理赔两项业务均需要主机厂售后数据要素做支撑，利用承保和定损系统，通过文字或图片等形式进行信息录入，实现对承保、理赔车辆信息快速精准匹配，从而加快业务办理进度。

精准的数据要素可以保证业务办理速度，进而提高消费者体验，也同步提升保险及车企品牌形象；然而缺少整车数据、零部件数据等数据要素的支撑是难以实现车型、配件以及价格等信息的精准匹配的。

2. 共享维修

以本品牌车辆维修信息为基础，实现本品牌车辆在未设立指定维修地点的城市或地区通过其他维修厂完成故障维修。帮助主机厂解决当地无指定维修站点的问题，同时可以提高售后满意度；但因维修信息数据要素的公开程度不足，难以实现其他品牌维修厂完成共享维修。

3. 互联网电商

通过互联网电商、零部件供应链平台，实现零部件的流通。统一产品质量标准，加快价格透明化节奏。因全品类汽配数据繁多，尚未有零部件名称或参数等数据匹配使用的车型表。

（二）汽车与保险跨行业大数据共建共享体系

在用车领域，车险服务是汽车使用环节最频繁的服务项目，精准的承保定价、精准的定损理赔都需要汽车行业的数据支撑，因此跨行业融合支撑数字化转型，首先是要建立起汽车与保险的跨行业大数据共建共享，解决行业发展痛点，构建数据流通新业态（见图3）。

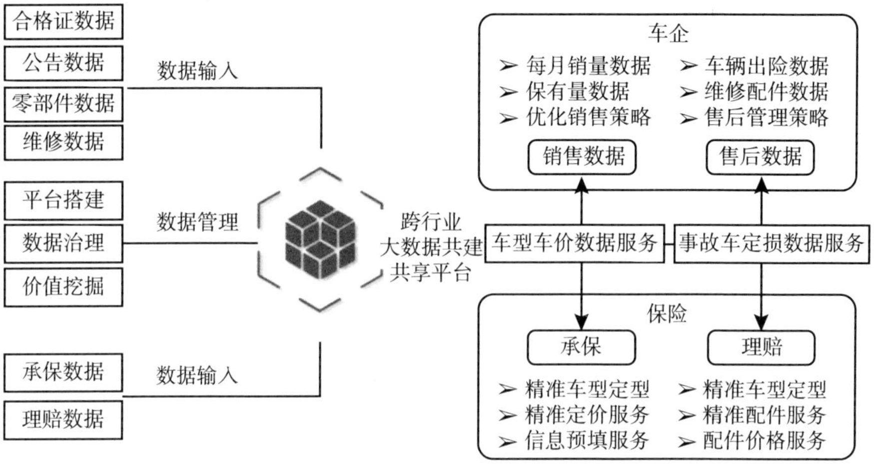

图3　跨行业大数据共建共享体系

数据共享共建平台定位于泛汽车产业数字化转型基础设施建设，目标在于促成汽车产业、银行保险产业及行业三方机构形成价值共同体，并基于全行业全周期全链条数据池，形成一致化数据标准和集成化产品体系，最终促成覆盖数据流、信息流、资源流的泛汽车产业生态。

在汽车生产、销售、维修配件流通等领域，已形成了整车厂、零部件企业、经销商、消费者的大数据生态体系；基于已初步形成的大数据生态体系，以跨行业互通互联大数据为基础，推动多个行业的融合进步，进一步扩大汽车在用车领域的数据生态体系建设，在合作共赢的基础上构建良性的汽车大数据生态系统。

1. 汽车企业关键数据要素共享

汽车企业共享售后关键数据要素，由主机厂向保险理赔提供原厂 VIN－款型数据、配件及价格数据、配件图形数据；基于对主机厂原厂数据进行数据开发与建设，建设出满足事故车定损所使用的售后车辆数据信息。

保险公司可以精准完成事故车定型与定损工作，提升本品牌车辆在理赔端车辆定型的准确性、事故车定损估价效率和精准性，提升本品牌消费者的服务体验，维护品牌形象。

2. 保险公司关键数据要素共享

保险公司共享包含事故车信息、碰撞方位信息、出险地点信息、维修工时信息、碰撞程度信息、更换配件信息、维修厂数据信息、维修金额信息、换件金额信息等在内的全国本品牌事故车出险及维修分析报告。

主机厂可以依据本品牌事故车出险及维修分析报告，并结合自身数据资产进行融合分析，有针对性地对售后业务进行决策制定。同时也通过事故车数据了解本品牌各车型在事故车维修产值的差异，以及客户流失率情况，更好地对售后服务工作进行调整。

（三）建设形成大数据共建共享平台生态圈

基于数据共建共享完成跨行业大数据生态圈建设，打通汽车与保险两个行业在数据方面的壁垒，实现汽车产业可共享关键数据要素的价值最大化建设，通过事故车定损服务将更加有价值的车辆出险、维修数据提供给汽车企业，提升汽车企业在品牌建设、售后服务、配件供应等方面的水平。

B.12
主机厂售后供应链经销商端大数据融合与应用研究

刘英男　张树鹏　于宏扬*

摘　要： 以 PMS 和 DCS 系统为核心的主机厂售后业务系统，系统间数据交互和同步，构成主机厂售后供应链大数据。在经销商端售后备件预测 SPP 中，通过整合供应链数据，应用各种预测和标准库存模型，实现经销商备件需求的准确预测和科学建储，达到降本增效的目的。

关键词： 主机厂售后　经销商　大数据　分析与应用

一　主机厂售后供应链数据概况

（一）主机厂售后系统概况

主机厂售后系统是车辆销售后，服务经销商、特约维修店，满足车辆保养、维修等一系列零部件需求的业务系统，主要包括备件管理系统（Parts Management System，PMS）、经销商管理系统（Dealer Management System，DMS）或者经销商管理系统（Dealer Control System，DCS）、仓储管理系统（Warehouse Management System，WMS）及电子零件目录系统（Electronic Parts Catalogue，EPC）等。PMS 系统是主机厂管理售后备件采购的系统，系统一般

* 刘英男，中汽数据有限公司后市场数据室室主任，中级工程师，研究方向为汽车后市场产业链；张树鹏，中汽数据有限公司后市场数据室数据工程师，中级工程师，研究方向为汽车后市场数据；于宏扬，中汽数据有限公司工程师，中级工程师，研究方向为主机厂售后业务。

由主机厂端模块、经销商端（配送中心和经销商）模块和供应商端模块三部分构成，在 PMS 系统上每家配送中心和经销商可以向上游提交备件采购订单，由 PMS 系统进行确认后通过 WMS 系统管理仓储进行实物的调拨、发货和收货。WMS 仓储管理系统通过入库、出库、调拨、管理等功能，有效控制和跟踪仓库物流全过程，实现完善的企业仓储信息管理，一般分为 SWMS 中心仓仓储管理系统和 PWMS 配送中心仓储管理系统。DMS 经销商管理系统主要负责 4S 店的整车销售、售后维修与库存管理，主要包括对整车实销的数据记录、三包理赔工单记录、维修工单记录、出入库流水记录、经销商备件库存等，主机厂通过 DMS 系统实现对 4S 店业务的全面管理。根据不同主机厂售后系统的不同特点，部分主机厂 DMS 和 DCS 是同一套系统，部分主机厂 DMS 和 DCS 是分别部署在主机厂端和经销商端的两套系统（只是 DMS 系统数据会回传同步到 DCS 系统）。EPC 系统主要用来在车辆做维修和保养时，通过车架号 VIN 查询适配零件，得到适配零件的备件编码，从而生成维修工单或者备件采购订单等信息。

（二）主机厂售后系统数据概况

主机厂售后各系统数据繁杂，实时记录了各个业务环节每个系统生成的重要数据内容。各个售后系统的主要数据内容如下。

PMS 系统实现配件采购和配件销售功能，数据主要围绕售后备件展开，包括备件基础数据、备件价格数据（含中心仓采购价格、配送中心采购价格、经销商采购价格、零售价格）、每个主体的采购订单数据、采购订单交付数据、采购订单欠拨 BO 数据等。采购订单一般分为两大类，一类是常规采购订单，不限定具体车辆，只是作为常规采购储备，另一类是客户采购订单，限定具体车架号 VIN，只面向特定的客户。采购订单欠拨 BO（Back Order 欠拨订单，即当前无法满足采购需求的采购订单）数据一般分为两类，一类是中心仓无法满足配送中心采购需求生成的总部 BO，另一类是配送中心无法满足经销商采购需求生成的经销商 BO。PMS 系统数据是整个售后系统的最关键数据，是经销商售后业务的数据来源与根基。除了 PMS 系统本身的数据之外，PMS 系统还会收到其他系统同步而来的数据，如 WMS 系统的仓储物流信息及 DMS 系统客户维修工单信息等。以 PMS 系统为中心，售后多个系统的数据交互和数据同步，保证了不同系统之间业务流的有效衔接，从而形成了售后业务系统的有机整体。

DCS 系统记录了经销商店面各种数据信息，包括整车销售数据（含整车批发数据、整车实销数据）、维修工单数据（尤其是三包内索赔数据）、经销商库存数据等。DCS 系统全面记录了经销商所有业务流的数据内容，这是经销商售后系统的核心数据。对于 DCS 系统维修工单中经销商库房备件不足的情况，会自动生成绑定车架号 VIN、绑定维修工单号的客户紧急采购信息，数据会由 DCS 系统自动跳转到 PMS 系统生成客户采购订单，主机厂会重点对此类采购订单进行数据跟踪。

WMS 系统记录了仓储物流信息，包括备件的实际发货和收货信息，是供应链管理的重要组成部分，售后备件的上架和入库操作，也是通过 WMS 系统实现的。WMS 的关键数据和信息，如出库、入库、上架操作，都会同步到 PMS 系统，在 PMS 系统实现备件交付和出入库状态的数据更新。

EPC 系统记录了主机厂不同车型装配的配件信息，包括配件基础信息、配件替换信息、配件安装位置爆炸图等，车辆在维修保养时，可以在 EPC 系统中准确查询每个 VIN 装配的备件，进而生成下一步的 DCS 维修工单信息或者 PMS 备件采购信息。

（三）经销商端数据概况

经销商整车销售和售后服务，依托于主机厂售后的各个操作系统，其核心数据围绕整车数据和备件数据两类展开。整车数据主要包括经销商端整车的批发数据和销售数据，备件数据主要包括经销商端备件采购数据、维修工单数据、备件出入库流水数据、库存数据等备件核心信息。以 PMS、DCS 为核心，经销商端数据覆盖售后经销商全部业务流程。

经销商数据在应用和分析之前，需要对原始数据库数据进行转化，不同的主机厂售后业务流程不尽相同，每个系统的数据表单关联关系有很大差异。经销商售后供应链数据的唯一性校验，是数据使用前的重要环节。在实际数据应用和分析时，往往存在一个系统多个表单的关联关系，数据满足唯一性（如备件采购数据中，采购订单编码 + 备件编码理论上确定唯一性）是数据使用的前提。在不同的业务系统下，需要根据业务场景确定业务系统数据的唯一性规则。只有满足业务唯一性的数据，才可以作为下游应用和分析的输入。

二　主机厂售后供应链经销商端数据分析

（一）经销商端 PMS 数据分析

经销商端 PMS 数据主要是备件采购数据，不同的角色主体在向相邻上一级提交备件采购订单时，PMS 系统会详细记录订单类型、订单编码、采购发起方、采购处理方、订单时间、备件编码、采购单价、采购数量和订单金额。根据这些信息，可以准确计算经销商备件的采购需求，进一步刻画经销商不同备件的需求画像。

除了采购订单数据之外，PMS 系统还记录了 BO 详细信息。BO 单包括一般 BO 和现场 BO，配送中心收到经销商的采购需求后，经审核发现库房无法满足需求的，生成一般 BO；采购需求在生成销售单后，库房由于各种原因（如备件损坏不满足出库要求）无法满足需求的，生成现场 BO。针对这两种 BO 情况，经销商可以手动选择全部关闭或者关闭一部分或者不做处理，对于无法满足且没有关闭的经销商 BO 需求，配送中心需要将需求转至中心仓或者其他配送中心，依旧无法满足的生成总部 BO，等待中心仓生成采购计划。

经销商备件收货由 WMS 回传到 PMS，重要的物流信息也由 WMS 回传到 PMS 系统，PMS 系统记录了备件的详细交付信息，包括采购订单编码、销售单编码及销售数量、出库单编码及出库数量、入库单编码及入库数量、经销商收货时间和收货数量。WMS 系统核心数据的回传，也将在 PMS 上形成完整的备件采购、发货、调拨、欠拨、收货、上架的信息流。

根据经销商在 PMS 系统中的备件采购数据、备件交付数据、备件欠拨数据，可以准确计算每个经销商的备件在途数据（在途数量 = 采购订单数量 - BO 单关闭数量 - 收货数量）。对于存在完整数据记录的角色主体，也可以定义在途为上游已发货但是下游未收货的数量。在途数据对于备件需求预测计算备件建议采购量，具有重要意义。

（二）经销商端DCS数据分析

经销商端DCS系统数据众多，主要包括以下几个方面。

整车实销数据。详细记录每台车辆销售的具体信息，包括销售时间、销售4S店、车架号VIN、车系、款型配置、颜色、车主信息、购车价格等。整车实销数据是主机厂统计新车销量最直接的数据来源，整车销售情况直接决定了主机厂的利润。此外，整车实销数据可以与装车数据结合，计算每一个备件编码的装车量（也可以定义生产端VIN与总成配件关系数据为装车量），在经销商备件需求预测的多因素模型中，备件编码的装车量可以作为多因素模型的一个输入因素。在该经销商服务的区域范围内，某个备件编码的装车量越高，其保养或者车辆维修的概率也就越高，终端需求也就越高。

维修工单数据。维修工单是经销商真实的备件需求数据，记录了保养或者车辆维修时的具体信息，包括VIN车架号、维修工单号、维修工单创建时间、备件编码、备件零售单价、备件数量、工时、是否在三包内。在主机厂三包承诺范围和里程期限内，自然损坏的备件维修由主机厂赔付，故三包内数据要求经过DCS系统强制上传，主机厂也会对三包内索赔数据进行重点核查。根据维修工单数据，可以准确计算经销商备件的真实需求，是备件需求预测的关键输入。

经销商库存数据。库存数据包括经销商出入库流水数据和库存快照数据，是主机厂掌握经销商售后库存情况的关键数据。库存快照通过每天定时对经销商库存数据进行快照保存，记录经销商当前库房中每一个备件的可用库存信息。经销商出入库流水数据，每当一个备件有入库或者出库操作时，就会触发数据更新。去除特殊情况，理论上经销商出入库流水数据更新的库存数量与库存快照保持一致，经销商出入库流水数据的出库部分与维修工单数据保持一致。经销商库存数据可以准确计算经销商出库量，可以作为经销商库存建储策略的关键输入。

（三）经销商端多系统数据分析

以PMS、DCS系统为核心，主机厂售后不同业务系统之间的数据交互和数据同步，构成售后系统的有机整体。基于经销商多个业务系统的数据，售后备件计划 SPP（Spare Parts Planning）是服务于经销商端的重要系统，依托于丰富的数据资源和业务模型，在实际业务应用场景下指导经销商科学、合理地制订库存策略和采购计划，提高库存周转率和客户工单满足率，降低库存成本，从而达到降本增效的目的。SPP 系统基于经销商端多业务系统的数据，将输出结果建议采购计划推送到 PMS 系统，实现主机厂经销商端多系统的数据融合与应用。

三　基于售后备件预测 SPP 的经销商售后数据应用研究

（一）售后备件预测 SPP 业务背景

当前，很多品牌经销商 4S 店的售后备件采购计划，都是采购员根据自己的个人经验制订，缺乏科学、严谨的预测逻辑和操作工具。对于三级售后架构（经销商 - 配送中心 - 中心仓），由于缺乏准确、有效的备件预测方案，售后备件体系方案效率较低，占用了大量的库房成本。为了降低经销商的库房成本、提高经销商备件周转速度、提高车辆保养和维修时的客户满意度，引入售后备件预测 SPP 系统（Spare Parts Planning），通过预测未来一段时间经销商的备件需求，帮助经销商制订合理、科学的建储计划，确定未来一段时间经销商需要建储的备件宽度和深度，结合经销商的在途和在库数据，将建议采购量推送到 PMS 系统，从而指导经销商科学合理地备货。由于 SPP 系统使用了历史准确的需求数据，结合丰富的预测模型和标准库存计算模型，制订合理、科学的建储计划，而不再依赖人的主观经验，最终达到降本增效的目的。

（二）经销商售后备件需求预测

在售后备件预测 SPP 系统中，首先需要解决的问题就是经销商售后备件需求预测。需求预测的最终目的是给出未来一段时间每个时间周期内的备件需求预测量，可以分为单因素预测和多因素预测。单因素预测模型只根据历史规律对未来的需求进行预测。单因素预测模型的输入可以是经销商备件采购数据，也可以是经销商备件出库量数据，还可以是经销商维修工单量数据。不同的数据源，预测结果不尽相同，使用数据源的标准在于哪一种数据可以准确地反应经销商的真实需求并对建储计划产生有效影响。下面简要介绍几种单因素预测模型方法。

1. 移动平均法

作为时间序列最常用的预测方法，移动平均法是根据过去一段时间的历史需求来预测未来一段时间的需求，当每一期历史需求权重一样时称为简单移动平均，当每一期历史需求权重不同时称为加权移动平均，在加权移动平均中，历史需求越近其权重值越大，所有权重的求和为1。移动平均法是通过平均过去的历史需求，来消除需求波动中的随机因素。这种方法简单，适用于需求既不快速增长，也不快速下降，没有季节性周期性的备件。根据需求历史的期数不同，移动平均法分为二期、三期、四期移动平均。期数越多预测越平缓，对需求变动的响应速度越慢，期数越少预测越灵敏，风险是放大杂音，带来更多的预测成本。使用不同的期数，通过平均均方无法判断哪种方法的预测准确度更高。

2. 指数平滑法

指数平滑法是一种特殊的加权移动平均法，特点是权重按照几何级数递减，越久远的数据权重越小，适用于相对平稳的情况。指数平滑法的大致原理为：用 X 代表实际需求，F 代表预测，$t+1$ 时期的预测值一部分来自上期的实际值，剩余部分来自上期的预测值，即：

$$F_{t+1} = \alpha X_t + (1-\alpha)F_t \quad 0 \leqslant \alpha \leqslant 1$$

上述公式用另一种形式表达就是，下期的预测是在上期预测的基础上，根据误差做出一定的调整。通过调整平滑系数 α 就可以调整上期实际值与预测值的权重：平滑系数越大则上期实际值的权重越大，上期预测值的权重越小，预测模型表现得越灵敏，越能快速反映实际的需求变化；平滑系数越小则上期实际值的权重越小，上期预测值的权重越大，预测模型表现得越平稳，也就无法及时响应实际的需求变化。对于平滑系数的选择，在查阅相关文献后可以得到如下经验值。

（1）当历史需求比较稳定时，选择较小的值，0.05～0.2。

（2）当历史需求有波动，但长期趋势没有较大变化时，选择稍大的值，0.1～0.4。

（3）当历史需求波动很大且有明显上升或者下降趋势时，选择较大的值，

0.6～0.8。

（4）当历史需求是上升或者下降序列时，选择更大的值，0.6～1。

3. 霍尔特指数平滑法

霍尔特指数平滑法又称为霍尔特双参数指数平滑法，适用于有明显趋势和季节性的情况，是在简单指数平滑系数 α 的基础上，新增了一个趋势的平滑系数 β，当 β 等于0时，霍尔特模型也就变成了简单指数平滑模型。在霍尔特双参数平滑模型中，预测由两部分构成，即水平部分和趋势部分。水平部分是在上期水平部分的基础上用简单指数平滑法来更新，趋势部分是在上期趋势部分的基础上平滑调整，也是用简单指数平滑法来更新。两者相加，最终得到下期的预测数值。霍尔特双参数平滑模型不仅能够持续调整水平部分，还能持续调整趋势部分，在横向和纵向两个维度调整预测，所以能更好地应对趋势的变化。霍尔特双参数平滑模型的基本公式如下：

$$\text{本期水平部分} = \alpha \times \text{本期实际需求值} + (1-\alpha) \times (\text{上期水平部分} + \text{上期趋势部分})$$

$$\text{本期趋势部分} = \beta \times (\text{本期水平部分} - \text{上期水平部分}) + (1-\beta) \times \text{上期趋势}$$

$$\text{下期预测} = \text{本期水平部分} + \text{本期趋势部分}$$

在霍尔特法中，两个平滑系数都介于0和1之间。与简单指数平滑法类似，这两个平滑系数越大，预测模型响应速度就越快，可能的风险是反应过度；这两个平滑系数越小，预测模型响应速度就越慢，可能的风险是最新发生的情况无法体现在预测结果中。

此外，对于季节性的预测，在霍尔特双参数指数模型水平＋趋势的基础上增加季节性，也就是霍尔特－温特模型。霍尔特－温特模型包括三个参数：水平部分对应的平滑系数 α、趋势部分对应的平滑系数 β 和季节性对应的平滑系数 γ。合理设置这3个平滑系数可以优化趋势和季节性的预测模型，但是霍尔特－温特模型公式相对复杂，优化起来更加困难，3个参数使用不当预测精度可能会降低。

预测模型的输入，除了自身历史数据之外，考虑加入其他额外信息来帮助提高预测精度，也就是多因素预测模型，如经销商所对应区域的汽车保有量、车龄与行驶里程等。此类数据输入，对应的模型有简单线性回归模型、多元回归模型、广义线性回归模型、多项式回归模型、因子分析模型、主成分分析模型、神经网络模型、贝叶斯模型等。多因素预测模型较为复杂，但是更加全面地分析了对需求结果产生影响的各个因素，是对售后多系统业务数据的综合运用。

（三）经销商售后标准库存建储策略

经销商售后标准库存的建立，是为了指导经销商科学、合理地备货，控制经销商合理的库存量，在保障工单满足率的前提下，降低库存成本、提高备件周转速度，从而达到降本增效的目的。标准库存的建立，核心是确定备件建储的宽度和深度，这里重点介绍定量订货库存模型。每天定时对库存量（包括在途、在库）进行盘存，当库存量低于订货点时，向上游订购一定数量的备件，一般将订货点设为订货提前期的需求量，也就是标准库存量。

标准库存的宽度本质解决哪些备件编码需要建储，基于维修规则、频度规则对备件进行分类，并依据分类特征对备件进行常备件、选备件、禁备件的划分，备库建议对应不同的备库策略，基准计算可以随时调整。维修规则是指通过维修时间规则对备件进行急件、缓件、迟件的界定，并赋予经销商充分的自主权，不同的备件维修等待时间不同，可以分为不同的备件等级，并且自定义备件等级与备件紧急程度的关系。频度规则是以 6 个月为周期，引入加权系数概念，通过频度规则定义表现备件需求在时间维度上的稳定性和趋势性。通过对经销商过去6 个月的备件出库量（或者备件采购量或者维修工单数量，取决于哪种数据更能反映真实需求）进行数据整合，确定每个备件编码的加权系数和频度数字，自动识别备件历史需求变化的趋势。基于不同的维修等级与频度数字的组合，可以自定义常备件、选备件、禁备件的规则，从而确定标准库存的宽度。

标准库存深度的计算，首先需要计算安全库存。安全库存是对未来物资供应不确定性、意外中断或者延迟需求等起到缓冲作用而保持的库存，基于统计学的安全库存可以对缺货问题做出某种程度的预防。安全库存的公式如下：

$$SS = Z \times \sqrt{L} \times \sigma$$

在上述公式中，Z 为有货率系数或者安全系数，满足率越高安全系数越高，99% 满足率对应的安全系数为 3. 99。L 为采购提前期或者补货周期，一般等于订货周期与到货天数的求和，σ 为需求历史的标准差。安全库存的含义是基于历史需求和预测需求的能力，需要设定 N 个安全库存，才能满足 $Y\%$ 的情况下一旦有需求马上有现货。标准库存 = 安全库存 + 平均需求，平均需求为一个采购提前期或者补货周期内的未来需求，一般等于日均需求预测值 ×（订货周期 + 到货天数）。SPP 系统在完成对每家经销商每一个备件的标准库存计算后，确定标准库存的深度，标准库存 - 当天在途 - 当天在库即可得到每天的建议采购量。

四 总结

基于主机厂售后 PMS、DCS 等核心系统，多个业务系统的数据交互和数据同步构成了主机厂售后供应链数据体系。对于经销商而言，丰富的业务数据资源构成了完整的数据闭环，售后备件预测 SPP 可以实现售后供应链数据的分析与应用，解决经销商售后备件的预测和仓储策略问题，实现经销商科学的售后备件需求预测、备件库存规划和供应链规划，增强备件预测能力，提升备件需求满足率，降低仓储成本。

B.13
中国汽车后市场运营分析及产业链趋势研判

李普超　王冕　王瑶*

摘　要：随着新车销量的放缓，我国汽车行业正经历由增量市场向存量市场的转变，提供购车后一切所需服务的汽车后市场成为高速发展的新蓝海。本文首先从市场规模、运营主体、运营模式、相关政策等方面对后市场运营情况进行介绍，并结合汽车新四化趋势对影响后市场运营的关键零部件产业链现状进行解析，最后结合上述分析，对后市场发展趋势进行研判。

关键词：汽车后市场　市场运营　汽车产业链

一　中国汽车后市场运营概况

（一）市场分析

根据零部件使用用途不同，可将汽车零部件分为制造用零部件（配套）和维修用零部件（替换），后市场以维修件为主，市场体量取决于汽车保有量和维保量。

* 李普超，中汽数据有限公司后市场数据室项目经理，中级工程师，研究方向为汽车后市场数据；王冕，中汽数据有限公司后市场数据室市场研究经理，助理工程师，研究方向为汽车零部件；王瑶，中汽数据有限公司后市场数据室市场研究经理，助理工程师，研究方向为汽车后市场产业链。

2016~2020年，我国汽车保有量呈逐年上升趋势，2020年达2.8亿辆，但千人汽车保有量仅为173辆，远低于西方发达国家，未来仍有增长空间。随着未来我国经济与科技的进一步发展，人均GDP水平持续增长可期，千人汽车保有量有望同步提升，为零部件替换提供发展空间。此外，我国汽车平均车龄逐年攀升是汽车售后维保市场增长的另外一个主要驱动力。2020年中国全部保有乘用车的平均车龄为6.6年，随着时间的推移，预计平均车龄会逐步增长（见图1）。

售后市场的汽车零部件需求主要来自汽车维修保养的需要，具有重复性特征，且为汽车使用刚需，通常不会萎缩，受经济周期影响较小。

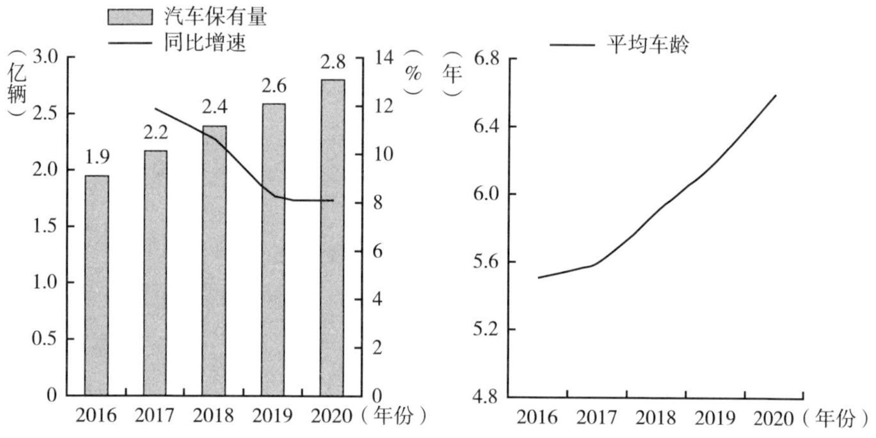

图1　2016~2020年汽车保有量（左）及汽车平均车龄变化趋势（右）

资料来源：公开资料整理。

（二）市场主体

汽车后市场主要定义为车辆在完成销售环节后的全生命周期、全流程运营及用户服务，业务领域包括维修保养、出险理赔、换购及二手车、共享租赁等，参与主体包括主机厂、经销商、零部件商、维修机构、汽车金融公司、保险公司、互联网电商平台等，市场参与主体的不断繁荣，提高后市场竞争的同时，也为后市场的发展注入了活力。

截至2021年5月底，企查查数据显示名称包含“汽车维修”的注册企业达203.4万家，一类汽车维修企业50438家、二类汽车维修企业128266家、三类汽车维修企业234787家。企查查数据显示，2011～2019年，全国汽车维修企业注册量逐年攀升，2015年首次突破10万家，2017年首次突破20万家，2019年达历年来最高的25.62万家，同比增长7%。2020年稍有下降，全年共新注册20.74万家，同比下降19%（见图2）。2020年企业名称或经营范围含“汽车保险、车险”，且企业状态为在业、存续、迁入、迁出的车险相关企业注册量超3.2万家。

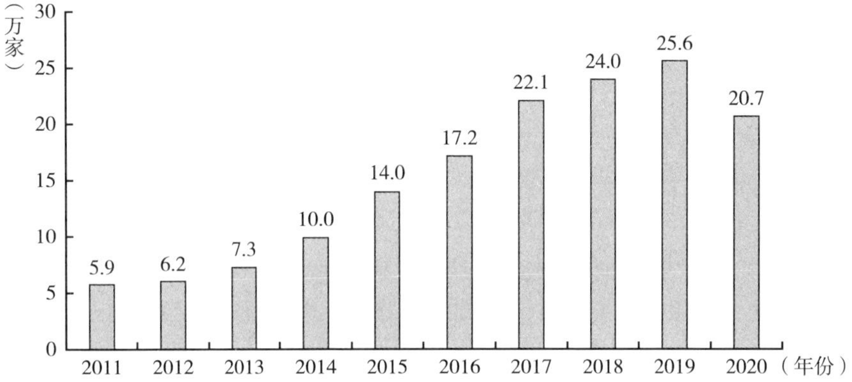

图2　近10年汽车维修相关企业注册量

资料来源：企查查。

汽车金融公司方面，2004年国内第一家汽车金融公司上海通用汽车金融有限责任公司正式开业，此后，包括丰田、通用、福特、大众、沃尔沃等汽车厂商均在华建立了汽车金融公司。从2016年开始，汽车金融企业数量停止增长，截至2019年底，国内已有25家汽车金融公司。此外，国家统计局数据显示，近年来我国汽车制造商数量整体呈现上升趋势，2020年中国汽车制造企业数量达15686家；中国汽车流通协会渠道发展分会统计数据显示，2019年全国授权4S店29968家；WIND数据显示，我国汽车零部件制造企业数量自2011年的8396家上升至2020年末的14018家，年复合增长率约6%（见图3）。

（三）经营情况

在售后市场，汽车零部件主要用于维修保养等领域，维保服务模式不同，

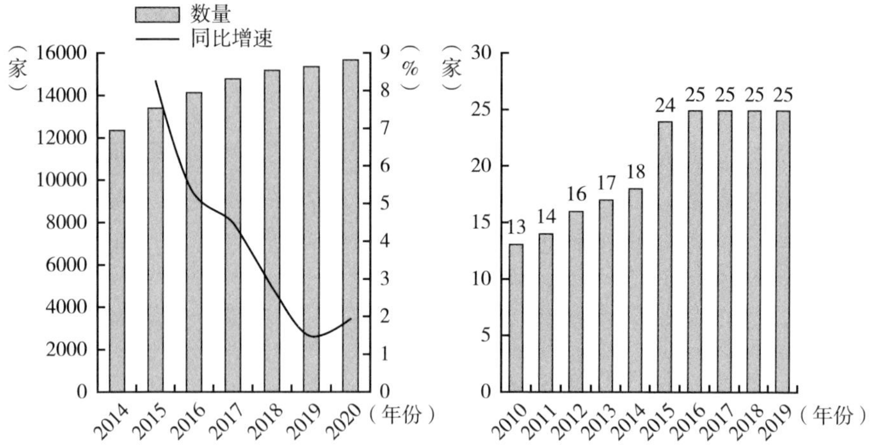

图 3　近年来汽车制造企业数量（左）及汽车金融公司数量（右）

资料来源：国家统计局、银保监会。

零部件流通渠道不尽相同。DIFM（Do It For Me）服务模式下，由修理厂为客户提供专业化的服务，配件采购终端为维修厂。DIFM 服务模式又分为 4S 店渠道、非 4S 店渠道两种，4S 店渠道下，主机厂售后部门采购授权配件生产商的零部件转卖给 4S 店；非 4S 店渠道下，主要依靠多级分销商将非授权配件流转至各维修厂。DIY（Do It Yourself）服务模式下，由车主自主完成配件采购和维修，非授权配件经多级经销商流转至汽配商、百货超市等，成为车主直接采购源。此外，电商平台的发展正不断丰富售后零部件服务渠道，通过减少售后零部件流转环节，构建零部件生产商与终端使用者的直接联系（见图 4）。中国汽车后市场成熟度较低，4S 店、独立厂商、车主 DIY 占比分别约为 60%、35%、5%，4S 店渠道仍占据绝对优势。

上述围绕零部件展开的后市场活动存在以下特点。

第一，零部件需求呈现多品种、小批量特点。在用车型繁多加之消费者追求个性化，各种形式的加装和改装行为日益普及，使得售后市场的零部件需求呈现明显的多品种、小批量特征，要求零部件供应商具备独特的设计能力、创新能力和快速反应能力。

第二，零件商供应市场集中度较低。对于维修所用零部件，售后市场的消费者可以根据自己的爱好、汽车受损程度以及需要维修的项目等情况进行不同

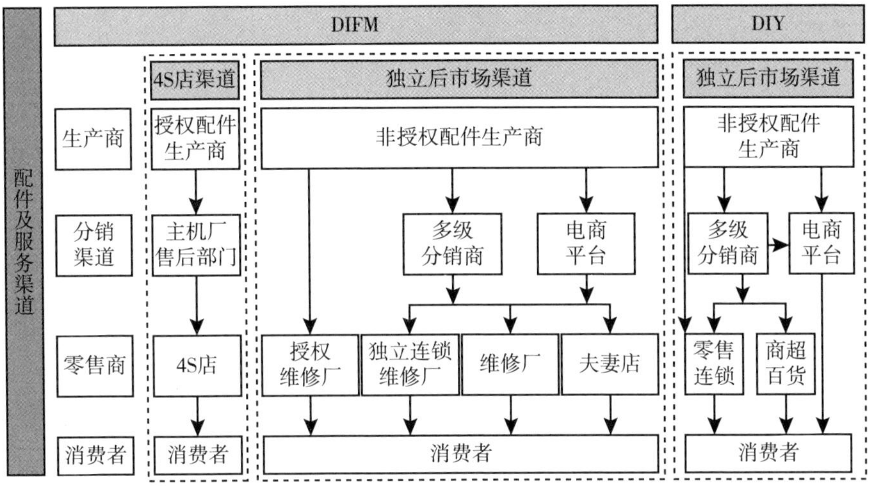

图 4　售后配件流通渠道

资料来源：德勤。

性价比方案的选择，零部件选择不限于配套件，副厂件、进口件、通用件等为不同类型的汽车零部件制造商提供了生存和发展空间，市场集中度相对较低。

第三，维修渠道存在质量短板。目前，中国汽车维保市场的渠道主要由主机厂授权渠道及独立后市场渠道组成，其中独立后市场渠道多为小规模路边店，大中型维修厂及品牌化连锁店虽在高速发展但目前仍是少数派。由于市场起步晚且成熟度低，目前各类主要渠道在整体客户体验角度仍旧存在诸多弱项，没有一种形态可以较为完善地满足客户的需求。

汽车金融渗透率存在提升空间。汽车金融具有实现消费者和制造商共赢的特点，消费者存在折现未来现金流提高当前效用水平的倾向，汽车制造商存在改善汽车产销不匹配的倾向。近年来，受上述因素驱动，中国新车金融渗透率呈逐年上升走势，但与欧美成熟市场相比，我国的汽车金融渗透率较低。随着新一代消费群体观念转变、市场供给丰富有序，我国汽车金融市场在未来有较大的行业发展空间。

传统企业电商化进程加快。随着传统汽车后市场企业成本上升及市场竞争的不断加剧，传统汽车后市场企业电商化进程逐渐加快。目前，汽车后市场企业进入电商化经营主要有三种方式：一是自己建立网站，二是加入平台类网站，三是加入垂直类网站。当前，主机厂、大型零部件制造商、大型维修连锁企业等均有电商平台布局。

（四）政策分析

生态文明建设带动后装零部件需求。2020 年中央经济工作会议将“做好碳达峰、碳中和工作”作为 2021 年重点任务之一，《关于实施重型柴油车国六排放标准有关事宜的公告》明确：自 2021 年 7 月 1 日起，全国范围全面实施重型柴油车国六排放标准，禁止生产、销售不符合国六排放标准的重型柴油车。排放管控的升级，有助于促进我国排放控制技术与世界标准接轨升级，助力我国汽车和相关零部件行业对外发展。

体系建设优化后市场秩序。《汽车零部件再制造规范管理暂行办法》鼓励汽车维修企业采用通过再制造质量管理体系认证企业的再制造产品，有助于规范汽车零部件再制造行为和市场秩序，保障再制造产品质量，推动再制造产业规范化发展。

智能化建设推动智能零部件产业链发展。《住房和城乡建设部办公厅　工业和信息化部办公厅关于组织开展智慧城市基础设施与智能网联汽车协同发展试点工作的通知》旨在推动形成智慧城市基础设施与智能网联汽车协同发展、相互促进的良好局面，随着政策不断深化，对芯片等智能网联汽车关键零部件提出新的要求。

新能源建设扩大后市场运营范围。《新能源汽车动力蓄电池梯次利用管理办法（征求意见稿）》鼓励梯次利用企业研发生产适用于基站备电、储能、充换电等领域的梯次产品，鼓励采用租赁、规模化利用等便于梯次利用产品回收的商业模式。政策有助于拓展后市场运营范围，带来后市场商业模式革新。

二　汽车零部件典型细分市场解读

汽车“新四化”的迅猛发展推动汽车从传统出行工具发展为新一代智能终端，也由此对汽车产业链上游零部件产生新的需求。

汽车“智能化”“网联化”中环境感知、决策控制、网络通信、人机交互、电气电力等方面诸多功能的实现都基于汽车芯片。根据中国汽车工业协会数据，预计到2022年，中国传统燃油汽车的芯片使用数量为934颗/辆，中国新能源汽车平均芯片数量将高达1459颗/辆。因此，本文结合芯片产业链，对汽车关键中游零件传感器、控制器及车载终端进行详细分析（见表1）。

表1　汽车芯片产业链

	环境感知	决策控制	网络/通信	人机交互	电力电气
上游芯片	COMS/CCD感光芯片、射频芯片、雷达芯片、定位芯片	CMU、CPU、GPU、ASIC、FPGA、存储芯片	总线控制芯片、蓝牙/WiFi模块、蜂窝芯片	CMU、CPU、GPU、ASIC、FPGA、存储芯片	CMU、CPU、GPU、ASIC、FPGA、存储芯片
中游零件	摄像头、超声波雷达、毫米波雷达、激光雷达	ECU、域控制器	车载网关、OBU、T－Box	中控耳机、数字仪表	电机控制器、逆变器
下游应用	乘用车、商用车、特殊车辆等主机厂 OTA、信息安全等应用服务 新能源充换电				

资料来源：IHS，公开资料整理。

汽车“电动化”发展催生车电分离商业体系的发展，使得电池的市场需求由前端配套市场扩展至售后换电站运营，因此，本文对电池产业链进行分析。

“共享化”推出的初衷是满足无车族的驾驶需求，并能在共享汽车深化布局的模式下缓解交通堵塞并降低汽车尾气排放所带来的环境污染。汽车尾气后处理零部件的作用与“共享化”初衷一致，因此，本文对汽车尾气后处理零部件产业链进行分析。

（一）传感器

1. 市场需求与技术趋势

汽车智能化趋势拉动环境监测类传感器需求。传感器是实现汽车智能化的感知端设备，可分为环境监测、车身感知两大类。环境监测传感器用于探测和感知周围环境，包括摄像头和雷达两类，雷达可以分为超声波雷达、毫米波雷达、激光雷达等；车身感知传感器（MEMS 传感器）用于获取车身信息，按测量参数类型的不同，车身感知传感器包括压力传感器、加速计、陀螺仪、流量传感器等。随着自动驾驶技术的快速发展，越来越多的汽车厂商将传感器整合到自动驾驶汽车中，而汽车自动化技术将更多地带动环境监测类传感器的需求增加。

MEMS 传感器、超声波雷达技术相对成熟，摄像头、毫米波雷达、激光雷达技术创新活跃。汽车摄像头包括单目摄像头、双目摄像头及多目摄像头等，其中双目、多目摄像头具备更高的测距精度和广度，但由于其成本及技术要求相对较高，尚未大规模生产；毫米波雷达主要有 24GHz 和 77GHz 两种，24GHz（SRR）主要用于中短距离，77GHz（LRR）主要用于长距离，随着市场对雷达距离分辨率要求的不断提高，77GHz 逐渐成为市场主流；固态激光雷达具有体积小、量产成本和量产难度较低的优点，是未来的发展方向（见表 2）。

表 2　国内企业在毫米波雷达领域的进展

雷达频率	公司
24GHz	华城汽车、浙江智波、芜湖森斯泰克、深圳卓泰达
77GHz	浙江智波、芜湖森斯泰克、沈阳承泰科技、南京隼眼科技、北京行易道

资料来源：公开资料整理。

车路多感知传感器协同是趋势。汽车各种传感器在探测距离、角度、精度以及对温度、黑暗和天气的适应性等方面均有自身的优势和劣势，对于无人自动驾驶，单一传感器已无法满足需要，通过把独立的传感器添加到高级驾驶辅助系统中，可以实现在某一传感器出现故障的环境条件下，保持一定基本或紧急功能，车内数据级多传感融合与车路协同感知成为趋势。

2. 供应链与头部企业

我国在汽车传感器先进技术领域相对落后。我国企业在车载摄像头、超声波雷达产业链布局深厚，车载摄像头镜头中舜宇光学出货量位居全球第一，超声波雷达厂商不断打破国外厂商垄断，市场占有率接近 50%；但在毫米波雷达领域，技术由传统零部件巨头垄断，德美日占主导地位，受限于技术封锁，国内市场以24GHz毫米波为主，并且长期依赖于进口，77GHz毫米波技术则由海外巨头博世、大陆等垄断；激光雷达领域主要公司包括美国的Velodyne、Luminar、Aeva、Ouster，以色列的Innoviz，德国的Ibeo以及国内的禾赛科技、速腾聚创等。随着国内禾赛科技、速腾聚创的崛起，Velodyne在华的统治地位将被动摇。

（二）车载终端

1. 市场需求与技术趋势

政策与市场共同推动T-BOX走向标配。政策方面，根据工信部《新能源汽车生产企业及产品准入管理规定》，自2017年1月1日起对新生产的全部新能源汽车安装车载控制单元，对于已销售的新能源汽车产品，整车企业要按照国家标准免费提供车载终端、通信协议等相关监测系统的升级改造服务，并通知用户说明远程安全监测的必要性，争取将用户逐步纳入监测平台。2020年4月17日，生态环境部发布了《重型车远程排放监控技术规范（征求意见稿）》，对重型车远程排放系统的平台搭建、车载终端（T-BOX）技术要求及测量方法、通信协议及数据格式均作出了明确的规范要求；市场方面，2020年2月，11部委联合发布了《智能汽车创新发展战略》，提出到2025年智能网联汽车新车销量占比达到30%，高度自动驾驶智能网联汽车实现限定区域和特定场景商业化应用。T-BOX可深度读取汽车CAN总线数据和私有协议，是智能网联汽车的关键零部件，为智能网联汽车提供可靠、完整的行驶安全、安防、节能、信息、娱乐等服务功能。在国家政策以及新能源汽车、车联网行业的带动下，国内车载T-BOX的渗透率和市场规模将大幅提高。

通信技术加速4G T-BOX向5G T-BOX的升级。2020年是5G网络发展元年，5G通信技术的低时延、高可靠、海量接入等特性解决了智能网联汽车行业的痛点。随着智能网联汽车产业政策的有力推动，以及5G通信网络的商用，我国智能网联汽车产业面临着巨大的市场机遇，T-BOX将进一步融合5G的先进特性，功能将更加强大。随着车联网、ADAS和OTA的发展，车内系统通过T-BOX与云端实现互联互通将成为刚需，同时车内系统和远程交换的数据量也将越来越大，这些需求必然推动4G T-BOX向5G T-BOX的升级（见表3）。

表 3 T－BOX 更新迭代情况

T－BOX	功能情况
第一代（2014 年左右）	主流方案为单片机方案，多采用 2G＋GPS 的组合，仅仅是 CAN 总线数据的采集、存储和上传
第二代（2015～2016 年）	增加了 T－BOX 内存，设计了丰富的接口，定位切换成了北斗/GPS 双模定位，增加了故障诊断等拓展功能
第三代（2017 年后）	T－BOX 通信均升级成 4G，4G 模块 OPEN CPU 技术方案成为行业内的主流方案，拥有更加强大的边缘计算能力，支持车载以太网、OTA、各种协议的故障诊断、蓝牙、WiFi 等功能，甚至集成了 CAN 网关等

资料来源：东方证券研究所。

2. 供应链与头部企业

T－BOX 竞争激烈，慧翰微电子市场份额领先。在汽车垂直产业体系中，位居上游的关键零部件企业重要性日益显著，并开始向车企的次级，乃至一级供应商地位跃升。车载无线终端的生产厂商既包括汽车配件和汽车整机企业，电子、信息技术领域的科技型公司，也包括互联网/物联网企业。

随着产业不断深入发展，行业内企业数量也会不断增长，市场竞争越来越激烈。2020 年自主＋合资品牌 T－BOX 配套中，传统巨头 LG 仍然占据榜单首位，联友科技则主要依靠东风日产、启辰较高的联网搭载率排名第二，德赛西威排名第三。具有资本、技术研发优势的企业在国内市场中显出越来越强大的竞争力，慧翰微电子作为全国最早投入 T－BOX 研发的电子厂商面向汽车前装市场，涵盖终端设备、软件算法、通信协议栈等整套解决方案，在 2018 年完成最新的 T－BOX4.0 平台升级，2020 年市场占有率约为 3.67%（见表 4）。

表 4 2020 年自主＋合资品牌 T－BOX 搭载情况

单位：辆，%

排名	供应商	搭载量	市场份额
1	LG	1140707	13.24
2	联友科技	981106	11.39
3	德赛西威	801999	9.31
4	法雷奥	711882	8.26
5	电装	702576	8.16
6	哈曼	439553	5.10

续表

排名	供应商	搭载量	市场份额
7	大陆集团	415422	4. 82
8	亿咖通	381476	4. 43
9	慧翰微电子	316239	3. 67
10	畅星(高德)	309786	3. 60

资料来源：高工智能汽车。

（三）动力电池

1. 市场需求与技术趋势

换电模式有望进一步拉动后市场动力电池运营领域发展。首先，换电模式解决了用户充电不方便、续航里程短、电池更换成本高、电池寿命短等问题，有望提高消费者新能源汽车接受度，进一步提升新能源汽车普及率，带动电池配套需求。其次，换电模式打破了"一车一电池"的配套关系，将电池需求由前端换电车扩展至后端换电站。如北汽新能源每个换电站按标准至少需要储备替换电池 28 块，直接拉动电池需求。在上述背景下，换电运营主体后市场地位或将随之提高，高频电池更换也将为后市场提供更为丰富的数字资源，不断提高后市场透明度。

磷酸铁锂和三元锂两大技术路线旗鼓相当。此前，动力电池市场主要被磷酸铁锂电池霸占，但近年三元锂电池由于具备能量密度大等特点于 2018 年首次对磷酸铁锂电池实现反超，2020 年上半年，三元锂电池高峰期在动力电池市场的占比甚至超过七成。然而，磷酸铁锂电池靠价格优势以及改进能量密度和续航能力等技术，2021 年 5 月产量再次反超三元锂电池。中国汽车动力电池产业创新联盟数据显示，2021 年 5 月，我国动力电池产量共计 13. 8GWh，其中，磷酸铁锂电池占比 63. 6%，三元锂电池占比 36. 2%。磷酸铁锂电池和三元锂电池各自存在短板，三元锂电池能量密度较高，动力特性好，但安全性差些；磷酸铁锂性能稳定，安全性较好，不受制于稀有金属，成本更低，但能量密度较低，对低温的耐受度相对较差，未来谁将主导市场将是动力电池技术发展趋势、原材料价格变化趋势以及新能源政策走向趋势等多种因素共同作用的结果。

2. 供应链与头部企业

市场持续扩容，宁德时代市场占有率逐渐下降。中国汽车动力电池产业创新联盟数据显示，2021 年 1 ~5 月宁德时代市场占有率为 49.1%，跌破 50% 大关，出现明显的下降趋势，主要有两个方面的原因：第一，主机厂多元化供应需求；第二，其他动力电池企业的崛起。当前，国内动力电池整体竞争格局未定，主机厂为保障供应链稳定性，逐步构建多元化供应体系，从而带动技术实力不断增强的二线电池企业装车量增长。

新能源汽车需求旺盛，原材料成本上升，车企向上游进军。下游车企需求不断扩大、大宗商品通胀导致原材料价格上涨不断冲击动力电池行业的供给，影响主机厂动力电池供应链的稳定性。车企应对电池供应风险的策略包括与上游电池厂商长期捆绑和自造电池两种。上汽、广汽、长安、吉利等多家车企与宁德时代达成了合资合作关系，长安、丰田与比亚迪达成了合资合作关系，大众投资国轩高科，奔驰入股孚能科技，通用牵手 LG 化学，特斯拉国产 Model Y 则将 LG 定为独家电池供应商，本田出资 37 亿元参与宁德时代定增。此外，上汽集团推出车电分离的“电池银行”，广汽集团发布动力电池技术战略“中子星战略”，宝马也将扩大对固态电池投资，蔚来计划推出磷酸铁锂电池包，各大车企纷纷进军电池制造领域。

（三）尾气后处理零部件

1. 市场需求与技术趋势

国六标准带来相关零部件增长机遇。根据生态环境部公布的《中国机动车环境管理年报（2018）》，柴油车尤其是重型柴油货车，是机动车大气污染治理的重中之重，移动源尾气污染治理十分紧迫。近年来，在机动车大气污染防治领域，国家也出台了相关产业政策，污染物覆盖度不断扩大，从《GB 17691 - 2018 重型柴油车污染物排放限值及测量方法（中国第六阶段）》对污染物排放限值要求可以看出，国六较国五污染物要求更加严苛，且对颗粒物及氨气更加重视，相关尾气处理零部件需求将不断增加。

技术路线愈加复杂，配套零部件增加。为满足国六标准要求，SCR（选择性催化剂）、DPF（颗粒补集器）、ASC（氨气氧化催化器）成为必配环节，分车型来看，轻型汽油车的技术路线从 TWC（三元催化器）升级到 TWC + GPF

（汽油机颗粒捕集器），轻型柴油车的技术路线从 DOC（柴油机氧化催化器）+ SCR/EGR（废弃再循环系统）+ DPF 升级为 EGR + DOC + DPF + SCR + ASC；重型柴油车的技术路线从 SCR/EGR + DOC + DPF 升级为 EGR + DOC + DPF + SCR + ASC。总体来看，随着国六标准对各项污染物的排放限值加严了要求，各燃料车型的尾气处理技术路线相比国五也更为复杂，配套部件要求更多。

2. 供应链与头部企业

政策促进标准更迭，国产龙头企业推进进口替代。当前，我国主要的后处理部件均具有一定的自主厂商份额，其中隆盛科技为本土 EGR 龙头，威孚力达 DFP 市场占有率第一，威孚力达、艾可蓝、恒和、凯龙高科等国内厂商市场占有率合计为60%左右，但在 SCR 和 TWC 领域自主厂商市场占有率相对较低。国五标准前，国外标准领先于国内标准，外资企业凭借在技术上的先发优势占据了我国较多的市场份额，随着国六标准的追平及反超，前期有较多经验积累的本土公司替代进程有望加速，国产龙头企业发展前景广阔。

三　中国汽车后市场产业链趋势研判

（一）技术壁垒叠加终端开发，后市场参与主体间边际变化趋势明显

以博世、大陆等为代表的传统零部件头部企业以技术先发优势和快速迭代能力，在提供总成级零部件的基础上，由 Tier 1 向 Tier 2、Tier 3 逐渐下探，扩大业务领域，同时成为分总成核心零部件供应商或软件算法供应商；以华为、阿里、地平线等为代表的汽车行业新兴势力与自主品牌主机厂的竞争合作关系愈发凸显。随着网联化的行业趋势引发的新增车载终端需求和产品模式颠覆，在合作方面，软件商以技术能力联合车载终端制造商，直接或间接加入车企产品设计与开发，由 Tier 2 转变为 Tier 1。而在竞争层面，整零合作关系由整车厂下放技术指标至供应商转变为供应商自发提供技术参数供选择，主机厂也逐渐意识到把握技术核心的重要性，对前装市场终端的控制力减弱将会直接压缩对售后维保备件的盈利空间，通过与软件商深度绑定成立合资公司，或通过控

股形式分离自身软件算法业务出现 Tier 0.5 供应商，以期提高在智能化汽车时代下的合作话语权和技术附加值。

（二）网联化衍生商业模式更迭革新，后市场运营业务环节寻求破局之道

随着智能化车载终端的硬件预埋，车辆运行大数据和用户行为大数据使得前装市场供应商向后市场运营布局，并注重零部件流通环节的追踪与溯源，海量数据对于云存储、云处理、云计算的需求也引入了云平台服务商这一参与主体。在商业模式方面，主机厂售后业务增量将由备件销售转向高频 OTA 付费升级，远程升级一方面提升了用户触达能力，另一方面在一定程度上削弱了对经销商售后服务的依赖，经销商角色将由维修保养转为承接主机厂线上业务场景向线下的引流。此外，车联网大数据的应用也将呈现个性化、定制化的特点，如基于用户行为的 UBI 车险和基于车载终端推送的主动式售后服务方案。新能源化和智能化的行业趋势将对维修机构造成冲击，一方面对于车辆保养的需求弱化，另一方面核心零部件的维修技术壁垒和主机厂对于软件升级的控制进一步压缩汽修厂业务空间，在此背景下用户定制化的改装需求将成为新的增长点。

（三）跨领域主体拓展后市场业务场景，数据融合与溯源标准有待统一

汽车产业各领域均积极主动探索并实施数字化转型，后市场经营主体愈发意识到数据流通和数据变现的重要性，充分利用产业链数据资源反哺赋能业务环节，成为后市场经营发展的主旋律。在打通跨业务环节、跨领域数据壁垒的趋势下，多源数据的规整、融合将对数据标准化提出更高要求，以“人－车－件”为主的网格化数据体系，从用户运营维度、在用车流通维度、配件溯源维度均可实现数据的流转与增值，推动售后领域价值链主体间数据贯通、资源共享和业务协同，提升资源优化配置和动态协调水平。加强中国汽车后市场主体间的跨界合作创新，共同探索形成融合、共生、互补、互利的合作模式和商业模式，培育网络化协同、个性化定制、服务化延伸等新模式，加快构建跨界融合的数字化产业生态。

B.14 数字化转型下汽车后市场供应链发展趋势

李雨涵　朱倩倩　李 航*

摘　要：我国汽车行业正处于从“增量”市场向“存量”市场转型的阶段。随着汽车保有量增速减缓、市场上平均车龄增加，汽车后市场逐渐进入繁荣时期。后市场供应链作为汽车后市场的重要组成部分，在当前工业4.0的背景下，应响应国家对数字化的政策要求，跟紧时代步伐，增强数字化意识。本文以当前后市场供应链数字化背景分析为基础，论述汽车后市场供应链通过数字标准体系建设、业务创新、数字化技术应用等方式来解决传统供应链存在的信息孤岛、牛鞭效应等问题，实现智能化、高效化、质量保障化的发展趋势。

关键词：汽车后市场供应链　零部件溯源　数字化技术

一　后市场供应链数字化转型背景

（一）我国汽车行业当前状况

目前，我国汽车行业正在从“增量”市场向“存量”市场转型。这一现象在我国汽车保有量以及平均车龄上都有所体现。国家统计局相关数据显示，

* 李雨涵，中汽数据有限公司后市场数据室市场研究助理，研究方向为汽车后市场供应链数字化；朱倩倩，中汽数据有限公司后市场数据室研发主任工程师，中级工程师，研究方向为深度学习、计算机视觉；李航，中汽数据有限公司后市场数据室市场研究专员，研究方向为汽车后市场供应链数字化。

我国民用汽车保有量自2010年至2020年一直保持增长的状态，但民用汽车保有量的同比增速大体呈现下降的趋势，如图1所示。其中，2020年民用汽车保有量约为2.8亿辆，同比增长7.4%，增速同比下降约1.4个百分点。以上数据和现象均显示出我国汽车行业的新车“增量”市场特性逐渐减弱。

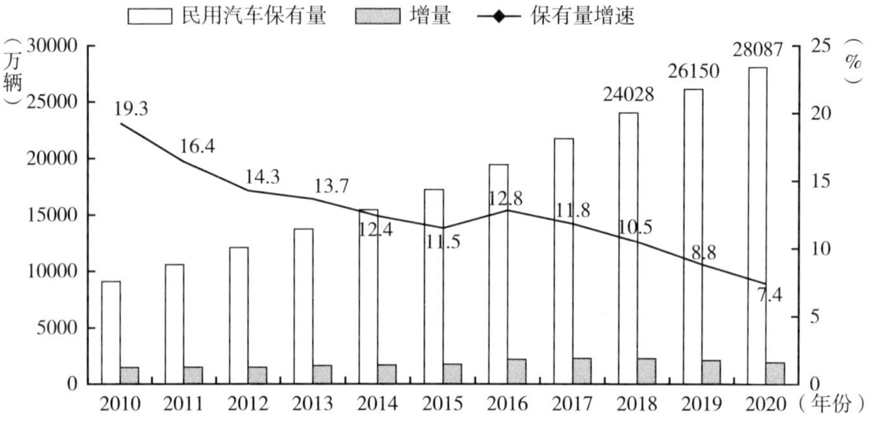

图1　我国民用汽车保有量以及增速（2010～2020年）

资料来源：国家统计局。

我国车龄结构在2010～2018年的变化如图2所示，该图将我国市场中汽车车龄分为3年以内、4～5年、5年以上三个阶段，分别在2010年、2014年、2018年三个节点对我国车龄结构进行对比。总体来说，从2010年到2018年，车龄在3年以内的比例呈下降趋势，车龄在5年以上的比例呈上升趋势。到2018年，我国车龄5年以上汽车占比已接近50%。除此之外，对图1、图2中相关数据进行的计算可以得出，从2010年至2018年，我国民用汽车保有量复合增长率约为12.9%，车龄5年以上汽车比例复合增长率为2.4%，车龄5年以上保有量复合增长率为15.6%。相关资料显示，到目前为止，我国平均车龄将超过6年。汽车平均车龄达到5年以上则意味着汽车后市场逐渐进入繁荣状态，新车增量的逐渐放缓、现存汽车车龄的逐渐上升，都预示着我国汽车行业进入“存量”市场，对汽车后市场的需求将进一步增加。

除了向“存量”市场转型之外，在产业数字化转型方面，汽车行业中的企业面临数据标准不一、难以流通、安全隐患等问题。当前，我国汽车行业中

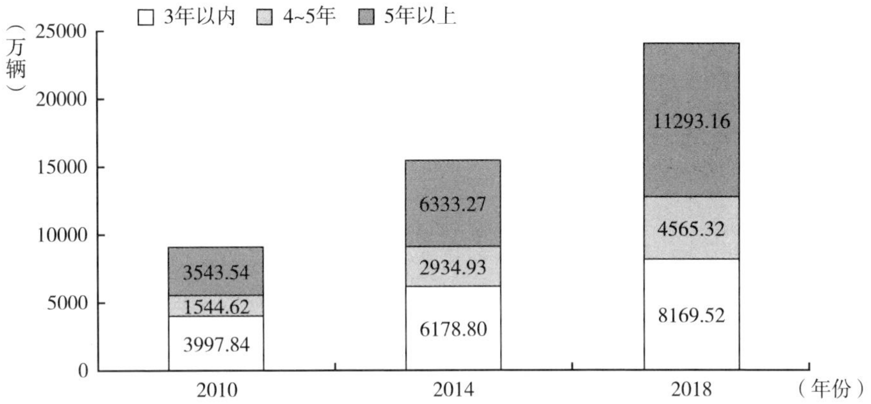

图2　我国车龄结构变化（2010～2018年）

资料来源：德勤、公安部交通管理局、安信证券研究中心。

的企业信息化差异较大，信息化程度较低的企业，数据在企业内部的采集流通存在障碍；具备一定信息化基础的企业，则由于供应链数据间的流通不顺畅，产生供应链风险、无法精细化排产等问题。

（二）汽车后市场供应链现状

汽车后市场供应链主要指售后零部件的供应链，依据不同的后市场服务提供主体，可分为原厂维保供应链以及非原厂维保供应链。原厂维保供应链的参与者主要为主机厂、原厂配件生产商、主机厂授权的4S网络以及消费者。非原厂维保的供应链的参与者则涉及零部件生产商、分销商、B2B以及B2C汽配电商、连锁或者非连锁汽车服务网络以及消费者。[①] 由于服务提供主体的不同，汽车后市场供应链上流通的零部件包含原厂件、副厂件、品牌件等。

在数字化快速发展的背景下，汽车后市场供应链的传统模式已经不适合当前时代发展的路径。传统供应链主要依据历史数据以及员工经验来预测，这样的预测准确性较低并且容易受到不规范信息的影响导致预测失效。由于供应链

① 周令坤、冯莉、梁木：《数启未来，后市场产业变革》，德勤中国，https：//www2. deloitte. com/cn/zh/pages/consumer－business/articles/data－enlightens－the－future－and－market－industry－reform. html。

整体缺乏整合，供应链上下游各主体间信息孤岛严重，导致各主体间缺乏有效协作，造成了供应链中牛鞭效应严重，产生了资源的浪费。除此之外，由于非原厂维保服务的快速发展，后市场供应链上的零部件质量问题以及供应链效率问题成了消费者重点关注的对象。

根据德勤的相关报告，汽车后市场非原厂维保供应链可以分为四个阶段。第一阶段是2008年之前，以汽配城等传统经销模式为主导的较长的供应链，这个时期供应链上供应商良莠不齐，市场上易出现质量低下的配件或是假件；第二阶段是2009～2015年，普通易损件供应链通过电商平台开始快速发展B2B以及B2C的商业模式，后市场供应链进入汽配信息化时代；第三阶段是从2016年至今的汽车后市场供应链O2O时代，供应链参与者开始将易损件供应链向价值链上下游延伸，旨在开拓服务网络，为客户提供闭环服务；第四阶段则是未来的线下赋能供应链时代，智能化、高效化、一致化等关键词将贯穿整体非原厂件供应链。①

该报告提出的对后市场供应链第四阶段的期许，不应局限于非原厂维保供应链，整体的后市场供应链都应驱向智能化、高效化、质量保障化，后市场供应链实现数字赋能，为我国汽车行业“存量”市场提供坚实保障。

（三）数字化转型的需求

在当前工业4.0的时代背景下，数字化转型逐渐成为各个行业发展的关键词，也成为国家战略目标的重点内容。2020年7月，《关于支持新业态新模式健康发展激活消费市场带动扩大就业的意见》中提出要加快产业数字化进程；2021年3月，《中华人民共和国国民经济和社会发展第十四个五年规划和2035年远景目标纲要》指出要加快数字化发展，建设数字中国。

汽车行业作为制造业的重要一环，数据生产要素呈现指数级爆发增长，新技术、新模式、新业态迅速崛起，为响应国家号召，跟紧时代步伐，同时解决信息化差异对汽车行业的问题，需加快汽车产业数字化转型步伐，充分挖掘数

① 周令坤、何马克、冯莉、梁木：《站在新零售十字路口的红海市场》，德勤中国，https://www2.deloitte.com/cn/zh/pages/consumer-industrial-products/articles/china-automotive-aftermarket-whitepaper-2019.html。

据要素资源的价值，促使数据充分汇聚、共享流通和创新应用。

由于我国汽车行业正在向“存量”市场转型，汽车行业对后市场的需求逐渐增大，汽车后市场的数字化转型更是刻不容缓。汽车后市场供应链作为汽车后市场的重要组成部分，需要跟紧时代步伐，增强数字化意识，利用数字化技术加快对传统后市场供应链进行数字化转型，解决传统供应链存在的信息孤岛、牛鞭效应等问题，同时促进原厂维保供应链以及非原厂维保供应链均向智能化、高效化、质量保障化发展。

二　后市场供应链数字化转型

后市场供应链的数字化转型需要通过数据标准体系建设、业务创新、数字化技术应用等方式逐渐实现数据赋能，达成后市场数据互信以及生态协作。

（一）后市场供应链数据标准化体系建设以及业务创新

1. 售后零部件认证体系以及溯源体系的建设

售后零部件的认证体系主要对后市场供应链除消费者外的各参与者以及供应链上流通的零部件进行认证。该认证体系可以看作为供应链参与者以及零部件提供了一份准入标准以及合格证明。因此，该体系的建设需要汽车企业联合汽车售后零部件生产商、经销商、汽配电商、非原厂维保服务提供者以及汽车售后保险行业共同完成。

我国于2015年出台了《汽车零部件的统一编码与标识》国家标准，为汽车零部件的追踪与溯源提供了有力的支撑。“条形码”“二维码”等零部件电子身份证成为零部件溯源的核心工具。因此，普及和推广电子身份证的使用是后市场零部件认证体系以及溯源体系建立的基础。同时，通过在后市场构建统一的溯源平台，将售后零部件溯源体系的建设与认证体系相配合，将认证体系纳入零部件溯源中，在溯源过程中加入认证结果。通过该平台实现后市场供应链各参与者的数据使用权限合理分配以及为平台使用者提供数据真实度验证，从而支撑认证体系和溯源体系的顺畅流转。平台使用者在溯源的同时，能够查看到零部件生产商与车企签署的授权证书、授权期限、相关企业的ISO质量认证等信息，在保证零部件的生产流程有迹可循的同时，也为零部件的使用提供质量保证。

售后零部件溯源平台的建立初期，应在部分零部件、部分供应链上试行试点，比如先打通某一零部件的溯源系统，先实现车企或维保服务提供者与其一级供应商之间的零部件溯源，再通过不断优化，提升可追溯的零部件种类以及数量，延长溯源链条，从一级供应商溯源，一直到生产原材料溯源，并且通过对溯源平台和标识解析技术的迭代更新，不断细化溯源颗粒度，从溯源到生产批次延伸到生产机器。

在后市场供应链溯源系统运转成熟后，逐步将溯源系统与后市场功能领域系统打通，比如召回服务、保险服务。全面提升后市场数据的使用效率，将溯源结果赋能到其他业务。例如，对溯源平台统计出的问题多发批次的零部件进行追踪，实现信息自动化反馈，支撑自动化召回。同时，提升溯源平台的智能化水平，通过对溯源零部件的数据挖掘和分析，进行零部件质量风险预警。

2. 后市场采购数字化以及供应商管理数字化的实现

供应商管理采购数字化首先要从车企以及维保服务提供企业入手，由内而外完成系统打通以及一体化建设。在推行采购数字化以及供应商管理数字化初期，车企或其他汽车维保服务提供者内部将采购系统与财务、业务系统打通。实现采购、业务、财务一体化的同时，打通售后采购系统与一级供应商系统，建立企业间信息共享渠道。根据历史数据，从供应商内部情况（如反馈速度、备货情况、价格水平等）以及外部评价（如信用水平等）方面，初步建立对现有供应商的质量评估、排序以及筛选模型；根据采购历史，建立备件预测以及采购预测模型，优化采购计划。

在供应链数字化发展的情况下，逐步实现采购系统与生产系统对接，采购全流程（包含招投标、合同签订、收货、付款、退换货物等环节）均可通过采购系统在线上完成。同时，完善供应商评估系统，将零部件质量、货物故障信息、其他客户反馈等均列入评估标准，采购系统自动下单将选择评估系统对供应商进行评价筛选后生成的针对不同情况的最优组合。同时，系统中的供应商可通过评估系统的自动反馈，进行自身整改，加强车企与供应商在零部件工艺、质量间的协调整合。车企以及其他维保服务提供者可以自建供应商寻源数据库，通过信息筛选、价格匹配、风险监测等手段扩大寻源范围。扩大供应商选择范围，管控供应商信用风险，建立跨区域调度预案，针对不同情况建立多种备选方案，以预防突发事件下供应商延迟交货或是断货的风险。

到数字化发展成熟的时期，打通采购系统、备件系统以及维修系统，缩短采购运输流程，减少零部件中间交易环节，驱动后市场供应链涉及的业务精准运营，增强车企及其他汽车维保提供者对零部件从生产到使用整体进程的监管以及把控。

（二）数字化技术在后市场供应链的应用

1. 数据湖技术

数据湖（Data Lake）是一种大数据存储库，它可存储任意结构、格式的原始数据，并可根据元数据的描述按需集成。庞大、动态的多源异构数据可通过批量集成、复制、虚拟化等方式完成入湖。数据湖可以保留多源数据的原始情况，同时也记录数据的各个历史版本，主动追踪记录数据在整个生命周期中的生成和使用过程。数据湖以任务为导向，可以省去前期导入模型以及算法造成的资源浪费，同时避免因模型和业务不适配造成的麻烦。数据湖还具有容量大、成本低、易访问的特性，可为车企数字化转型以及后市场各参与者间的信息共享提供便捷服务。通过数据湖技术，后市场供应链可以更加高效灵活地进行数据整合，减少了数据共享中的技术环境障碍和后市场供应链上的信息孤岛问题。

2. 数据中台

数据中台是连接企业数据开发以及业务开发的中间层，它将采集到的数据计算、加工成统一口径的标准数据，建设企业的大数据资产层以服务于企业业务，实现数据赋能。数据中台采取分布式系统架构，多个节点并发读取、写入企业内外部各类型、各领域的数据，并通过对这些数据的逻辑结构的分析，将数据进行关联，打造出可以应用于车企业务场景的完整的数据链条。数据中台采用自底向上的汇集模式，车企的 CRM、ERP、PLM 等系统数据可统一与中台对接，实现车企内部异构数据同构化。

在汽车后市场中，企业实现采购数字化以及供应商管理数字化离不开数据中台的应用。数据中台能够应用于客户运营、备件管理等场景中，推动备件订单优化、智能排产、仓储调优、智慧物流等业务发展；也能够支撑数字化驾驶舱的建设，通过数据可视化，帮助汽车企业直观监测供应链生产、运营状况。

3. 多方安全计算技术

多方安全计算技术能够实现数据处于加密状态或非透明状态下的计算，以达到各参与方数据可用不可见的目的。多方安全计算技术是一套技术体系，其中包含了差分隐私、安全多方计算、同态加密、联邦学习等技术。

在汽车后市场建设多方安全计算平台，能够保障数据安全高效传输，为后市场供应链数字化提供了可靠的支撑，同时能够实现数据精准交易等业务。后市场供应链上下游企业通过多方安全计算平台进行数据精准加密交易，有助于实现供应链中数据流的打通，减少供应链上各参与者对需求的响应时间，有助于减轻后市场供应链中牛鞭效应的问题，提升供应链的整零协同能力。

4. 区块链技术

区块链是记录了各个节点交流信息的区块通过哈希算法链接彼此而产生的一种特殊数据库。它最初是比特币网络交易的公共分类账本，随着工业 4.0 的到来以及物联网的应用，区块链技术逐渐进入制造业。区块链技术拥有去中心化的本质，其本身具有不变性以及不可逆转性，一旦一个节点上的数据出现了错误，它可以参考其他节点来修正自己，一个节点上的数据被篡改，其他上千个节点将通过相互交叉引用找出这一节点。

区块链技术保障了供应链信息的安全性、真实性，在售后领域中可以用于零部件溯源。区块链使用的 IPFS 服务器可以从不同角度来存储供应链上零部件的图像以及完整的主机厂和供应商的报价信息，同时供应链上每一个零部件都会有属于自己的智能合约，如果一个组件是由多个零部件组成，则每个零部件的“子智能合约”也会被记入组件的“父智能合约”中。

区块链会员服务提供者决定了在区块链上每位交易参与者不同的身份认证和权限，且区块链记录的所有交易均由其对应的参与者进行数字加密签名，同时，区块链使用的 Hyperledger Besu（一种代码库）确保了客户在高私密的环境下进行通信和交易。除此之外，区块链技术将零部件的位置移动、所有权变化等变动的详细信息，永久记录在分布式透明且防篡改的分类账上，以确保整条供应链上的参与者都不能对过往的行为进行抵赖。哈希算法保障了信息重复存储在节点上，降低了因黑客攻击或是单点故障造成的数据丢失的风险。

5. 标识解析技术

工业互联网将用于识别不同对象的唯一标识赋予工业系统中存在的物理实体（如人、机器等），以及虚拟对象（如算法、加工流程等），再通过标识识读对其中所含信息进行解析，以达成工业系统中的物理实体以及虚拟资源的交互协作、互联互通，从而提升生产效率和生产效果。

目前存在两种应用较广的标识编码方案：一种是去中心化、扁平化的编码；另一种是层级式结构化标识的编码。解析机制与标识方案一一对应。扁平解析使用分布式哈希表对 P2P 组网的各节点进行存储检索，使得各解析点都无法对信息数据等进行篡改，也不能与其他节点的解析请求割裂，这样的解析架构有利于信息解析的安全。层级解析是中心化的树状的结构，其中根节点权限最高，该结构相对简单并且可扩展性强。①

标识解析技术在售后零部件认证体系以及零部件溯源体系建设中起到核心作用。由于整条供应链上的人、机器、物品等都被进行了唯一标识，通过对录入系统的标识进行解析，扩大故障零部件的追溯范围，延长追溯链条。标识技术如今种类繁多，比如二维码、条形码、RFID 等均可以在汽车行业内使用。这些标识可以作为汽车生产相关元素的电子身份证，提高从生产到售后的信息透明度，从而提高相关工作效率。

6. 数字孪生技术

数字孪生指充分利用物理模型、传感器对现实中的物理实体在虚拟空间进行镜像。在产品的生产过程中，产品的信息物理系统，需要与生产过程的信息物理系统实时通信，通过生产过程逐步完善产品的数字孪生模型，并且在生产过程中使虚拟空间的模型和物理空间的实体相互促进，提高生产效率。

对于汽车后市场供应链，由于数字孪生模型实时更新并存储了生产全流程的数据，该技术可以应用于零部件溯源体系的建设。

7. 物联网技术

物联网技术是一项以互联网为基础，在无须人干预的情况下，实现事物与

① 张钰雯、池程、朱斯语：《工业互联网标识解析体系发展趋势》，《信息通信技术与政策》2019 年第 8 期。

事物之间数据信息交换的技术。该技术使用各种信息传感设备，将所有物品与互联网连接到一起，实现智能化识别和管控。

射频识别（RFID）技术是无线通信技术的一种，该技术通过标签和阅读器实现非接触式信息识别和传输。RFID是最初使物联网概念得以实现的技术，同时也是实现实时定位系统的理想技术。RFID技术在汽车生产过程中被应用于简化生产过程、改善物流、提升出厂测试等场景。在汽车后市场供应链中，RFID可以作为标识解析技术的一种，应用在零部件电子身份证中，以支撑零部件溯源的实现。除此之外，在售后零部件溯源体系发展逐渐成熟后，该技术还可以用于问题批次零部件追踪，以实现问题车辆自动召回。

8. 云计算

云计算是指通过服务器，在很短时间内对庞大的计算程序进行分式计算，并将分布计算结果进行合并，呈现出最终结果的过程。云计算提供了一个共享资源池，实现了不同设备间的信息分享，确保了数据和信息的可用性。这一特性提升了企业资源分配的有效性，也降低了IT技术成本。

云计算可以辅助用于汽车后市场数字化转型的技术，比如区块链技术可以通过“云”进行哈希（散列函数）计算，将哈希值存入节点，以节省各区块节点数据的存储空间。云计算有助于汽车后市场供应链各参与者进行更有效也更安全的数据存储和共享，防止由于病毒对企业计算机入侵造成的数据丢失风险。

云计算使后市场供应链反馈变得更加及时有效，降低了售后供应链中库存规划、预测、补给、运输调度和优化造成的成本，是实现后市场供应链数据赋能必不可少的一项技术。

三　结论

我国汽车行业正处于从“增量”市场向“存量”市场转型的阶段。随着汽车保有量增速减缓、市场上平均车龄增加，汽车后市场逐渐进入繁荣时期。后市场供应链作为汽车后市场的重要组成部分，在当前工业4.0的背景下，应响应国家对数字化的政策要求，跟紧时代步伐，增强数字化意识，解决传统供应链存在的信息孤岛、牛鞭效应等问题，并促进整体后市场供应链向智能化、高效化、质量保障化发展。本文论述了后市场供应链数字化转型需要供应链上各参与者联合起来，打造售后零部件认证以及溯源体系；进行采购数字化、供应商管理数字化等业务创新；通过云计算、数据湖、区块链等数字化技术的应用来实现后市场供应链数字赋能。在数据安全的基础上，实现后市场供应链系统打通、信息互通、高效反馈以及智能预警等功能。

B.15
基于图像识别的分时租赁车辆智能损伤评估系统研究

朱倩倩　李雨涵*

摘　要：　随着“共享”概念的普及，汽车共享成为一个新的热点。当前市场上已经存在100多个运营共享汽车的品牌。由于租用共享汽车的群体构成较为复杂，且其中大部分为驾驶新手，被租用车辆在行驶过程中容易发生一些轻微剐蹭等伤害，这对运营共享汽车的平台来说是一项新的挑战。因此，对共享车辆在每次使用过程中受到的损伤进行智能判定对共享汽车业务的运营平台来说是非常重要的。本报告基于共享车辆四角图像，提出一种对车辆损伤自动检测方法和检测系统。该系统通过对每台共享车辆租用前后的损坏信息对比，有效地节约了人工成本，实现了快速的损坏识别，明确了责任定义，提高了用户体验和损坏处理效率。

关键词：　共享汽车　智能定损　分割模型

一　引言

目前，大多数共享汽车公司受人力、物力、技术能力等限制，无法在用户

* 朱倩倩，中汽数据有限公司后市场数据室研发主任工程师，中级工程师，研究方向为深度学习、计算机视觉；李雨涵，中汽数据有限公司后市场数据室市场研究助理，研究方向为汽车后市场供应链数字化。

归还车辆时及时与用户一同检查车辆的损伤状况，从而导致在用户使用结束后才发现损坏。同时，共享汽车公司也面临着用户是否如实上报车辆在使用过程中发生的碰撞、剐蹭等状况的问题。

假如用户未能如实报告在使用过程中车辆发生的损伤情况，则剐蹭、变形等问题可能会遗留给下一位用户，从而导致运营公司无法判断哪一位用户对车辆造成了损害或是用户为了逃避相应责任而放弃租用相关车辆。这种情况下，共享汽车公司不仅需要承担由于车辆受损带来的损失，而且面临着影响用户租赁体验以及客户流失等风险。假如用户在使用过程中如实报告车辆受损状况，共享汽车运营公司将派前端验车员到现场进行调查和损害判定，并配合后端损失判定完成事故损害判定。这种方法有以下缺点：首先，租赁车辆的每一次剐蹭都需要人力进行现场处理，这将大大增加运营公司的人力成本；其次，人为因素也会存在损伤判定不准确、效率低的问题；最后，对于用户来说，停车等待运营公司派遣检测人员、检测人员在现场进行检查和修复的时间都会影响用户体验。

因此，当前的共享汽车行业迫切需要一套能够实现对车辆进行实时、高效的自动损伤判定的解决方案。本报告基于共享车辆四角图像，提出一种对车辆损伤自动检测方法和检测系统。用户只需在取用和返还车辆时，分别对车辆左前、右前、左后、右后方拍照并上传到远程服务器的损伤评估版块，车辆的损害报告将在30秒内生成。这种方式既保护了共享汽车运营公司的利益，也提高了客户的用车体验。

二　系统结构

如图1所示，分时租赁车辆的自助损伤评估过程可以分为两部分。第一步是用户拍摄部分，需要用户将取车、还车时拍摄的四角图像上传到远程服务器。第二步是损失评估部分，该模块将确定车辆四角图像的损坏情况，并输出损坏位置和损坏类型。接下来的部分将为流程的每一步提供具体示例，以便更好地理解。

（一）用户拍摄部分（包括图像拍摄以及图像上传的步骤）

第一步是图像拍摄部分。该部分要求用户在取车和还车时，在相关操

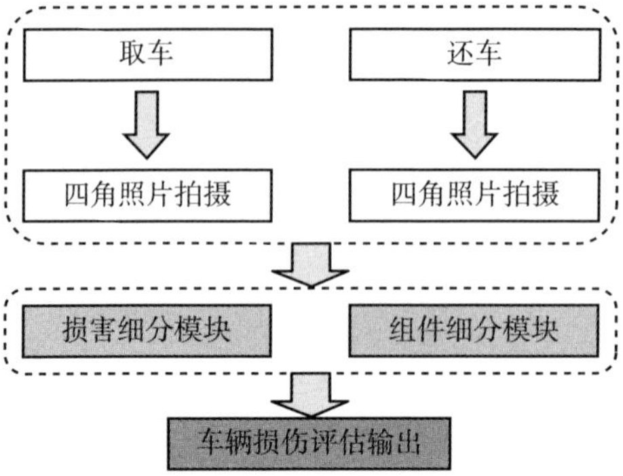

图1　系统结构

作指导下，对车辆的左前角、右前角、左后角和右后角进行拍照。为了保证零件和损伤的准确识别，这部分图像要求拍摄距离车辆约 1 米，并在拼接四角图像后尽可能 360 度覆盖车辆外观。具体角度和拍摄效果如图 2 所示。

（1）左前方　（2）右前方　（3）左后方　（4）右后方

图2　汽车四角图像

第二步是图像上传部分。该部分要求用户在取车时上传一份车辆四角拍摄图像，在还车时上传一份车辆四角拍摄图像。此外，该部分增加了图像判断功能，不允许用户上传非当前车辆进程或非当前车辆的图像，否则将无法通过图像判断这一步骤。

（二）风险评估部分（包括损伤分割、部件分割以及结果输出的步骤）

第一步是损伤分割。该部分基于深度学习模型来识别图片中车辆的外观损伤。模型中不同的色彩代表不同的车辆损伤，如刮痕和变形。图 3 使用不同深浅的色块将损伤可视化。目前，损伤识别主要分为三类，即剐蹭、变形和破裂。

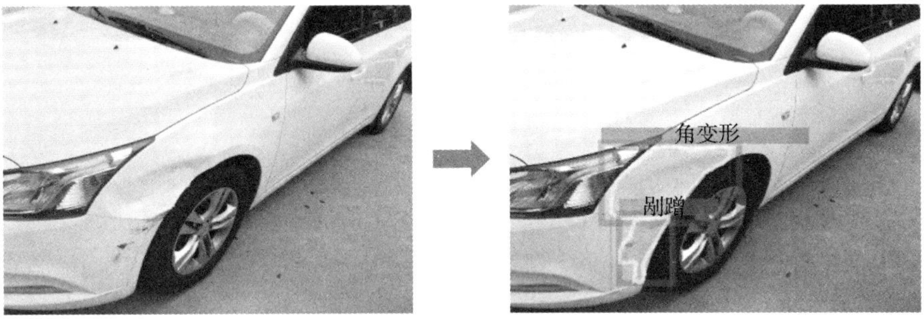

图 3　损伤分割

第二步是部件分割。这个部分是用来识别图片中车辆外观部件的。不同的深浅的色块代表不同的外观部件，如头灯、左前门、左前叶子板等。目前有 18 种易损部位。可视图像如图 4 所示。

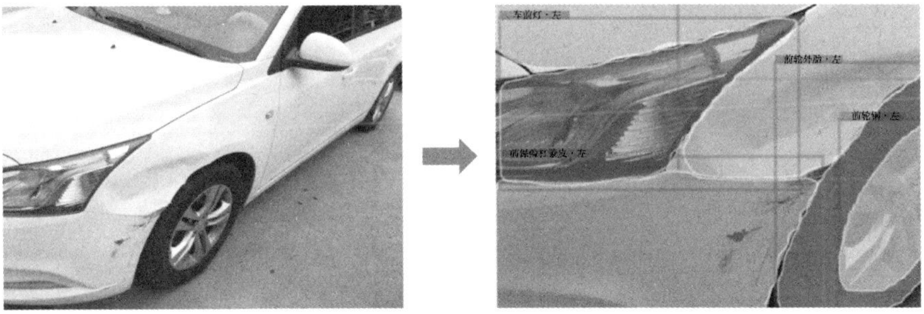

图 4　部件分割

第三步是结果输出。该部分用于实现当前损坏条件下，结合部件材料和损坏情况的维修方案推荐。另外，结合零件价格数据库和工时价格数据库，提出了维修价格的建议。输出结果如表 1 所示。

表 1　结果示例

单位：%，元

部件	损伤	损伤面积占比	价格
前叶子板－左侧	剐蹭	10	1250
前叶子板－左侧	变形	35	
前保险杠	剐蹭	9	400

三　功能实现

（一）数据集建设

部分训练数据集来自保险公司多年经营记录的受损车辆照片，部分来自分时租赁公司运营过程中积累的受损车辆照片。在该数据集上对模型进行训练和验证，既能满足大数据集的要求，又能很好地反映实际应用目标的预期结果。

1. 数据注释

整体数据分为两部分。一部分是损伤分割模型应用的损伤数据集，每幅图像对应一个标签文件，该文件给出了不同类型损伤的图像和对应的像素区域，通过不同的坐标值来表示不同类型的损伤。另一部分是部件分割模型应用的部件数据集，每幅图像也对应于一个注释文件，其中不同的车辆外观部件用不同的坐标值表示①，如图 5 所示。

2. 数据增强

在深度学习领域，随着数据量的增加，模型的准确率和泛化能力趋于提高，而图像分割则需要像素级的标注。目前，该领域中没有公开可用的数据集，因此所有数据都需要手动重新注释，这将产生大量成本。因此，数据增强是唯一的选择。②

① Lin T Y，Maire M，Belongie S，et al. Microsoft coco：Common objects in context. European conference on computer vision. Springer，Cham，2014：740－755.

② Van Dyk D A，Meng X L. The art of data augmentation. Journal of Computational and Graphical Statistics，2001，10（1）：1－50.

图5　部件数据集注释

考虑到当前任务和损伤识别的特点，旋转、裁剪、缩放等变换方式将被用于对数据进行扩展。对于部件的分割，由于正常拍摄无法获得旋转和畸变后的数据，也就是说经过它训练的模型在实际情况下泛化能力并不好，所以对于部件的识别，只使用缩放和翻转来获得新的数据。

（二）模型构建

本部分将描述一种基于图像识别的分时租赁车辆智能损伤识别系统。该系统利用 Mask RCNN 图像识别算法，可以准确判断图像中车辆的损伤情况，实现对车辆的损伤评估。

1. 图像识别算法介绍

图像分类只需要预测图像中物体的类别。[①] 目标检测不仅需要提供图像中目标的类别，还需要提供目标的边界框。[②] 语义分割需要预测输入图像的每个

① Haralick R M, Shanmugam K, Dinstein I H. Textural features for image classification. IEEE Transactions on systems, man, and cybernetics, 1973 (6): 610 – 621.

② Szegedy C, Toshev A, Erhan D. Deep neural networks for object detection. Advances in neural information processing systems, 2013 (26): 2553 – 2561.

像素属于哪个标签。[1] 在语义分割的基础上，实例分割需要区分同类的不同个体[2]，如图 6 所示。[3]

（1）图像　　（2）语义分割　　（3）实例分割

图 6　图像识别

在本文中，实现实例分割需要对车辆损伤和部件进行识别。一个比较成功的方法是 Mask RCNN。Mask RCNN 是通过添加一个简单的 Mask 预测器对 Faster RCNN 的改进。Mask RCNN 训练更容易，具有更好的泛化性，只需要在 Faster RCNN 的基础上多一点计算。[4] 骨干网的选取是一个对准确度有非常重要影响的因素。本文选择 RESNEXT 网络作为骨干网。[5]

① Long J, Shelhamer E, Darrell T. Fully convolutional networks for semantic segmentation. Proceedings of the IEEE conference on computer vision and pattern recognition. 2015: 3431 - 3440.

② Romera - Paredes B, Torr P H S. Recurrent instance segmentation. European conference on computer vision. Springer, Cham, 2016: 312 - 329.

③ Kirillov A, He K, Girshick R, et al. Panoptic segmentation. Proceedings of the IEEE conference on computer vision and pattern recognition. 2019: 9404 - 9413.

④ He K, Gkioxari G, Dollár P, et al. Mask r - cnn. Proceedings of the IEEE international conference on computer vision. 2017: 2961 - 2969.

⑤ Xie S, Girshick R, Dollár P, et al. Aggregated residual transformations for deep neural networks. Proceedings of the IEEE conference on computer vision and pattern recognition. 2017: 1492 - 1500.

2. 实例分割模型的构建

该损伤识别模型实现了对剐蹭、变形和破裂的识别，输出损伤类型和损伤位置。此外，该模型还可以实现在相同区域内叠加损伤情况下，两种或两种以上损伤类型的输出。具体如图 7 所示。

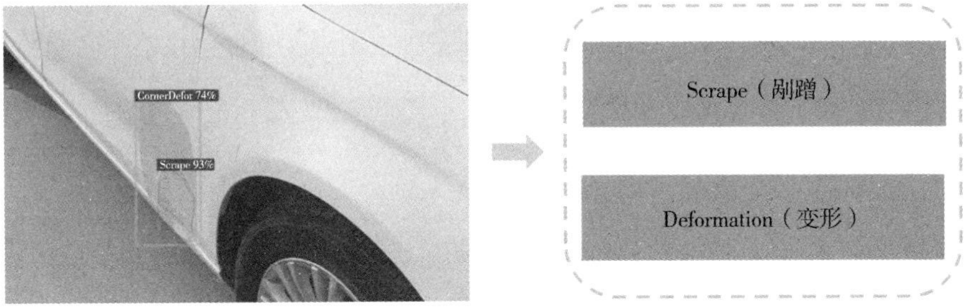

图 7　损伤分割结果

系统从左前、右前、左后、右后四个角度上传图片。因此，方向信息在数据标注中被标记为一个字段，在训练中作为信息输入模型使用。此外，该部件识别模型在实现部件类型和位置识别的同时，可以实现左右对称部件的准确识别。具体如图 8 所示。

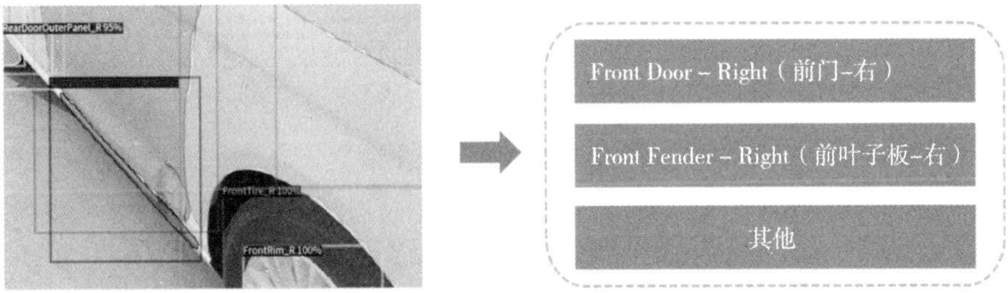

图 8　部件分割结果

四　结论

本文提出的分时租赁车辆智能损伤判定系统中，用户在使用租用车辆前，通过手机等终端设备对车辆四角拍照，可以获取车辆在租用前的损伤情况。返还车辆时，使用终端再次进行拍照，获取返还车辆时的损坏情况。这样，用户就可以通过对租车前后的损坏信息进行比较，自动识别汽车是否在租用过程中产生损坏。

该方案一方面可以使用户在租车前与租赁公司明确定义车辆的损坏情况。另一方面不需要操作人员到现场确定车辆损坏情况，有效地节约了共享汽车运营公司的人力成本，实现了损坏情况快速识别，明确了车辆损伤责任归属，提高了共享汽车的用户体验和损坏处理效率。

保险大数据篇

The Insurance Big Data

B.16
2020年全国交通事故责任保险保障程度分析报告

江绍莹　万　敏*

摘　要：　机动车辆保险，尤其是机动车交通事故责任强制保险及机动车商业第三者责任保险，很大程度上保障了机动车道路交通事故受害人能够依法得到赔偿，并且在促进道路交通安全方面发挥了重要作用。基于中国银保信的保险大数据对全国交通事故责任保险保障情况进行的监测分析，客观地评价我国交通事故责任保险发展趋势，有助于及时了解各地区可能存在的问题，并帮助保险公司改善经营行为，为消费者的投保行为提供参考建议。

关键词：　交通事故责任保险　保障程度　地区差异

---

* 江绍莹，中国银行保险信息技术管理有限公司项目经理，研究方向为保险精算、汽车保险大数据；万敏，中国银行保险信息技术管理有限公司项目经理，研究方向为财产保险大数据。

2020 年车险综合改革，交强险在价格不变的情况下，保障水平由改革前的 12.2 万元提升到 20 万元，商业第三者责任险的保障限额上限和定价基准也有了大幅调整。基于中国银保信的保险大数据，我们已连续三年对交通事故保险保障进行了分析，2021 年继续对 2020 年全国交通事故责任保险保障程度进行研究分析。

一 交通事故责任保障情况概述

（一）交强险总体情况

根据公安部交管局相关数据，截至 2020 年底，我国汽车保有量为 2.81 亿辆。同年全国交强险保单 2.67 亿件，同比增加 7.23%。剔除短期投保因素，机动车交强险投保率约为 94.9%。

（二）三责险投保情况

从商业第三者责任险（以下简称三责险）的情况来看，2020 年，全国三责险平均投保率为 84.9%，同比提高 1.5 个百分点。具体到 36 个省（自治区、直辖市）、市来看，地区差异仍然比较显著（见图 1）。

经济发达地区的风险管理意识相对较强，保险保障需求较高，因此三责险投保率相对较高。从数据来看，沿海地区的投保率明显高于内陆地区，如浙江、厦门、宁波、深圳都在 95% 以上，而黑龙江、西藏等地不足 60%；同时，计划单列市的投保率均高于其所在省份的其他地区。从变化情况来看，有 11 个地区比 2019 年下降，其中深圳、湖北、青岛下降较明显，分别下降 4.6%、2.6%、2.4%；其余 25 个地区三责险投保率均比 2019 年提高，其中天津的三责险投保率涨幅最大，同比提高 5.8 个百分点。

家用车作为机动车使用性质分类中重要的一部分，保单件数占比达 80.7%，其三责险投保率为 86.6%，同比继续上升，比 2019 年提高 0.8 个百分点。家用车的三责险投保率相对整体仍然保持偏高态势，高出 1.7 个百分点。从地区来看，家用车三责险投保率的地区间差异也与整体机动车情况相似，侧面反映出在保障意识和保险需求方面地区之间存在较大差异。

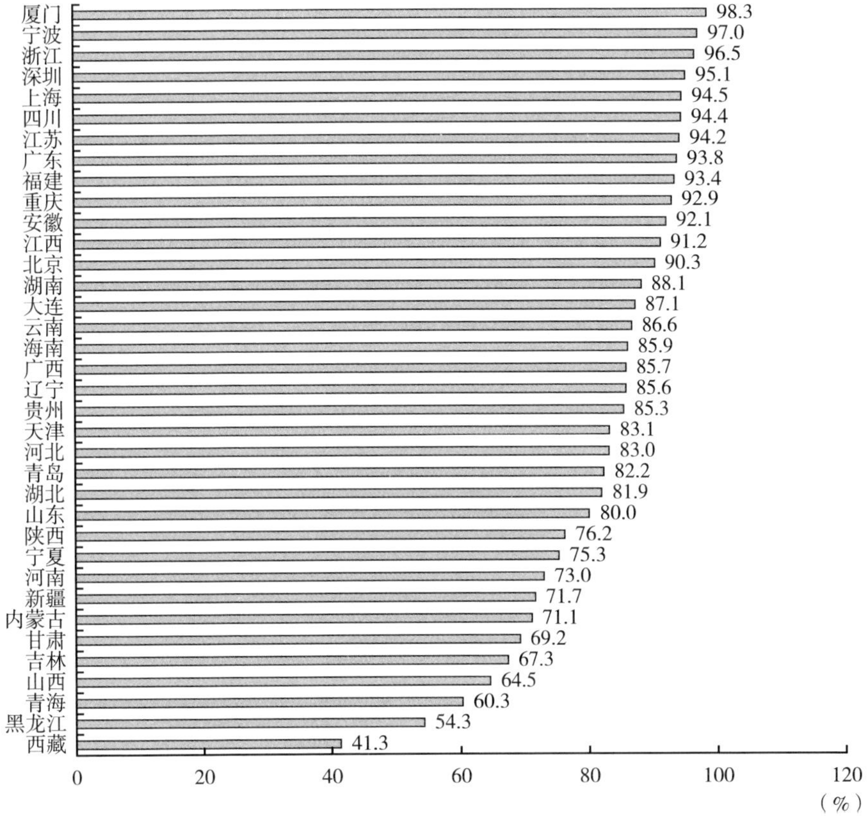

图1　全国各地区三责险投保率情况

资料来源：全国车险信息平台。

二　各地区三责险平均保额对风险的覆盖度

2020年，全国三责险平均保额为106.2万元，比2019年的87.8万元提高了21.0%。同年，单人死亡赔付费用平均水平为114.9万元[①]，比2019年的104.9万元提高了9.5%，三责险平均保额大幅度上升是本轮车险综合改革降费增质导向的结果。从死亡赔偿费用中扣除交强险死亡赔偿限额（本轮车险综合改革后调整为18万元）后，三责险保额整体平均保额充足度[②]为109.6%，比上年增长16.2个百分点。交通事故责任保险保障程度整体已经超过100%。

但是需要指出的是，各地区三责险保额充足度不平衡的状况依然存在（见图2）。三责险保额充足度大于100%的地区有24个，其中广西三责险保额充足度高达161.3%；充足度最低的四个地区分别是北京（51.6%）、宁波（71.6%）、深圳（72.3%）、上海（72.4%）。计划单列市投保率相对较高，但风险覆盖程度均低于其所在省份的其他地区。

2020年，全国家用车三责险平均保额充足度为105.1%，同比提高10.3个百分点。从增速来看，除了上海地区同比下降0.5个百分点，其他地区均同比上升，其中江苏家用车三责险保额充足度增幅最大，比2019年提高20.8个百分点。从地区差异来看，家用车三责险保额充足度的差异与全车种基本一致。

三　各地区三责险足额投保比例

2020年，全国约有60.4%的三责险保单实现了交通死亡事故责任风险的充分覆盖，比2019年提高16.8个百分点。但从地区来看，大部分地区的三责

---

① 商业三责险的保险责任对应的是交通事故责任赔偿中交强险赔偿以外的部分，其赔偿限额（保额）统一包含了因交通事故造成的人员伤亡及物损。其中，导致人员死亡是严重事故中最为突出的风险责任。根据最高人民法院颁布的《关于审理人身损害赔偿案件适用法律若干问题的解释》，造成受害人死亡的赔偿义务人除应当根据抢救治疗情况赔偿相关费用外，还应当赔偿死亡补偿费、丧葬费、被扶养人生活费，以及受害人亲属办理丧葬事宜支出的交通费、住宿费和误工损失等其他合理费用。本文以交通事故中一名60岁以下，且有扶养责任的城镇成年居民死亡为例，根据国家统计局官网所发布的各地城镇居民人均可支配收入和城镇居民人均消费性支出额数据，对全国36个省（自治区、直辖市）、市的商业三责险保额充足度进行计算分析。

② 三责险平均保额充足度＝三责险保额平均值÷（当地死亡事故责任赔偿费用－交强险死亡赔偿限额）。其中，当地死亡事故责任赔偿费用＝死亡赔偿金＋丧葬费＋被扶养人生活费＝当地上年城镇居民人均可支配收入×20年＋当地上年城镇居民人均可支配收入×0.5年＋当地上一年度城镇居民人均消费性支出额×10年。

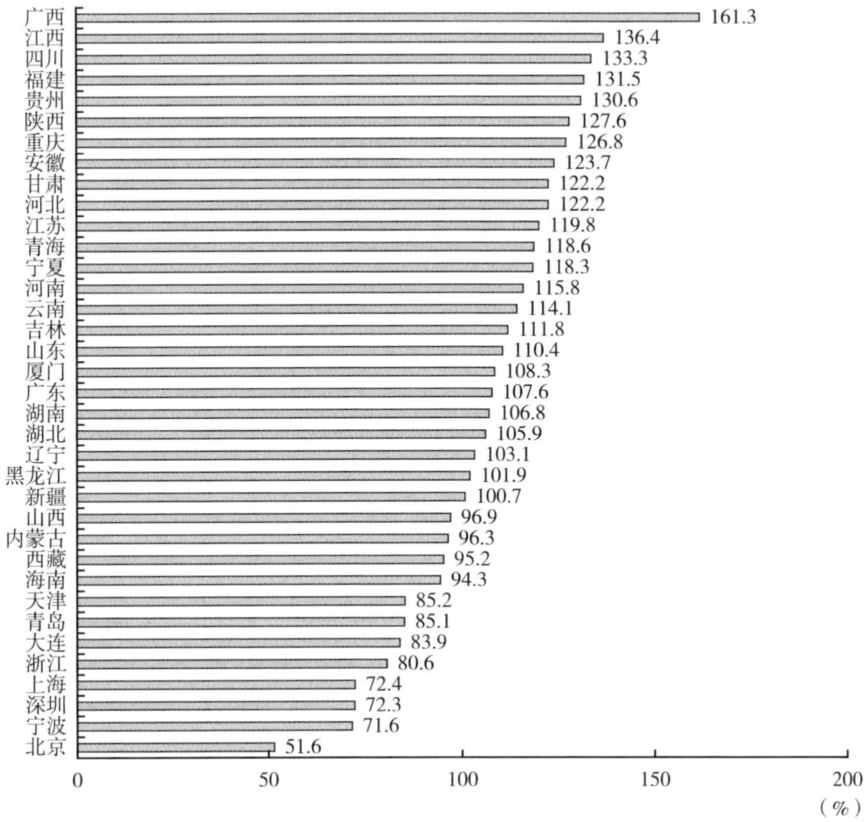

图2　全国各地区三责险保额充足度

资料来源：全国车险信息平台。

险足额投保保单占比①仍然偏低（见图3），三责险足额投保保单的地区分布呈现以下特点。

一是整体状况较上年继续改善。34个地区三责险足额投保保单占比有不同程度提高，2020年足额投保保单占比最高的地区仍然是重庆，从2019年的86.8%提升到92.1%。上年足额投保保单占比下降的福建，本次增幅最大，同比提高32.1个百分点。2020年足额投保保单占比下降的两个地区为宁波、深圳，主要原因为当地死亡事故责任赔付费用上升，而三责险保额未完全补充到位。

① 足额投保保单在当地全部保单中的占比。

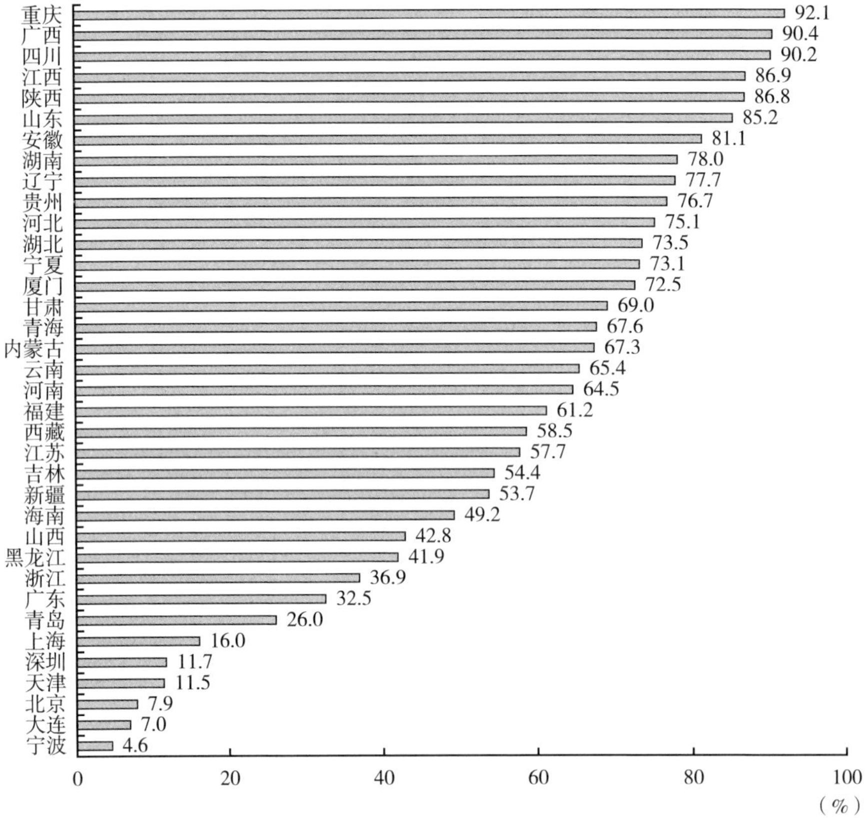

图3　全国各地区三责险足额投保保单占比

资料来源：全国车险信息平台。

二是多数地区三责险足额投保保单占比仍处于低位。36 个地区中仅有 7 个地区三责险足额投保保单占比超过 80%，且仍有 3 个地区足额投保保单占比不足 10%。

三是三责险足额投保保单占比与当地经济发展状况仍然存在偏差。北京、广东、深圳、上海等地经济水平位居全国前列，近年来的三责险足额投保保单占比绝对值有所提升，排名却总是居全国末位，情况未得到明显改善。

四是各地区保额分布不均衡的情况仍然显著。小部分车主的三责险高保额拉高了当地平均保额，大部分车主并未充足投保。例如，2020 年广东地区三责险平均保额对责任风险的覆盖程度达 107.6%，但仅有 32.5% 的保单可以完全覆盖责任风险。

五是家用车的足额投保保单占比与整体水平相比略低。2020 年，全国家用车的足额投保保单占比为 57.8%，比整体机动车水平低 2.6 个百分点。从各地情况来看，二者的分布状况基本一致。相比 2019 年家用车足额投保保单占比为 44.5% 且比整体机动车水平高 0.9 个百分点的情况，2020 年其他车种的三责险足额投保保单占比增速超过了家用车。

四 各地区死亡事故责任风险与实际保障水平比较

各地区交通事故死亡责任风险主要体现为各地区死亡赔付费用标准，与当地经济发展状况密切相关。机动车三责险平均保额与当地死亡赔付费用标准之间缺口的大小，很大程度上反映了地区实际保障水平与理想风险覆盖水平之间的差距。因为在交强险死亡赔偿限额既定的情况下，影响实际保障水平高低的主要是三责险平均保额。

从各地区死亡赔付费用标准和当地三责险平均保额的比较来看，以下几个方面比较突出。

一是各地区死亡事故责任风险暴露程度差异仍然较大（见图 4）。其中，死亡责任赔付费用标准超过 100 万元的有 20 个地区，比上年增加了 4 个；处于 80 万 ~100 万元的有 16 个地区，比上年减少了 4 个。死亡责任赔付费用标准最高的地区为上海，约 199 万元，比上年增长了 7.0%；最低标准的地区为黑龙江，约 86 万元，比上年增长了 5 万元。最高标准与最低标准差额约 114 万元，仍保持了 2.3 的倍数。

二是东部经济发达地区的保障缺口反而大于中西部经济欠发达地区的保障缺口。保障缺口最大的几个地区均为东部经济发达地区，如北京、上海、宁波、深圳，保障缺口均在 15 万元以上。这主要是因为经济发达地区的死亡赔付费用标准远远高于全国平均水平。

三是三责险平均保额完全覆盖风险暴露的地区可以分为两类，一类是中西部经济欠发达地区，如广西、云南、宁夏、青海、江西等地，这主要是因为经济欠发达地区的死亡赔付费用标准远远低于全国平均水平；另一类是沿海经济发达地区，如江苏、福建、厦门等地，这主要反映了当地消费者保险意识更强，并且与当地总体经济能力有直接关系。

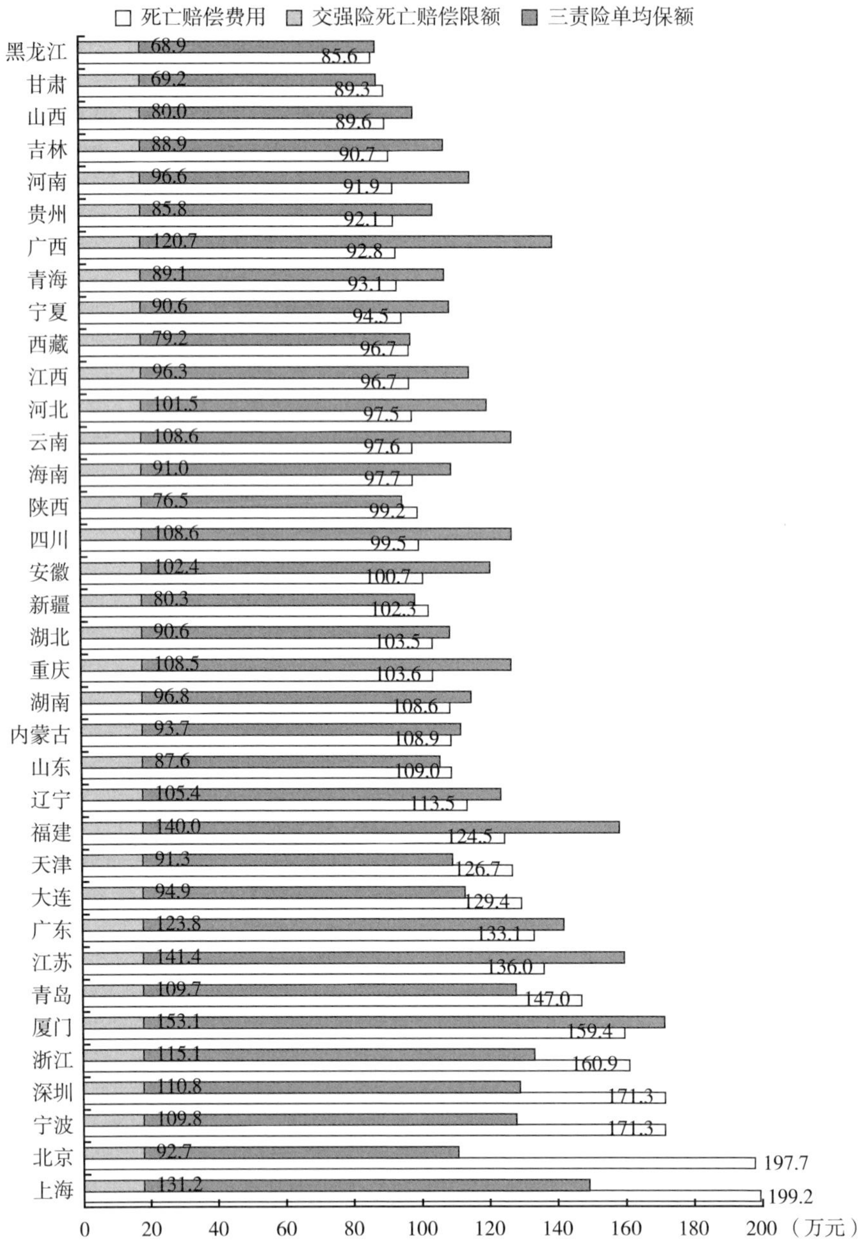

图4　各地区死亡事故责任赔偿费用与三责险平均保额差异

资料来源：全国车险信息平台。

五　结论与启示

（一）交通事故责任保险保障程度持续稳中向好

随着商车改革的深化，2020 年新一轮车险综合改革中交强险限额翻倍，直接提升了交通事故责任风险覆盖的基础水平。而商业险基准保费调整使得大部分消费者的费率趋于下降，NCD 从过去一年改为覆盖多年，“奖优罚劣”效果将会更加明显。可以预测，商业险投保率将会持续向好，总体上对消费者的交通事故责任风险将覆盖得更加充分。

（二）地区差异仍然显著，行业应加强宣传引导

根据平台数据，2020 年有 84.9% 的车主投保三责险，仍有 15.1% 的车主仅投保交强险，且地区差异较为明显，而只投保交强险是无法完全覆盖交通事故责任风险的。同时，从全国各地区三责险足额投保占比和三责险平均保障水平分析可以看出，仍然存在部分地区三责险投保率较低、保险金额不足以覆盖当地死亡事故责任风险的问题，因此建议保险公司加大相关宣传力度，引导消费者通过积极配置三责险来加强风险管理，增强风险意识，降低驾驶风险。

B.17
2020年全国商业车险风险情况分析报告

江绍莹　陈 珮*

摘　要：　依托全国商业车险信息平台的车险承保理赔数据，针对全国36个地区的保费规模、投保率、单均保费、单均保额、平均折扣系数5个承保指标，以及结案率、案均已结赔款、出险频度和满期赔付率4个理赔指标，开展全国商业车险风险情况分析。

关键词：　车险风险　承保　理赔

依托全国车险信息平台的车险承保理赔数据①，本报告从商业险入手，针对全国36个地区的保费规模、投保率、单均保费、单均保额、平均折扣系数5个承保指标，以及结案率、案均已结赔款、出险频度和满期赔付率4个理赔指标，分析和编制了9张全国商业车险风险情况图。现将2020年商业车险风险情况简要摘编如下。

一　总体风险情况

受新一轮车险综合改革实施影响，2020年，我国车险市场总体保费增速呈现小幅下降，预计2021年增速降幅将更加明显。截至2020年12月，全国共有67家保险总公司、1060家省级分公司接入全国车险信息平台开展业务，全年累计车险保费规模达8646亿元，同比增长0.3%，相比2019年增幅下降4.0个百分点。

* 江绍莹，中国银行保险信息技术管理有限公司项目经理，研究方向为保险精算、汽车保险大数据；陈珮，中国银行保险信息技术管理有限公司项目经理，研究方向为车险数据分析。

① 本报告数据因未包括摩托车和拖拉机数据、所有保费为含税金额、生产数据处于动态变化中且受统计时点影响较大等原因，可能与监管统计信息指标和数值略有差异。

（一）商业险保费规模情况

2020 年，全国机动车辆商业险保单达 2.26 亿件，同比增长 7.8%，商业车险保费规模达 6246 亿元，同比下降 1.5%。

从地区分布看，东部和南部地区商业险保费规模大于西部和北部地区，商业险保费规模一般在人口密集地区更高。具体来看，保费规模超 400 亿元的地区有 3 个，分别是江苏、广东和浙江；西藏、青海、海南、宁夏、大连、厦门的保单保费在 50 亿元以下（见图 1）。

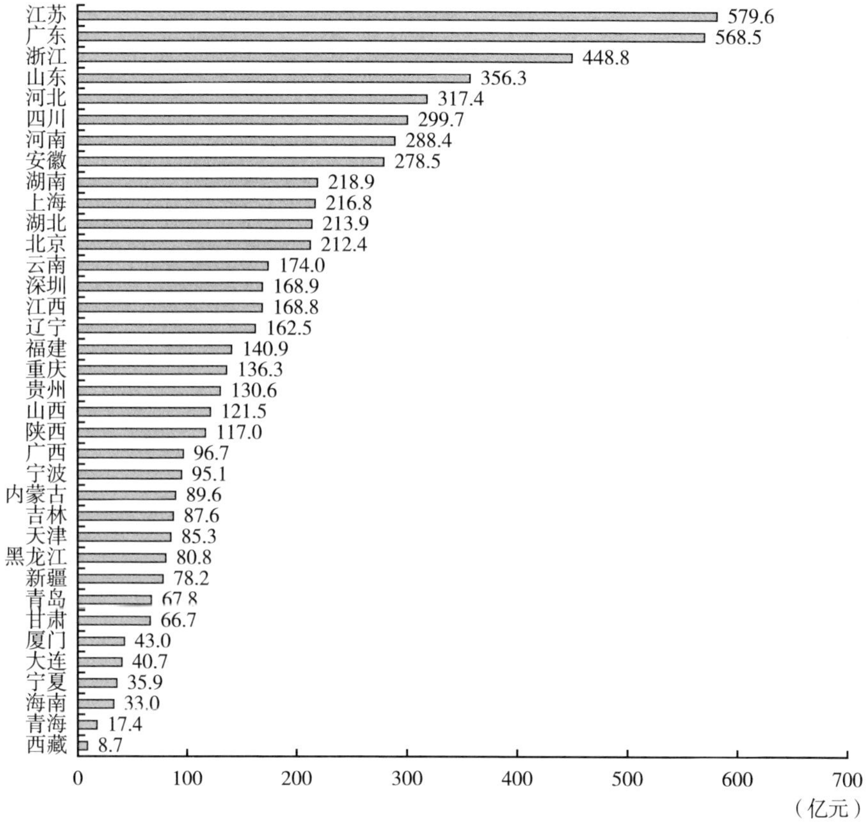

图 1　2020 年商业险保费区域情况

资料来源：全国车险信息平台。

相比 2019 年，2020 年商业车险的整体保费规模变化不大。保单保费在 100 亿元及以上的地区共有 21 个，其中，200 亿元及以上的地区有 12 个，与上年持平。

从增速来看，陕西、广西增速最快，同比增长 8.3% 和 3.9%；两地属自主定价改革试点地区，受本轮车险综合改革影响较小。

（二）商业险投保率情况

2020 年，全国商业险投保率①为 84.9%，同比增长 0.6 个百分点。从区域情况看，厦门、浙江、宁波、深圳四地投保率较高，均在 95% 以上，河南、山西以及东北、西北大部分地区的投保率较低，均在 75% 以下。其中，厦门商业险投保率最高，达98.3%；西藏投保率最低，仅为41.4%。整体数据显示，商业险投保区域特征较为明显，南方地区商业险投保率普遍高于北方地区（见图2）。

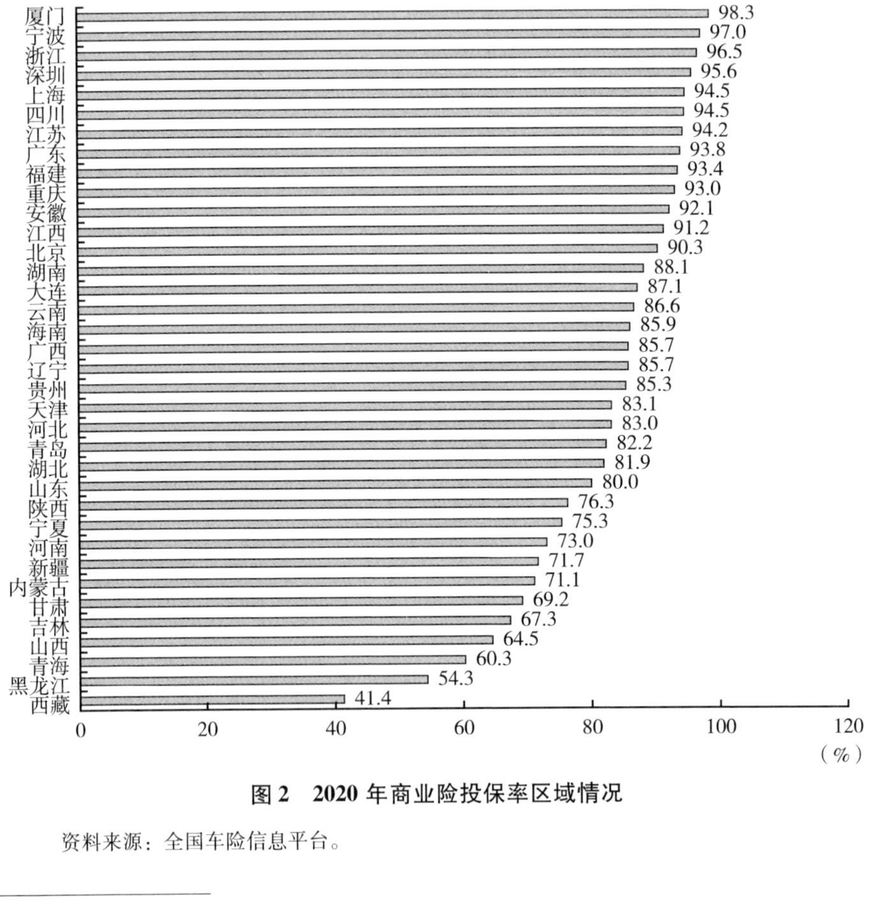

图 2　2020 年商业险投保率区域情况

资料来源：全国车险信息平台。

① 商业险投保率 = 商业险保单件数/交强险保单件数。

从变化幅度看，陕西地区的商业险投保率增幅最大，同比增长6.4个百分点；上海地区的投保率负增长最大，同比下降7.8个百分点。

（三）商业险单均保费

2020年，全国商业险单均保费为2759元，同比降低8.6%。从区域情况看，各地区的商业险单均保费差异明显。西藏、宁波、安徽以及北上深厦等地的单均保费较高，内蒙古、山东、河南、河北、新疆等地单均保费较低。其中上海单均保费最高，达4012元；广西单均保费最低，为1583元（见图3）。

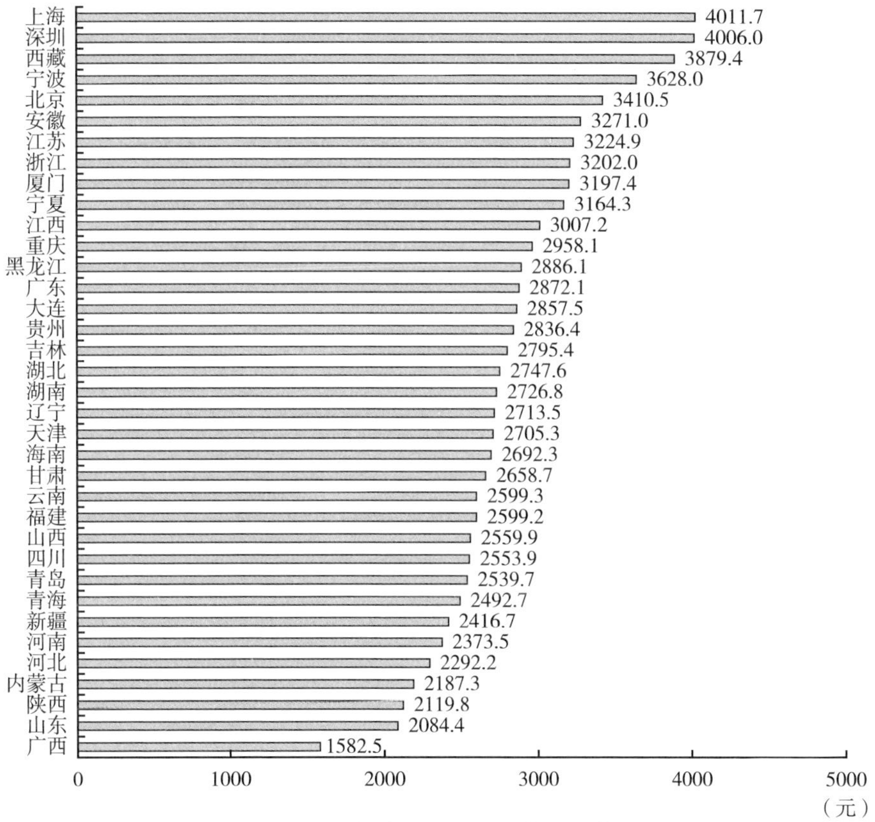

图3　2020年商业险单均保费区域情况

资料来源：全国车险信息平台。

从同比变化幅度看，2020年36个地区的单均保费均有所下降。其中，内蒙古、吉林和甘肃三个地区降幅最大，分别同比下降14.2%、14.1%、13.4%。

（四）商业险单均保额

2020 年，全国商业险单均保额为 120 万元，同比增长 18.3%。从区域情况看，东部和南部地区的单均保额较高，商业险保障程度相对较高；中部和西北部地区的单均保额较低，保障程度相对较低。其中，厦门地区单均保额最高，达 172 万元；黑龙江地区单均保额最低，为 80 万元，约为厦门地区的 1/2（见图 4）。

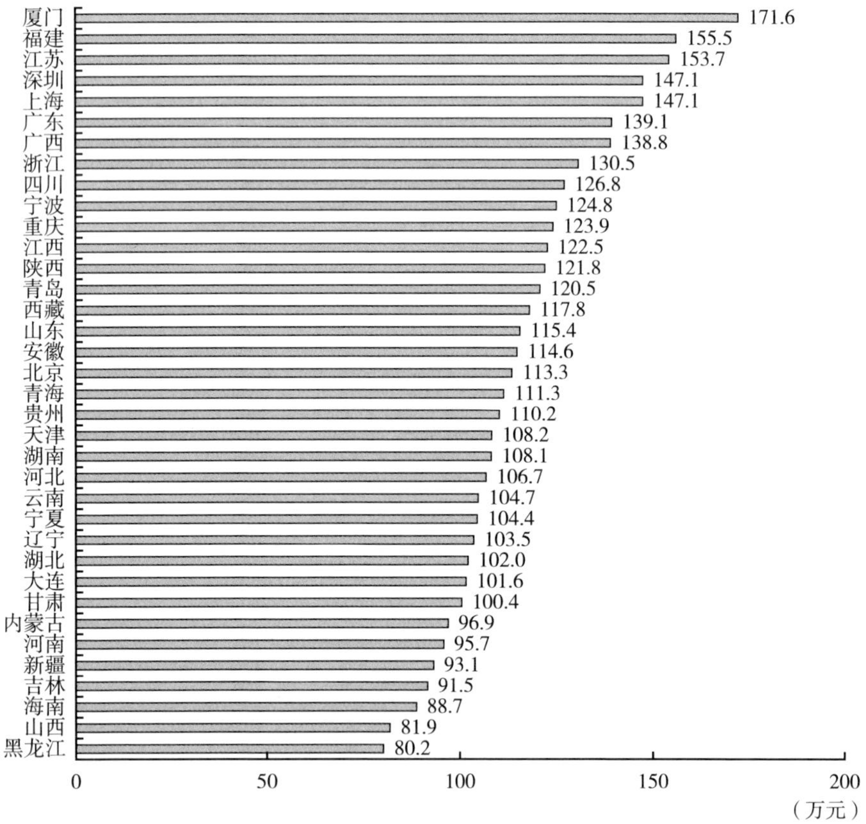

图 4　2020 年商业险单均保额区域情况

资料来源：全国车险信息平台。

从同比变化看，受车险综合改革的影响，各地区的单均保额大幅度上升。全国 36 个地区单均保额最低提高 6.1%，其中江苏同比上升最大，同比增长 28.2%。

（五）商业险平均折扣系数

2020 年全国商业险平均折扣系数为 54.7%，比 2019 年上升了 1.3 个百分点。从区域情况看，海南、青海、西藏的折扣力度较小，平均折扣系数均在 60% 以上；福建、山东、厦门以及四川的折扣力度较大，平均折扣系数均在 50% 以下。其中，海南平均折扣系数最高，为 63.2%；四川平均折扣系数最低，为 45.7%（见图 5）。

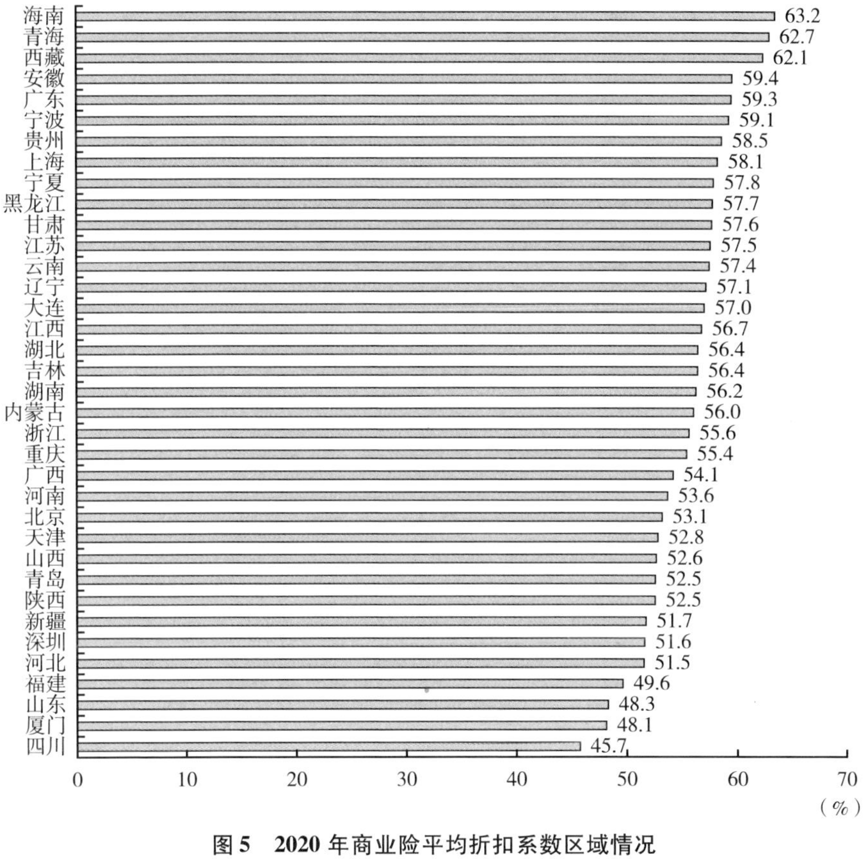

图 5　2020 年商业险平均折扣系数区域情况

资料来源：全国车险信息平台。

从同比变化看，除安徽、北京、广西、河北、青海、天津、云南外，其余 29 个地区的平均折扣系数均有所上升。其中，深圳上升幅度最大，同比上升 5.0 个百分点。

（六）商业险结案率

从立案案件处理情况来看，各地的案件处理情况相比 2019 年有所下降，全国平均结案率为 87.9%，比 2019 年下降 2.3 个百分点。广东、贵州、青海、四川、西藏、云南地区结案率较高，均在 90% 以上；其他地区小于 90.0%。其中，上海地区最低，仅为 78.7%（见图 6）。

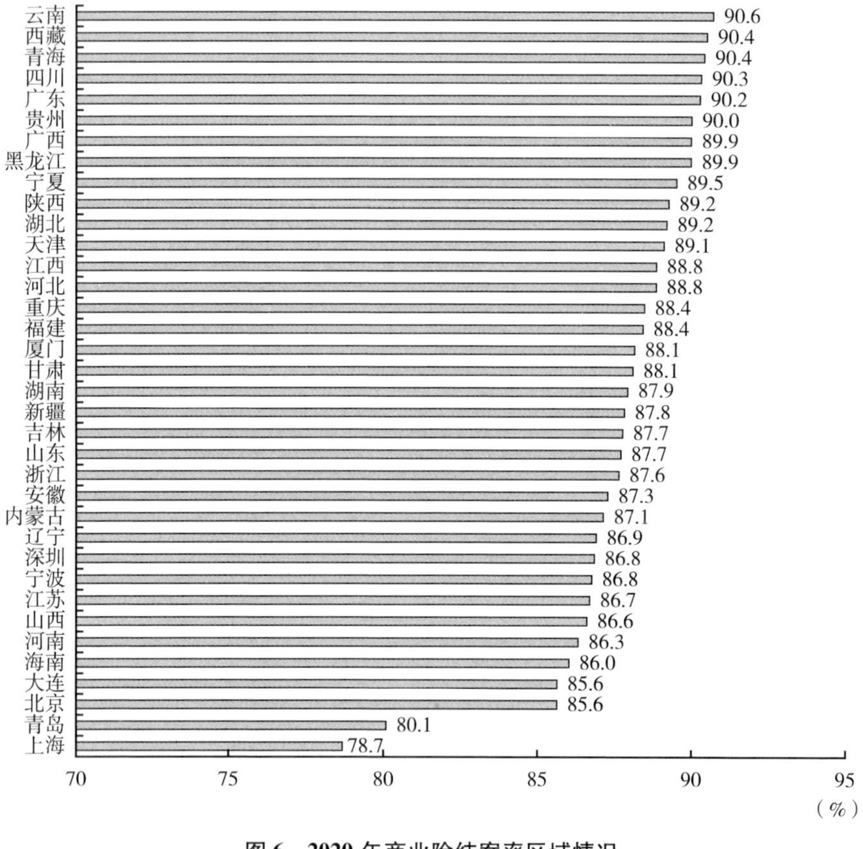

图 6　2020 年商业险结案率区域情况

资料来源：全国车险信息平台。

从结案率的同比变化看，全国有 8 个地区的结案率有所上升，其余地区结案率均不同幅度地下降。其中，西藏涨幅最大，同比增长 8.4 个百分点；青岛降幅最大，同比下降 10.4 个百分点。

（七）商业险案均已结赔款

全国商业险案均已结赔款①为5279元，比上年增长1.9%。从区域情况看，厦门、大连、北京、上海以及宁波的案均已结赔款较高，均在6000元以上；广东、广西、吉林案均已结赔款较低，均在4500元以下。其中，北京案均已结赔款最高，为7491元；广西案均已结赔款最低，为3764元（见图7）。

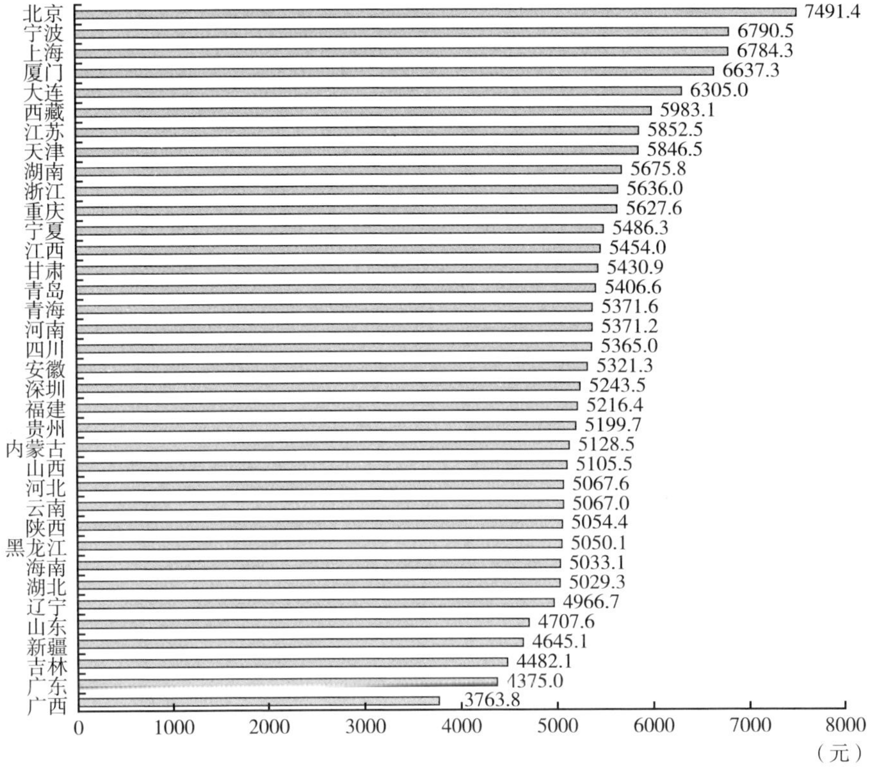

图7　2020年商业险案均已结赔款区域情况

资料来源：全国车险信息平台。

从案均已结赔款同比变化看，全国有10个地区的案均已结赔款有所下降，其余地区均不同程度上升。其中，山西涨幅最大，同比增长12.3%；浙江降幅最大，同比下降10.6%。

---

① 案均已结赔款=已结赔款/已结件数。

（八）商业险出险频度

全国商业险平均出险频度[①]为22.1%，同比上年降低0.5个百分点。从区域情况看，深圳、西藏出险频度较高，均在30%以上；河北、山东、湖南、湖北等地区出险频度较低，均在20%以下。其中，深圳出险频度最高，为38.3%；河北出险频度最低，为16.2%（见图8）。

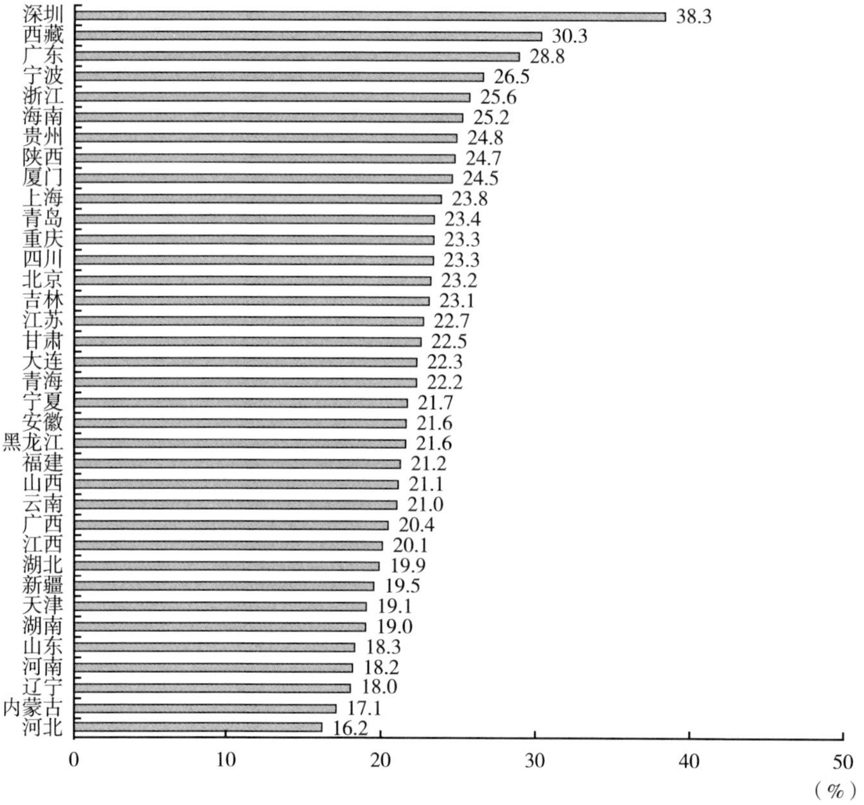

图8　2020年商业险出险频度区域情况

资料来源：全国车险信息平台。

从出险频度的同比变化看，全国有9个地区出险频度上升，其余地区下降。其中，北京降幅最大，同比下降6.9个百分点；青岛增幅最大，同比上升2.9个百分点。

① 出险频度=立案件数/满期车年。

（九）商业险满期赔付率

2020 年，全国商业险平均满期赔付率①为 45.9%，同比下降 2.7 个百分点。从区域情况看，陕西、厦门以及广西赔付成本较高，满期赔付率均在 55%以上；安徽、吉林、上海赔付成本较低，满期赔付率均在 40%以下。其中，陕西赔付成本最高，满期赔付率为 67.7%；上海赔付成本最低，满期赔付率为 33.5%（见图 9）。

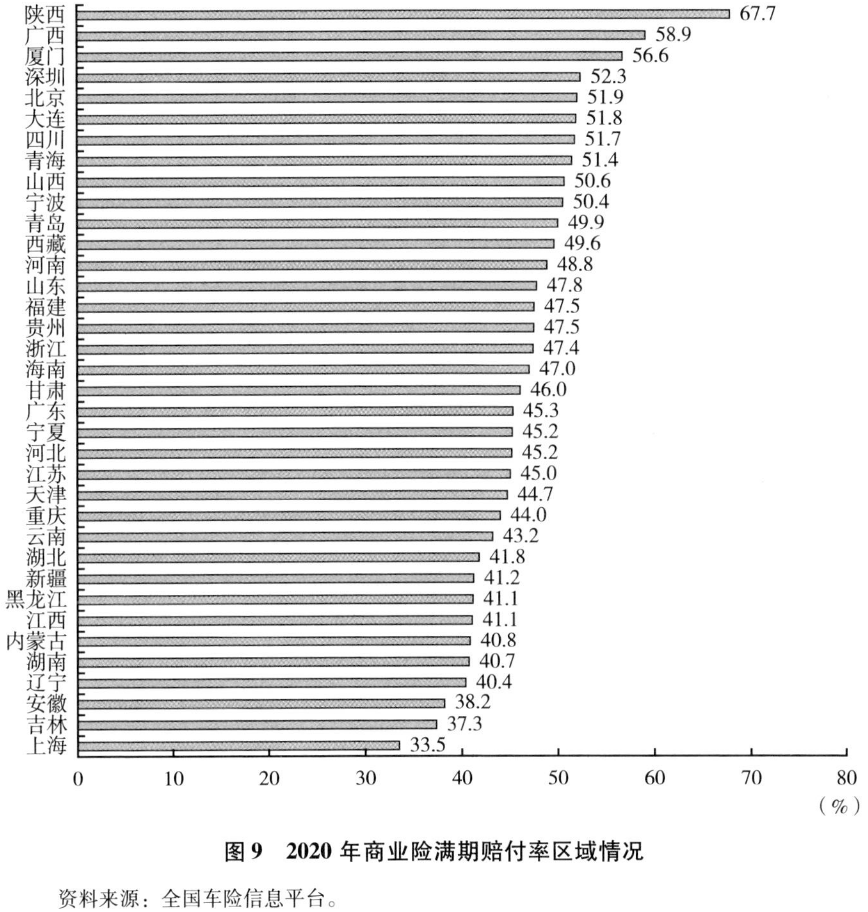

图 9　2020 年商业险满期赔付率区域情况

资料来源：全国车险信息平台。

① 满期赔付率 =（已结赔款 + 未决赔款）÷ 满期保费。因各公司上传车险信息平台的未决赔款数据不是实时更新，该数据可能不准确，供参考。

从满期赔付率变化看，陕西满期赔付率涨幅最大，同比上升3.7个百分点，上海满期赔付率降幅最大，同比下降9.9个百分点。

二　有关分析和启示

第一，中国银保信已连续6年编制全国商业车险风险情况分析报告，研究分析地区间的风险差异，为支持监管和服务行业提供了重要借鉴意义和参考价值。在支持监管方面，报告客观反映了区域差异下的承保业务和理赔现状，为监管部门的非现场监管和差异化、精细化管理提供了数据支持。在服务行业方面，区域风险分析描绘了全国车险业务的区域分布特征和业务品质特征，为行业主体的资源布局、战略决策以及研判业务趋势提供了一定的参考依据。同时，对各地车险风险状况的展示对于广大消费者增强风险意识、调整投保方案也具有一定的参考意义。

第二，本报告中诸多指标客观反映了全国各地区车险市场的变化，特别是本轮车险综合改革带来的影响。其中，车险综合改革后，商业险单均保费下降明显，单均保额上升幅度大，投保率达84.9%，比2019年提高0.6个百分点。这些均反映了车险市场降费、增保、提质的改革方向。

第三，本轮车险综合改革中，多年无赔款优待系数的调整目的是加大“赏优罚劣”力度，同时降低了对偶然赔付消费者的费率上调幅度，旨在引导消费者改善驾驶行为，降低交通事故的发生率，继而降低出险频度，从而达到既减少保险公司理赔费用支出，又改善交通安全状况的预期。由于市场变化受到诸多因素影响，最终风险成本还有赖于进一步观测。

第四，部分地区车险市场发展状况不平衡，应当成为地方监管部门和行业的关注重点。比如就商业险投保率地区差异而言，个别地区投保率甚至不足60%，说明当地的机动车保险保障程度较低，商业险业务仍有较大发展空间。有关行业主体应加大该地区的业务推广力度和服务水平，帮助消费者制定合理投保方案，不断提高区域车险保障程度。

第五，从车险综合改革实施过程监控数据来看，单均保费有所下降，消费者切实享受到改革红利，但保险公司的保费收入明显下降，如何在降费、增保、提质的基础上增加市场竞争力是保险公司应当持续关注的问题。

B.18

2020年全国车险市场业务情况分析报告

陈 琍 江绍莹*

摘 要: 车险是财产保险市场上最大的险种。本报告从不同维度分析交强险和商业险的业务情况：在承保方面，分别从新旧车、车辆种类等维度进行分析；在理赔方面，分析了案均赔款情况；最后对交强险和商业险的区域经营情况进行分析。

关键词: 车辆保险 新旧车承保 案均赔款

一 业务情况概述

2020年，全国车险信息平台（以下简称车险平台）登记机动车辆保险签单保费共计8681.29亿元，同比增长0.67%。车险保费逐月变化情况如图1所示。

从理赔来看，2020年车险案均赔款0.56万元，同比增长2.75%。车险案均赔款逐月变化情况如图2所示。

二 交强险业务基本情况

（一）承保业务情况

2020年，车险平台登记交强险签单保费共计2403.02亿元，同比增长5.61%。保费逐月变化情况如图3所示。

---

* 陈琍，中国银行保险信息技术管理有限公司项目经理，研究方向为车险数据分析；江绍莹，中国银行保险信息技术管理有限公司项目经理，研究方向为保险精算、汽车保险大数据。

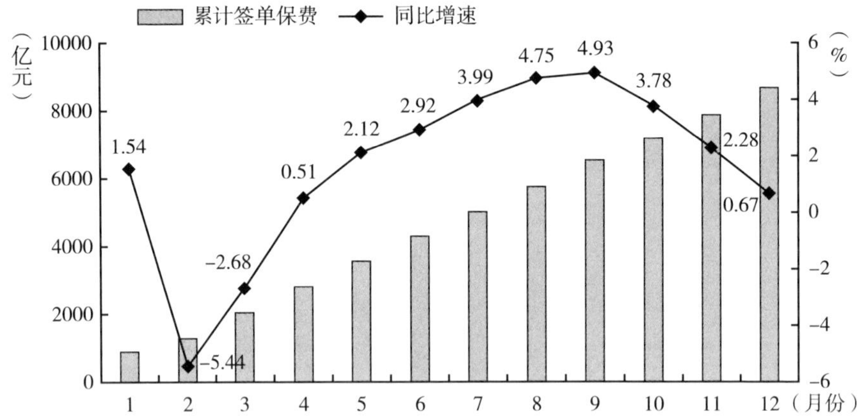

图 1　2020 年车险累计签单保费及同比增速情况

资料来源：全国车险信息平台。

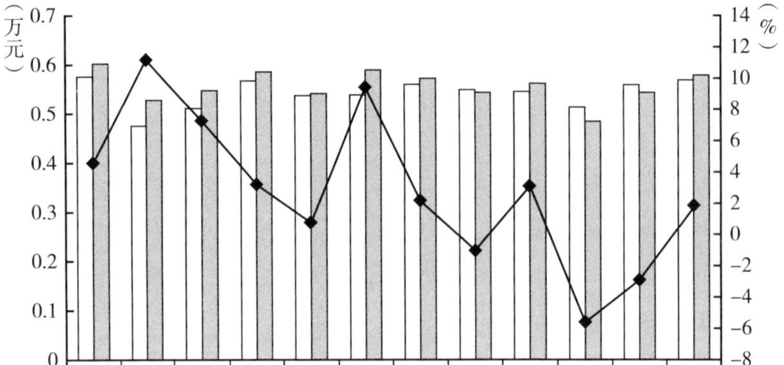

	1月	2月	3月	4月	5月	6月	7月	8月	9月	10月	11月	12月
2019年	0.58	0.48	0.51	0.57	0.54	0.54	0.56	0.55	0.55	0.51	0.56	0.57
2020年	0.60	0.53	0.55	0.59	0.54	0.59	0.57	0.54	0.56	0.48	0.54	0.58
同比增速	4.6	11.2	7.3	3.2	0.8	9.4	2.2	-1.0	3.1	-5.6	-2.9	1.7

图 2　车险案均赔款逐月变动情况

资料来源：全国车险信息平台。

从新旧车辆承保情况来看，交强险新车承保保单 2922.06 万件，同比下降 0.90%，签单保费 306.77 亿元，同比增长 0.67%；旧车承保保单 2.38 亿件，同比增长 8.99%，签单保费 2096.25 亿元，同比增长 6.37%（见图 4）。

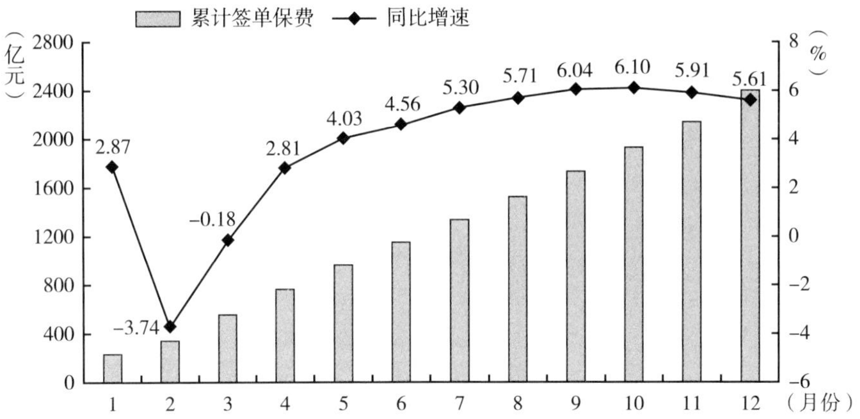

图3　2020年交强险累计签单保费及同比增速情况

资料来源：全国车险信息平台。

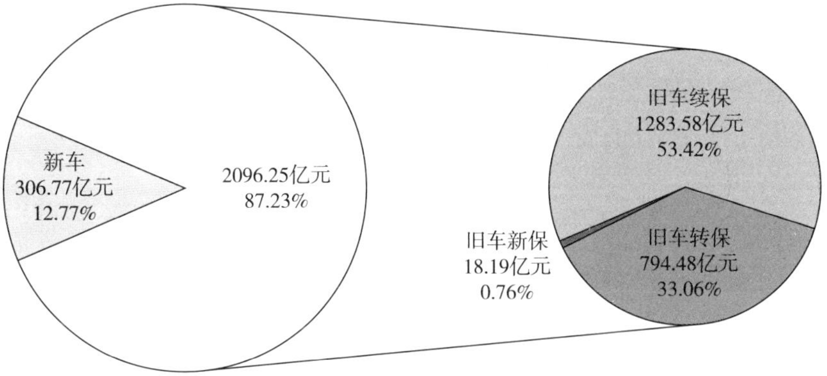

图4　2020年交强险新旧车承保情况

资料来源：全国车险信息平台。

从车辆细分种类①来看，特种车的交强险保费增速最快，同比增长12.36%；其他车辆的交强险保费增速为负，同比下降48.70%。从变化份额来看，非营业货车的保费份额变化最大，同期增长0.35%（见图5）。

① 因2013年4月1日起挂车不再投保交强险，未将挂车纳入本段比较范围。

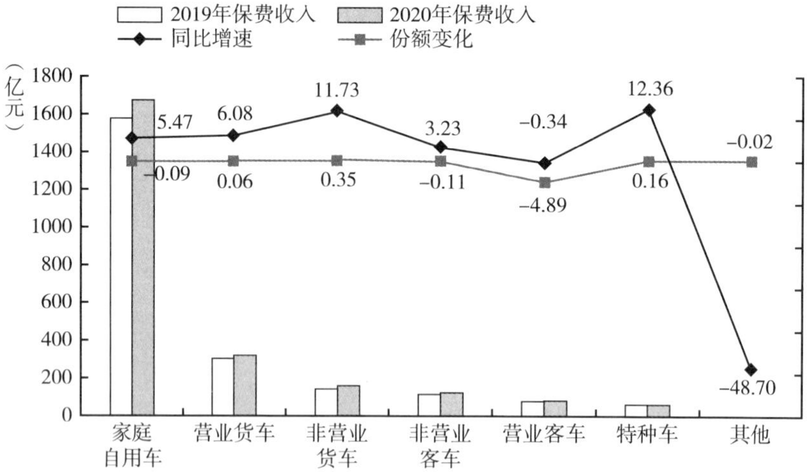

图5　2020年交强险各车辆种类保费收入、同比增速及份额变化

资料来源：全国车险信息平台。

（二）理赔业务情况

2020年，车险平台登记交强险案均赔款0.34万元，同比下降0.66%。交强险案均赔款逐月变化情况如图6所示。

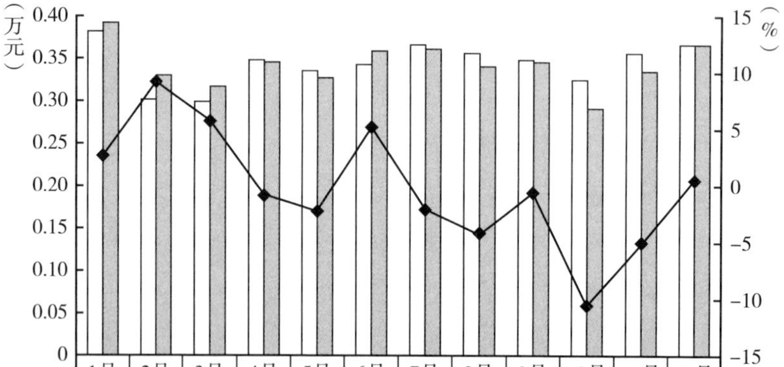

	1月	2月	3月	4月	5月	6月	7月	8月	9月	10月	11月	12月
2019年	0.38	0.30	0.30	0.35	0.34	0.34	0.37	0.36	0.35	0.33	0.36	0.37
2020年	0.39	0.33	0.32	0.35	0.33	0.36	0.36	0.34	0.35	0.29	0.34	0.37
同比增速	2.6	9.2	5.8	-0.8	-2.3	5.2	-2.0	-4.3	-0.7	-10.5	-5.3	0.4

图6　交强险案均赔款逐月变动情况

资料来源：全国车险信息平台。

从车辆细分种类来看，营业货车的交强险案均赔款最高，为0.58万元；非营业客车的案均赔款最低，为0.31万元。营业客车案均赔款增长最大，同比增长6.95%。

三　商业险业务基本情况

（一）承保业务情况

2020年，商业险签单保费共计6278.27亿元，同比下降1.10%。保费逐月变化情况如图7所示。

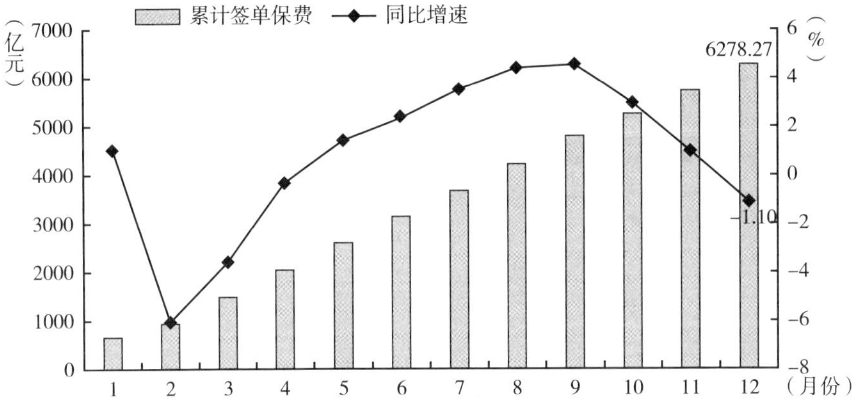

图7　2020年商业险累计签单保费及同比增速情况

资料来源：全国车险信息平台。

从新旧车辆承保情况来看，商业险新车承保保单2583.69万件，同比下降2.99%，签单保费1377.00亿元，同比下降8.33%；旧车承保保单2.04亿件，同比增长10.75%，签单保费4901.27亿元，同比增长1.14%（见图8）。

从车辆细分种类来看，非营业货车的商业险保费增速最快，同比增长11.95%；营业客车的商业险保费增速为负，同比下降10.45%。从变化份额来看，家庭自用车的保费份额变化最大，同期下降3.3%（见图9）。

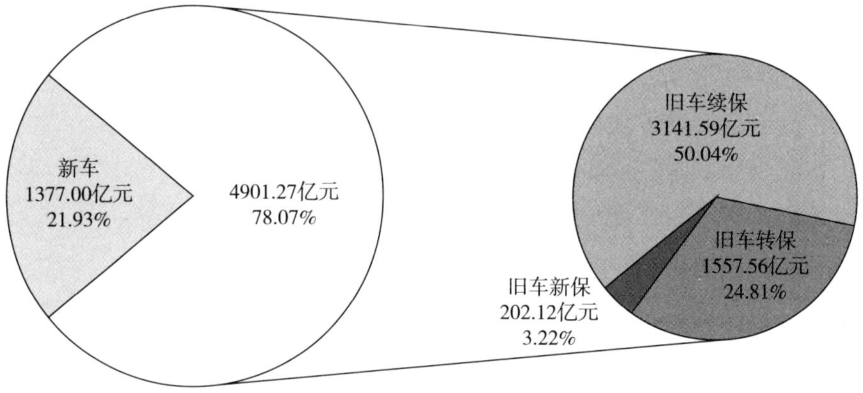

图 8　2020 年商业险新旧车承保情况

资料来源：全国车险信息平台。

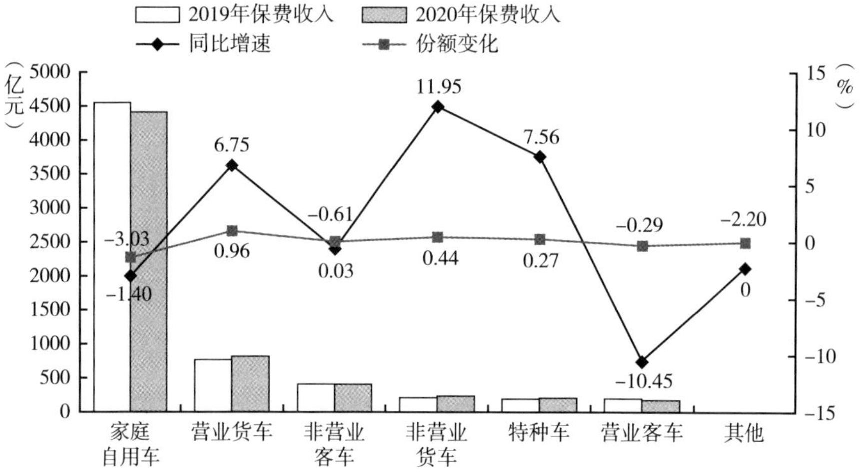

图 9　2020 年商业险各车辆种类保费收入、同比增速及份额变化

资料来源：全国车险信息平台。

（二）理赔业务情况

2020 年，商业险案均赔款 0. 73 万元，同比增长 5. 57% 。商业险案均赔款逐月变化情况如图 10 所示。

从车辆细分种类来看，营业货车的案均已结赔款最高，为 1. 81 万元；非

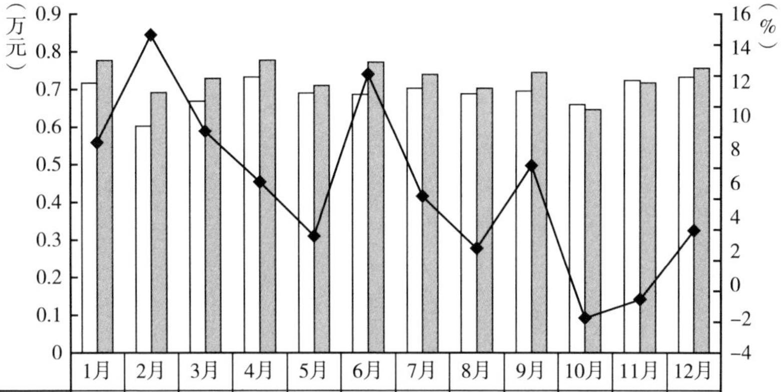

	1月	2月	3月	4月	5月	6月	7月	8月	9月	10月	11月	12月
2019年	0.72	0.60	0.67	0.73	0.69	0.69	0.70	0.69	0.70	0.66	0.72	0.73
2020年	0.78	0.69	0.73	0.78	0.71	0.77	0.74	0.70	0.74	0.65	0.72	0.76
同比增速	8.4	14.7	9.1	6.1	2.9	12.4	5.2	2.2	7.0	–2.0	–0.9	3.2

图 10　商业险案均赔款逐月变动情况

资料来源：全国车险信息平台。

营业货车的案均赔款最低，为 0.62 万元。非营业客车的案均赔款增长最大，同比增长 8.00%（见图 11）。

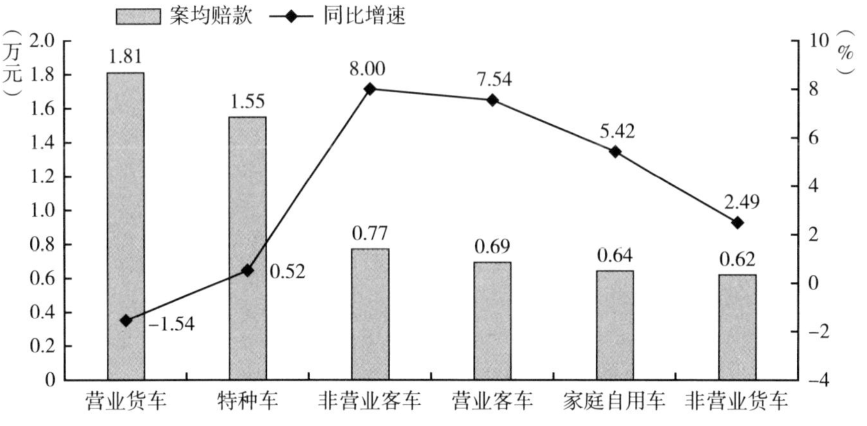

图 11　商业险各细分种类车辆案均赔款及同比增速

资料来源：全国车险信息平台。

四 区域经营情况分析

（一）区域业务概况

我国机动车保险的区域分布差别较大。2020 年，广东签单保费最多，为 759.42 亿元；西藏签单保费最少，为 14.08 亿元。从增速来看，陕西签单保费增速最快，同比增长 6.84%；湖北签单保费增速为负，同比下降 8.07%（见图 12）。

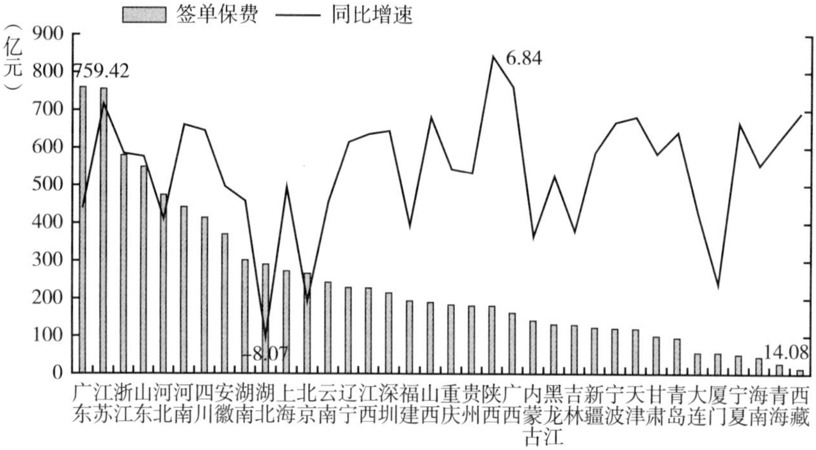

图 12 2020 年各地区车险保费情况

资料来源：全国车险信息平台。

从赔款来看，北京的车险案均赔款最多，为 0.72 万元；广西的案均赔款最少，为 0.42 万元。从增速来看，厦门案均赔款增速最快，同比增长 10.58%；甘肃的案均赔款增速为负，同比下降 5.21%（见图 13）。

（二）交强险业务分区域情况

从交强险承保理赔情况来看，2020 年，山东签单保费最多，为 190.09 亿元；西藏签单保费最少，为 5.36 亿元。从增速来看，青岛签单保费增速最快，同比增长 10.21%；湖北签单保费增速为负，同比下降 1.62%（见图 14）。

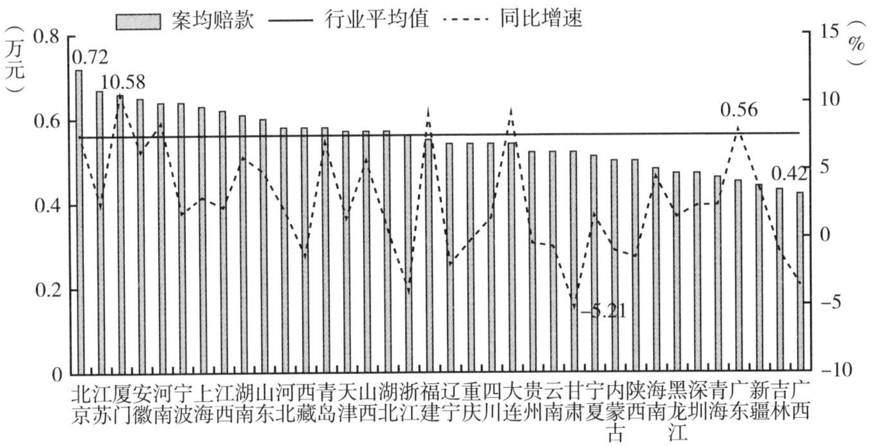

图 13　2020 年各地区车险案均赔款情况

资料来源：全国车险信息平台。

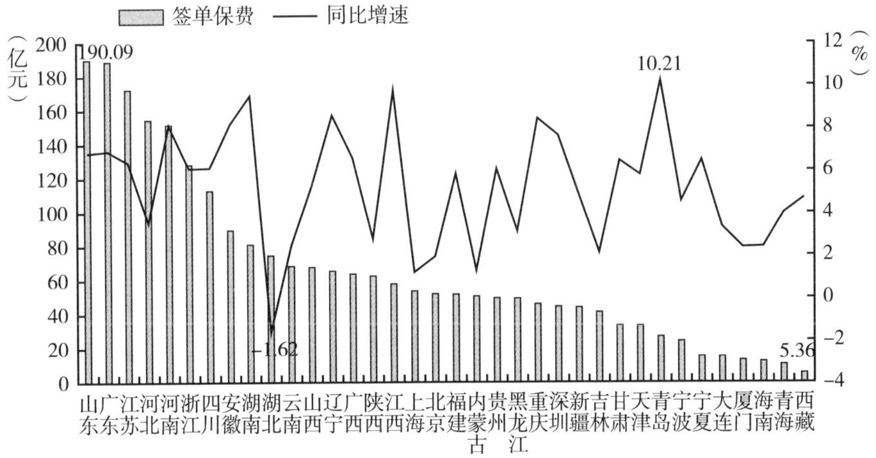

图 14　2020 年各地区交强险保费情况

资料来源：全国车险信息平台。

从赔款来看，安徽的交强险案均赔款最多，为 0.45 万元；深圳的案均赔款最少，为 0.20 万元。从增速来看，厦门案均赔款增速最快，同比增长 9.89%；四川的案均赔款增速为负，同比下降 11.84%（见图 15）。

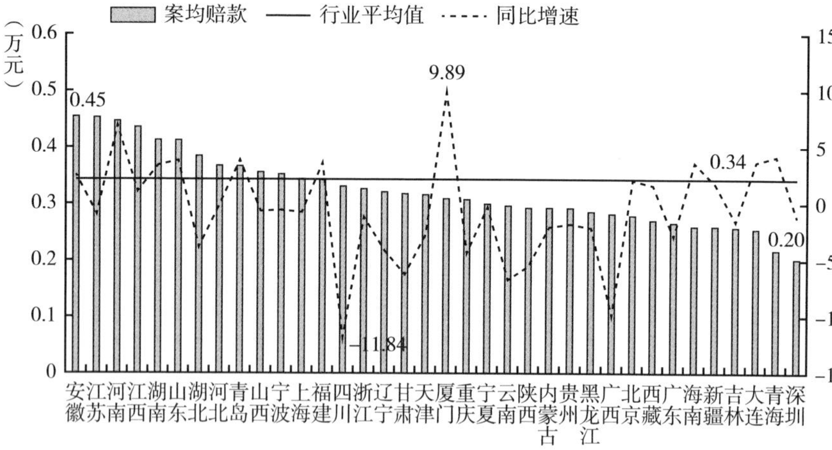

图 15　2020 年各地区交强险案均赔款情况

资料来源：全国车险信息平台。

（三）商业险业务分区域情况

从商业险承保理赔情况来看，2020 年，江苏签单保费最多，为 582.86 亿元；西藏签单保费最少，为 8.72 亿元。从增速来看，陕西签单保费增速最快，同比增长 9.16%；湖北签单保费增速为负，同比下降 10.12%（见图 16）。

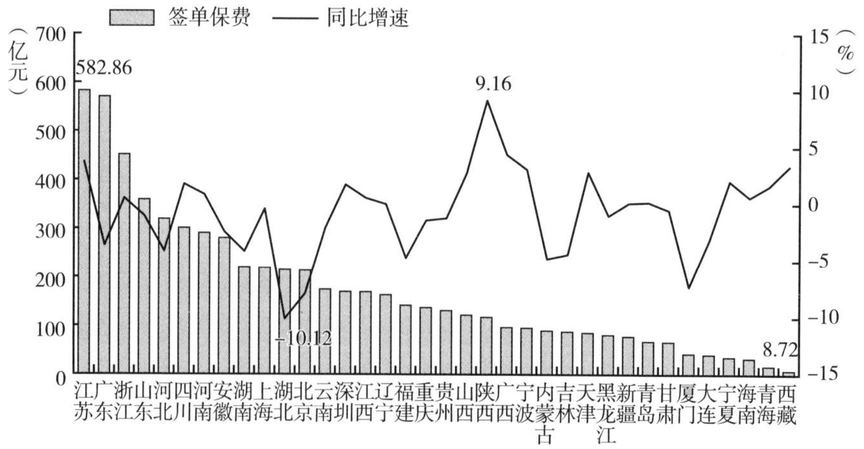

图 16　2020 年各地区商业险保费情况

资料来源：全国车险信息平台。

从赔款来看，北京的商业险案均赔款最多，为 0.97 万元；广西的商业险案均赔款最少，为 0.49 万元。从增速来看，北京案均赔款增速最快，同比增长 14.48%；浙江的案均赔款增速为负，同比下降 4.73%（见图 17）。

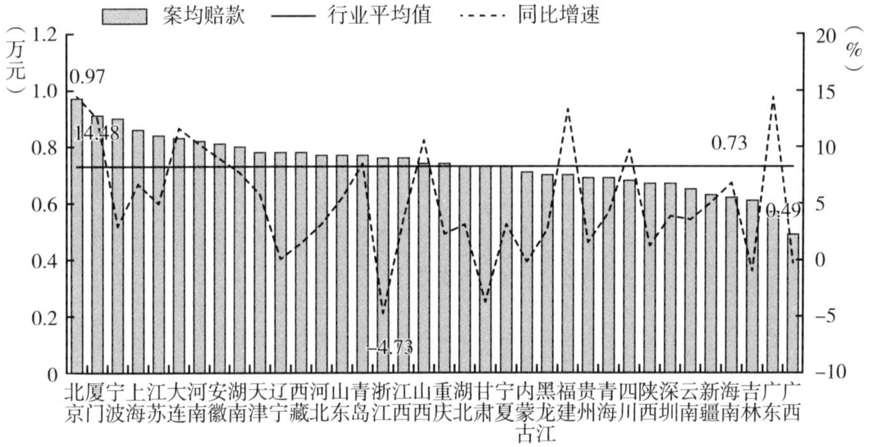

图 17　2020 年各地区商业险案均赔款情况

资料来源：全国车险信息平台。

B.19
2020年全国家庭自用车保险分析报告

贺析一　陈　珮*

摘　要：　家庭自用车是车险市场非常重要的性质分类。本报告分别从地区、险种、渠道、公司等多个维度分析了家庭自用车的承保和理赔情况，包括保费构成和案均赔款分析，最后分析了家庭自用车商业险折扣率的地区差异。

关键词：　家庭自用车　保费构成　案均赔款　商业险折扣率

一　承保情况分析

（一）险种承保情况分析

2020年全国家庭自用车签单保费累计6090.12亿元，同比下降0.72%。从险种来看，交强险签单保费1673.48亿元，同比增长5.44%；商业车险签单保费4416.64亿元，同比下降2.86%。分险种签单保费及同比变化情况如图1所示。

（二）地区承保情况分析

2020年家庭自用车车险保费规模超过400亿元的地区有3个，分别是广东、江苏和浙江，排名与上年一致；保费规模200亿~400亿元的地区有8个，分别是山东、河北、河南、四川、安徽、湖南、北京和湖北，第二梯队仍然保持稳定；保费规模150亿~200亿元的地区有4个，分别是上海、云南、江西和辽宁；其他地区家庭自用车保费少于150亿元。西藏地区的家庭自用车签单保费增速最

* 贺析一，中国银行保险信息技术管理有限公司项目经理，研究方向为车险数据分析；陈珮，中国银行保险信息技术管理有限公司项目经理，研究方向为车险数据分析。

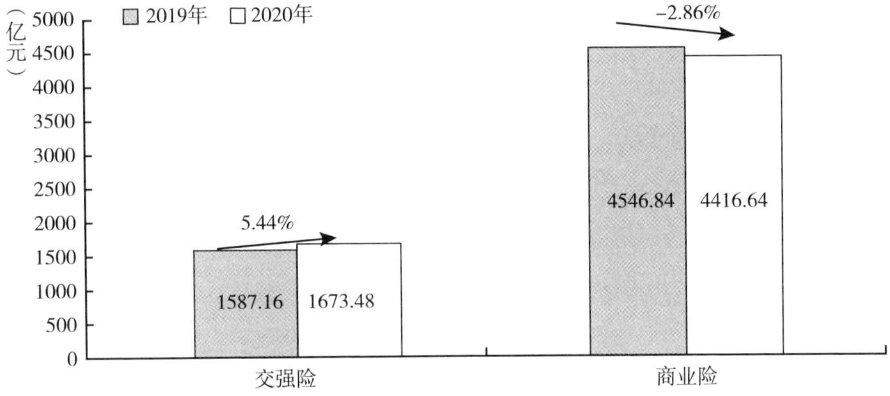

图1　家庭自用车分险种签单保费情况

资料来源：全国车险信息平台。

高，达到7.1%。受新冠肺炎疫情和车险综改双重影响，2020年部分地区的家用车保费规模都出现了不同程度的下降，其中，保费下降幅度较大的为湖北、北京和河北，同比下降超过5%。其中，湖北降幅最大，同比下降9.4%。

（三）公司承保情况分析

2020年，经营车险业务的财险公司中，家庭自用车签单保费超过500亿元的共有3家公司，分别是人保财险、平安财险和太平洋保险；200亿~300亿元的共有2家公司，分别是国寿财险和大地财险；100亿~200亿元的共有3家公司，分别是中华联合、阳光财险和太平财险，前八家的格局基本保持不变。值得一提的是，2020年排名前十的公司中同比增速最快的是人保财险，同比增长0.95%。

市场集中度方面，家庭自用车车险保费规模排前三位的人保财险、平安财险、太平洋财险的市场份额合计为71%，比上年同期上升0.99个百分点；保费规模前五位的保险公司的市场份额合计为81%，比上年同期上升0.88个百分点；保费规模前十位保险公司的市场份额合计为91.2%，比上年同期上升0.47个百分点（见图2）。

（四）业务渠道承保情况分析

2020年家庭自用车签单保费超过600亿元的渠道分别是专业代理、个人代理和兼业代理，三个渠道累计占比为85.69%（见图3）。

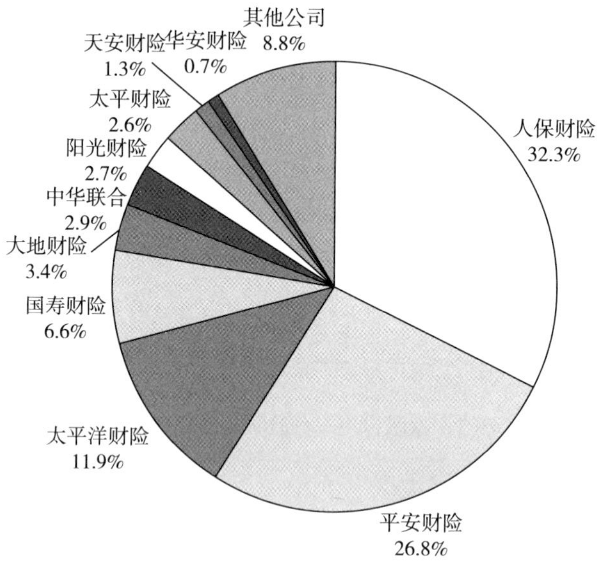

图2　家庭自用车市场份额情况分析（车险）

资料来源：全国车险信息平台。

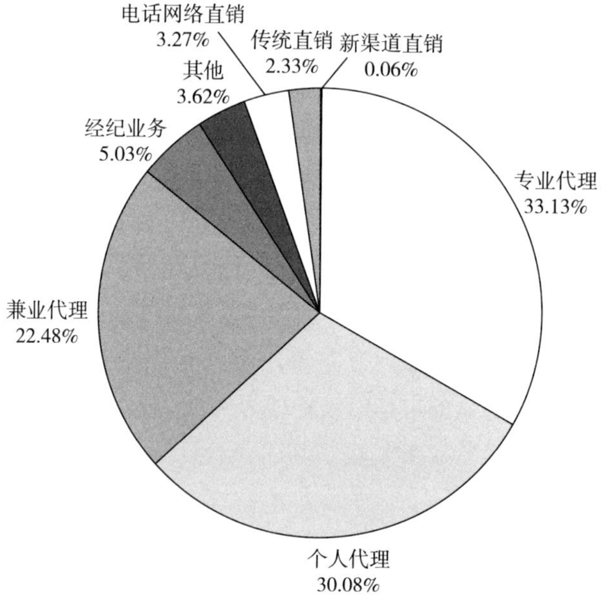

图3　各渠道签单保费市场份额情况

资料来源：全国车险信息平台。

二　理赔情况分析

（一）车险理赔情况

2020 年全国家庭自用车车险已结案赔款累计 2939.89 亿元，同比下降 0.25%。2020 年家庭自用车车险案均赔款① 6626 元，同比增长 5.92%（见图 4）。

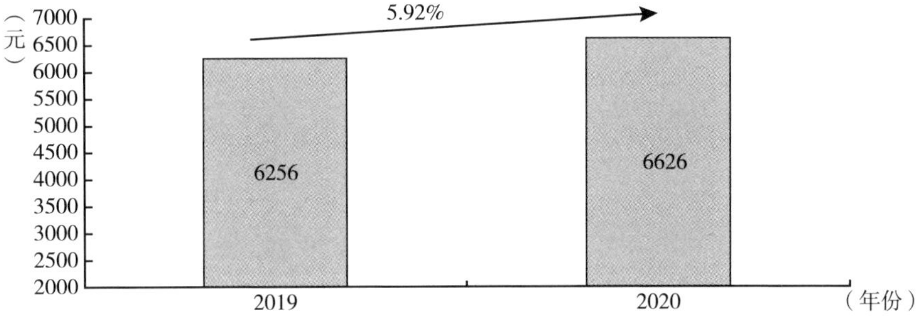

图 4　家庭自用车车险案均赔款情况

资料来源：全国车险信息平台。

从地区来看，北京的家庭自用车车险案均赔款为 8572 元，在全国位列第一；新疆的案均赔款最低，为 4247 元（见图 5）。

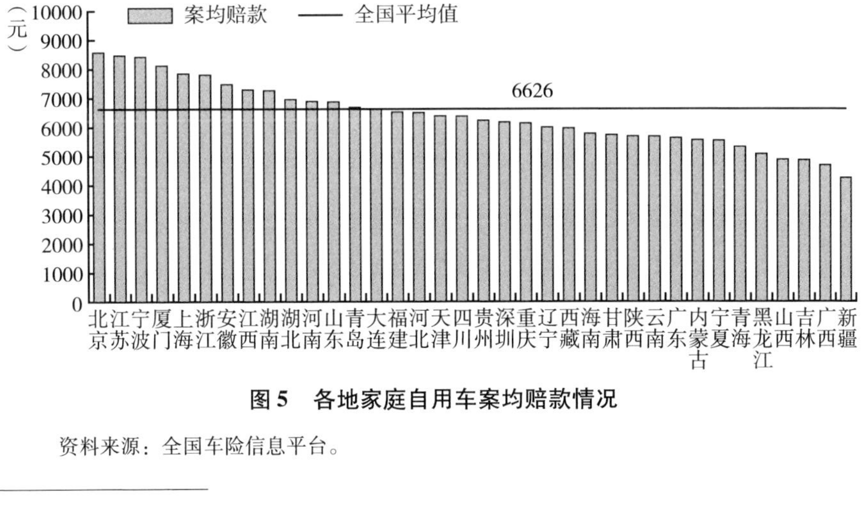

图 5　各地家庭自用车案均赔款情况

资料来源：全国车险信息平台。

① 本报告中案均赔款为剔除注销、拒赔和零赔付的案均赔款。

（二）交强险理赔情况

2020 年全国家庭自用车交强险已结案赔款累计 784.94 亿元，同比增长 0.26%。2020 年家庭自用车交强险案均赔款 4035 元，同比增长 3.23%（见图 6）。

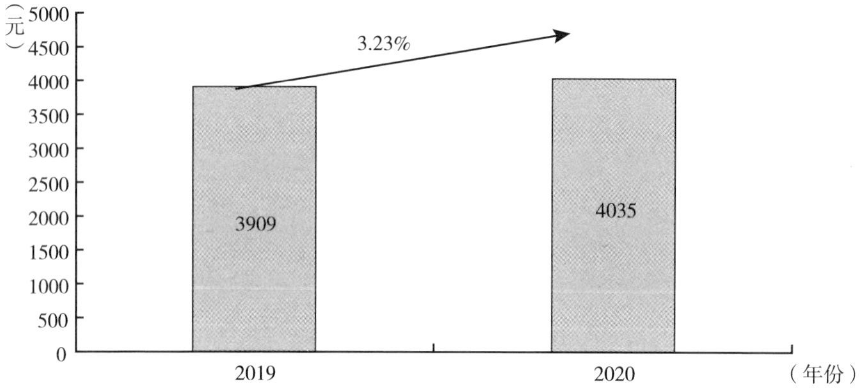

图 6　家庭自用车交强险案均赔款情况

资料来源：全国车险信息平台。

从地区来看，江苏的家庭自用车交强险案均赔款为 5543 元，比排名第二的安徽高出将近 500 元，深圳的交强险案均赔款最低（见图 7）。

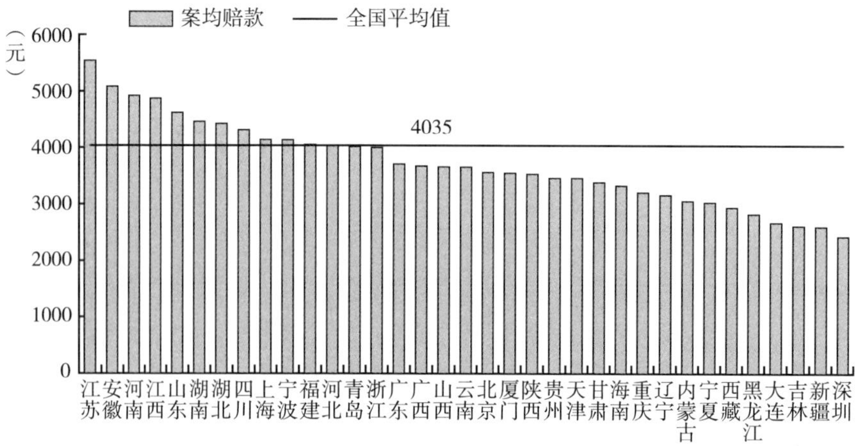

图 7　各地家庭自用车交强险案均赔款情况

资料来源：全国车险信息平台。

（三）商业车险理赔情况

2020 年全国家庭自用车商业车险已结案赔款累计 2154.96 亿元，同比下降 0.43%。2020 年家庭自用车商业车险案均赔款 8649 元，同比增长 8.22%（见图 8）。

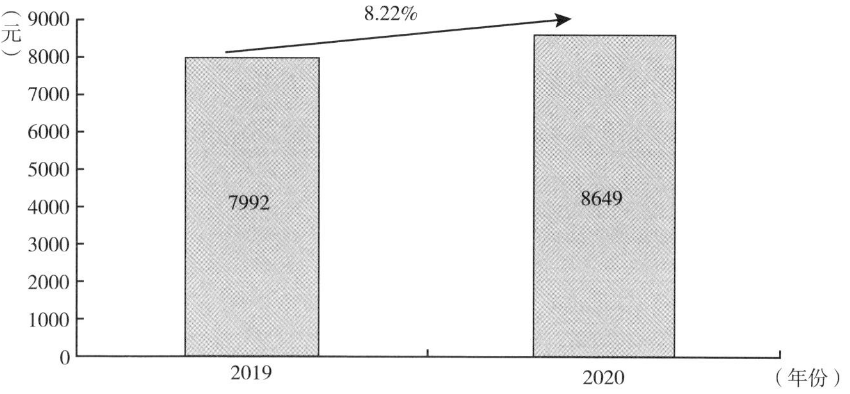

图 8　家庭自用车商业车险案均赔款情况

资料来源：全国车险信息平台。

从地区来看，宁波的家庭自用车商业车险案均赔款为 13299 元，在全国各地区中最高，山西地区的商业车险案均赔款最低（见图 9）。

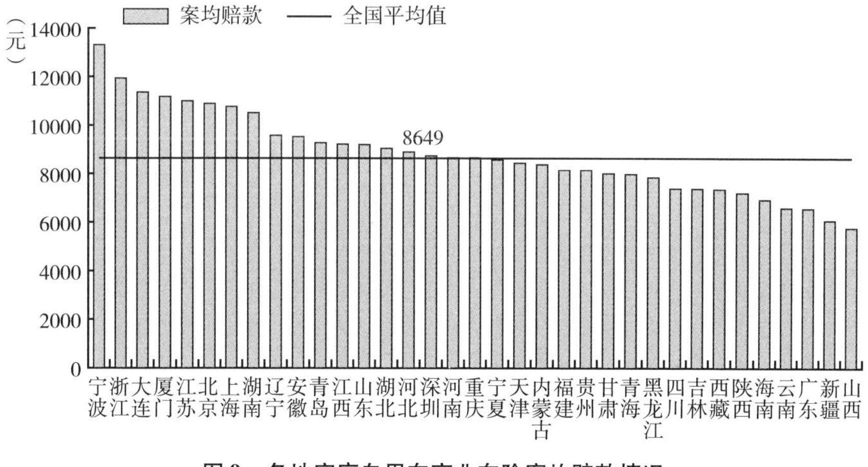

图 9　各地家庭自用车商业车险案均赔款情况

资料来源：全国车险信息平台。

三　区域情况分析

（一）车险区域情况分析

2020 年家庭自用车车险业务签单保费的地域分布仍然呈现比较集中的特点，广东、江苏等地区相对较多，西部和北部地区相对较少（见图 10）。

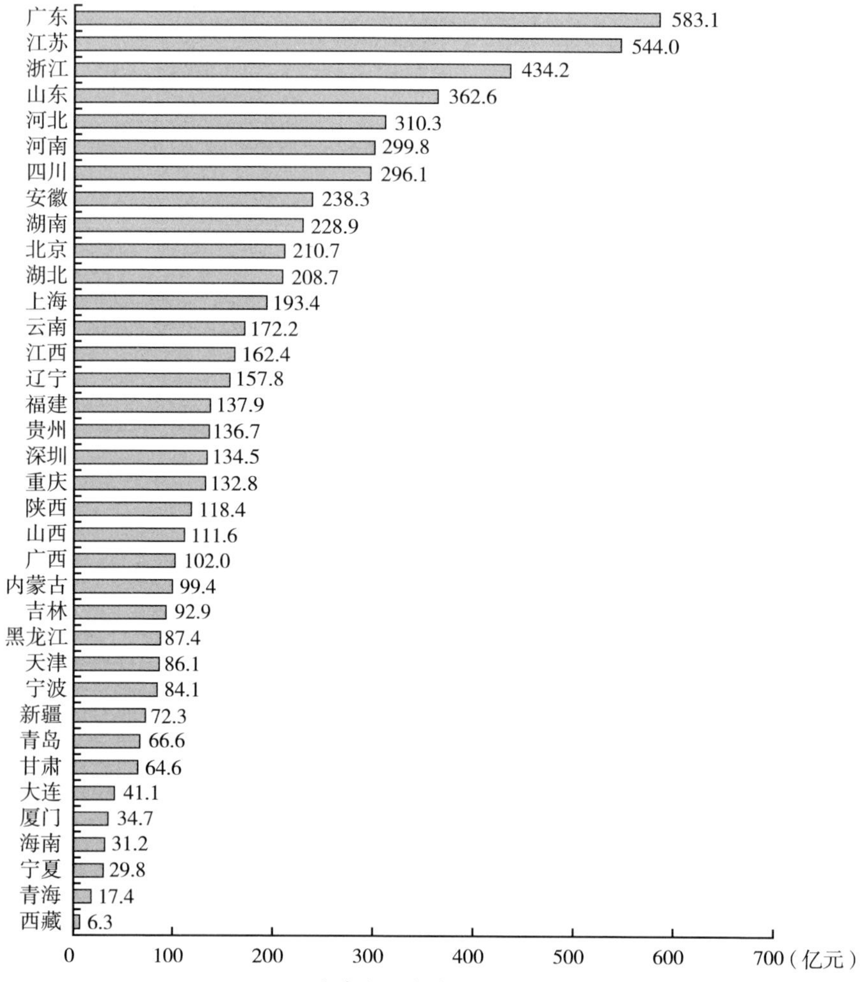

图 10　家庭自用车车险签单保费情况

资料来源：全国车险信息平台。

从平均折扣率来看，折扣率①的地区差异较大。家庭自用车车险全国平均折扣率为57.2%，西藏的平均折扣率最高，为67.6%，厦门的平均折扣率最低，为47.5%（见图11）。

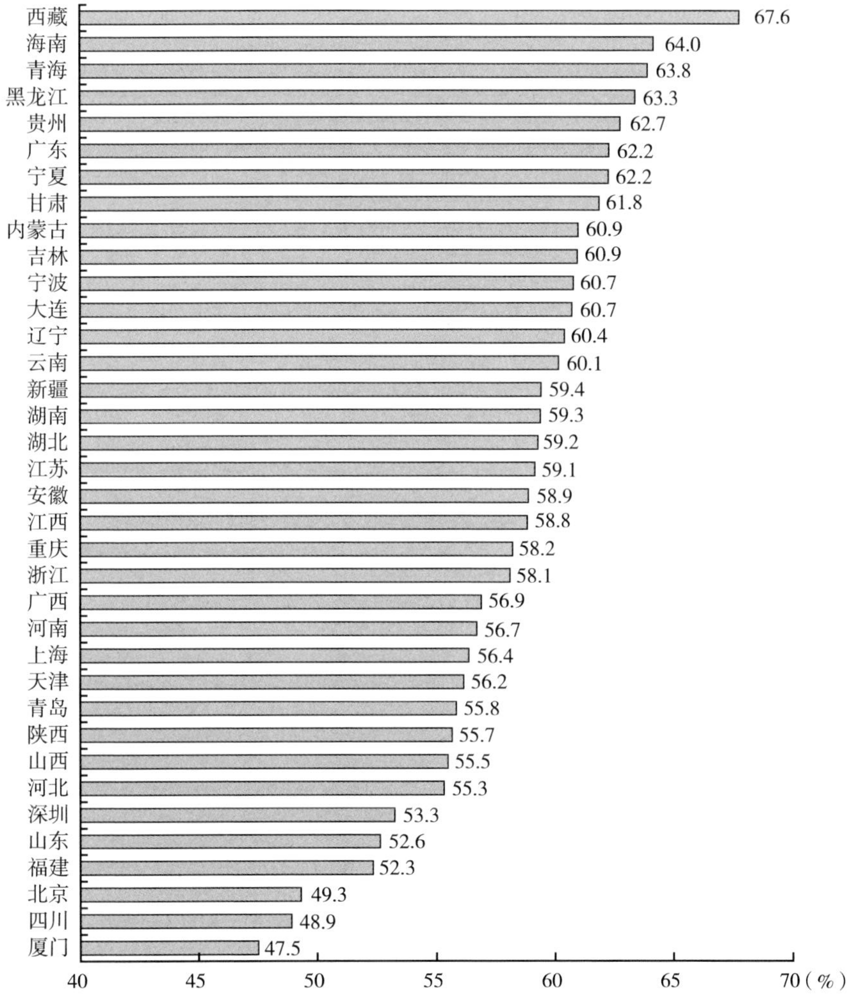

图11　家庭自用车车险折扣率情况

资料来源：全国车险信息平台。

① 本报告中折扣率为剔除短期单的折扣率。

（二）交强险区域情况分析

2020 年家庭自用车交强险业务签单保费的地域分布比较集中，广东、山东、江苏、河南和河北等地区相对较多（见图 12）。

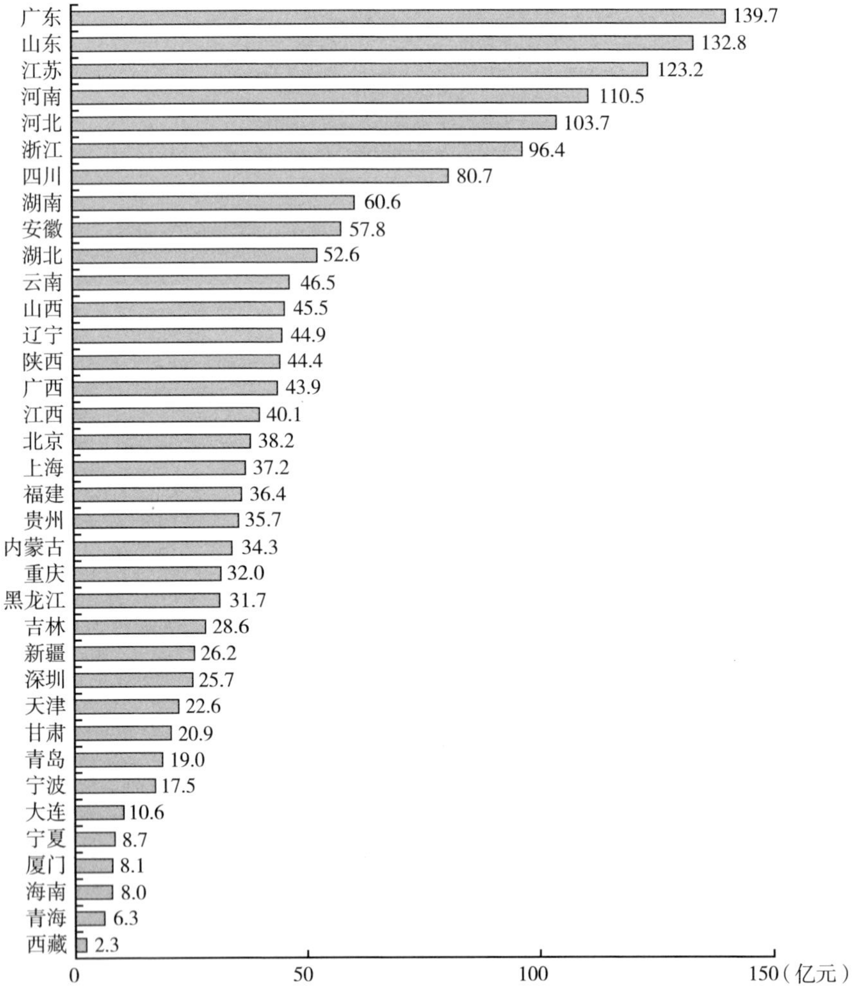

图 12　家庭自用车交强险签单保费情况

资料来源：全国车险信息平台。

从平均折扣率来看，折扣率的地区差异较小。家庭自用车交强险全国平均折扣率为80.2%（见图13）。

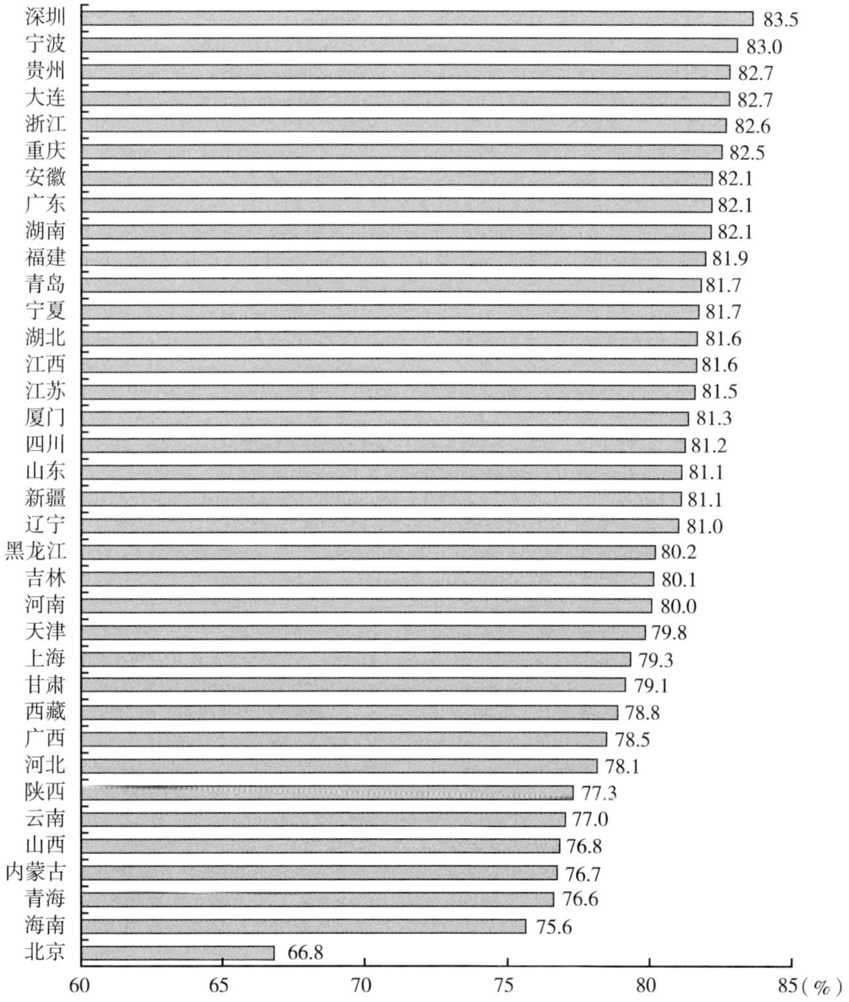

图13　家庭自用车交强险折扣率情况

资料来源：全国车险信息平台。

（三）商业车险区域情况分析

2020 年家庭自用车商业车险业务签单保费的地域分布比较集中，广东和江苏等地区相对较多（见图 14）。

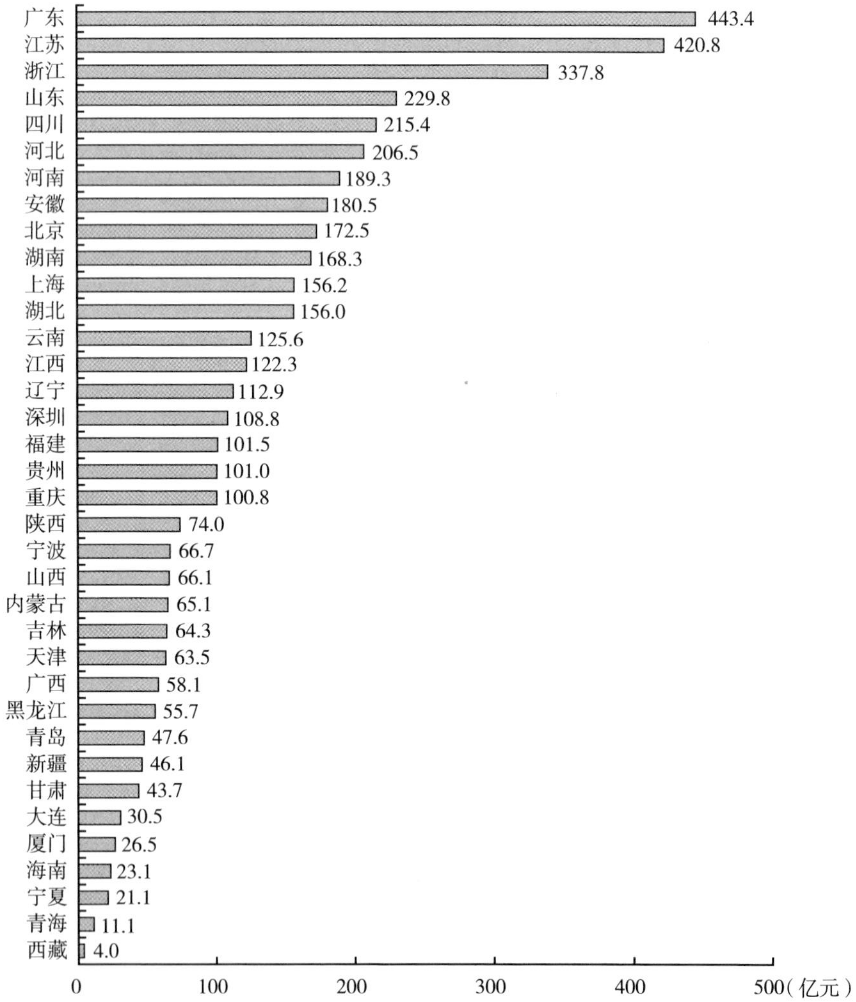

图 14　家庭自用车商业险签单保费情况

资料来源：全国车险信息平台。

从平均折扣率来看，折扣率的地区差异较大。家庭自用车商业车险全国平均折扣率为51.6%（见图15）。

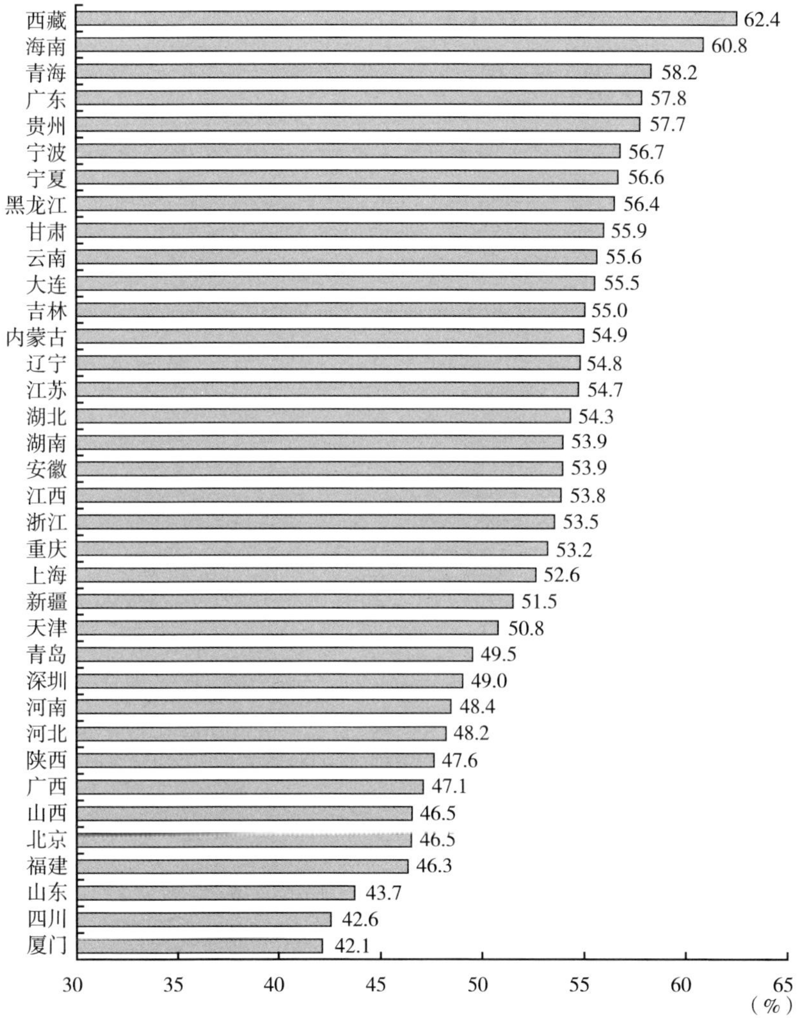

图15　家庭自用车商业险折扣率情况

资料来源：全国车险信息平台。

B.20
2020年全国家庭自用车新车保险分析报告

江绍莹　陈　珮*

摘　要： 家庭自用车新车是家庭自用车市场非常重要的性质分类，保费大约占整个家庭自用车市场保费的25%。本报告分别从险种、地区、公司、渠道等多个维度分析了家庭自用车新车的承保和理赔情况；另外，单独分析了家庭自用车新车商业车险的投保率情况及其折扣率的地区差异。

关键词： 家庭自用车新车　承保　理赔

一　承保情况分析

（一）险种承保情况分析

2020 年全国家用车新车签单保费累计 1063 亿元，同比降低 13.97%；签单件数累计 3664 万件，同比下降 5.93%。分险种来看，交强险签单保费 176 亿元，同比下降 6.09%；签单件数 1836 万件，同比下降 5.84%。商业险签单保费 887 亿元，同比降低 15.38%；签单件数 1828 万件，同比下降 6.02%。分险种签单保费与签单件数变化情况如图 1、图 2 所示。

---

* 江绍莹，中国银行保险信息技术管理有限公司项目经理，研究方向为保险精算、汽车保险大数据；陈珮，中国银行保险信息技术管理有限公司项目经理，研究方向为车险数据分析。

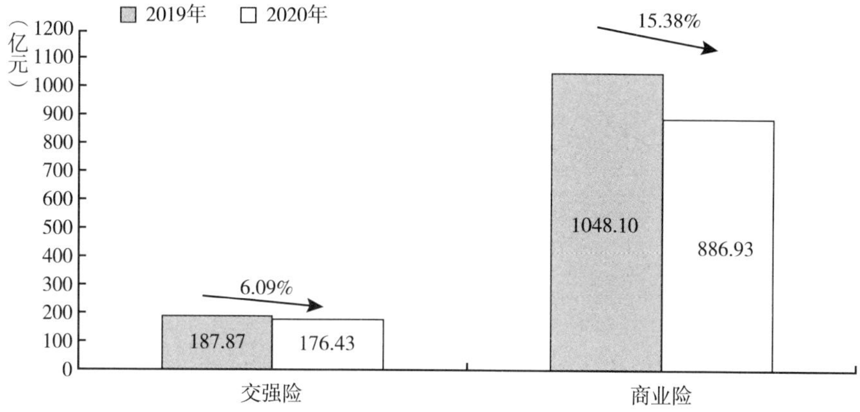

图1　家用车新车签单保费情况

资料来源：全国车险信息平台。

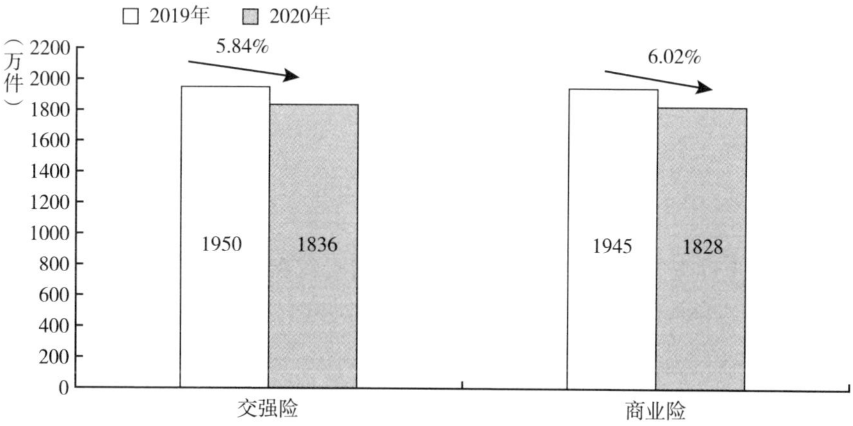

图2　家用车新车签单件数情况

资料来源：全国车险信息平台。

（二）地区承保变化情况分析

2020年家用车新车保费规模超过60亿元的地区有4个，分别是广东、江苏、浙江和河南；保费规模40亿～60亿元的地区有6个，分别是四川、山东、河北、湖南、上海和安徽；其他地区家用车新车保费少于40亿元。受新冠肺炎疫情和车险综改双重影响，2020 年大部分地区的家用车新车保费规模都出现了不同程度的下降，其中，保费下降幅度较大的为福建、河北、新疆、厦门、安徽、湖北和北京，同比下降超过 10%（见图 3）。

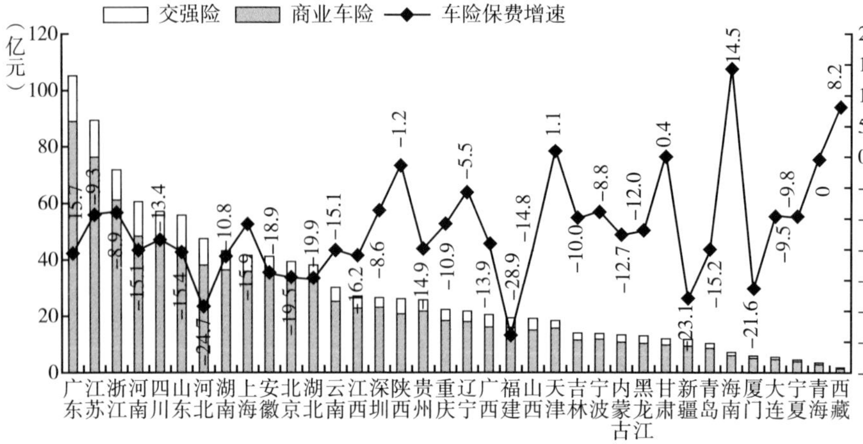

图 3　各地区家用车新车签单保费情况

资料来源：全国车险信息平台。

（三）公司承保情况分析

2020 年全国车险信息平台财险公司中家用车新车签单保费超过 100 亿元的有 3 家公司，分别是人保财险、平安财险和太平洋财险；20 亿～100 亿元的共有 5 家公司，分别是国寿财险、中华财险、大地财险、太平财险和阳光财险。市场集中度方面，家用车新车保费规模排名前三的人保财险、平安财险、太平洋财险的市场份额合计为 77%，同比上升 2.74 个百分点；保费规模前五位的保险公司的市场份额合计为 86.3%，比同比上升 1.98 个百分点；保费规模前十位的保险公司的市场份额合计为 94.7%，同比上升 1.65 个百分点（见图 4）。

（四）业务渠道承保情况分析

2020 年家用车新车签单保费超过 200 亿元的渠道分别是兼业代理、专业代理和个人代理，三个渠道累计占比为 94.9%（见图 5），所有渠道同比均负增长，新渠道直销同比下降最大，达 67.4%。

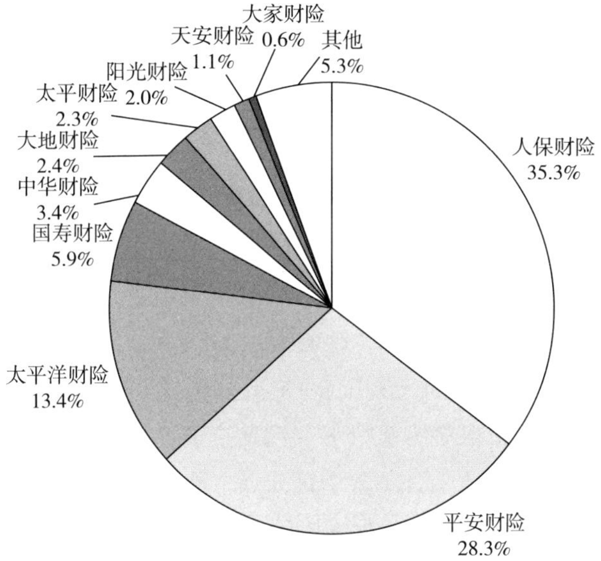

图 4　家用车新车市场份额情况分析

资料来源：全国车险信息平台。

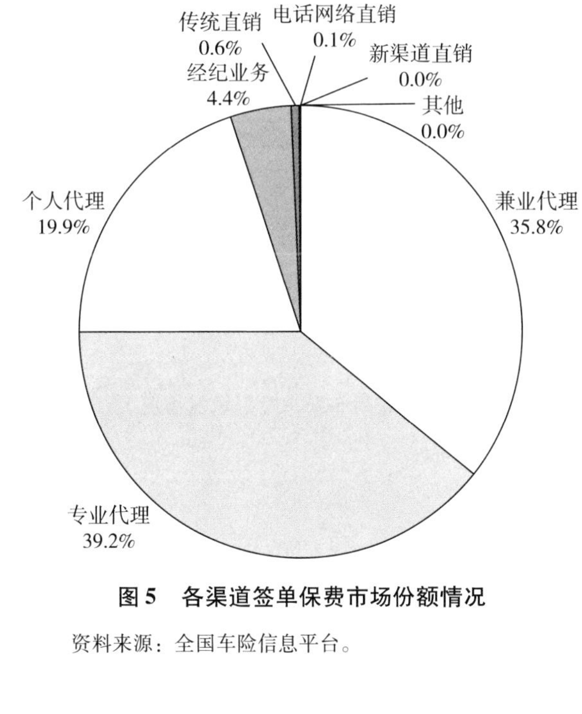

图 5　各渠道签单保费市场份额情况

资料来源：全国车险信息平台。

（五）新车购置价承保情况分析

2020 年新车购置价在 10 万～15 万元这个区间承保件数最多，占比 35.4%，与上年同期相比上升 1.1 个百分点；在折扣率方面，2020 年家用车新车折扣在 0～5 万元分组中同比明显上升，而其他分组同比上升幅度差异不大。

（六）险别承保情况分析

2020 年家用车新车三者险单均保额为 97.3 万元，同比上升 13.0%；车损险单均保额为 17.1 万元，同比上升 5.9%。在险别投保率[1]方面，2020 年家用车新车三者险的险别投保率为 99.5%，同比上升 0.7 个百分点；车损险的险别投保率为 97.8%，同比上升 1.2 个百分点；而车上人员责任险（司机）和车上人员责任险（乘客）险别投保率同比分别下降 1.3 个、2.9 个百分点（见图 6）。

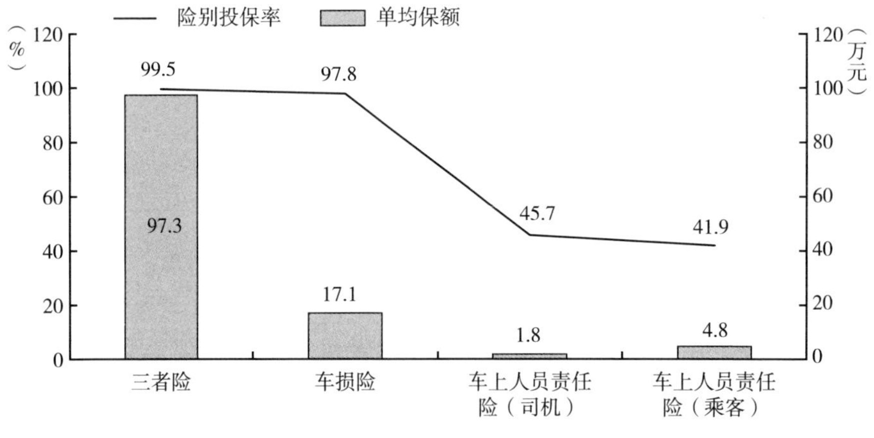

图 6　家用车新车险别承保情况

资料来源：全国车险信息平台。

① 本报告中险别投保率为险别签单件数/商业险签单件数。

（七）投保人性质承保情况分析

2020年家用车新车投保人性质为新手[①]的件数占比为68.0%，同比下降3.5个百分点；投保人性质为老手（同一家公司投保）的件数占比为8.7%，同比下降1.6个百分点；投保人性质为老手（非同一家公司投保）的件数占比为23.3%，同比上升5.2个百分点；家用车新车市场老手在非同一家公司投保的占比远高于老手在同一家公司投保的占比，表明家用车新车市场存量竞争非常激烈。另外，投保人性质不同，单均保费差异也比较明显（见图7）。

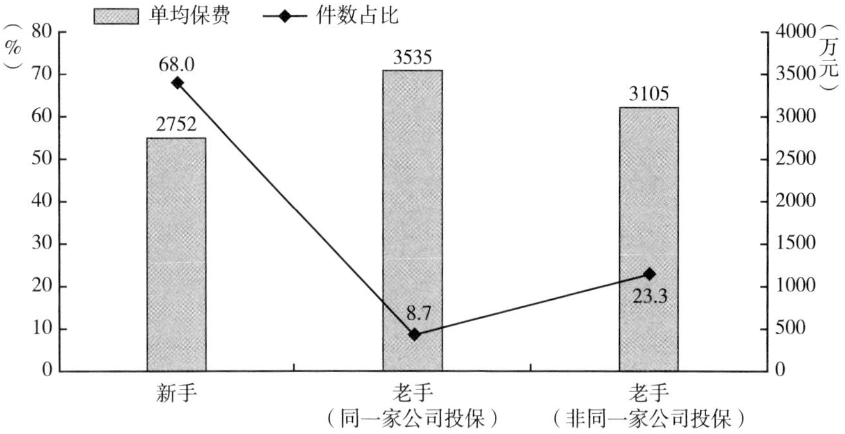

图7　家用车新车投保人性质承保情况

资料来源：全国车险信息平台。

二　理赔情况分析

（一）车险理赔情况

2020年，全国家用车新车已结案赔款累计477.78亿元，同比降低12.85%。2020年家用车新车案均赔款[②]为7113元，同比上升5.74%（见图8）。

---

① 投保人性质判断新手、老手逻辑为：与上一年投保人身份证号进行匹配，匹配不到为新手，匹配到为老手，再根据投保公司判断是否在同一家公司投保。

② 本报告中案均赔款为剔除注销、拒赔和零赔付的案均赔款。

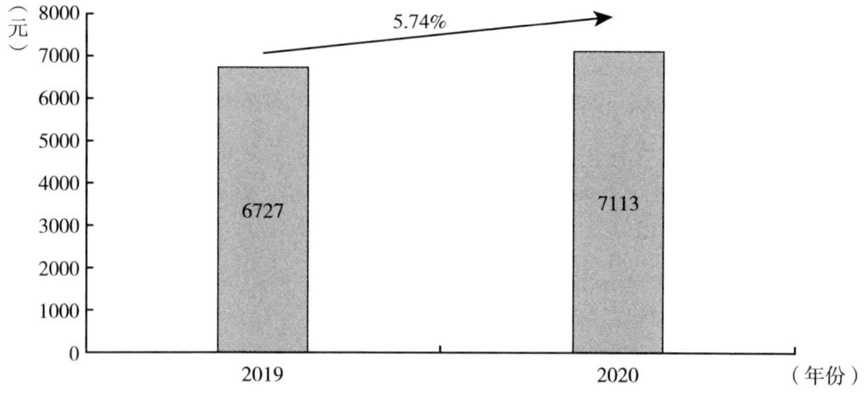

图 8　家用车新车案均赔款情况

资料来源：全国车险信息平台。

从地区来看，2020 年北京的家用车新车案均赔款最高，为 9372 元；广西的案均赔款最低，为 4664 元（见图 9）。

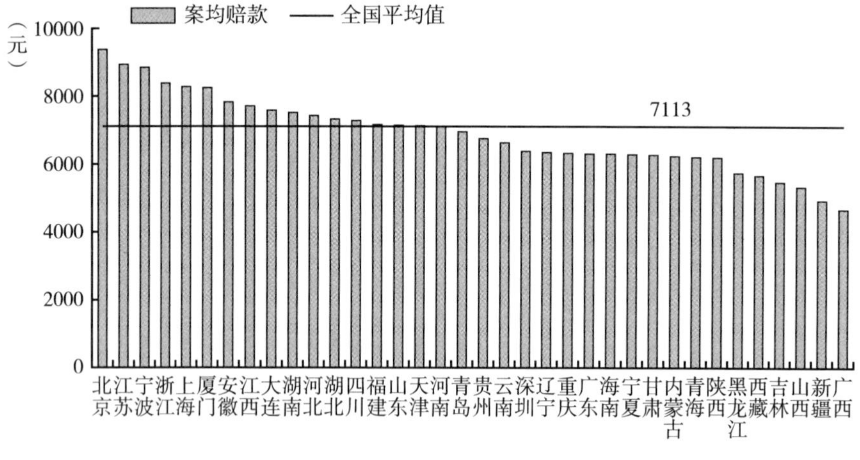

图 9　各地家用车新车案均赔款情况

资料来源：全国车险信息平台。

（二）交强险理赔情况

2020 年，全国家用车新车交强险已结案赔款累计 96.79 亿元，同比下降

16.50%。2020 年家用车新车交强险案均赔款 4089 元，同比上升 0.52%（见图 10）。

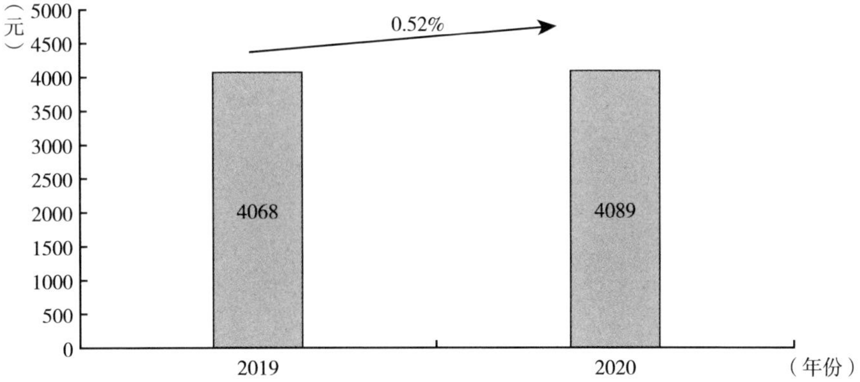

图 10　家用车新车交强险案均赔款情况

资料来源：全国车险信息平台。

从地区来看，2020 年江苏的家用车新车交强险案均赔款最高，为 5643 元，西藏的案均赔款最低（见图 11）。

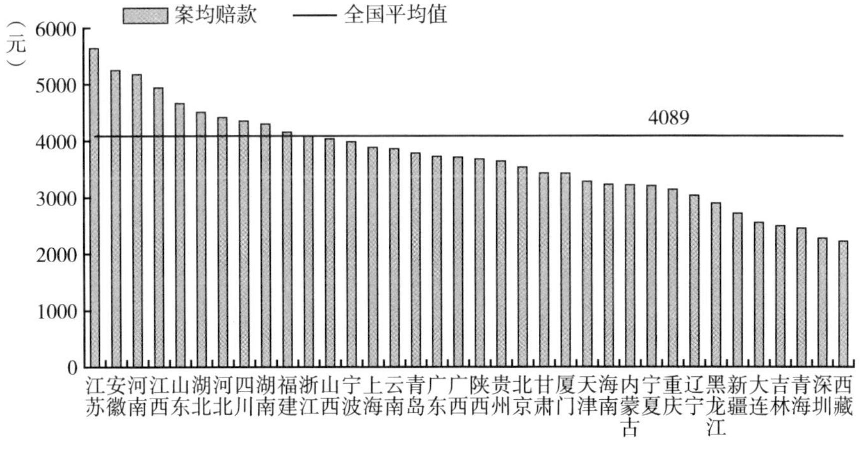

图 11　各地家用车新车交强险案均赔款情况

资料来源：全国车险信息平台。

（三）商业险理赔情况

2020 年，全国家用车新车商业险已结案赔款累计 380.99 亿元，同比下降 11.87%。2020 年家用车新车商业险案均赔款 8759 元，同比增长 7.39%（见图 12）。

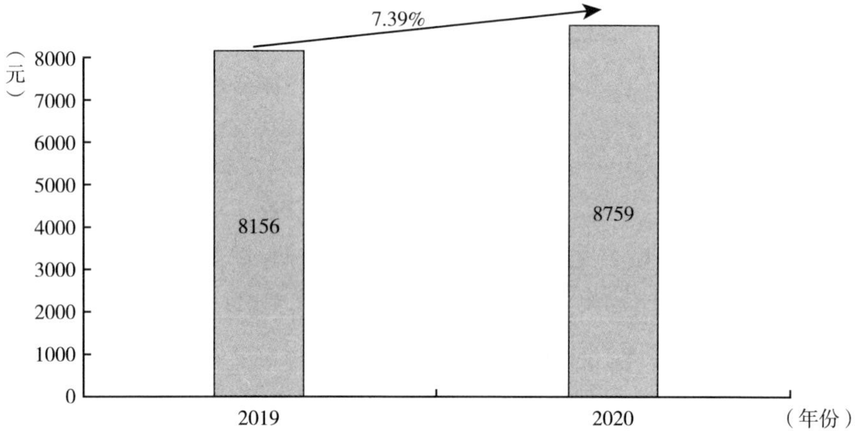

图 12　家用车新车商业险案均赔款情况

资料来源：全国车险信息平台。

从地区来看，2020 年宁波的家用车新车商业险案均赔款最高，为 13206 元，广西的案均赔款最低（见图 13）。

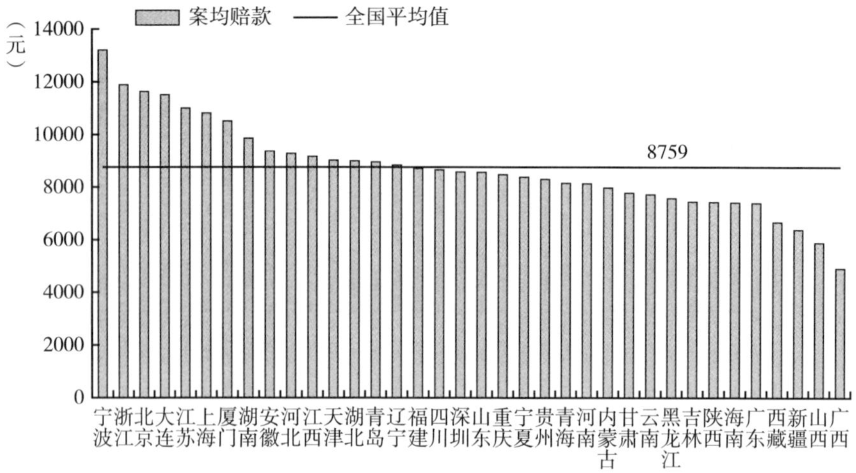

图 13　各地家用车新车商业险案均赔款情况

资料来源：全国车险信息平台。

三　商业险投保率和折扣分析

（一）商业险投保率分析

2020年家用车新车商业险业务签单保费仍然呈现地域分布比较集中的特点，广东、江苏、浙江、河北、河南、四川和山东等地区相对较多，海南、厦门、大连、宁夏、青海和西藏等地区相对较少（见图14）。

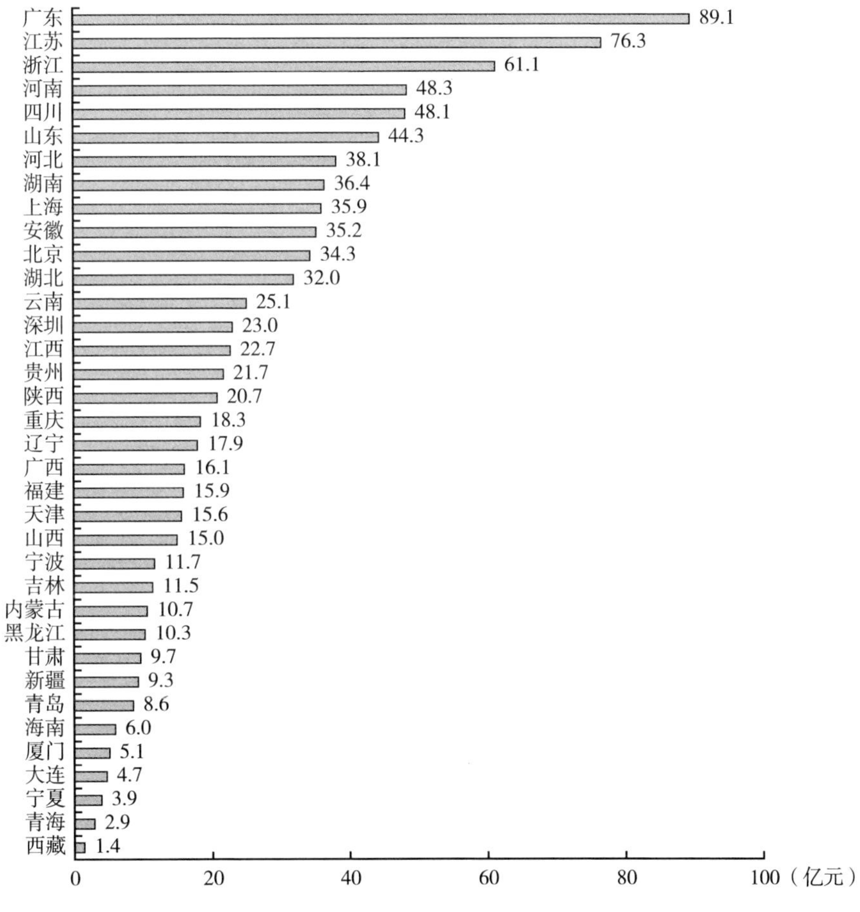

图14　家用车新车商业险签单保费情况

资料来源：全国车险信息平台。

从投保率来看，2020年的家用车新车商业险投保率①为99.6%，相比上年同期投保率99.8%，下降0.2个百分点；但是投保率在地区之间有差异，其中青岛的投保率最高，为120.0%，西藏的投保率最低，为75.8%（见图15）。

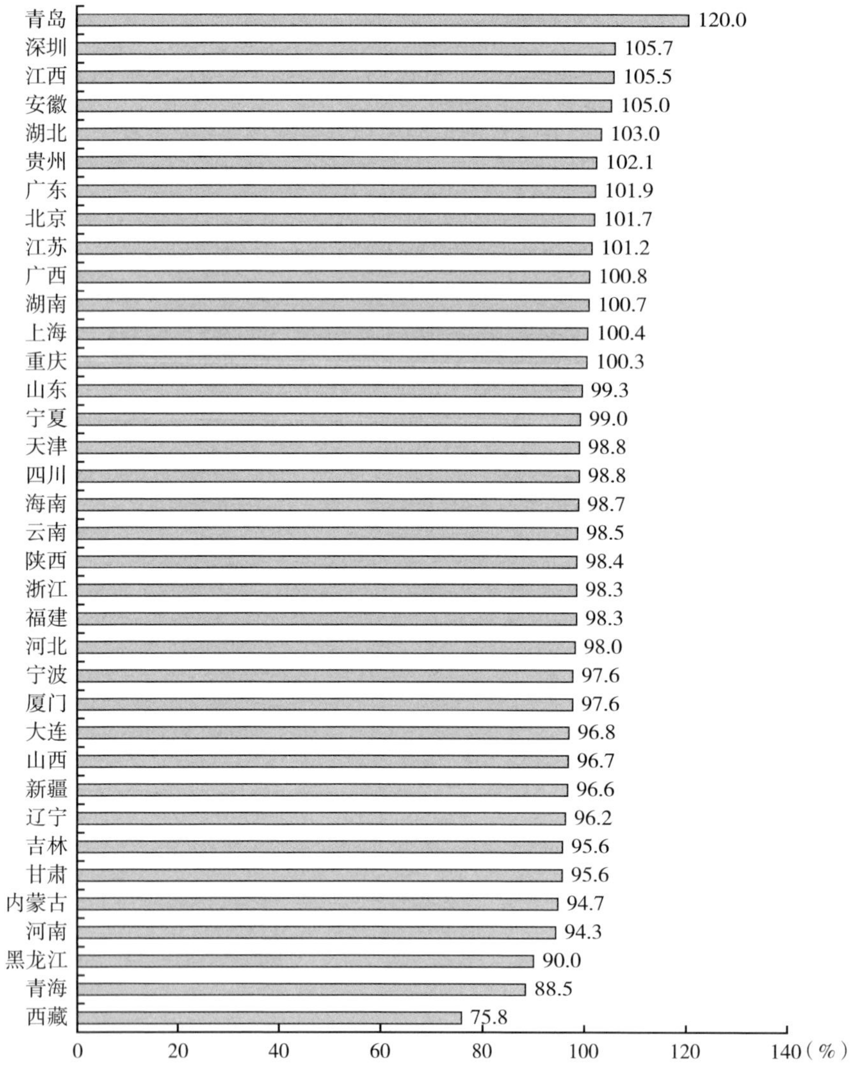

图15　家用车新车商业险投保率情况

资料来源：全国车险信息平台。

① 本报告中投保率为商业险签单件数/交强险签单件数。

从渠道来看，家用车新车商业险投保率在不同渠道也有明显差异。其中，经纪业务渠道的投保率最高，为105.5%；电话网络直销渠道的投保率最低，为79.5%（见图16）。

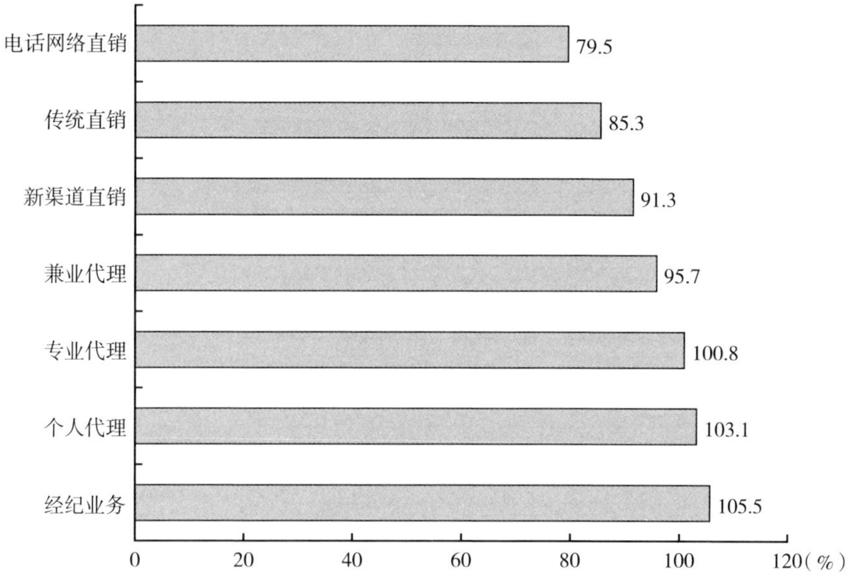

图16　家用车新车商业险渠道投保率

资料来源：全国车险信息平台。

（二）商业险折扣分析

从平均折扣率来看，折扣率[①]的地区差异较明显。家用车新车商业险全国平均折扣率为85.6%，同比上升3.94个百分点；海南的平均折扣率最高，为103.2%，福建的平均折扣率最低，为72.2%（见图17）。

从渠道维度来看，折扣率和渠道保费收入之间有一定关联。其中，兼业代理渠道平均折扣率最高，为88.2%；电话网络直销渠道的平均折扣率最低，为71.6%（见图18）。

① 本报告中折扣率为剔除短期单的折扣率。

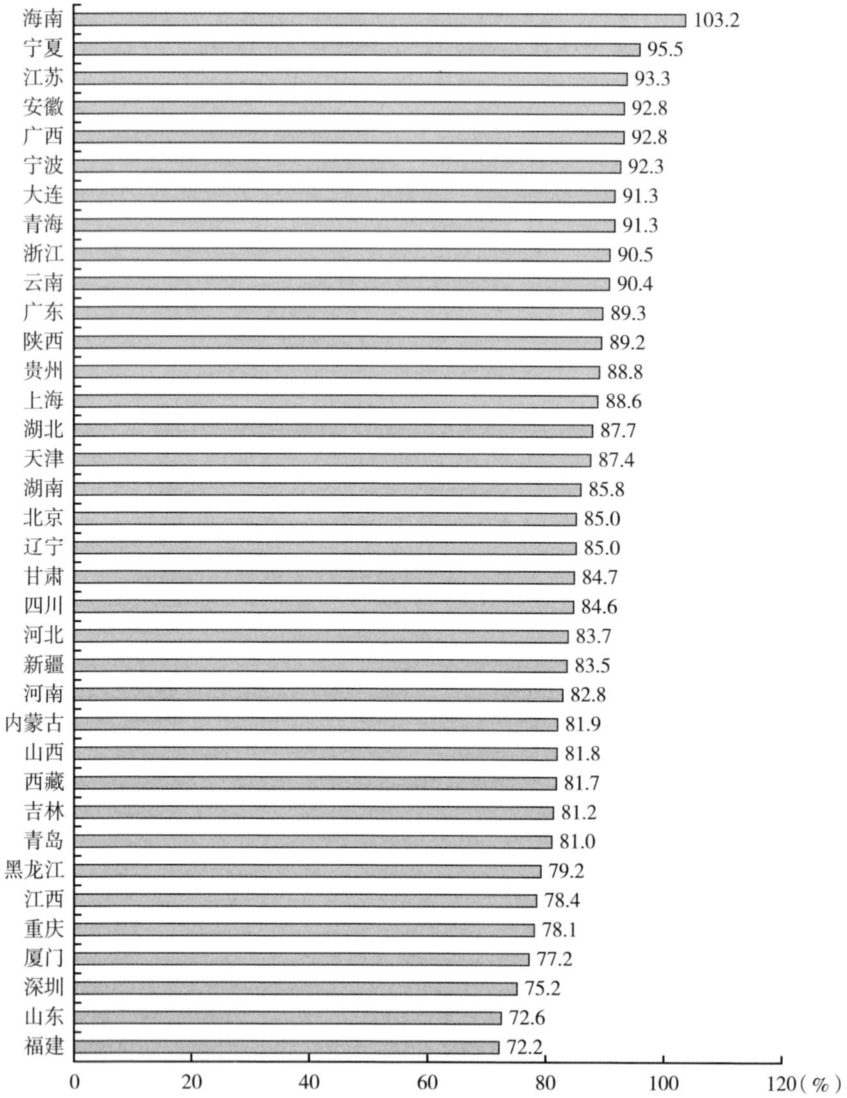

图 17　家用车新车商业险折扣率情况

资料来源：全国车险信息平台。

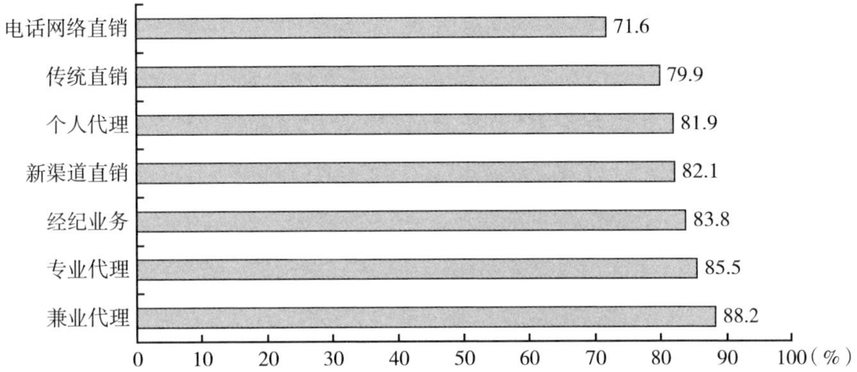

图 18　家用车新车商业险渠道折扣率情况

资料来源：全国车险信息平台。

B.21
2020年全国营业货车保险分析报告

江绍莹　万　敏*

摘　要：　2020年，营业货车保费收入已经突破千亿元，在整个车险市场中占比大约15%，是车险市场非常重要的车辆分类。本报告从不同维度分析营业货车的情况，为支持监管开展车辆细分种类的精细化管理、辅助行业提升营业货车的服务水平提供了数据支持。在承保方面，从险种、地区、公司、渠道等维度针对签单保费、签单件数、同比变化等主要指标进行分析；在理赔方面，主要分险种分析了案均赔款及变化情况；在区域方面，分析了投保率和折扣率在地区之间的差异情况。

关键词：　营业货车　承保　理赔

2020年，营业货车保费收入已经突破千亿元，在整个车险市场中占比大约15%，是车险市场非常重要的车辆分类。为支持监管开展车辆细分种类的精细化管理、辅助行业提升营业货车的服务水平，中国银保信对全国车险信息平台的营业货车承保理赔数据进行了研究分析，并撰写了本报告。①

---

* 江绍莹，中国银行保险信息技术管理有限公司项目经理，研究方向为保险精算、汽车保险大数据；万敏，中国银行保险信息技术管理有限公司项目经理，研究方向为财产保险大数据。

① 本报告数据未经行业审计，仅供内部决策参考。

一　承保情况分析

（一）险种承保情况分析

2020 年全国营业货车签单保费累计 1135. 92 亿元，同比增长 7. 02%。分险种看，交强险签单保费 315. 55 亿元，同比增长 6. 16%；商业险签单保费 820. 37 亿元，同比增长 7. 36%。各险种的签单保费变化情况详见图 1。

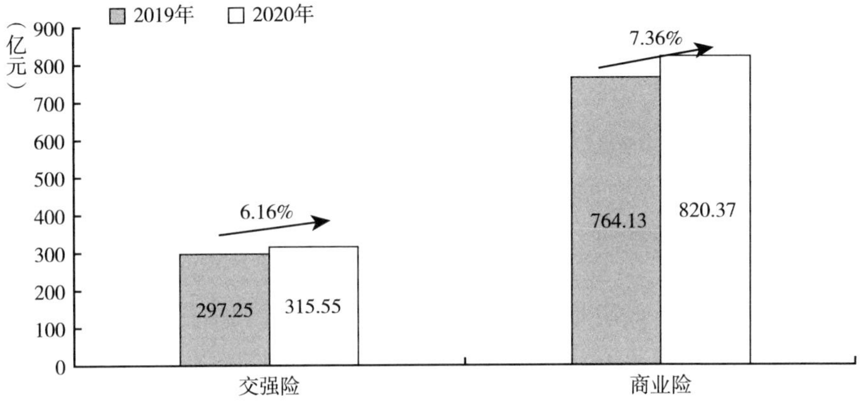

图 1　营业货车签单保费情况

资料来源：全国车险信息平台。

（二）地区承保情况分析

从地区来看，2020 年营业货车车险保费规模超过 80 亿元的地区有 5 个，分别是河北、山东、河南、安徽和江苏；保费规模 40 亿 ~ 80 亿元的地区有 3 个，分别是广东、山西和四川；其他地区营业货车保费少于 40 亿元。受疫情影响，部分地区的保费增速为负，其中西藏、厦门、贵州受影响较大，西藏的营业货车签单保费同比增速最低，同比减少 21. 3%。总体来看，大部分地区运输业未受影响，部分地区的保费增速超过 10%，这与车险综合改革中这些地区营业货车的基准保费上调有一定关系，其中宁夏的营业货车签单保费同比增速最高，达到 23. 1%。具体情况详见图 2。

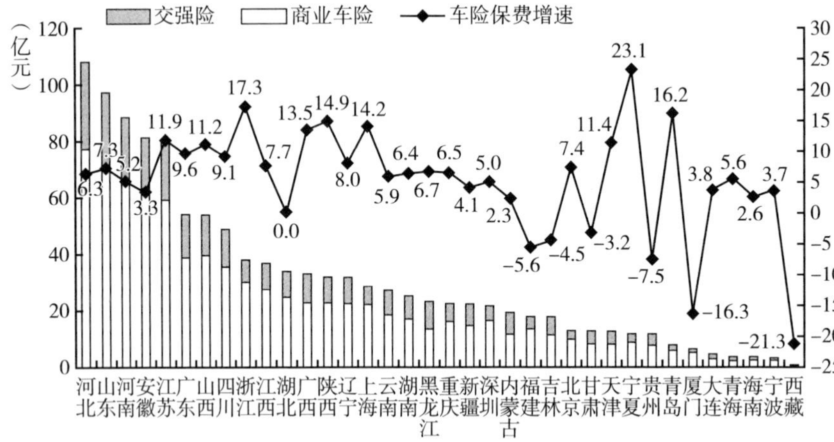

图 2　各地区营业货车签单保费情况

资料来源：全国车险信息平台。

（三）公司承保情况分析

从公司维度看，2020 年全国车险信息平台财险公司中营业货车签单保费超过 100 亿元的有 4 家公司，分别是人保财险、平安财险、太平洋财险和国寿财险；25 亿～100 亿元的有 5 家公司，分别是中华财险、华安财险、阳光财险、大地财险和天安财险。前 10 名的公司中同比增速最快的是太平洋财险，同比增长 19.04%。

市场集中度方面，营业货车保费规模排前三位的人保财险、平安财险、太平洋财险的市场份额合计为 56.5%，同比下降 0.81 个百分点；保费规模前五位的保险公司的市场份额合计为 71.1%，同比增长 0.21 个百分点；保费规模前十位的保险公司的市场份额合计为 86.4%，同比增长 0.09 个百分点（见图 3）。

（四）业务渠道承保情况分析

从渠道来看，2020 年营业货车签单保费超过 300 亿元的渠道分别是个人代理和专业代理，两个渠道累计占比为 78.6%。从保费增速来看，兼业代理渠道、传统直销渠道和电话网络直销渠道保费有所下降，分别同比下降 12.1%、25.0% 和 40.0%；其余渠道的签单保费均有所增长（见图 4）。

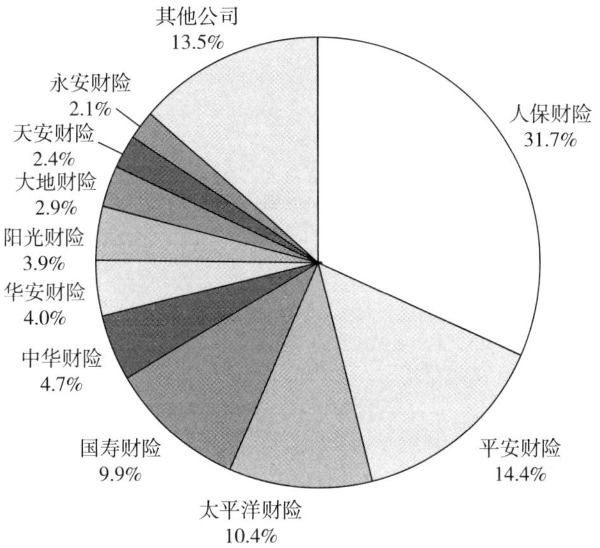

图 3　营业货车车险市场份额情况分析

资料来源：全国车险信息平台。

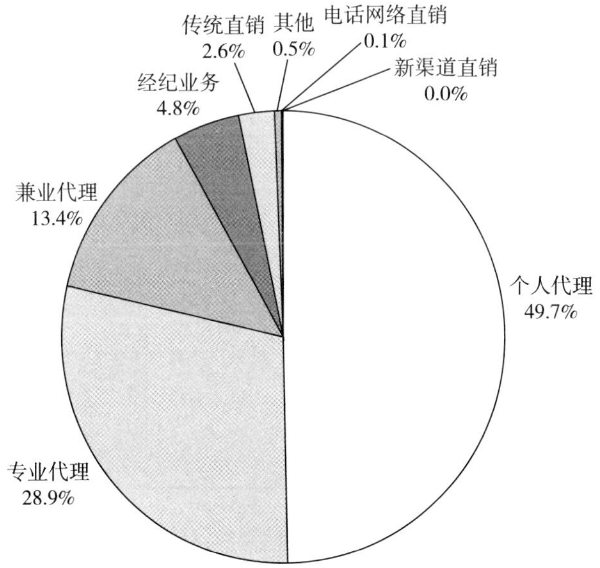

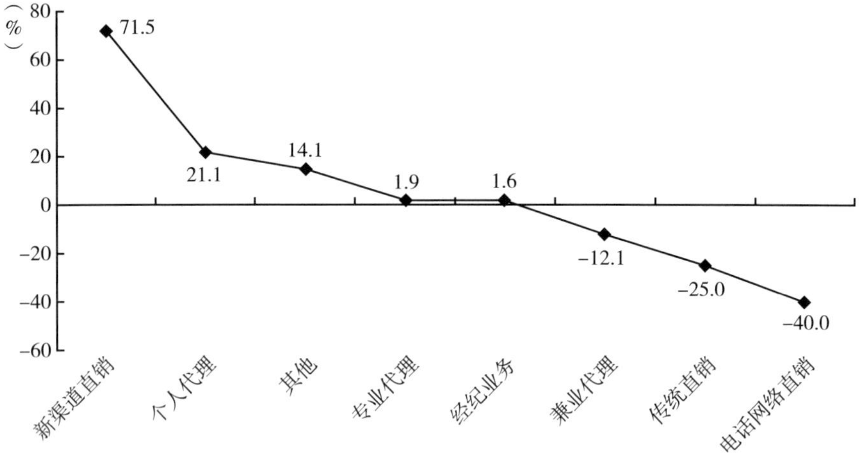

图 4　各渠道车险签单保费市场份额及同比情况

资料来源：全国车险信息平台。

二　理赔情况分析

（一）车险理赔情况

2020 年全国营业货车车险已结案赔款累计 612.59 亿元，同比增长 3.72%。2020 年营业货车车险案均赔款[①] 15497 元，同比下降 2.00%（见图 5）。

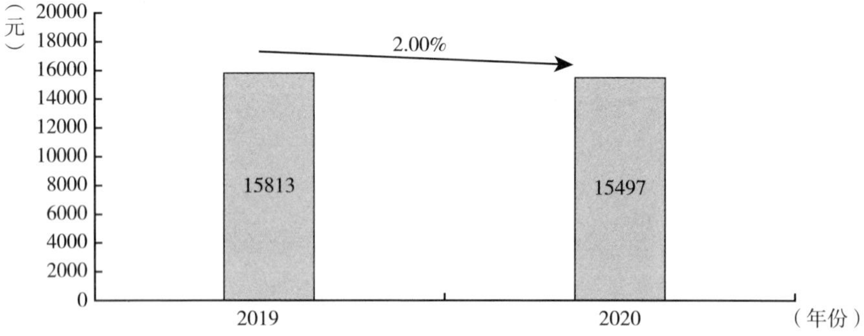

图 5　营业货车车险案均赔款情况

资料来源：全国车险信息平台。

① 本报告中案均赔款为剔除注销、拒赔和零赔付的案均赔款。

从地区来看，2020 年河南的营业货车车险案均赔款最高，为 22328 元；深圳的案均赔款最低，为 7533 元（见图 6）。

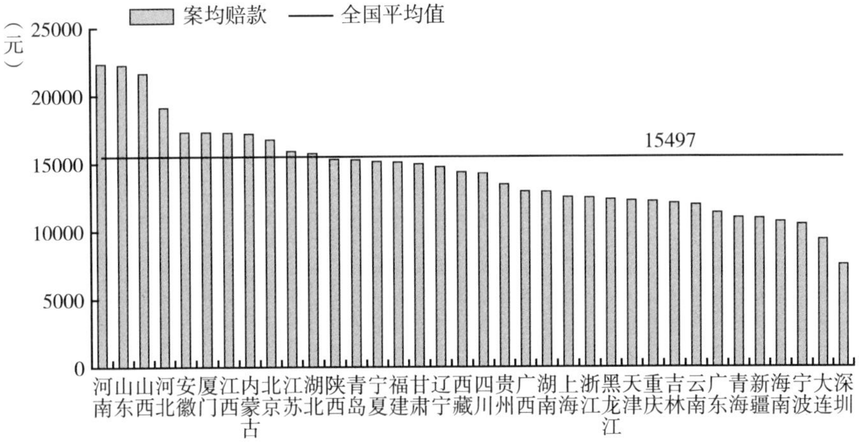

图 6　各地区营业货车案均赔款情况

资料来源：全国车险信息平台。

（二）交强险理赔情况

2020 年全国营业货车交强险已结案赔款累计 171.60 亿元，同比增长 1.81%。2020 年营业货车交强险案均赔款 6923 元，同比下降 5.10%（见图 7）。

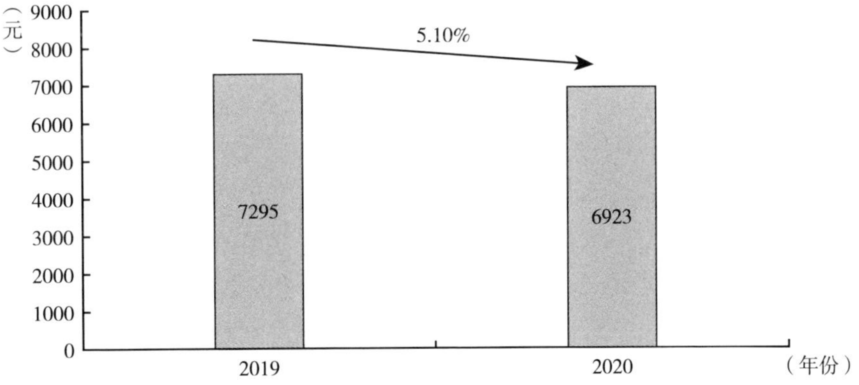

图 7　营业货车交强险案均赔款情况

资料来源：全国车险信息平台。

从地区来看，2020 年河南的营业货车交强险案均赔款最高，为 10224 元，深圳的营业货车交强险案均赔款最低（见图 8）。

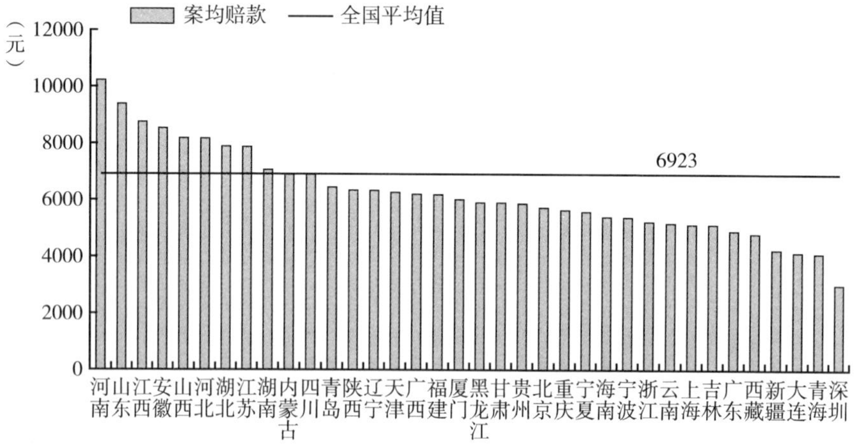

图 8　各地区营业货车交强险案均赔款情况

资料来源：全国车险信息平台。

（三）商业险理赔情况

2020 年全国营业货车商业险已结案赔款累计 440.99 亿元，同比增长 4.49%。2020 年营业货车商业险案均赔款 29914 元，同比增长 0.96%（见图 9）。

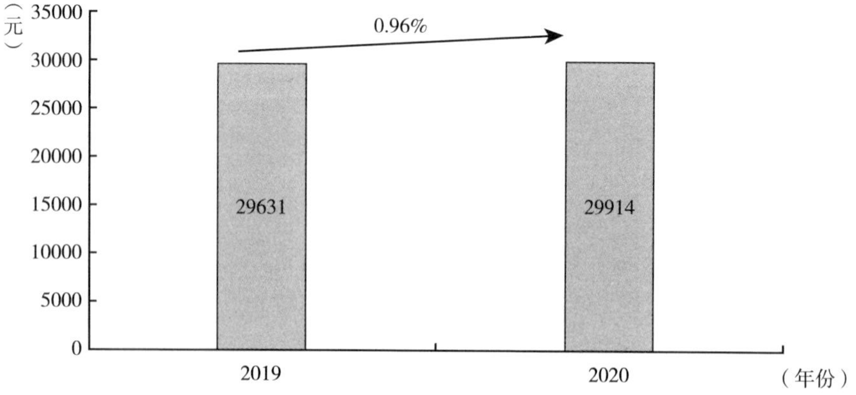

图 9　营业货车商业险案均赔款情况

资料来源：全国车险信息平台。

从地区来看，2020 年山东的营业货车商业险案均赔款最高，为 44465 元，深圳的营业货车商业险案均赔款最低（见图 10）。

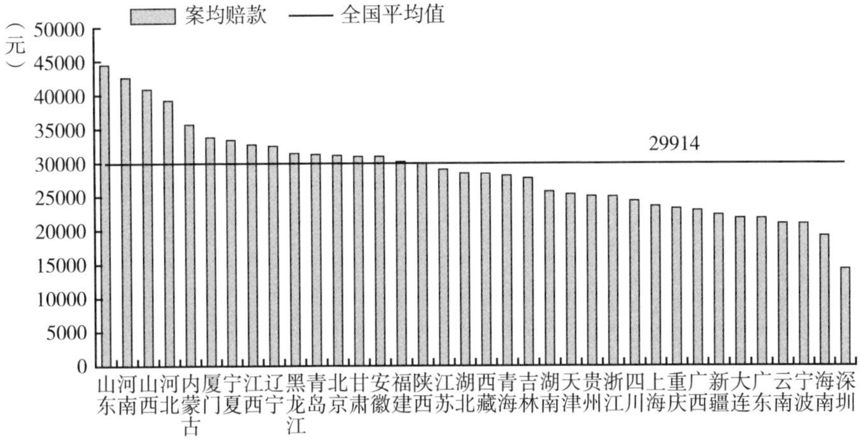

图 10　各地营业货车商业险案均赔款情况

资料来源：全国车险信息平台。

三　区域情况分析

（一）车险区域情况分析

2020 年营业货车车险业务签单保费仍然呈现地域分布比较集中的特点，河北、山东、河南、安徽、江苏、广东、山西和四川等地区相对较多，河北签单保费最高，为 108.1 亿元；西藏、青海、海南、宁波和大连等地区相对较少，西藏最低，为 0.9 亿元（见图 11）。

从平均折扣率来看，营业货车车险折扣率[①]的地区差异较大。营业货车车险全国平均折扣率为 68.7%，海南的平均折扣率最高，为 79.3%，北京的平均折扣率最低，为 52.7%（见图 12）。

① 本报告中折扣率为剔除短期单的折扣率。

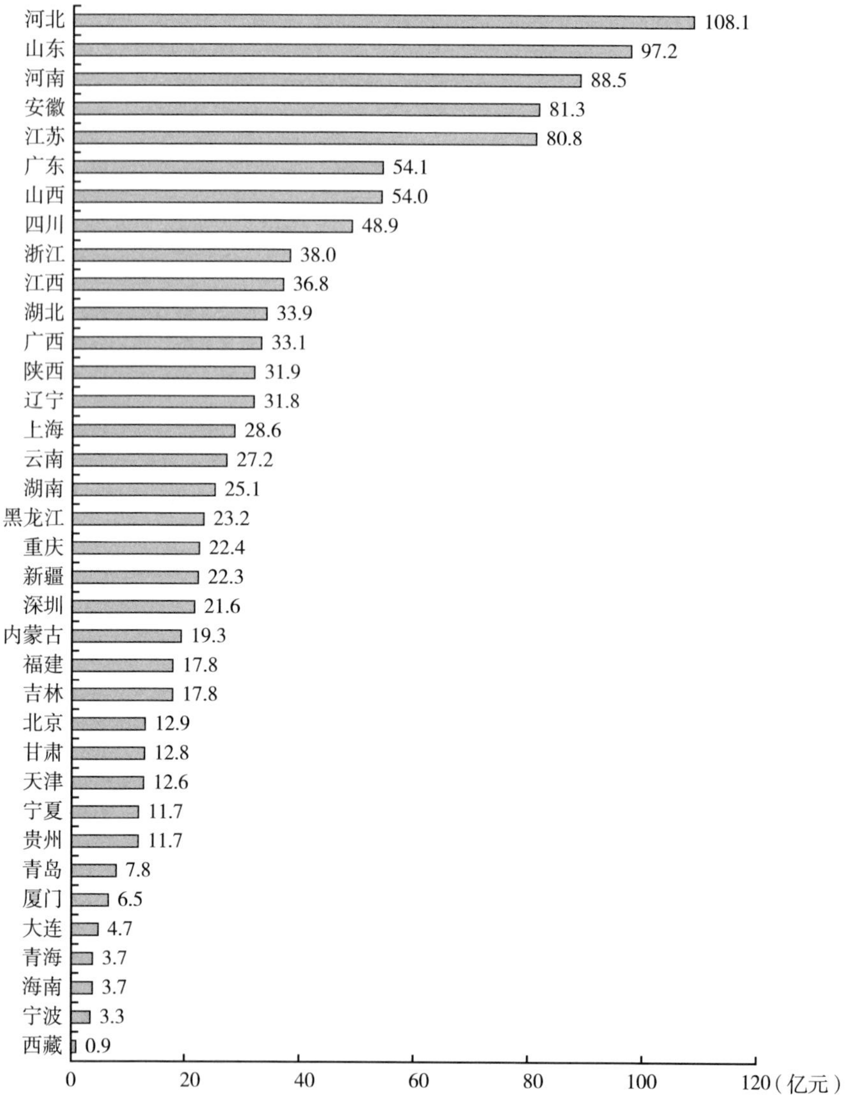

图 11　营业货车车险签单保费情况

资料来源：全国车险信息平台。

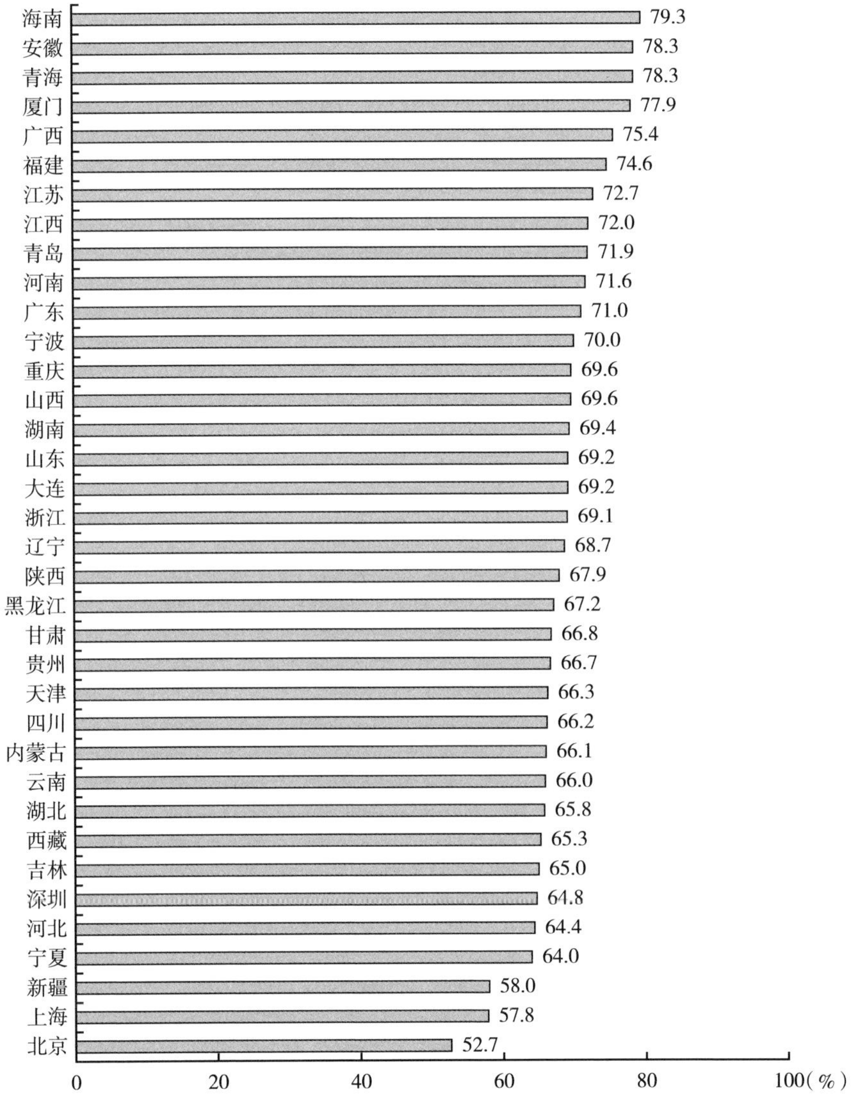

图 12 营业货车车险折扣率情况

资料来源：全国车险信息平台。

（二）交强险区域情况分析

2020 年营业货车交强险业务签单保费的地域分布比较集中，河北、山东、河南、江苏、安徽、广东、山西、四川等地区相对较多，河北地区交强险签单保费最高；厦门、海南、宁波、西藏等地区相对较少（见图 13）。

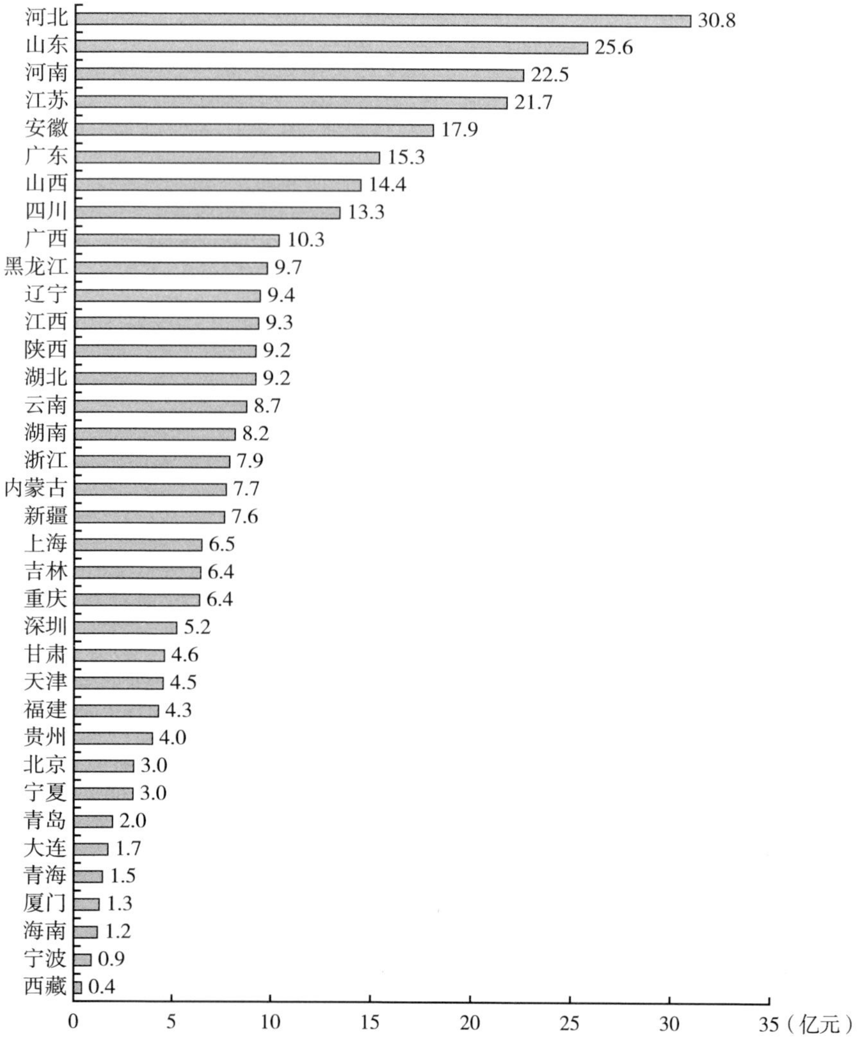

图 13　营业货车交强险签单保费情况

资料来源：全国车险信息平台。

从平均折扣率来看，营业货车交强险折扣率的地区差异较小。营业货车交强险全国平均折扣率为86.3%，浙江交强险折扣率最高，为91.9%，北京折扣率最低，为66.2%（见图14）。

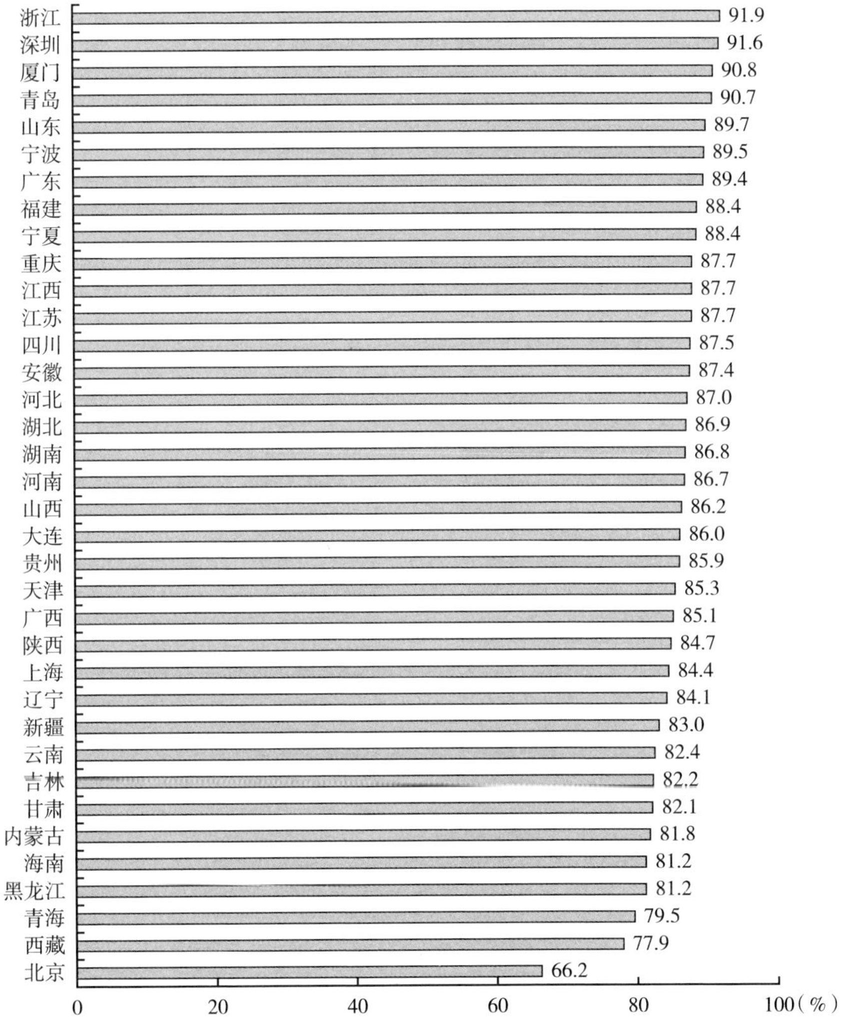

图14　营业货车交强险折扣率情况

资料来源：全国车险信息平台。

（三）商业险区域情况分析

2020年营业货车商业险业务签单保费的地域分布比较集中，河北、山东、河南、安徽、江苏、山西、广东、四川和浙江等地区相对较多，河北地区签单保费最高，为77.3亿元；大连、海南、宁波、青海、西藏等地区相对较少，西藏地区的签单保费最低，为0.4亿元（见图15）。

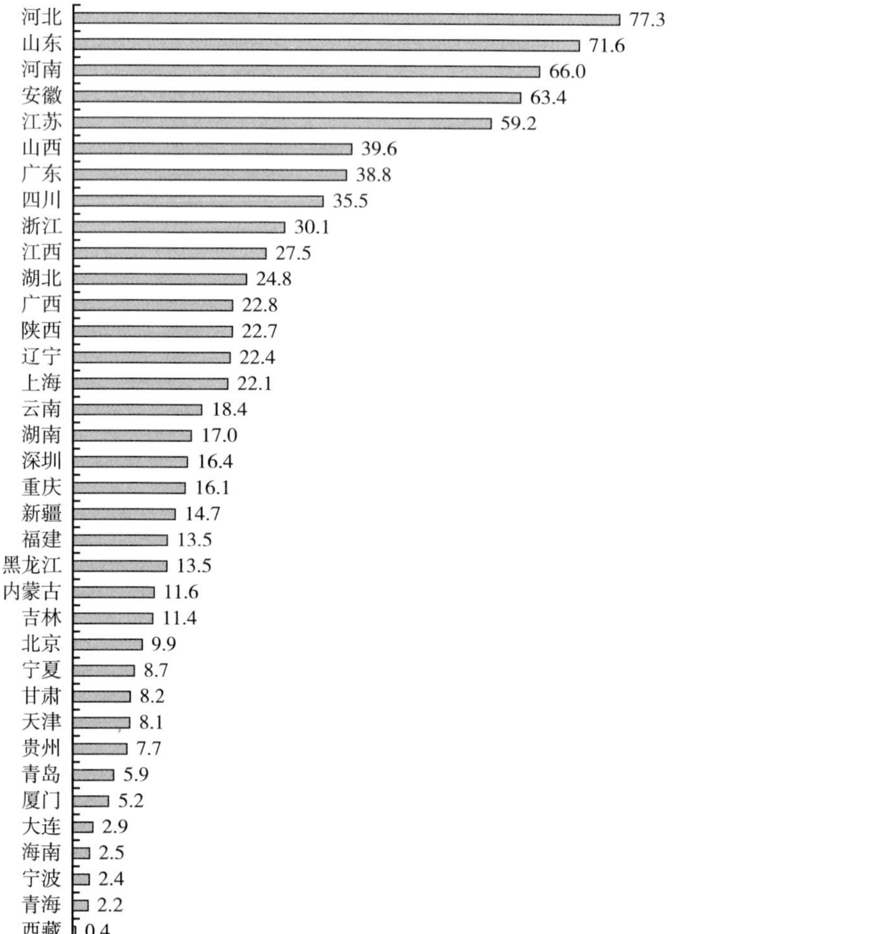

图15 营业货车商业险签单保费

资料来源：全国车险信息平台。

从平均折扣率来看，营业货车商业险折扣率的地区差异较大。营业货车商业险全国平均折扣率为 63.6%，最高为海南，达 78.4%，最低为北京，达 49.4%（见图 16）。

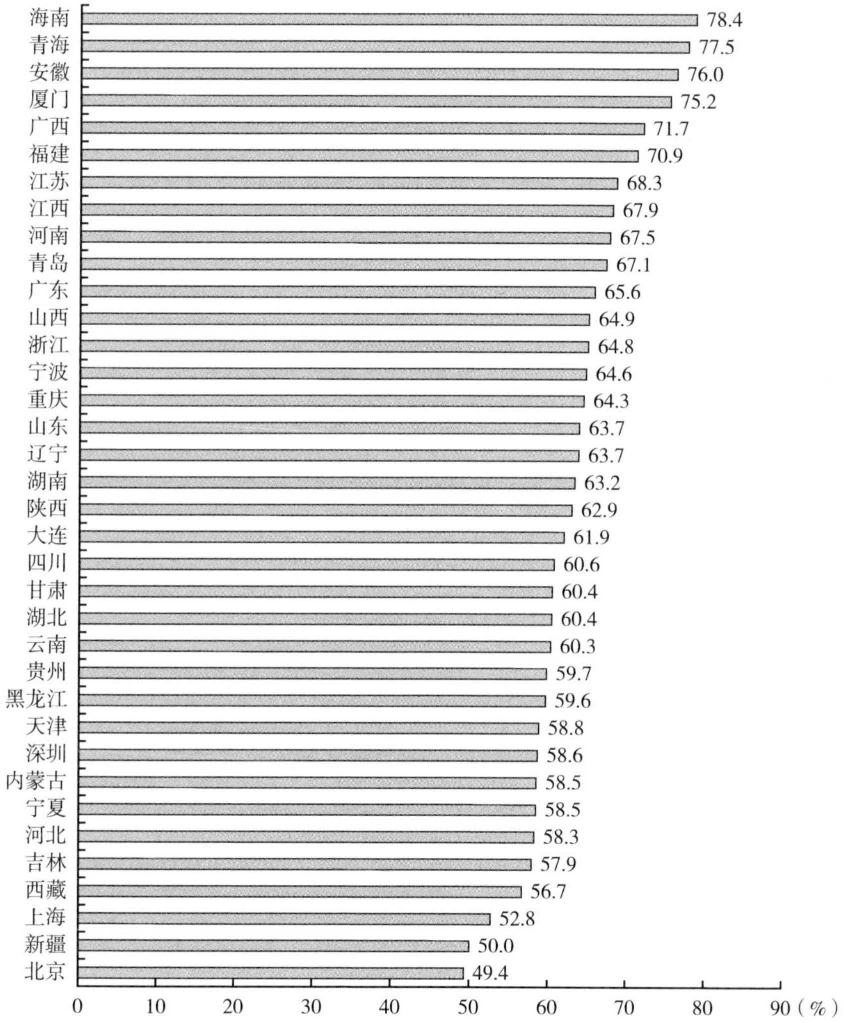

图 16　营业货车商业险折扣率情况

资料来源：全国车险信息平台。

B.22

基于大数据的车险风险精准评价体系应用

徐丹　陈珮*

摘　要： 从2020年9月全国车险综合改革实施以来，车险行业和监管机构对于车险精准定价和风险筛选能力建设的需求异常迫切。中国银行保险信息技术管理有限公司依托大数据和精算建模技术，建立了车险风险精准评价体系，并将其应用于辅助保险公司开展精准定价和监管机构的风险监测等领域，提升了行业的整体风险筛选能力。

关键词： 车险　风险精准评价体系　大数据

一　项目背景与意义

从2020年9月开始，全国实施车险综合改革（以下简称车险综改）。车险综改的实施，优化了行业基准保费，压缩了各保险公司费用投放的空间，打开了公司自主定价空间，使得公司拥有了市场化的自主定价权。随着车险综改的逐步深入，车险经营和监管方式均面临新的机遇和挑战。

（一）车险行业各保险公司从原来的费用投放竞争转变为精准定价和风险管理能力的竞争

车险综改打破了各公司原有的依靠行业基准费率的定价模式，倒逼各公司必须建立精准的定价和风险管理模型，否则将面临极大的经营风险，全行业对

* 徐丹，中国银行保险信息技术管理有限公司项目经理，研究方向为财产保险大数据与精算；陈珮，中国银行保险信息技术管理有限公司项目经理，研究方向为车险数据分析。

于精准定价和风险管理的需求异常迫切。而相当一部分公司受数据规模、技术水平等方面限制，没有精准定价的能力，无法准确定位市场风险水平，容易采取激进的经营策略，引发整体车险市场的波动。

（二）车险综改的实施，加快了车险市场化改革进程，监管方式和工具均需要进行同步的调整优化，以满足市场监管的需求

实际经营中公司的业务结构和经营策略是动态变化的，各地监管机构普遍缺乏高效的市场化监管工具，不利于车险市场化改革的深化。此外，监管机构通过财务口径进行监管时，新保单的影响需要 6～12 个月才会充分反映到财务报表中，监管部门无法第一时间掌握市场风险状况，且各公司的财务结果也存在一定人为调控的可能性。因此，监管机构亟须建立一套动态、精准的市场整体风险监测体系，以应对车险综改后不断变化的车险市场新局面。

为保障车险综合改革实施，提升行业精准定价能力，中国银行保险信息技术管理有限公司（以下简称中国银保信）作为银行保险行业的基础设施及行业数据枢纽，开发了车险风险精准评价体系（以下简称评价体系），并在辅助保险公司精准定价和监管机构风险监测领域得到了广泛应用。

二 评价体系模型建设

（一）建设历程

评价体系自 2017 年启动建设，其间经历了车险自主定价试点和车险综改等多轮车险改革，并同步完成了多次优化更新。

➢ 2017 年 12 月，完成第一版赔付率模型建设，并通过行业专家评审。

➢ 2018 年 6 月，根据自主定价试点改革的产品变化，完成第二版成本模型建设。

➢ 2018 年 9 月，全国车险信息平台上线陕西、广西和青海三个地区家用车风险评价值查询功能。

➢ 2019 年 3 月，完成成本模型第一次基准更新。

➢ 2019 年 5 月，全国车险信息平台上线宁波和黑龙江两个地区家用车风

险评价值查询功能。

➢ 2019 年 12 月，全国车险信息平台全面上线风险评价值查询功能。

➢ 2020 年 11 月，根据车险综改政策，参照新产品体系、新标费和新 NCD 政策等进行模拟调整，建立第三版成本模型。

➢ 2020 年 12 月，联合人保、平安和国寿等公司，完成第三版成本模型结果验证。

➢ 2020 年 12 月，全国车险信息平台全面上线第三版成本模型风险评价值查询功能。

（二）模型建设

评价体系充分发挥行业全量数据和技术资源的优势，基于 2013～2020 年行业历史数据（见图 1），针对行业每辆车的车险保单风险开展建模和风险预测。

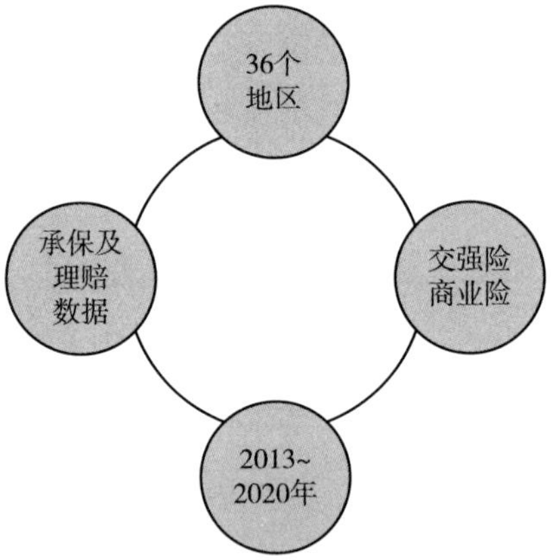

图 1　车险风险精准评价体系数据情况

资料来源：全国车险信息平台。

建设工作主要步骤如图 2 所示，涉及基础数据处理、精算建模、模型校验、基准选择、评分转换和评分校验等内容。

（1）基础数据处理

为保证测算结果的真实性和准确性，项目组对所用的基础清单数据进行了

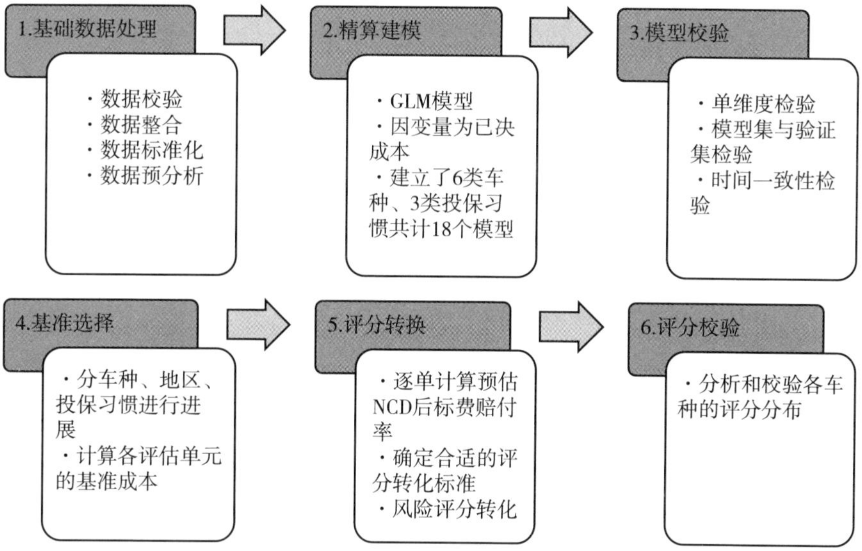

图 2　车险风险精准评价体系建设过程

严格的基础数据处理，包括数据校验、数据整合、数据标准化和数据预分析四个阶段。总体上，基础数据处理工作具有以下特点：首先，充分挖掘了中国银保信数据优势，利用了 2013～2020 年全国车险信息平台累积的行业承保和理赔数据，并首次打通了全行业交强险和商业险；其次，建立了面向 VIN 码的行业全量的车辆保单赔案信息库和车辆多年 NCD 信息库，实现对车辆多年 NCD 信息的连接和处理。

（2）精算建模

为保证模型结果可校验，项目按照 70%、30% 的比例将数据随机分为模型集、校验集，并分别在模型集和校验集上进行数据的建模和验证。项目采用 Tweedie 模型进行已决成本模型的相对因子测算，其中因变量为已决成本，连接函数为 log 对数。项目基于车种和投保习惯对数据进行分类，以车辆为单位建立已决成本的评估模型。车种包括家用车、非营业客车、营业客车、非营业货车、营业货车、特种车 6 类。投保习惯包括主全、交三、单交 3 类。因此，建立了 6 类车种、3 类投保习惯共计 18 个模型。

总体上，如表 1 所示，评价体系的模型相比行业费率模型因子，有一定优势。

表 1 模型因子比较

序号	行业费率模型因子	评价体系的模型因子	效果比较
1	险别	投保习惯	评价体系直接对整车风险进行评价,对于公司核保和定价的指导也更加直接
2	无	从人因子	评价体系引入了被保险人的年龄和性别,提升了模型效果
3	NCD 因子	出险情况转移因子	评价体系的模型因子考虑了近三年出险情况及其转移情况,提升了模型效果

（3）模型校验

首先，评价体系各因子通过了 AIC、BIC 和 TYPE3 检验等一系列校验工作。

其次，为保证数据结果可校验，在校验集上对模型各因子预测效果进行验证。图 3 为家用车主全模型商业险三年出险转移因子单因素检验部分示例①。模型在验证集上，预测风险成本与实际风险成本在各维度上拟合较好，风险因子预测度较高。

最后，通过十分位检验，模型整体提升效果较好。以家用车为例，家用车主全模型十分位提升倍数 6.1 倍，家用车交三模型提升倍数 3.7 倍，家用车单交模型提升倍数 4.2 倍。各分组的预测和实际值十分接近，模型具有较好的预测能力。

（4）模型基准选择及风险成本预测

项目组根据分车种、分地区、分投保习惯的三角形重新评估最终赔款，再结合各评估单元的成本结构指数，计算各评估单元的基准成本。

项目组分车种、分地区、分投保习惯，分别建立了赔款和件数进展模型，并对最终赔款和预计最终件数进行估计。对于最终赔款和最终案件数的评估，主要采用了已决赔款链梯法、已决赔款 BF 法、预期赔付率法，并选取其中一种方法或多种方法的加权平均结果作为选定的预计最终赔款评估结

① A 为连续三年不出险，B 为连续两年不出险，C 为上年不出险，D 为新车，E 为出险一次，F 为出险两次，G 为出险三次，H 为出险四次，R 为不浮动。

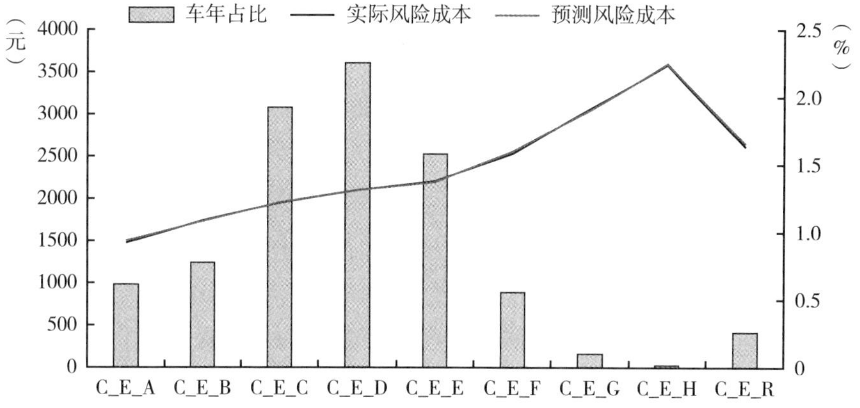

图 3　单因素检验部分示例

资料来源：全国车险信息平台。

果。部分评估单元最近 12 个月车年数不够，参考了最近两年的赔付经验。通过各评估单元最终赔款、预计最终件数的评估，确定了对应的最终赔付率、最终出险频率、最终案均赔款以及最终风险成本，再结合模型相对系数结果，计算了剔除时间因子和地区因子以后各评估单元的模型预测成本结构指数，通过将最终成本和基准成本与成本结构指数之积打平，推算出各评估单元的基准成本。

根据精算建模步骤中得到的模型的各因子系数，并结合模型基准选择结果，对各保单的风险成本进行预测，即预测风险成本 = 模型基准成本选定值 × 各建模因子（剔除地区因子和时间因子）相对系数累乘。

三　评价体系提升保险公司精准定价能力

（一）评价体系的行业应用方式

根据行业各公司核保和定价实际使用场景，项目组将评价体系成果转化为评价值形式提供给各公司使用，即通过对各个保单的预测 NCD 后标费赔付率的转化，形成评价值，范围为 1 ~ 100 分，分数越高，代表该保单的预测 NCD 后标费赔付率越高。

首先，根据评价体系预测的保单风险成本，计算逐单的预测 NCD 后标费赔付率；其次，分析所有车种、投保习惯的保单分布，观察整体 NCD 后标费赔付率的分布情况；最后，依据专家判断，选定合适的赔付率划分区间上限和下限，得到评价值划分的标准。根据评价值划分的标准，依据每个车辆的预测 NCD 后标费赔付率，得出相应的风险评价值。经测算，评价体系的全车种评价值呈钟形分布，各评价值组别预测赔付率与实际赔付率均拟合较好。

目前，全国车险信息平台面向所有保险公司提供新签保单的上张保单的风险评价值的查询服务。具体流程为：保险公司在全国车险信息平台进行投保查询时，查找该新签保单的对应车辆和该车辆的上张保单（根据车辆车牌号、号牌种类、发动机号、车架号），平台返回该车辆对应的上一张保单的风险评价值。

（二）评价体系的行业应用效果

经行业专家评审，认为评价体系模型效果至少可达到行业中型公司的模型提升能力，原因在于相比行业基础费率表模型或公司模型有以下优势。

数据方面，评价体系测算中使用了 2013 年以来行业历史数据，使得模型结果比公司模型更加稳定。

模型方面，评价体系模型中使用了多年出险情况转移因子、从人因子等，极大地提升了模型效果。

技术方面，评价体系及时对行业风险成本变化趋势进行密切跟踪和优化，更能体现行业真实风险基准。而行业费率表需要保持稳定，相对于市场存在一定的滞后性。

2020 年，行业各保险公司通过全国车险信息平台查询风险评价值超过 20 亿次，被人保财险、平安产险、国寿财险等行业公司广泛应用于精算定价和核保等业务环节中，提升了行业精算定价和风险筛选水平。

行业各公司通过使用评价体系风险评价值，有效弥补了行业基准费率与公司定价系统之间存在的空缺，特别是辅助公司找准了市场风险基准，提升了公司自主定价能力，防止了因风险识别偏差带来的非理性竞争。

四　评价体系辅助监管机构开展地区风险监测，探索非现场监管

（一）评价体系应用于监管领域，建立完成车险风险监测体系

在借鉴基础评价体系模型成果的基础上，形成了独立运行的、服务监管机构的体系——车险风险监测体系，其主要成果包括以下内容。

（1）实现对当期新签保单的赔付率预测。依托基础评价体系的模型和全国车险信息平台的保单信息，可实现对每个新签保单的赔付率进行预测，实现了对车险全行业保单风险的监测功能。

（2）实现对各公司车险风险筛选能力的判定和分析。建立了基于预测赔付率的公司风险筛选能力指数①，并通过监测风险筛选能力指数的偏离度，辅助监管机构引导行业开展风险筛选能力建设。

（3）开展风险综合监测。监测体系综合市场研判、业务结构、风险筛选和风险管理等公司经营的核心指标（具体包括预测赔付率、风险筛选能力指数、自主折扣系数、件数增速和保费增速等）及其与行业平均水平的偏离程度，辅助监管机构综合研判市场变化和各公司具体经营情况，做到监管不缺位、不越位，既做到对风险的监测预警，又防止过度的监管措施对车险正常市场化经营行为可能造成的干扰。

（4）探索构建了一套市场评价指标体系，科学反映改革成效。该指标体系综合考虑了行业发展、消费者获得感、市场合规性和市场风险四个方面，并通过相应的指标进行量化。

（二）风险监测体系辅助监管机构实时监测公司经营风险

车险综改后，保险公司拥有了更大的自主定价权，由于承保策略和风险筛选能力的差异，同一客户的报价可能出现较大差异，各市场主体的业务结构出

① 具体通过对将全体保单按照预测赔付率由低到高排序分组后测算其变异系数，可得到风险筛选能力指数，该指数越低，说明风险筛选能力越高。

现较大分化，把业务结构和平均折扣水平割裂开来无法对公司的经营结果进行客观评判。

某地银保监局依托风险监测体系，对所监管的各个公司进行全面客观的风险监测，并开展了有针对性的窗口指导，发现某保险公司 A 实行的平均折扣偏离监管报批方案。经过监测体系分析，如图 4 所示，原因在于该公司风险筛选能力较强（行业平均风险筛选指标为 23.2，该公司仅为 19，明显超出行业整体水平），导致优质业务占比较高，并能对优质业务匹配了较低的价格折扣，导致平均折扣较低。但该公司整体赔付率低于行业平均值，风险处于可控范围内。因此，监管机构未对该公司业务经营进行干预，避免了对市场的干扰。

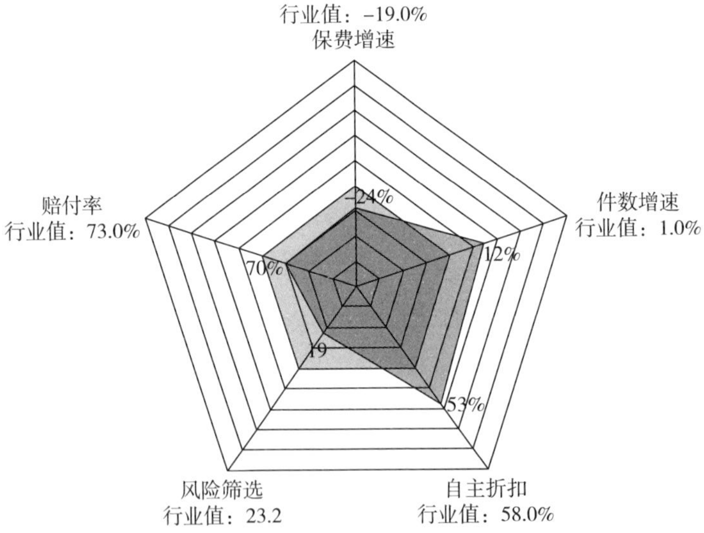

图 4　某保险公司 A 的风险监测

资料来源：全国车险信息平台。

（三）利用风险监测体系，探索分类监管的新方式

风险监测体系的测算结果，可辅助监管机构分析各家公司在多维上的风险筛选能力（风险筛选指数越低，说明风险筛选能力越高），某地银保监局将市场主体分为 A、B、C 三类。A 类公司普遍具有较强的自主定价能力，公司业

务结构改善明显；B 类公司整体风险可控；C 类公司整体赔付率风险较高、风险筛选能力较低，存在较高风险。据此，当地银保监局定期约谈各类公司，尤其重点对 C 类公司进行风险提示，帮助市场主体进行理性调整。

五　总结与展望

未来，评价体系将紧密结合车险综合改革的深化，根据行业需求和市场变化，开展以下工作。

服务监管方面，积极总结各地银保监局应用风险监测体系的经验，持续对监测体系进行优化；开展风险监测体系的监管应用推广，并逐步扩大应用范围至全国 36 个地区。

服务行业方面，定期对全国车险信息平台评价体系服务生产系统数据更新和发布；持续开展模型基准的监测、基准或模型的更新；组织行业各公司对评价体系的应用效果进行回溯和总结，并辅助中小保险公司对评价体系开展应用深化和拓展工作。

数字化转型篇

The Digital Transformation of Automobile and Insurance Industry Chain

B.23 如何成为人工智能驱动的数字化企业

赵家炜 〔德〕马克·兹格勒 〔德〕斯文·罗斯曼*

摘 要： 随着科技进步日新月异，数据驱动的人工智能（AI）正在引领新一轮企业运营的革命。诸多行业领军企业已经转换思维，将数据驱动的AI视为产业变革的核心驱动力，并制定了相应战略发展目标。但是，大多数企业却因种种问题陷入了“人工智能试点陷阱”，无法让数据驱动的AI产生应有的价值。保时捷管理咨询近期针对78名欧洲制造业等高级管理层和人工智能专家的调研结果显示，近93%的企业希望能通过数据驱动的AI创造价值，但仅有35%的企业从最近的人工智投入中看到了回报潜力。

笔者基于保时捷管理咨询的诸多研究和项目，以及其战

* 赵家炜，保时捷管理咨询中国董事总经理及首席执行总裁，高级董事总经理，研究方向为高绩效企业组织、智能制造；马克·兹格勒，保时捷管理咨询德国合伙人，董事总经理，研究方向为企业数字化、人工智能；斯文·罗斯曼，保时捷管理咨询德国项目经理，研究方向为企业数字化。

略合作伙伴，欧洲领先、德国最大的人工智能推广项目appliedAI的实践经验，撰写了这一求真务实的指南，旨在引导企业发挥数据驱动的AI的全部潜能，转型成为人工智能驱动的数字化组织。

关键词：数字化　企业运营　战略

一　数据驱动的人工智能概述

人工智能（Artificial Inteligence）是让机器像人一样思考和行动的科学技术。换言之，人工智能意味着由计算机完成那些常常需要人类的智慧才能处理的任务，通过编程、规则定义或者其他更先进的技术来实现。目前，“人工智能”一词主要包括一系列机器学习（Machine Learning）技术：将不同种类的数据集群提取为抽象概念，并用以解决特定任务。其商业价值主要围绕八大能力。

“看”：AI理解图片和视频等视觉元素（如协助放射科医师诊断病灶）；

“听”：AI识别声响信号和音频的模式（如协助查询机械异响原因）；

“说”：AI模拟人类沟通（如机器人客服与顾客交谈）；

专家能力：AI分析推导逻辑性的结论（如通过分析CRM数据判断下一步行动的最佳选择）；

规划能力：AI优化资源分配（如优化生产和物流规划）；

预测能力：AI利用数据预测特定事件（如预测消费者需求变化）；

控制能力：AI控制厂房和机器（如用于人机协同的感知机器人）；

自主操控能力：AI监测、控制和优化环境，并自动决策和执行操作（如无人自动生产线）。

二　数据驱动的AI能为企业创造什么商业价值

数据驱动的AI的重要价值日益凸显。如今，机器能够看、听、说、走路、学习，甚至驾驶汽车，替代人类执行越来越多的任务，在各行各业发挥越来越大的重要作用。许多行业领军者早已开始利用 AI 打造“护城河”，为未来的市场竞争建立具有决定作用，且可持续发展的优势。有的高层管理人员甚至认为，AI 将驱动大规模的商业价值转移，在全球范围内对医疗和汽车等行业产生万亿元级别的影响。AI 带来的价值不仅作用于公司层面，而且对整个产业生态系统产生深远影响，这体现在三个维度（见图 1）。

（1）推动营收增长：AI 创新或提升产品服务。

（2）改善客户体验：AI 个性化客户互动。

（3）提升效率：自动化、优化业务流程或强化人力产出。

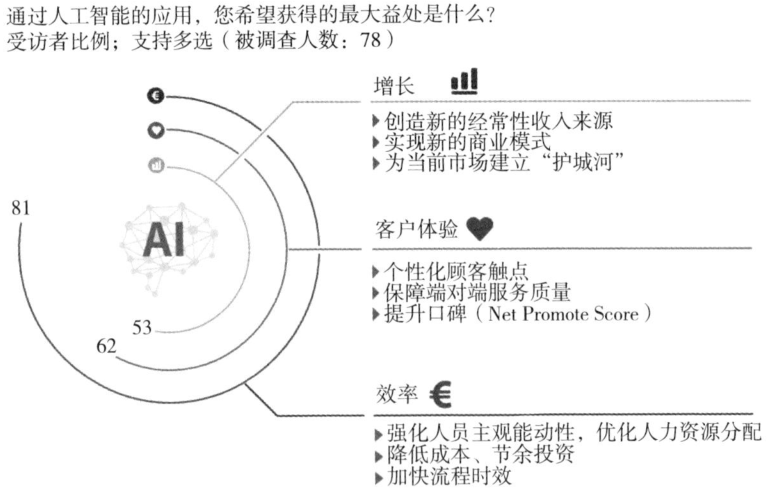

图 1　关于人工智能商业价值维度的调研结果

资料来源：保时捷管理咨询有限公司调研数据。

（一）增长

通过将数据驱动的 AI 融入产品和服务，企业可以升级现有业务，同时挖掘新的收入来源。数据驱动的 AI 可以赋能企业开发创新商业模式，满足过去难以触达的客户需求。

（二）客户体验

数据驱动的AI具有一个得天独厚的优势：它能够为所有的客户触点带来更为个性化的交互体验，并同时实现相关流程的自动化。由此带来的客户体验改善可以增加互动频次、平均交易额、客户保留率和客户推荐率，从而提升客户的终身价值。相同的机制亦能够推及企业与员工，乃至与经销商、供应商等合作伙伴之间的交互体验优化。

（三）效率

数据驱动的AI可以从优化运营、流程自动化和赋能员工等方面提升企业内部的组织效率，帮助企业精简乃至重新设计内部流程，从而产生巨大的商业价值。保时捷管理咨询的《自我驱动型企业之路》着重分析了企业支持职能的巨大效率潜力，同时展示了40多个经典应用案例。基于这些真实案例，通过数据驱动的AI实现的智能流程自动化能够跨越式地提升企业效率，在IT运营部门（提升60%）和采购部门（提升近50%）成果最为突出，在财务、人力资源部门亦收效显著（均为40%）。数据驱动的AI可以帮助流程实现自动化，帮助人员强化主观能动性，从而用更少的资源、更标准化的工作流程实现更高的处理速度。

三　成为人工智能驱动的数字化企业组织需要什么先决条件

尽管众多企业已经认识到了数据驱动的AI的潜在价值及其对未来业务的颠覆性影响，但是我们的调研显示：近一半的受访者认为其所在企业的人工智能水平尚在萌芽之中，或仅仅处于概念验证、零星试点阶段（见图2）。

为什么很多企业难以实现数据驱动的AI应用案例“从原型到量产”的突破？在被问及推广AI的关键挑战时，47%的受访者指向了缺乏的专业知识（见图3），其次是难以获取有效的数据、合适的人才（约30%），接下来是试点业务项目的ROI（投资回报率）不佳。调查还展示了一个并不算意料之外的有趣反差：在制定明确的AI战略愿景时，小型企业相较大型企业更可能遭遇阻碍；而将在AI整合入e2e（端到端）解决方案的阶段，大型企业所面临的困难程度数倍于小型企业。

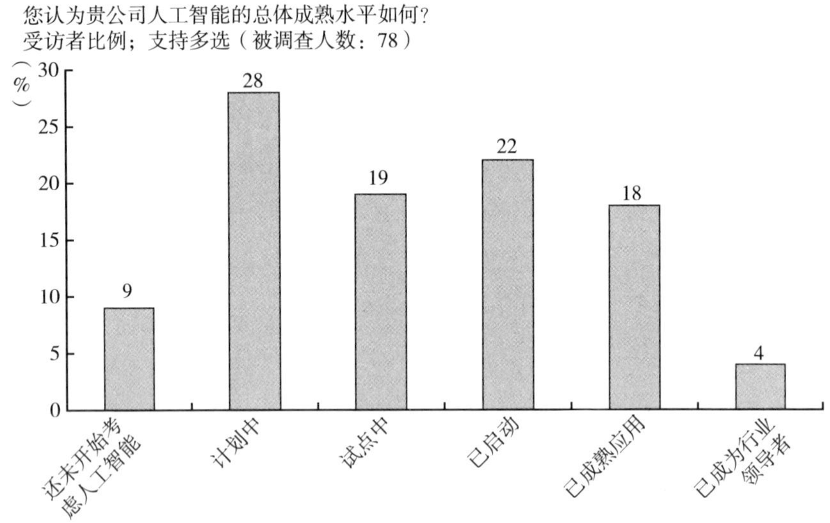

图2　关于人工智能成熟水平的调研结果

资料来源：保时捷管理咨询有限公司调研数据。

制定明确的AI战略愿景和目标固然至关重要，但是大多数公司都是在进入执行阶段之后裹足不前。导致这种现状的原因多种多样，但无论哪个行业，这些表现不尽如人意的企业都有一个共性问题：它们更关注人工智能的“是什么”而不是“怎么办”。例如，厘清了要完成什么样的AI相关目标，却没有部署如何具体协调AI的应用、把握试验的节奏，并将AI一步一步渗透至企业的每个角落。

许多传统企业可能重复过去的失误，就像当年把互联网崛起带来的数字化浪潮想得太简单一样，如今把数据驱动的AI也想得太简单。十年前，一些企业认为新建几个网站就掌握了“互联网思维”，却未曾考量互联网带来的数字化浪潮的真正价值在于建立全新的企业文化和工作方式，比如A/B测试、基于短周期试错的不断迭代创新以及“自下而上”的依靠一线工程师和产品经理的决策。在数据驱动的AI时代，很多传统企业似乎都将收购机器学习能力视为转型的必胜诀窍。但实际上，谷歌、亚马逊、优步、阿里巴巴和腾讯等全球领先的科技巨头在数字化上的经验都表明，人工智能驱动的数字化企业组织的内涵远远不止于此。

自两三年前起，这些科技巨头都坚定地进入了“AI优先”的商业模式，

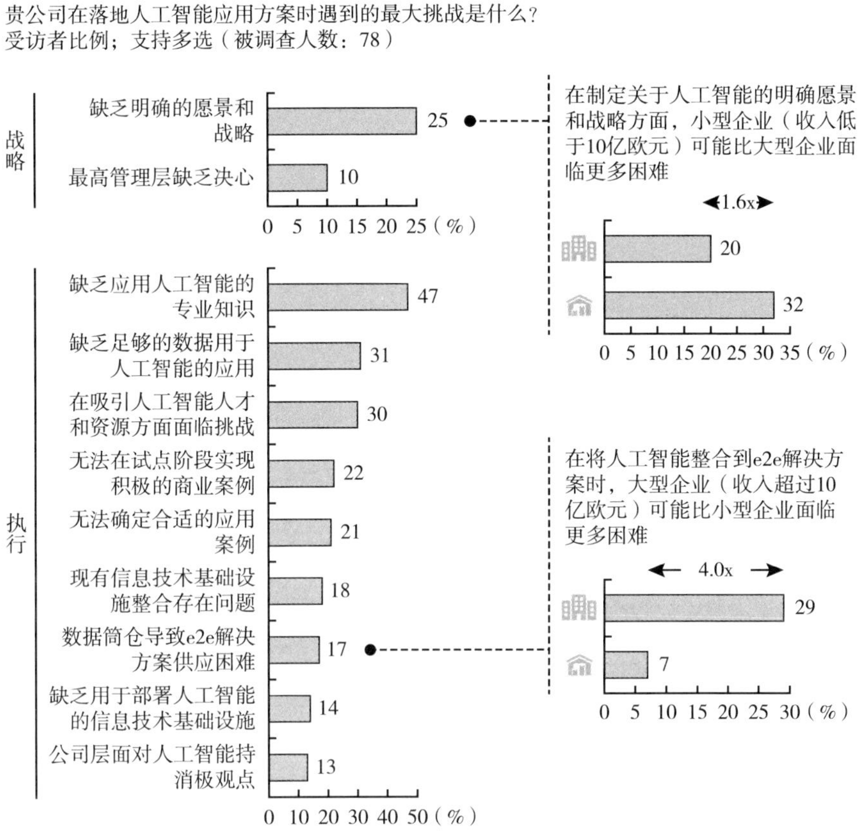

图3　关于应用人工智能的最大挑战的调研结果

资料来源：保时捷管理咨询有限公司调研数据。

并将数据驱动的AI作为一切业务的核心驱动力。它们的历史经验表明，成功将人工智能规模化应用远远不止于掌握正确的技术这么简单。为了充分发挥AI创造的商业价值，这些企业重点打造了与数据驱动的AI相适应的运营模式，从而赋能所有员工都能运用AI技术超越现状、达成新目标。这些企业的竞争优势建立在更深入的变革之上：打通数据渠道，使团队能够获取大量的、一致性的数据；搭建能够推动高速度数据试验的基础架构；逐个打造AI生命周期中的自动化工作流程；鼓励发展新的商业思维方式应对市场挑战。

经历了互联网时代的浪潮洗礼，众多企业已经转变思维，认识到无论是在所谓的新兴领域还是传统的制造业，数据都是企业的核心资产。然而，为了发掘这些企业"埋藏"的数据资产的价值，企业还需要在如何运营、如何决策上作出与之相适应的变革。这样的变革任重道远，企业领导人需要帮助员工做好准备，发动、培训和激励员工团队做出改变——但首先以身作则，发挥带头作用。

四　如何制定发展AI的战略指导方针

为了系统性地收获数据驱动的AI所能创造的价值，企业需要制定一套完整的指导方针，并与企业总体发展战略融合统一。企业需要明确到底如何利用数据驱动的AI打造竞争优势的具体路径。数据驱动的AI带来的是变革，而变革必须由企业的最高管理层来领导。因此，企业领导层需要对人工智能的原则和潜力有深刻理解，才能成功启动企业相关的战略制定。

全面的AI驱动的数字化企业组织指导方针包括三大核心要素（见图4）。

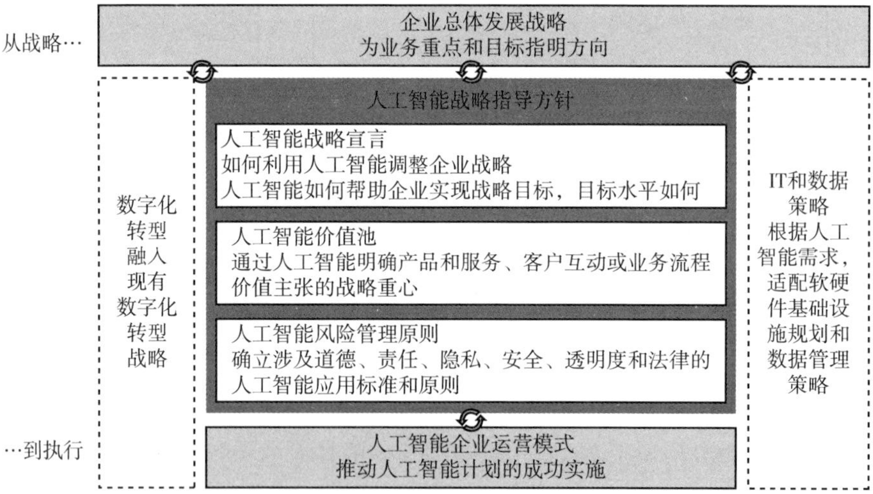

图4　全面的AI驱动的数字化企业组织指导方针

资料来源：保时捷管理咨询有限公司调研数据。

首先，清晰的AI战略宣言如同一面红旗，可以指明企业战略发展道路的大方向，并为企业的各个发展时期设立具体目标，如博世首席执行官Volkmar Denner公开发布的战略宣言。响亮的战略目标鼓舞人心，然而企业不可低估为了达成这一目标所需付出的成本、人力投入和重心转移。对博世而言，将企业定位为 AI 赋能型企业是一项贯彻了所有业务的重大战略措施。将 AI 赋能的应用水平从落后行业一路披荆斩棘提升至一流甚至开拓者，是一项任重道远的大型工程，并可能带来商业模式的改变。

虽然部分受访公司（见图 5）没有将数据驱动的 AI 纳入企业总体发展战略中（19%），但更多的企业指出，人工智能（至少间接）会对其企业战略（25%）产生影响，或者会将人工智能用作战略部署的赋能工具（39%）。只有 13% 的受访者表示，人工智能目前是企业总体发展战略的核心支柱，有 4% 的受访者表示人工智能未来将会成为企业总体发展战略的核心支柱。上述调研结果显示，大多数企业仍需坚定自己在发展数据驱动的 AI 方面的立场。

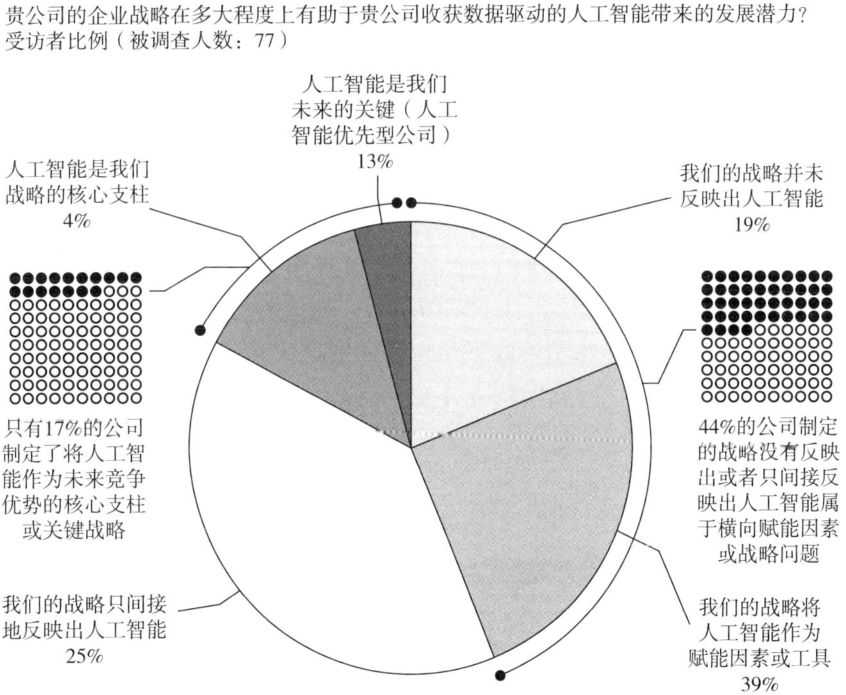

图 5　关于将人工智能纳入企业总体发展战略情况的调研结果

资料来源：保时捷管理咨询有限公司调研数据。

其次，企业应定义和计量自身的人工智能价值池，从而明确最有潜力的 AI 应用领域，以此作为战略重心。基于 AI 价值池的深入探讨能帮助企业优化投入、确定工作重心，并进一步确定首批试点应用案例。例如，汽车企业的主要人工智能价值池可能存在于自动驾驶、车内 AI 助手和 AI 编程等领域，而农业企业的主要价值池可能是基于 AI 视觉分析和预测能力实现的自动化农业机械，等等。

最后，当 AI 开始辅佐企业最高管理层的决策的时候，建立相应的风险管理原则就尤为重要。在部署 AI 的过程中，企业需要从全局考虑，谨慎地控制 AI 对员工、其他个人乃至整个社会可能产生的负面影响。现有的企业价值观固然能够为 AI 的应用提供良好的指导，但企业领导人需要建立更为具体的风险管理原则，在全公司范围内贯彻，尤其是涉及人工智能的道德、责任、透明度、隐私和安全的问题。这些原则应着重在数据自决和反偏见上设置严格的监管标准，确保 AI 的应用始终以客户或员工为中心，从而获得他们的信任和支持。同时，这些原则亦是指导一线开发人员工作的实用工具，帮助团队快速做出正确的选择，保障落地方案始终符合公司价值观和客户期望。

五　如何具体打造 AI 驱动的数字化企业运营模式

企业需要突破想的阶段，进入做的阶段，才能成功将 AI 规模化应用于驱动数字化企业组织。AI 驱动的数字化企业运营模式囊括四大核心要素（见图 6），即项目组合管理、组织架构设计和公司治理、人才和文化以及技术和数据框架，后文将逐一深入说明。

（一）项目组合管理

成功的 AI 驱动的数字化企业无一例外地建立了系统化、结构化的方法，来识别、评估、优先和后续实施应用案例。在 AI 应用规模化的过程中，目标可能产生阶段性的变化。例如，企业成长为 AI 驱动的数字化组织的旅程初期，目标可能是首创一个灯塔范例，但它最终服务于在整个企业组织贯彻人工智能应用的目的。首先，企业需要从以下三大动机出发，思考和初步确定可能的应用案例长名单。

- 战略动机：AI 项目如何推进前述人工智能价值池设定的战略目标？
- 资产动机：如何通过 AI 项目活用企业中的现有数据资源和基础设施？

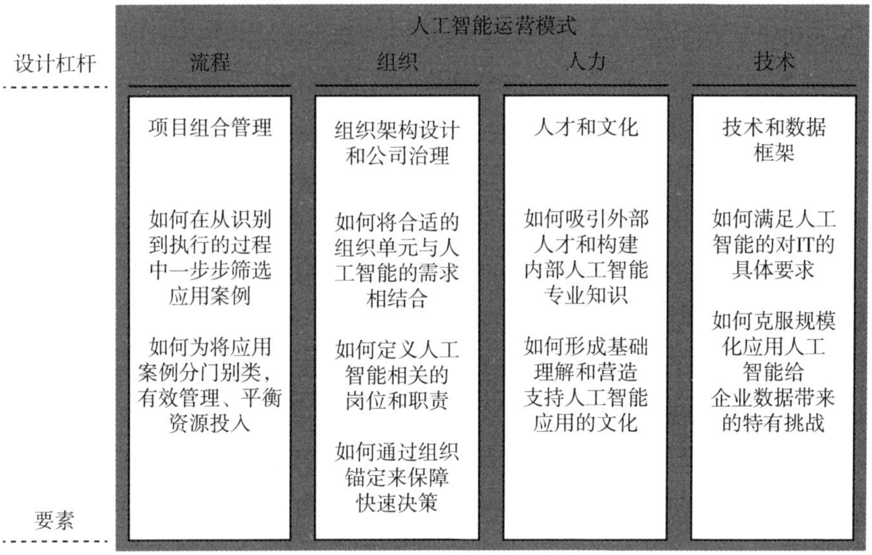

图6　人工智能运营模式的四大核心要素

资料来源：保时捷管理咨询有限公司调研数据。

► 能力动机：有没有什么可以从市场上采购到的、企业自有的或者较容易建立的 AI 能力，能立竿见影地解决现有产品或流程中的问题、服务客户和员工？

其次，进入细化评估环节，从商业价值和实施便利度两个维度评定优先级（见图 7）。不难预见的是，企业很可能尚不具备实现这些选定应用案例的全部所需能力。那么，是通过内部开发自有解决方案新建 AI 能力，还是通过与第三方合作来快速获得竞争优势，企业需要在两者之间平衡选择。

最后，企业需要为 AI 应用案例的执行预先设计流程。appliedAI 提供的流程模型就是一个优秀的参考范例（见图 8）。无数的过往经验表明，在企业内获取数据并确保这些数据的质量可能会消耗大量的时间，甚至遭遇意外的风险。企业需要在准备阶段先行梳理这些流程，保障相关渠道畅通。这是必须完成的第一步，亦是最为关键的一步。AI 应用案例常常涉及大量的数据、多样的算法和对流程嵌入的需求，导致了较高的不确定性。在探索阶段，企业需要进一步进行项目的概念验证，确保时间可控。在后期开发和操作阶段，项目的成功依赖于 AI 工程技能和软件工程技能的共同贡献，单兵作战是很难凑齐全部技能的。因此，企业需要积极建立跨部门的合作机制，如充分调动 IT 部门的支持能力。

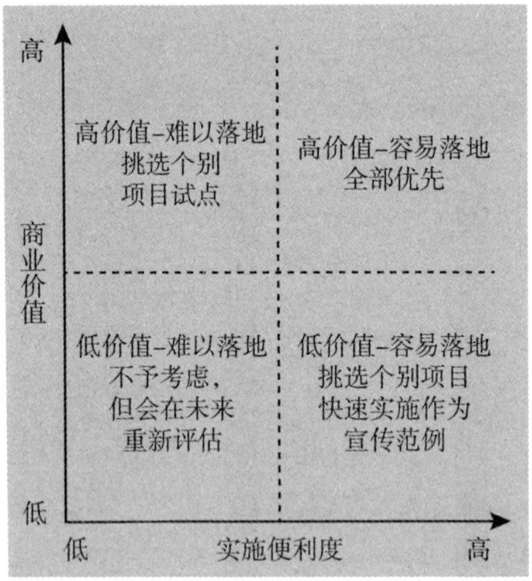

商业价值	实施便利度
财务价值 以直接货币化为考量，比如节余和销售增长潜力	输入数据 以数据来源的数据质量、可用性和复杂性等方面为考量
客户和公司价值 涉及直接附加价值，比如提高服务质量、改善产品质量、流程改善和员工满意度等	必备专业知识 将会评估需要的知识，比如领域专业知识和技术知识等
战略价值 涉及战略方面，比如实现人工智能愿景、可持续发展、创新和分化程度等	变化影响 考量组织方面，比如流程变更、技术系统调整和文化变化等

图 7　人工智能应用案例优先级评估

资料来源：保时捷管理咨询有限公司。

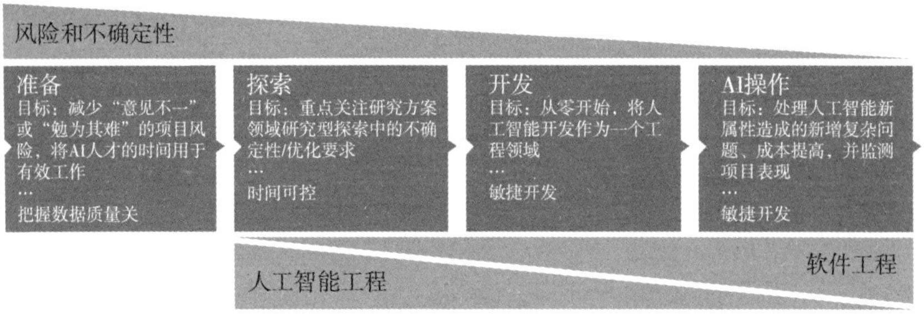

图 8　appliedAI 针对人工智能应用案例执行的流程模型

资料来源：保时捷管理咨询有限公司。

（二）组织架构设计和公司治理

在不改变传统组织架构设计的情况下，企业 AI 应用案例的落地常常会在概念验证或试点阶段停滞不前。这样“恪守传统”的企业通常难以组建能力达标的跨职能团队，导致项目设置死板、灵活度受限，或者难以将各业务部门独立的应用案例有效整合。那么，什么样的组织架构设计才能有效支持和推动 AI 应用案例的落地？图 9 展示出了三种最为常见的方案，下文将依次对其有效性和实用范围展开探讨。

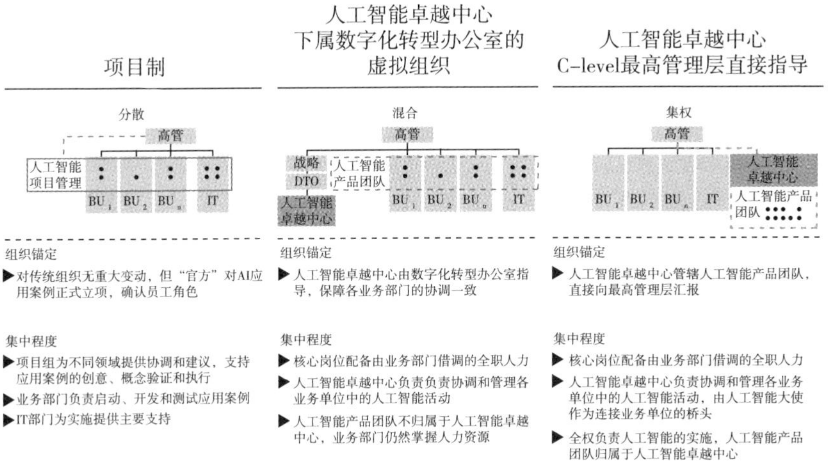

图 9　人工智能组织锚定的设计方案

资料来源：保时捷管理咨询有限公司。

注：圆点代表 AI 项目组人员。

正式建立一个 AI 项目组对企业来说是一个合理的起点，这相对简单，亦可以整合企业内各处现有的 AI 投入。但是经验表明，这样的项目组在规模化推广 AI 应用上的效果并不理想。这些“兼职”团队成员角色往往不足以胜任高要求的跨业务部门对接和利益冲突协调，导致项目组极易在进一步推广应用案例时陷入僵局。

组建一个专职的人工智能卓越中心是更为常见且行之有效的方案：它将负责支持和完善 AI 指导方针、推动应用案例的执行流程设计、管理项目组合、协调合作伙伴，并为跨业务部门对接建立有矩可循的机制，在企业成为 AI 驱动的数字化组织的道路上扮演“舵手”的角色。保时捷管理咨询调研显示，建立人工智能卓越中心是促进 AI 在企业组织中应用最有利的因素（见图 10）。近年来在数字化浪潮下，许多企业已经设立了数字转型办公室（DTO）或类似机构，这正是一个极为合适的人工智能卓越中心的锚定点。

AI 产品团队则由全职的跨业务领域人才组成，他们通常能够自主安排工作，并具备充足的资金支持。产品团队的工作重点是挖掘客户和业务价值，并不断推出增值方案。卓越中心为产品团队提供指导和支持，解决业务部门之间的潜在冲突，并按需委派专家。图 11 总结了人工智能卓越中心、人工智能产品组与业务部门分担的责任，三者支撑起规模化发展人工智能最重要的工作团

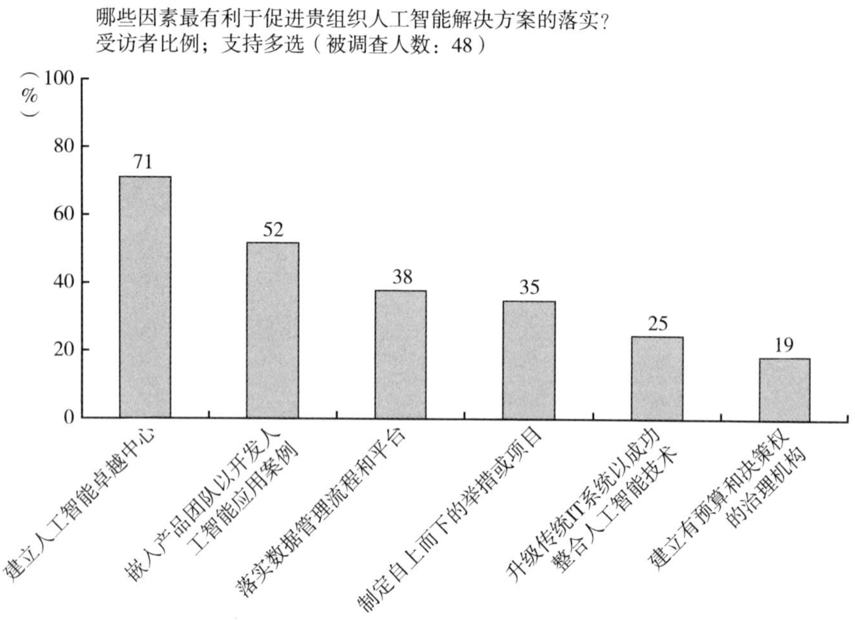

图 10　人工智能成功因素的调研结果

资料来源：保时捷管理咨询有限公司。

队；而图 12 则提供了职责详情的一个示例。与此同时，越来越多的企业开始采用由最高管理层（如 CIO、CTO、CSO）直接指导 AI 卓越中心和 AI 产品团队的方案。麻省理工学院斯隆管理学院近期的一项研究显示了一个耐人寻味的结果：相较于由其他 CXO 负责人工智能推广的企业，由 CIO（首席信息官）负责人工智能推广的企业从中获取价值的概率只有前者的一半。这并不意味着 CIO 在人工智能上的项目管理能力低于其他高层领导。过往案例表明，狭义的从技术立场理解人工智能，如将 AI 简单归类为一种 IT 解决方案时，通常会导致企业低估了 AI 的变革特征。自上而下地深刻理解 AI 可能对企业产生的变革性影响，才能使企业在组织架构和公司治理上做好充足的应对。

（三）培养人才和文化

为了把握人工智能带来的新机遇，如今的企业比以往任何时候都更需要多领域的交叉融合型人才。数据工程师、数据科学家、人工智能工程师等岗位对于大多数传统制造公司来说都是新概念，而且少有企业已储备了相关人才。成

	职责	人工智能卓越中心	人工智能产品组	业务部门
战略	制定人工智能指导方针和人工智能运营模式	✓负责		
	定义和审核人工智能价值池和投资领域	✓负责		✓负责
项目组合管理	创意开发、证实和实验意见咨询	✓负责	✓支持	✓支持
	协调人工智能应用案例渠道	✓负责		
技术和基础设施	识别、测试和实现新技术和工具	✓负责		
	提供人工智能平台和工具包	✓负责		✓支持
	提供新要求扩展工具包	✓负责	✓支持	
执行和规模化	执行概念验证	✓支持	✓负责	✓支持
	实施和拓展人工智能应用案例	✓负责	✓负责	✓支持
	操作、生命周期管理和持续改善	✓负责	✓负责	✓支持
实现和沟通	提供培训和基础知识	✓负责		
	提供和编制人工智能手册	✓负责		
	推动变革管理和沟通措施	✓支持		✓负责
生态系统管理	战略、生态系统合作伙伴关系开发和培育	✓负责		
	供应商选择和合作伙伴整合	✓支持	✓支持	✓负责
	（内外部）人工智能社区开发	✓负责		

✓ 负责　✓ 支持

图 11　人工智能组织架构设计中的职责划分

资料来源：保时捷管理咨询有限公司。

功的 AI 驱动的数字化组织需要建立同时具有工程经验、商业敏锐度、分析技能和业务知识的核心人才团队（见图 13），最好每一位成员都具备如上所有能力。对传统企业而言，从外部聘请人才并非易事，充分发挥这些新专家的潜力也同样困难。面对这样的现实，企业唯有发动和赋能自有业务部门专家（如研发工程师、机器操作工和 IT 工程师等）的潜力，建立业务专家与 AI 专家的深入合作机制，才能充分发挥数据驱动的 AI 的潜力。

与外部伙伴建立合作是许多企业获取相关能力的合理起点。63% 的调查受访者指出，他们开展人工智能工作的第一步就是建立外部伙伴关系，包括外包、战略伙伴关系或合资企业等多种形式。这些都有助于企业从零构建能力，并为获得更多的外部人才资源打下基础。同时，对现有内部员工的培训也应双管齐下地进行，如采用在线学习、课堂培训、知识社区等多种形式，或者由 AI 卓越中心牵头组织 AI 大使培训项目，赋能业务专家和更多员工支持企业走向 AI 驱动的数字化组织的变革过程。

同时，企业文化上的变革作为 AI 驱动的数字化组织的“柔软侧”，亦需要企业做足功课。一些传统企业的内外部数据资源散如孤岛，既不透明又无关联。

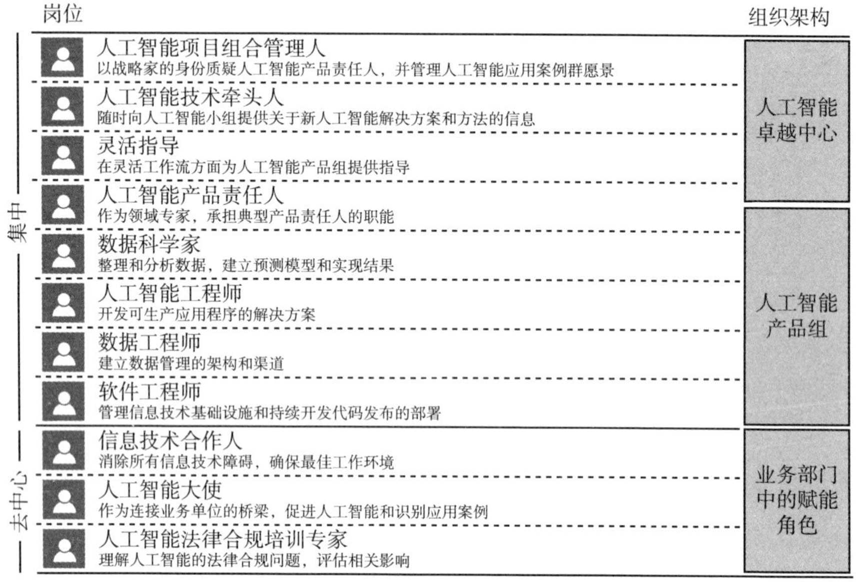

图 12　人工智能组织架构设计中关键岗位的职责描述

资料来源：保时捷管理咨询有限公司。

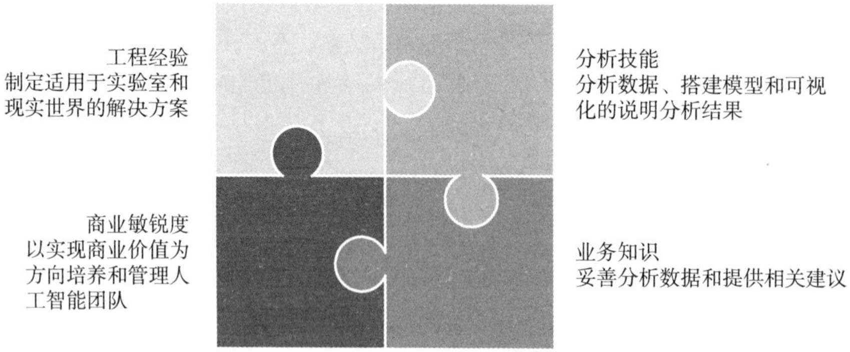

图 13　人工智能组织中需要的能力

资料来源：保时捷管理咨询有限公司。

在人工智能的时代，企业终将成为密切结合的有机体，在所有单元之间持续共享信息和数据。企业组织必须首先建立相应的业务惯例来指导不同部门和业务板块中的数据管理，并在需要的特定范围内确保“绝对透明”的数据分享文化。

（四）构建技术和数据框架

规模化应用数据驱动的AI仍然需要企业进一步创新设计，业界尚无成熟的范例可以全盘照搬，即使是英伟达、优步或谷歌这样的AI领军者也仍处于摸索阶段。但是，基于这些先行者的经验，我们可以提炼出构建相应技术和数据框架的三大核心要素：架构、基础设施和平台。

1. 数据架构

大多数公司都希望在单一架构的基础上实现标准化，但这个想法已被证实在大型组织中不切实际，我们建议企业放手让数据科学家和开发人员使用他们想要的架构。在AI正处于快速发展阶段的现在，多种架构各有所长，其优势难以得兼：开发环境需要架构具有快速迭代的灵活性，而在生产环境中，框架的稳定性和可扩展性才是重中之重。当然，企业可运用ONNX（开放神经网络交换）这类工具促进数据模型在不同框架之间的“翻译”以及数据模型从开发环境到生产环境的过渡。

2. 基础设施

基础设施主要涉及存储、网络和计算的软硬件能力。使用（公有）云来替代企业自己安装和运营的本地数据中心在传统的IT服务领域已是大势所趋，但对于数据驱动的AI来说，答案并没有那么简单。工业自动化和物联网对延迟、带宽等的要求远远高出一般IT服务，云方案并不一定能够完全满足；企业自有的本地数据中心则在特定场景下具有难以替代的优势。目前，许多企业选择在本地部署小型数据中心作为起点，以较少的投资快速取得初步成果，再以云方案作为灵活补充。

3. 平台

先进的数据试验平台允许数据科学家针对特定场景开发、测试和评估各种机器学习模型，并沉淀可以在未来模型中重复使用的“知识元素”。许多数字化组织的全球领军企业已经建立了自有机器学习平台，实现AI开发的全生命周期管理。例如，Facebook、谷歌和优步已经分别构建了FBLearner Flow、TFX和Michelangelo来管理数据准备、试验、模型训练、部署和监控。图14展示了优步是如何利用这样一个平台将数据驱动的AI规模化的。市面上也有众多供应商为企业提供商业或者开源的平台解决方案，如微软、腾讯、DataBricks等。

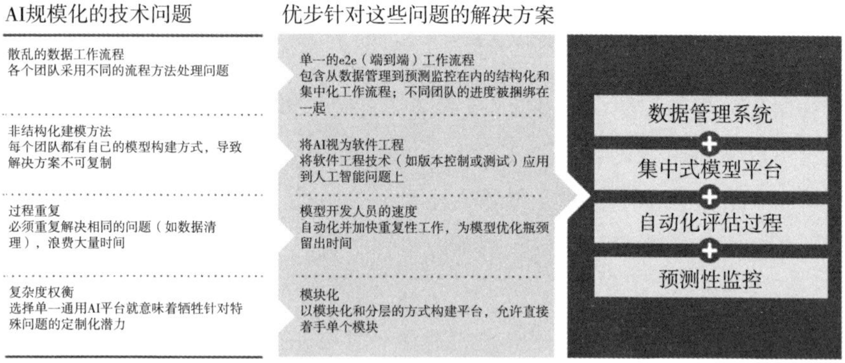

图 14　如何通过优步的 Michelangelo 方案建立一个可使 AI 规模化的平台

资料来源：保时捷管理咨询有限公司和优步。

无论选择向供应商采购还是自行搭建的平台方案，任何志在规模化部署数据驱动的 AI 的企业都需要一个严格和系统化的工作流程来管理、记录和监控从数据输入到最终行动的工作流程，例如我们展示的一个典型方案（见图 15）。

图 15　人工智能实施工作流程

资料来源：保时捷管理咨询有限公司和 appliedAI。

（五）数据策略

谈到具体的数据，大多数企业已经认识到了数据能够创造的价值潜力，并或多或少地制定了相应的数据策略。然而，数据驱动的 AI 对如何在实时环境中有所收获地识别、访问、存储、检测和准备数据提出了更高的额外要求。在整个 AI 数据处理中，各环节的核心要求如下。

（1）数据识别：为相关数据和元信息建立透明度。

（2）数据来源：基于清晰的管理原则，给予各个团队所需的数据获取权限。

（3）数据存储：保证各系统均满足持续数据的输入/输出和版本控制的要求。

（4）数据质量：创建数据准备和管理流程，并提出定义明确的数据质量要求。

六　总结：规模化应用数据驱动的 AI 的成功要诀

就像神经网络需要日积月累的学习一样，企业在应用数据驱动的 AI 时也需要学习，并同样遵循着逐渐成长的学习曲线：从早期的概念验证起步，再制定人工智能战略指导方针，并逐步打造人工智能运营模式。在这个过程中，有哪些因素可以帮助您避免常见陷阱，从试点阶段走入规模化应用？我们将本文的精华浓缩成如下十大成功要诀。

（一）了解数据驱动的人工智能

1. 让最高管理层了解 AI

让 CXO 们对人工智能达成一个基本的共识，消弭误解、坚定目标。数据驱动的 AI 意味着变革，最高领导在变革中不可或缺。

2. 理解数据驱动的 AI 是一种组织转型

企业不仅要在技术上投入，也要在其他方面赋能，例如沟通、培训和工作流程。企业层级的教育十分重要，尤其需要所有受到影响的员工深刻理解应用 AI 的意义：沟通、沟通、再沟通。

3. 制定 AI 战略指导方针

立下战略宣言，基于价值池分析细化为可执行的目标，并尽早建立 AI 风险管理原则。这将奠定成功的基础。

（二）启动数据驱动的人工智能

1. 构建核心团队

AI 人才与企业现有的顶尖业务部门人才牢牢团结在一起，共同踩下第一脚油门。建立人工智能卓越中心，为跨业务部门的工作提供强大动力。

2. 从第一批试点开始

选择有可能成为灯塔案例的应用案例，积累第一手经验，指导下一步战略方向。

3. 与 IT 和业务部门密切合作

尽早引入企业的关键负责人达成联盟，充分预测可能的障碍，并让业务部门人员切实承担起应用 AI 的责任。

（三）将数据驱动的人工智能规模化

1. 规模化 AI 企业运营模式的设计

围绕 AI 核心团队构建运营模式，提供足够的预算和自由度，将核心团队与整个企业中分散的桥头相互连接。

2. 利用生态系统

在整个 AI 转型过程中，合作伙伴可以提供关键的成功助力。参与类似于 appliedAI 这样的专业网络组织或业界联盟，发掘公司以外的人才、技术和新动力。

3. 保持稳定步伐

主动引领转型，主动发现和解决问题。随时掌握公司的动态，让熟悉企业组织的利益相关者参与进来，与员工交谈，展开小组讨论。始终领先问题一步。

4. 不断迭代和完善 AI 企业运营模式

与任何转型一样，将数据驱动的 AI 应用规模化需要不断再调整、再适应。充分发挥人工智能卓越中心和人工智能产品团队的协调作用，与各业务部门紧密沟通。

B.24
汽车产品数字化发展现状及趋势

肖 凯　王 镭　常凯迪*

摘　要：　随着汽车“新四化”的快速转型，汽车向着智能化和网联化发展，催生了“软件定义汽车”“产品数字化”等诸多概念，汽车产品也由机械代步工具向多维出行服务伙伴转变。整车企业也开始加速数字化转型，在研发、营销等多个维度催生转变，建立数据体系和研究方法，在未来的汽车产品的开发过程中，多维的数字化产品定义工具将逐步得到应用。而在产品形态上，随着电动化架构的更新和发展，未来汽车产品将具备更多元的形态与功能，实现更多维度的交互，给用户带来出行之外的情感和娱乐体验。

关键词：　汽车　大数据　人工智能　物联网　数字化

一　汽车产业数字化概念

我们一开始在传统工业化已经发展成熟的基础上，开展的是自动化，然后是信息化。信息化本质上讲的是企业如何高效地利用已有的信息，是流程的固化，而未来，我们需要的数字化则是如何将物理的世界转化成可以用于描述事物规律的数字模型。前者解决的是企业经营管理的效率问题，而后者解决的是

* 肖凯，中汽数据有限公司产品研究专员，助理工程师，研究方向为汽车产品数字化转型；王镭，中汽数据有限公司产品研究主任工程师，高级工程师，研究方向为汽车产品数字化转型及智能座舱；常凯迪，中汽数据有限公司产品研究高级工程师，中级工程师，研究方向为汽车产品数字化转型及消费者。

企业如何通过数字模型形成新的商业模型，是创造效益的问题。

数字化是通过信息化互联网时代衍生出的下一代技术发展形态，我们可以通过一个例子来看清这个转化，这个例子就是电商。

汽车工业自福特 T - Model 实现规模化生产以来，车企们提供给用户的是标准化、单一化的产品，常常是先有产品，再去找对应的用户，因此汽车企业解决的是在单位时间内如何高效生产的问题。

随着计算机技术的发展，信息化系统为提高生产效率提供更优的管理工具。传统汽车产品正在诸多数字技术的推动下进行重大革新，向数字化转型升级。埃森哲公司认为汽车将不再是一种单纯的交通工具，未来是智能网联汽车的天下，汽车将发展成一个硬件平台，配置多套定期更新、高速运营的软件。Jrgen Meffert 提出数字化出行的汽车产品是随时联网、使用方便的电动汽车，而且具有智能驾驶功能。温克尔哈克认为，汽车将从出行的交通工具转变为“行驶中的数据中心”，这个中心将配备强大的计算能力和网络基础设施，许多车辆与不同的合作伙伴广泛且不断地联系在一起。此外，随着技术发展，如今的客户显然不再满足于获得相同的产品和服务，尤其是电动化、智能化、网联化的发展，用户的需求需要进行数字化的描述和建模，才能够满足个性化需求，这就是数字化转型的需求。综上所述，汽车的核心价值已经向数字化智能网联方向发展。

许多新企业的核心问题不在于企业内部的管理效率提升，而在于造什么迎合市场、引领时代发展的强竞争力产品。如果可以弄清楚需要造出来什么样的产品，能够准确把握市场的需求，可以说已经成功一半了。事实上过去并不是没有数字化，在汽车工业领域，利用三维模型进行汽车的研发是普遍的应用。但是由于互联网时代，数据的量和模型的复杂度，致使在过去，难以利用计算机对人、货、场进行准确的建模和分析。比如人脸识别、推荐算法依赖的神经网络模型并非新鲜事物，1960 年就曾经风靡一时。而现在，依赖于云计算、大数据等技术，一家新成立的小公司也可以驾驭复杂的数字模型。因此，你不再需要运维一个大规模的数据中心。阿里的王坚博士曾经说过，“数据是生产资料，云计算是生产工具，互联网是基础设施”。云计算、大数据是汽车企业数字化转型的基础。

成为用户企业，以用户为中心是当下汽车企业转型或者新造车势力的目标，这就意味着要不断快速响应、探索、挖掘、引领用户的需求，要与用户形成触点，了解用户，与用户沟通，成为朋友。所以，触达用户的能力、理解用户的能力、响应用户的能力就成为关键。为提高这些能力，中台应运而生。

如今的汽车产品数字化转型，可借助“轻前端，厚中台”的架构，可以打通 BC 端业务流，让主机厂和用户互通互联，如用户在 App 下定后就可以实时跟踪整车制造到物流运输的过程；主机厂把用户的体验行为通过前端触点的埋点记录下，利用数据中台，打通各个系统之间的数据通道，就可以将用户画像标签数据应用于不同的业务场景，如泛产品、活动的推荐。

总而言之，我们看到，汽车企业的产品数字化转型，必须要以“产品为中心”向以“用户为中心”的需要彻底转变，而中台架构是企业落地产品数字化转型的重要能力。汽车企业数字化转型最终需要在业务上实现 BC 端打通的业务价值链，数据上实现全生命周期的数据驱动力，因此必须在架构上实现轻前端、厚中台的架构设计，以建立完善的以用户为中心的业务价值链。

二　产品研发数字化现状及趋势

现如今，随着国家政策引导和汽车强国的需要，汽车向“新四化”加速转型，尤其是汽车智能化和网联化的快速发展，诞生出“软件定义汽车”的全新产品理念，汽车产品将逐步由单一的机械代步工具向软件硬件全面数字化融合的多维出行服务工具和情感体验伙伴转变，众多车企开启全方位数字化转型，在产品开发诞生全生命周期的前期，即产品战略规划、产品企划和功能定义环节，对数字化革新的需求与日俱增，作为汽车企业数字化转型的重要组成部分之一，产品数字化转型研究是汽车企业数字化转型中与企业价值创造相关的重要载体和起始前端。产品数字化转型中需要企业形成的能力核心即为产品创新能力，主要分为产品数字化创新能力和数字化研发设计能力。此外，实现产品数字化转型有几个大的前提：第一是掌握和拥有详尽完备的产品特征数据体系和用户数据体系，这是基础；第二是具备多维的数字化产品定义工具和产品管理工具，这是应用手段；第三是具备更加高效的、更具创新性的产品数字化流程体系，这是底层保证。但目前的情况是：行业内产品数据和用户数据都比较分散，数据采集缺乏统一标准，尚未形成体系化，对企业产品研究、定义工作指导存在不足和偏差。

要解决此类问题，重点在于构建覆盖全流程的产品数据体系以及数据可视化分析工具，在当前条件下，由于各类企业工程标准和供应商体系都不同，难以形成统一数据标准，数据标准的统一大多由第三方公司推动，具体而言，基本款型数据方面，包括车型、年款、款型、指导价、配置等级等相关数据；材料数据方面，包括钢铁材料、橡胶材料、塑料材料、玻璃材料、电线材料等数据；此外还有零部件数据、用户感知数据、配置数据等，不同的数据供应商拥有不同深度的数据，并以此为基础推动数字化决策系统的开发。

当前条件下，为了满足数字化分析的需要，仅仅拥有原始数据是远远不够的，还需要与配套业务结合形成数据可视化系统，当前各企业数字化工具主要停留在工程数据的管理上，如零部件追溯、研发数据管理、生产参数记录等。依托于工程的数据体系较为复杂，且高度专业化，流通相对固定，主要用于支撑研发工程协作、制造规划等业务，虽然对业务流程有良好支撑，但缺乏异构数据统一化流程，各数据难以协同作用，对市场及用户的反馈也难以响应，各个子系统由不同部门掌握，仅仅只能作为工具化软件，难以形成自上而下的统一管理，导致数字化工具难以触达决策层，成为当前整车企业数据系统的固有桎梏。

要解决这个问题，未来需要研究并建立多维度数据融合的有效算法体系，运用新方法新技术实现高效的数字化管理；建立可用于产品定义战略决策的有效工具链体系，最终形成智能化的产品定义数字化管理工具，整合配置、配件、工程等多维度的参数促进各部门协同，形成自上而下的数字化管理体系。基于产品特征数据库，通过对产品研究人员在产品规划定义、生命周期管理等实际产品研究业务场景进行流程梳理和关键点问题提炼，借助质量功能模型（QFD），采用一定的规范化方法将顾客所需特性转化为一系列工程特性，对设计、工艺要求的重要性作出评定，并通过量化的计算，找出产品的关键单元、关键部件、关键工艺，从而为应用优化设计这些“关键”，提供方向，采取有力措施，最终保证产品开发和生产质量（见图 1）。

而随着汽车产品竞争进入深水区，新能源和智能化快速发展，汽车的产品形态发生了诸多改变，消费者对汽车产品的定义也不断改变，需求不断延伸，近年来随着互联网企业深入造车，贴近用户的互联网思维也开始深入汽车产

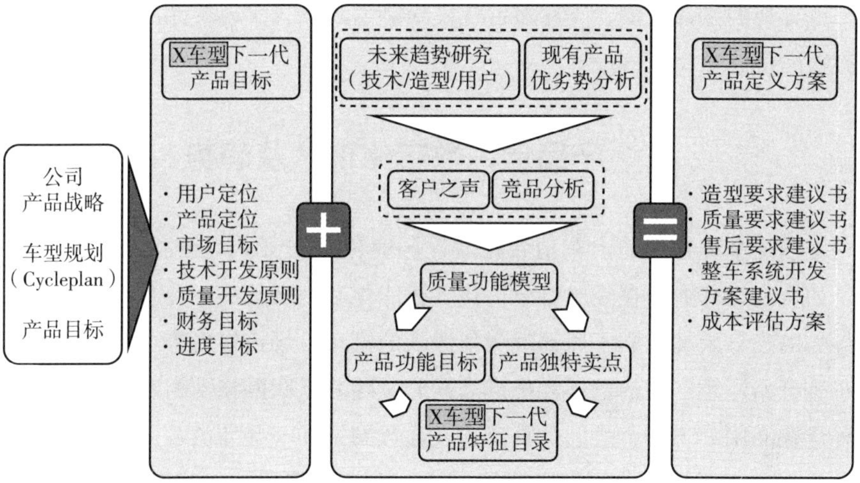

图1　QFD质量控制方案

资料来源：中汽数据有限公司。

品，座舱功能、车联网、远程交互等新形态、新功能也开始涌现。因此，在产品规划过程中，除了传统的工程产品数据之外，还需要引入针对智能座舱功能的相关数据及分析方法。其产品核心服务是基于车辆功能及互联网内容的充分融合，通过与用户进行自然交互的方式，在多个场景下为用户提供极致的智能、个性、情感化用车体验服务。用户从视觉、嗅觉、听觉、触觉以及感知这五个方面，对智能座舱产品产生直接的关系和使用体验，未来智能座舱产品及解决方案也将围绕用户的“五感”开展业务研究。通过对智能座舱视觉数据库（驾驶员行为数据，如面部、行为；驾驶员视觉特征数据：图像及消费者感知量化数据）、听觉数据库（方言语料数据库、测试用提示音）、触觉数据库（内饰触感数据库、人体特征数据库）及人机交互感知量化数据库的挖掘分析，构建基于深度神经网络－隐马尔可夫模型（context－dependentDNN－HMM）的声学模型、与N－gram神经语言模型相结合的车载语音识别模型等，完成对语音的快速精准识别；通过三维人体尺度模型和人体操作运动仿真软件，开发人机工程3D模型，支持研发中新车型的数字化验证工作；通过消费者交互测评数据的深度挖掘，构建交互性评价模型，实现对迭代交互方案的智能化评价。通过座舱测评模型的构建，能够在未来的产品规划中，提供更科学、更直观的设计建议，支撑多种规模功能的开发，实现软件定义汽车，推进座舱功能整体数字化落地。

三 产品营销数字化现状及趋势

中国是全球最大的汽车消费市场，同时汽车产业也是我国重要的经济支柱，如今汽车行业正在经历着电动化、智能化和网联化的巨大产业变革，造车新势力的强势入场加剧了原本就竞争激烈的汽车市场销售形势，使得越来越多的车企开始注重产品的营销和推广。同时，随着互联网技术的发展和用户需求的多样化，用户与车企之间的距离正在通过网络和一些新的营销手段被不断拉近，线上和线下相结合的新型营销模式正在逐步形成。2020 年突如其来的一场新冠肺炎疫情更是加速了众多车企营销思路的转变，将营销重心从线下逐渐转移到线上，并开始尝试直播卖车、VR 看车和上门试驾等方式。具体来讲，目前我国汽车行业的营销现状可以分为以下三点。

汽车是个很独特的行业。高品价、深决策、广覆盖的特点，使其成为最适合数字媒体的行业之一。因此，汽车企业在过去二十年见证了数字化媒体的成长，壮大了数字营销产业。首先是营销主题泛化，营销宣传主体从传统的汽车品牌、经销商等转变为汽车自媒体、汽车 KOL、汽车爱好者等主体的主动宣传；营销渠道也从电视、杂志、户外等传统媒介积极向汽车垂直网站、社区类平台和短视频平台不断拓宽；营销方式也从一开始的广告宣传、线下活动演变为现在的线上发布会、直播间带货、品牌联名和内容融合等多维度的宣传；在宣传内容上，依托汽车垂直网站和短视频平台等新兴渠道，汽车企业可以将明星驾驶日常、生活使用情景、专业人士分析等许多关于产品、设计和制作工艺的内容通过短视频和图文的方式传递给用户，用户也能够通过各类平台充分了解不同产品的特性和差异（见图 2）。

在以往的传统宣传途径中，电视广告、平面广告多是注重宣传汽车的外观性能和价格，用户并不能深入地了解汽车的底层设计和生产技术，现在借助短视频平台和各类汽车垂直网站，车企和各类汽车博主能够将汽车底层设计理念、产品专业配置信息和许多传统媒介无法展现的内容呈现在大众面前，让普通大众从更深层、更独特的视角来理解汽车产品。

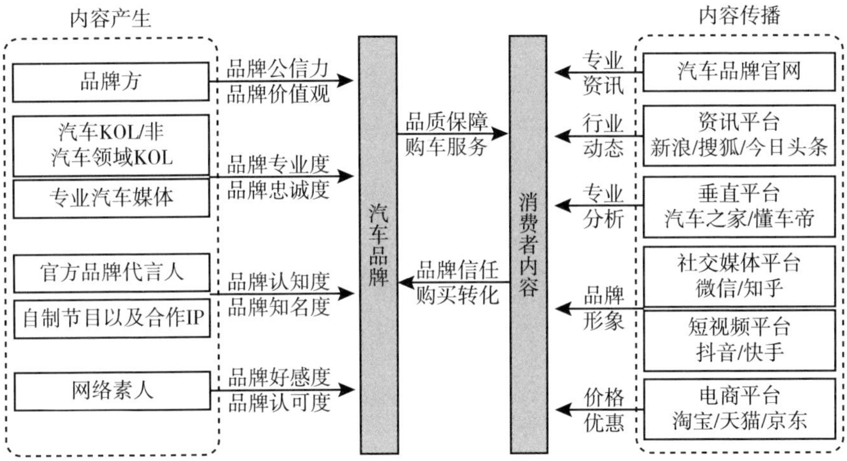

图2　汽车网络内容生态

资料来源：通过公开资料整理而来。

未来汽车行业的主要消费群体将是“90后”甚至是“00后”，作为新生代，这类消费者的消费理念和心理与老一辈人已经有了显著的差别。求新、求变、求强的个性化包括共享化理念都可能影响他们的消费模式和习惯，此外，这部分群体对新技术也更乐于接受甚至更为推崇。因此，众多车企为了迎合新一代消费者习惯，不仅产品设计风格年轻化，还不断推出潮牌联名、游戏合作、综艺植入、泛文化创新、节日特供等形式，积极寻求跨界创新合作，不断扩大品牌宣传维度，打造贴合年轻消费群体的跨界新玩法。

短视频和直播的异军突起，更深层次上源于Z世代（意指在1995～2009年出生的人）的消费偏好，作为互联网原住民的他们，掌握的信息更多，对汽车品牌的“心理归属”的追求也更大于社会符号价值，品牌要想打动年轻人，就必须以年轻人的营销模式与之对话。为了增强品牌与年轻消费者之间的交流，品牌纷纷打造由高管、员工、经销商销售顾问、车主、地区和行业网红组成的直播达人库，日常化直播和节点重要活动相结合，通过直播营销打通与年轻消费人群的有效交流通道。

在传统车企中，广告主凭借经验来判断用户喜好，指导营销内容创作，这种方式难免有所局限，且事后营销都有一定滞后性。而今，依托大数据和智能分发技术，汽车营销的内容和形式，都更具有针对性。运用AI技术+大数据应用能力，汽车营销平台开发出精准化、高互动、效率高的智能营销，极大地帮助汽车品牌精准触及想要触及的用户。例如，平台可以根据用户行为分析总结用户画像，聚类用户，利用智能系统实时匹配汽车内容、互动广告等信息，达到千人千面，全面提升推荐效率。并且，在营销过程中，厂商还可实时查看营销效果，即刻改进营销策略，缩短营销周期和试错时间。

汽车领域的营销方式近年来随着互联网和数据技术的不断发展已经产生了巨大的变革，但是汽车厂商和消费者之间依旧存在着诸多隔阂，未来汽车厂商将会依托信息技术不断拉近与消费之间的距离，使用户能够融入汽车产品宣传、设计、改进等各个阶段，让用户成为企业发展的重要发力点。具体可以归类为以下三大趋势。

在互联网时代，任何一个用户在平台的发声都能够成为汽车品牌的宣传，越来越多的车企也开始逐渐重视普通消费者在互联网平台中的作用，甚至会出台专属政策维系与用户的关系，加深彼此了解，培养使用习惯。例如，蔚来线上以 App 为核心平台，线下组织 NIO house、NIO SPACE 等粉丝和用户活动，吸引用户参与品牌建设，实现与用户的共创。随着越来越多的用户沉淀，每个活跃的用户了解品牌，推荐品牌，以品牌为荣，这些用户将会成为品牌成长的参与者。这些用户在购买某款品牌的汽车之后将会形成一种特定的身份认同感，逐渐形成一种基于汽车品牌或车型的圈层文化，而每一个圈层的形成不仅会提升用户的归属感和忠诚度，也会成为品牌的重要资产和发展动力。

相较于其他国家来说，虽然我国的电动汽车行业和自动驾驶技术发展较晚，但是中国消费者对自动驾驶和电动汽车抱有更高的接纳度，特别是伴随着中国互联网产业的飞速发展，用户对于车内数字化服务的体验需求也变得丰富多样。随着未来出行生态系统不断完善，汽车行业将更加注重数字化与消费端的沟通能力，不断探索将移动出行价值体系向消费者数据、系统及服务发展的商业模式。

因此，搭建以消费者数据为基础的全域营销平台将成为汽车行业营销发展的重要一环。全域营销不仅是连接线上和线下渠道的节点，还能构建一整套数据体系，将消费者从看车、试车、买车时所产生的各项数据记录与用户在车辆使用过程中的交互数据相结合，准确记录消费者在线上和线下的每一个“脚印”，形成一个细致的用户画像，再通过大数据和人工智能技术对不同分群进行聚类分析，深入洞察用户特性，进而再将一些有针对性的内容和服务推送到用户的手机、汽车等智能终端中，实现广告的智能精准投放和用户的数字化管理。

随着汽车产业智能化和网联化的不断推进，汽车产业迎来了新的技术革命浪潮，沉浸式的场景营销最能让消费者感受到智能化和网联化给生活带来的种种便利。汽车场景营销就是通过营造场景来使用户产生代入感，产品内容通过场景得到充分的展现和表达，同时场景也能够吸引流量并将其转化为产品用户，进而提高销量。例如，目前很多车企都在着力发展的自动驾驶技术，向消费者推荐搭载自动驾驶技术的车型的最好方式就是让消费者亲自体验该产品，通过设定自动驾驶场景之一的自动泊车，让消费者切身体验到智能化对生活的改变。汽车场景化体验营销是车企实现与用户进行深入互动的另一窗口，借助这一平台消费者能够身临其境地感受驾驶汽车所带来的各项需求体验，车企也可以利用这一平台充分展现企业文化、科技成果和产品特性，将更为细致深入的制作工艺和技术成果直观展现在用户面前。

四　产品形态数字化现状及趋势

（一）产品形态数字化现状

1. 车辆架构原始，供应商独立管理，无法实现整体数字化

智能网联汽车快速进步，智能驾驶座舱和 adas 的功能也正在不断得到升级，软件定义的汽车概念已经逐渐成为人们共识，但是传统汽车中所采用的都是分布式电子电气架构（E/EA），这个系统架构中还存在数据计算能力的不足、通信宽带技术的不足、无法及时进行通信和优化的问题和瓶颈，无法充分适应现阶段新能源汽车开发和应用的需要。

另外，传统车辆的结构是以 CAN 网为中心的多个独立小控制器，供应商告诉车企控制器正常工作的功能如何实现，车企设计到整车 DBC 中，汽车产品才会具有这些功能。一个整车控制器很多，由供应商各自管理自己的软件和

硬件；CAN 和 CAN 网关是一个公共协议接口，任何调整都会影响到其他的控制器；控制器单独联网功能困难，需要逐个进行连接更新，一个功能涉及多个控制器一起调整，供应商独立管理，相互制约，导致了车辆无法快速进行功能迭代，实现整体数字化。

2. 智能座舱交互受限

智能座舱作为基于用户应用场景搭建的人机交互体系，目前的交互是触屏交互、手势交互、语音交互等方式，交互方式比较初级。此外，智能座舱系统依然以刚性显示屏为载体。刚性显示屏受到自身形态限制，只能采用分布式离散布局，即各个显示屏幕分散在智能座舱的各个部位，彼此之间操作系统互相独立，不同屏幕承载不同功能，造成整个交互系统操作烦琐，和整体协同的智慧车联生态仍有一定差距。目前，更多的是拼盘化的体验和伪需求的混杂，与用户真正需要的座舱体验之间并不完全匹配，造成了功能上的冗余和成本的增加，比如驾驶员通过智能座舱的智能服务，完成一些支付和选地点的操作，会带来驾驶过程中的危险。

3. 产品数字化评价标准不统一

人与车、车与车的交互主要在智能座舱上面，但目前测评体系存在很多限制，从评价内容的角度看，很多的测评提醒以硬件 + 系统的方式进行，是一种静态评价；从评价方法的角度看，很多媒体测评都是基于个人主观经验进行，缺乏严格的评价逻辑，随意性较大，不同轮次的测评结果可对比性较差；从评价思路看，在以主观评价为主的测评思路下，指标不够细化，体系不够清晰，具体指标的评分标准也不统一。整体存在内容不全面、方法不客观、思路不清晰的问题，难以形成公认、成熟、统一的评价指标体系。

4. 技术升级带来新安全风险

技术进行迭代升级，汽车在数字化过程中面临着通信和操作的安全风险。一是汽车服务器遭到入侵，乘客司机人员的信息和隐私泄露，通过通信技术对模块化的硬件软件远程控制；二是自动驾驶领域的安全风险；三是智能出行服务，以数字车钥匙为例，利用通信技术，用户可通过手机或其他智能设备来实现开关锁、启动车辆操作，此配置被大部分车企作为车辆标配，数字钥匙科技感强、使用便利快捷，但一旦车主信息认证、数字钥匙存储、密码等环节出现问题，就会导致数字车钥匙出现风险。

（二）产品形态发展未来趋势

1. 软件定义汽车背景下，汽车电子架构进行变革

汽车行业向出行服务以及智能化转型是未来的趋势，对功能和服务的更新频率也加快，对传统的分布式电子电气架构（E/EA）进行改革，从分布式走向集中式，终极形态是超级中央计算机，将分散的功能单元进行整合，形成一个以软件为中心的架构，软件可以快速开发并持续迭代升级，很大程度简化硬件以及布线，其中包括四个趋势：计算机集中化、软硬件解耦、平台标准化以及功能定制化。电子电气架构的演进如图 3 所示。

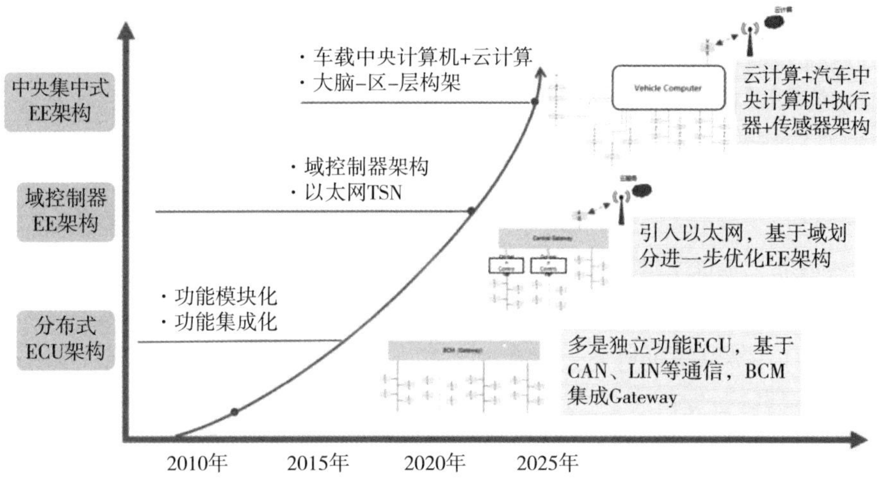

图 3　电子电气架构演进

资料来源：中汽数据有限公司。

新四化背景下，汽车想要实现完全的自动驾驶，类似华为 CC 架构，相关传感器的数据要实时高效传送，比如激光雷达、摄像头的数据传到 MDC，需要 10Gbps 接口，以至更快的速度，传统 EE 架构很难实现这样的功能，CC 架构就是计算 + 通信的架构，如图 4 所示。

2. 聚焦交互，打造“第三生活空间”

汽车智能座舱最终会演变为车载智能助理，过程需要对视觉、语音等感知数据进行融合并不断优化。一方面柔性显示技术可以改变智能座舱系统交互的不协

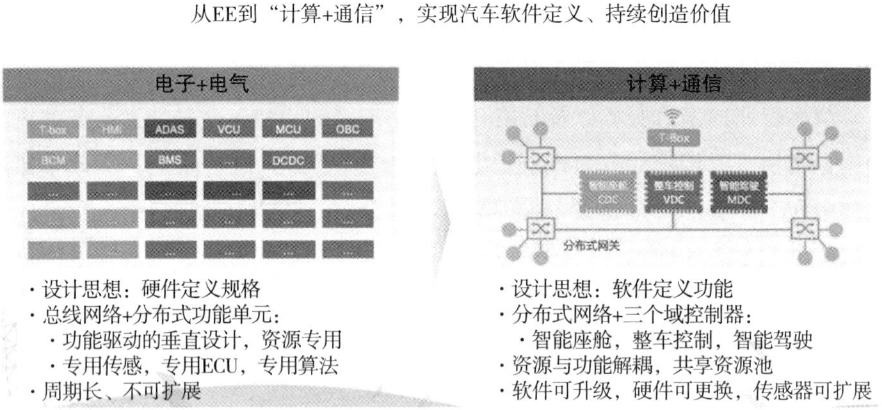

图 4　华为 CC 架构

资料来源：市阶智能网联汽车大会 - 华为公开材料。

同，通过柔性屏打造贯通式大屏，可以搭载更加统一的功能模块和系统生态，带来最为整合的车载系统交互方式，只需点击一款屏幕就能操控整个智能座舱。另外，汽车智能可以提供用户不同的智能体验，类似的特斯拉“Dog Mode”就有一些新的情形，显示屏提醒路人、车辆关闭空调或调节到合适的温度，交给特斯拉照看宠物等；可以监测乘客的情绪，根据位置和亮度调节玻璃颜色等。

3. 科技公司入局

随着“软件定义汽车”的智能造车时代加速来临，科技公司等正以各种方式切入赛道，多数科技公司选择与传统车企合作造车，“百度 + 吉利”“华为 + 长安 + 宁德时代”，未来科技公司入局不仅仅局限于争夺车联网流量入口，而且以“供应商”的角色进入联合造整车阶段。智能电动车是人工智能应用最重要的领域，百度、小米、360、华为等拥有丰富的软件系统开发经验，且各自拥有较为成熟的应用生态，进入行业之后，车载系统可以快速升级，功能更加丰富，且可以融入各家企业较为成熟的手机、智能穿戴、智能家居等生态系统中。

4. 从单车智能向群车智能演进

在政策驱动、5G 通信、基建完善的条件下，车联网市场保持高速增长。车和路本身就是分不开的整体，在利用信息和通信技术的前提下，融合人与车、车与路、车与车的信息，达到共同决策与控制，学习新型智能理念，不再局限于单车智能，找到自动驾驶、智能座舱和车外赋能结合的临界点，用数字化的方法传递车内和车外的信息，最后反馈到车载计算平台，通过处理平台自动进行感知，帮助乘客做好场景以及一些使用情形的规划和决策，将收集到的信息进行赋能，促进群车智能的发展。

参考文献

［1］吴博峰：《当传统汽车与数字化面对面》，《中国消费者报》2021 年 7 月 27 日。

［2］《第三届汽车信息 & 数字化上海论坛成功举办》，《汽车与配件》2021 年第 11 期。

［3］涂少碧：《汽车智能座舱内部的“传感之道”》，《电子产品世界》2021 年第 6 期。

［4］郑金武：《汽车或成人类智能伙伴》，《发明与创新》（大科技）2021 年第 5 期。

B.25
汽车行业数字化转型下的数字营销新视角

梁潘纯　李　娜　万亚飞　杨立阳*

摘　要： 随着数字经济时代的到来，汽车行业面临巨大的挑战与机遇，汽车营销生态已经悄然改变，传统营销模式正在被改写，数字化营销转型成为传统车企的必然选择。本文首先对汽车行业面临的机遇与挑战进行分析，再进一步针对汽车行业营销转型痛点，深入剖析数字营销需要具备的基础和能力，从消费者研究、营销引流评估、客户沟通管理以及售后营销服务四个方面提出解决方案，找出最优路径，形成汽车全旅程数字化营销服务。

关键词： 大数据　数字化　营销　汽车行业

一　汽车营销的机遇与挑战

我国汽车行业由增量市场转换到存量市场的趋势愈加明显，截至2020年底，中国汽车保有量已经超过2.8亿辆，汽车企业面临的存量竞争也更为激烈。数字经济继2017年、2019年、2020年后，在2021年被第四次写入政府工作报告，国家提出“十四五”时期要加快数字化发展，打造数字经济新优

---

* 梁潘纯，中汽数据有限公司数据业务部市场数据室助理，助理工程师，研究方向为数字营销与消费者大数据；李娜，中汽数据有限公司数据业务部市场数据室助理，中级工程师，研究方向为汽车全生命周期数据治理及舆情数据分析；万亚飞，中汽数据有限公司数据业务部市场数据室研发工程师，中级工程师，研究方向为汽车大数据挖掘分析；杨立阳，中汽数据有限公司数据业务部市场数据室研发工程师，中级工程师，研究方向为大数据分析与应用。

势，协同推进数字产业化和产业数字化转型，产业转型升级进入关键时期，数字化转型升级也成为汽车行业顺应社会发展的必然需要。

二 汽车消费趋势审视与机遇

随着全球经济下行压力增大，全球汽车市场自2018年起持续低迷，销量呈现下降趋势。从全球市场增速看，2020年全球汽车市场销量同比下降13.8%（见图1）；从各国销量占比看，2020年中国汽车销量占全球总量的比例较2019年有较大幅度的增加，以32.5%的销量占比蝉联全球第一，美、日两国的汽车销量占比同2019年基本持平，分别位居第二、第三（见图2）。

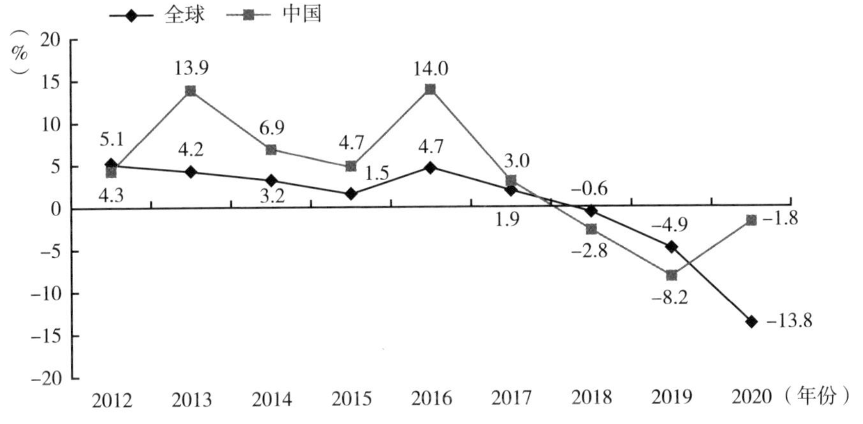

图1 2012～2020年全球及中国汽车销量增速情况

资料来源：国际汽车制造商协会（OICA）。

回顾国内汽车市场表现情况，我国汽车销量2012～2017年稳步上升。受国际贸易、宏观经济等不利因素的影响，2018年起，国内汽车市场遭遇瓶颈，汽车消费需求整体下滑，加上2020年疫情冲击，销量连续三年呈现负增长。随着我国疫情得到有效控制，国内经济逐渐复苏，汽车市场需求回暖，2021年上半年中国汽车市场销量为1332.96万辆，同比增长31.3%（见图3）。由中汽数据提供的汽车消费者年龄数据分析可知，2015年30岁以下消费人群占

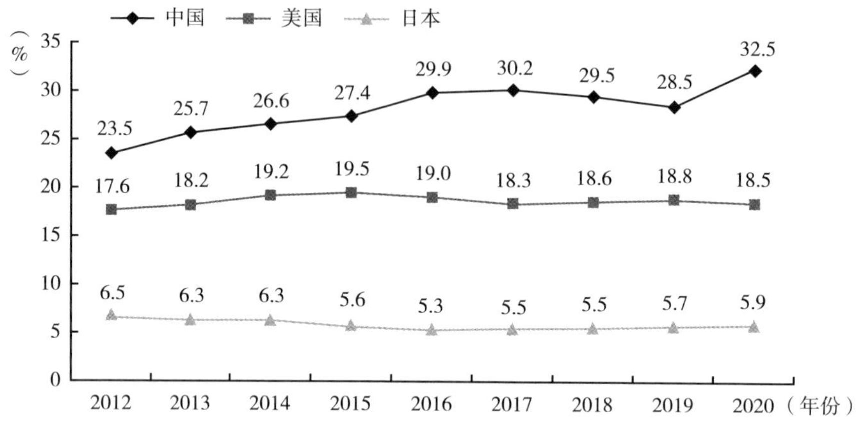

图 2　2012～2020 年中、美、日汽车销量占全球比重

资料来源：国际汽车制造商协会（OICA）。

比仅为 21.6%，而 2021 年上半年该年龄段消费者占比高达 26.6%，汽车消费呈现出年轻化的显著趋势（见图 4）。鉴于新兴群体规模扩大的趋势，面对个性化、多元化的购车客户画像和客户需求，消费升级更需精细运营，以进行精准的产品策划，从而提供优质的用户服务。

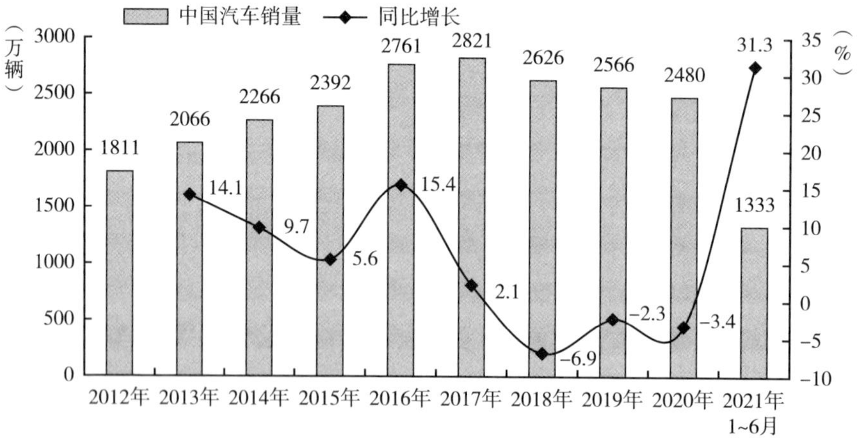

图 3　2012～2021 年 6 月中国汽车市场销量情况

资料来源：中汽数据有限公司。

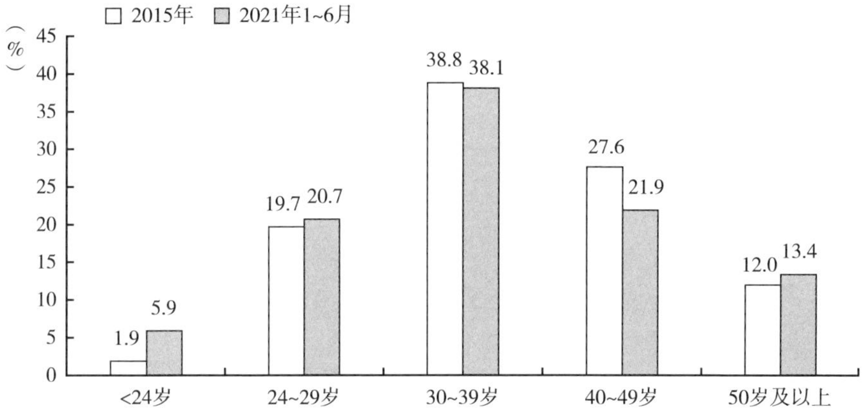

图4 2015年与2021年1~6月中国乘用车市场消费者年龄分布比较

资料来源：中汽数据有限公司。

三 汽车传统零售面临的挑战

随着数字时代的来临，科技发展态势极为迅猛，这无疑给传统零售业带来前所未有的冲击，汽车传统销售模式也亟须变革。汽车传统零售主要面临销售渠道效益、消费者体验感知两方面的挑战。

一方面，由于当今互联网进入了激烈的流量存量竞争阶段，流量成本急剧增长，高昂的营销线索成本挤压汽车企业的利润空间是众多汽车企业共同面临的一大难题。除线上成本高外，客户线下进店后可能遇到车辆性能和配置不符合其要求、经销商报价超过预算等情况，进而导致客户放弃购车，因此传统营销渠道正面临着潜在客户转化率低、获客难的问题。另一方面，消费升级带动了服务升级，消费者的非物质化需求（消费体验）也越来越高，消费体验成为影响最终购买决策的主要因素，因此，营造良好的顾客消费体验已成为提升汽车企业核心竞争力的一大重要手段。面对严峻的汽车市场，汽车企业需要以用户的体验感受为中心，了解用户及其所使用产品的状况，坚守以客户为根、服务为本，以便用户获得精神满足感。

四　如何解决汽车行业营销转型痛点

随着算法技术的日益成熟，生产资料可以通过数字的方式展现出来。现有数据源包括实销上报数据、售后进展数据以及营销活动数据等，但仍存在大量数据缺失现象。汽车企业可以通过运营商、金融、出行、电商、媒体等多渠道、多维度的大数据来补全自身数据资源体系。多维度数据的连接可以突破时间与空间的障碍、虚拟与现实之间的界限，实现用户与主机厂、门店、销售之间更加高效精准的匹配与沟通，以便商家识别出用户对产品的诉求与关注和对营销服务的需求，提供更加高效的用户运营与服务。挖掘企业同客户更合理的互动方式，完善自身销售服务体系，更好地实现精准获客引流，提供高频全覆盖的主动服务保客，才能提高顾客黏性和价值，让客户成为企业忠实用户。

五　数字营销需要的基础与能力

（一）数据基础

汽车数字化营销离不开基础数据的支持，数据种类大体上可以分为两类：一类是车辆属性数据，另一类是消费者属性数据。

车辆属性数据是指车辆全生命周期各个环节所产生的数据，包括研发、生产、销售、使用、售后、报废等环节，数据种类涵盖研发、零部件、生产、价格、备件、二手车交易等数据。中汽数据有限公司作为权威的汽车行业第三方机构，已经建立涵盖汽车全生命周期全量、全产品属性全景、全产业链全域的汽车行业大数据体系。

消费者属性数据覆盖看车、买车、用车、换车等全消费旅程，包括基础属性信息、出行信息、消费偏好、媒体偏好、社交偏好、App 使用偏好等方面，建立健全消费者属性数据库是营销数字化的基础。

在大数据时代，数据源是多样的，来自不同主体、不同时间、不同类型的海量数据常常是半结构化或非结构化的。这就要求大数据工作者驾驭多样、多源的数据，将它们梳理后进行挖掘和分析，再经过统一规则下的处理与融合，构建成可以使用的、更加全面的数据集。

（二）技术能力

大数据核心技术能力主要有三项：数据采集、数据存储与管理、数据挖掘与可视化分析。

数据采集是通过技术手段对移动互联网数据、社交网络交互数据、传感器数据等多数据源进行采集，从而获取各种类型的结构化、半结构化及非结构化的海量数据，大数据采集是数字化应用的基础。大数据预处理是指对采集获取的原始数据进行清洗、集成、转换、标准化等，主要目的在于提高数据质量，为后续数据应用奠定基础。

数据存储与管理在企业数字化转型中已成为瓶颈。数据存储与管理是指在数据安全的基础上对海量文件的传输、索引、分块与存储，在提供高可靠性和高可用性服务能力的同时，能够简化海量数据处理所需的基础设施，大幅度提升数据处理的效率。数字经济时代，大数据存储和管理不仅仅是数据存储架构的变革，更是大数据思维方式的转变升级，是企业数字化转型的关键。

数据挖掘与可视化分析是大数据分析的基础与核心，即通过创建数据挖掘模型，对数据进行试探和计算的数据分析手段。借助大数据可视化平台将互联网应用和大数据产品整合起来，构建成一个完整的系统，将实时数据和离线数据打通，挖掘数据价值，实现数据驱动，并且对大数据分析结果进行清晰明了的展示，是大数据应用的最终呈现，为数字营销应用场景提供数据支撑。

六　汽车全旅程数字化营销服务

（一）消费者研究

大数据时代给汽车数字化营销带来新的契机。对传统汽车企业来说，如何借大数据之势，建立智能、精准的营销网络系统，助力企业营销决策分析、精准定位目标客户人群、监控品牌影响力、提高产品质量、改进生产工艺，逐步提升市场销售额和完善售后服务质量，是企业面临的重要课题。

1. 潜客画像分析

用户画像分析是根据用户在实际场景中产生的真实数据，通过大数据计算与分析形成一个标签化的体系，基于此应用到新的场景中。用户画像的原始数据必须是真实的、可靠的，为了使用户标签体系更加精准，建议采用大样本量的原始数据。

依托运营商大数据、物联网车机数据、互联网使用数据等多维数据洞悉用户数字基因，构建多维标签体系，通过渐进式的大数据分析建立用户基本特征（性别、年龄、学历、职业等）、生活特征（衣、食、住、行等）、触媒特征（电视、广播、App 等）、驾驶行为（日常通勤、高速/城市、出行距离等），全面深入地了解用户特征和差异，帮助企业挖掘潜在用户，并通过已购车主画像可验证与产品规划阶段的目标用户画像是否一致，以便调整营销受众及方案，助力企业快速发展。

2. 潜客获取/甄别

基于消费者大数据对其描绘精准的用户画像，对潜客进行获取和甄别，再以此为依据进行用户分级，找出高价值用户，便于进行精准广告投放。大数据时代潜客获取与甄别通常流程如下。

（1）潜客大数据集成：根据实际的运营商数据、银联消费数据、出行数据、零售电商数据、触媒 App 数据，运用大数据分析集成潜客网络行为、地理位置、金融信用、商旅出行、消费喜好及触媒习惯。

（2）用户画像：形成包含潜客基础信息、身份特征、消费记录、互动记录、上网记录等多标签体系的用户画像。

（3）用户分级：根据用户画像进一步对潜客进行用户分级，包括重要/一般保持客户、重要/一般发展客户、重要/一般挽留客户、重要/一般价值用户等。

（4）精准营销：根据人群特征和用户分级匹配产品标签，进行潜客甄别，通过线上、线下双线引流进行精准营销。

3. 客户触媒分析

随着网民数量的日益增长，特别是移动端用户的快速增长，线上媒体传播发展迅猛，已经成为媒体传播的中坚力量，因此用户触媒习惯的获取是数字化营销能否成功的关键点之一。

基于运营商、App 丰富的在线多维数据分析，提供人群触媒习惯及位置热力图；通过全时全域的客户人群热力图分析，研究潜客的行为特征、生活及触媒习惯，解决“何时何地”进行数字化营销的问题；同时，通过客户群体研究，紧贴竞品的推广，圈定重点区域，精准投放电梯大屏、高铁定展、户外大牌等。

针对汽车产品的数字化营销，应特别关注汽车类垂直媒体、论坛的数据挖掘，对购车潜客来说，这类网站的舆论导向往往更加容易让人信服。此外，每年的大型车展等活动是汽车类产品关注的高峰时段，亦是汽车数字营销的关键时期。

（二）营销引流评估

根据消费者网络行为的信息流，如搜索频次、网页跳转、关注栏目，基于位置数据和消费数据所描绘的线下生活娱乐场景，如影院、出行、生活服务等，刻画出用户生活全场景，结合汽车行业竞品拦截、新车上市推广、新店引流等典型业务场景，制定目标客群的精准触达方式和方案来实现营销推广，并监测与评估营销计划执行的过程和结果。

1. 4S 店客流监测

在汽车宣传、销售、使用、售后等众多环节中，监测 4S 店的用户到店率是汽车企业判定客户转化率的重要一环。基于运营商基站信令定位技术，可从位置驻留信息监测统计门店实时客流及到访频次，并通过地理信息技术和大数据标签体系打造的数字营销服务体系，让汽车企业及经销商在云端实时观测当前门店客群结构，以便精准锁定目标客群，并且能够帮助主机厂和经销商宏观、实时、准确地了解 4S 店真实的经营能力，为门店分级分档管理决策提供数据支撑。与传统的客流监控方式对比，这种新型客流监控方式具有硬件要求低、成本低和客流可溯源等优势。

2. 广宣投放评估

营销广告投放后，评估广告投放的成交转换率是检验营销成效的唯一标准。线下广告投放评估主要基于位置数据，并按线下广告投放位置附近人流的驻留时长来计算广告曝光次数，并与车企实销数据关联，可有效评估线下广告投放 - 曝光 - 到店转化的效果。线上媒体投放评估通过加密技术将运营商、车企、媒体三方数据融合，将用户跨渠道的身份打通，然后根据运营商独有的用户 ID 进行全过程追踪，以进行线上广告投放转化效果的评估。

（三）客户沟通管理

通过线下销售体系和线上用户运营能力的双向深度融合，形成销售服务-用户反馈-问题解决-支付成交闭环式服务体系，解决销售线索分配混乱和转化效率低的问题，提高用户的销售满意度。

1. 客户链接沟通

客户服务需求的多元化，加速了汽车行业数字化服务转型的步伐。主机厂需要从线下模式转移到线上模式，并通过私域生态的搭建，将流量真正沉淀转化为商家的私有资产，构筑客户数字化全旅程服务体系。

当前主机厂和经销商运营的 App 和微信公众号的投入转化率很低，并未达到真正社交化营销增长的目的。其成本黑洞形成的根本原因在于主机厂-经销商-客户三端的在线连接不通，粉丝管理无法形成价值转化。通过建立从主机厂-经销商-4S 店 App 和微信号的分级管理，可以实现主机厂与经销商、销售的优势互补，协同运营，为主机厂打通更多直达客户的通道，同时给经销商线上运营能力加装引擎。首先搭建分级矩阵集约化运营体系，强化对主机厂和经销商各 App、服务号、公众号的统一基础功能支撑。从而形成“1+N”运营模式，实现对经销商/4S 店微信号的管理、规划、支撑、支付、运营的五大统一赋能，并从用户、产品、内容、活动、数据、渠道构建“六位一体”协同的互联网化运营。最终，通过企微私域流量连接，能够让一线销售直接受理售前、售后服务请求，获取高质量用户线索，打通经销商微信服务号接收用户信息沟通渠道，并将以上私域流量信息反馈至主机厂端，以便经销商和主机厂获取客户真实交互需求，为 App 和微信公众号的内容运营及优惠政策的制定提供依据，最终提升业务信息传递效率。

2. 客户体验管理

汽车企业体验洞察面临四个不适配问题：客户样本量不够、客户反馈时效不强、传统调研性价比低、感知数据运用不足。为解决上述问题，客户体验管理以“语言处理和用户直评”为核心手段，实现关键体验旅程的精准实时洞察，为客户体验满意度保驾护航。在沟通与体验的客户管理问题识别方面，采用自动采集，通过线上感知语义分析系统和线下体验直评系统进行用户体验的实时洞察，并辅以大数据云外呼系统，能够大大降低企业客户体验调研的预算。

语言处理作为一种人工智能客户服务运营的基本方式，可以有效增强管理客户互动的能力，为改善用户体验提供依据，适用于用户体验和客户直评等应用场景。通过将用户满意度服务平台与车企核心的 DMS（经销商管理系统）/营销 App 系统打通，将客户的点评结果实时进行自然语言解析，洞察客户体验旅程的关键痛点、亮点，并将统计分析结果推送至区域、经销商及主机厂，如在整个营销过程中出现问题最多的环节是什么，用户抱怨最多的问题是什么，哪家经销商问题最多，客户对哪些环节比较满意等问题，用以支撑用户感知修复及提升。

销售顾问通过协助客户完成线上试乘试驾申请、试驾协议签署、试驾线路告知等方式与客户个人建立连接，在销售体验、试乘试驾等方面获得客户直评，再辅以直评系统自动化问卷评价体系，根据当期需求及痛点快速迭代更新问卷树及正负标签，实现到店客户连接、信息采集、服务直评以及客户全旅程“用后即评、评后即用、评改一体”，有效进行精准知晓客户心声，自动升级处理差评闭环，及时修复差评客户。

（四）售后营销服务

当前汽车市场巨大的保有量与迅猛的增换购增长速度充分开阔了汽车售后营销服务市场格局，如何精细化做好车主售后服务，提高客户售后服务满意度和用户忠诚度，成为越来越多汽车企业思考的战略问题，因此提供更优质的数字营销售后服务势在必行。

1. 主动式智能服务推送

传统的汽车售后服务模式，存在纸质信息存档困难、信息填报不真实、手工录入浪费人力、难以捕捉售后关键时刻、人工发送营销服务信息效率低等问题。针对以上痛点，基于人的智慧、技术的智能、体系化的规划和碎片化的客户场景建立了主动式营销服务系统。该系统通过整合车企内外部数据建立丰富实时的客户标签体系，可以实现更好的客户洞察。并将售后时刻细分为销售三日、首次保养、定期保养、车主生日、保险到期、保修到期、验车到期、置换跟进等，实现组件化的场景设计和场景关怀模板化沉淀。然后通过智能模型，从短信、彩信、外呼、微信公众号、媒体等触点中选择最优效能触点，智能地向客户推送营销服务信息，从而实现千人千面、快速执行、快速见效的服务效果，助力车企开展丰富的主动式营销服务和车主圈层运营，保障售后服务持续连接关怀。

2. 保客增换购营销

随着汽车市场进入存量竞争时代，汽车换购率逐年上升，主机厂开展保客增换购营销工作可有效提高销量，保持自身的竞争优势。基于主机厂的客户关系管理系统（CRM 系统）、数字信息收集系统（DCS 系统）、官方服务号、官方网站、400 渠道等获取的客户拥车信息、回厂记录、渠道接触等数据，联合运营商、第三方的客户家庭及职住变化情况、客户消费价值偏好、客户垂直媒体广告访问行为、客户到店行为等数据，通过建立增购潜客挖掘模型、换购潜客挖掘模型、增换购车型偏好模型、战败客户再购挖掘模型、增换购客户标签体系，实现联合建模和精准数据挖掘，将客户准确区分为高潜客户和低潜客户，对于高潜客户记录其偏好配置，生成线索；对低潜客户记录其配置选项，生成投放名单。然后将高潜客户和低潜客户的线索和信息下发至经销商，经销商有针对性地采取不同的营销策略，实现对增换购客户的精准营销，大大提高销售转化率，并可以对销售的全过程进行监控和分析。

3. 失客找回

大多数 4S 店都面临老客户维修保养流失的问题，并直接或间接导致了 4S 店和主机厂的经济损失，因此，开展失客找回工作意义重大。首先利用 LBS 基站位置大数据圈定不在 4S 店维修保养的老客户，然后针对这部分流失的老客户通过以下两种途径实现客户锁定：对于留资老客户可以通过车主唯一标识加上位置大数据实现精准锁定，对于未留资老客户，通过其上网日志结合用户画像与位置大数据可实现基本锁定。锁定这些客户后，再有针对性地投放售后服务优惠政策加以找回。例如，精准推送维修保养套餐，通过分析车主需求点和用车时刻，提高回店率和客户保持率；根据用户使用习惯，深挖客户增值价值，向他们精准推荐保险业务，对于经常跑长途的客户可以推荐灯光底盘养护、高额交通意外险，常去幼儿学校的客户，推荐儿童安全座椅、赠送乘员意外险等；根据用户用车消费习惯和认知，精准推荐配件，推荐用户经常浏览或者经常购买的配件，向对装配、性能、持久和安全性有要求的客户推荐原装配件等。

4. 他品吸客

对本品流出较多的竞品进行全面分析，根据换车周期、维保频率、配置水平等建立潜在客户画像，并制定特定的营销策略，使整车厂可以更好地参与市场竞争。基于主机厂自有数据和运营商数据，提取置换率较高的品牌和车型，根据该部分车型客户的用户画像锁定目标人群。然后从出行偏好、驾驶行为、行驶轨迹、维保偏好、车辆里程、车辆状况、用户车龄、使用场景等方面对数据进行挖掘分析，找出与目标人群相同用户画像的客群，进一步从换购原因如追求新鲜感、提升生活品质、追求驾驶乐趣等个人原因；家庭收入增多、家庭人员结构变化、接送客户和领导等家庭社会原因；社会地位提升、改善交际圈、身边的人都已换新车等社会认同原因三个方面进行深度剖析，精准捕捉潜在客群。对这部分客群通过定向制定营销策略来适时投放合适的汽车广告，形成转化路径和策略引导，实现人群迁移，精准高效地达成本品的销售转化。

5. 车联网数据观星台

随着智能网联、智能座舱等技术的应用，数据形式和种类更加丰富多样，对数据的采集、处理、分析能力也提出了更高的要求。车联网数据观星台可实现对整车、发动机、位置、报警、App、驱动电机、燃料电池、极值八大类车机数据的采集清洗，通过建立用户画像（忠诚、摇摆、抵触）、客户职住、维保推荐、出行分布推算、故障诊断、故障预警、油耗分析、驾驶行为分析、车载网络模拟测试、性能评价十大类定制数据模型，实现对车联网的流量管理、车载设备和车机屏幕的统一管理运营，对客户驾驶行为、用车轨迹、车辆状态进行大数据分析监控。车联网数据观星台通过精准定位、综合分析、构建评价体系，建立了评估合理、规范的车机数据和 AI 车联模型，推进售后营销服务数字化，支撑汽车营销服务业务应用。

七　数字营销经典案例分析

（一）一汽－大众数字化集客

一汽－大众品牌正集聚全体系之力，全面开拓与消费者的沟通交互渠道，依托数字化转型，为更多消费者提供高品质的产品与服务，融入汽车生活场景，并进一步满足消费者多元化需求，在数字化营销方面与时俱进地进行创新尝试和探索。

一汽－大众基于新捷达目标消费者进行了大数据画像分析，发现旅游是新捷达用户群最大兴趣。因此，新捷达线上发起“韧”性游西藏之旅活动，在用户基数庞大的微博上采用强交互性创意互动进行自驾招募，同时进行微博语义广告投放，来激发年轻用户的关注。在行进期，不断发布“韧”性游西藏话题相关精彩图文及视频，生动呈现新捷达产品优势及车主韧性形象，以多维度原生内容和创新互动形式吸引用户关注并热议互动，形成全方位的数字化传播。在收官期，通过趣味漫画长图的方式总结此次活动，再次引发热议。

捷达“韧”性游西藏打破了家用轿车不适合远行自驾的传统印象，同时通过微博社交平台将一场自驾打造成了汽车圈的自驾游事件，有效地通过数字化营销方式刷新了新捷达品牌形象。

（二）奥迪线上营销引流

2020 年奥迪全面推进数字化转型，当年 10 月，奥迪进行消费者兴趣爱好画像分析，通过 B 站国创 IP 灵笼跨界联合受众与理念均契合的人气国漫，向线上精准引流，拓展品牌年轻潜客，通过社交互动、剧情暗线铺设、品牌官方二创等形式，激发和引导用户关注。同时，奥迪借人物、主创等元素线上线下聚集粉丝，收获品牌喜爱度的同时触达真实潜客，为品牌长线沟通积累客户。

奥迪借助灵笼末日科幻题材展现品牌形象，通过动画的方式将品牌科技理念具象化，并以剧情式植入将产品与角色深度结合，结尾女主驾驶奥迪越野概念车在荒野奔驰，充分展现车型超强四驱、无人机大灯等智能化配置，借生动的动画制作让观众感受其产品特性。同时，奥迪在企业号发布官方二创、互动、番外等视频，延续品牌热度，推动众多年轻受众成为品牌粉丝，成功吸客，实现数字化精准营销。

（三）小鹏获取年轻潜客

小鹏汽车遵循消费者运营思维，借助 B 站开展数字化营销传播，实现品牌形象建设。小鹏 P7 上市在 B 站“超长长长长的汽车发布会”直播，以超长的直播时长展现 P7 超强续航能力的核心营销点，充分展现品牌研发实力，吸引行业与消费者关注，迅速打响品牌认知。小鹏汽车为提升关注度导流，通过 B 站营销引流邀请用户试驾，为用户带来直观体验，实现用户沟通，传递品牌理念和产品信息，展现品牌多元风格和价值。

小鹏 P7 赞助综艺《说唱新世代》，通过品牌与节目精神的全面契合，让品牌在年轻消费者的文化圈层传播，拉近与消费者的距离，传递品牌价值，为品牌形象建设做补充。此外，小鹏 P7 围绕综艺内容二创，以独特风格拍摄视频，获得高播放量，触达潜客，为账号导流引客，同时频繁更新动态，举办福利活动，增强黏性，和用户直接获得沟通。

（四）别克精准广宣投放

别克全面实施精准化营销广告投放，借优酷《探世界 2》的人文情怀，精准定位追求精神与情感共鸣的年轻消费群体。

节目中，豪华七座 SUV 和时尚运动 SUV 在节目中交替展示，组合投放，营造新鲜感的同时展示企业产品力，全面实施线上线下联动，突出旅游使用场景，通过旅行场景中驾驶增进观众对产品的理解，并通过探访别克工厂来塑造品牌形象。节目后招募品牌体验官探访其他城市，借助旅游形式体验不同文化内涵及生活方式，让线上热度推动线下转化，培育消费者的品牌兴趣和购买意向，挖掘更多数字化营销机会。

八　总结与展望

（一）总结

在汽车数字化时代，传统汽车产业链正在被上游的智能软硬件供应商以技术实力反客为主，用户在新型汽车产业链中成为公认的主角，数字化技术成为推动上下游贯通的重要手段。本文重点研究了汽车行业如何抓住数字技术变革机遇，解决汽车行业营销转型痛点，加快数字技术的推广应用进程，驱动产业数字化升级。

本文构建从消费者了解、兴趣、问询、购买、分享、增换购的全旅程数字化营销服务解决方案，实时了解消费者和品牌之间的关系变化，使用户和车企的关系不断拉近，形成线上互动线下体验的新营销模式，精准识别用户核心诉求，全面实施推动营销端牵动的全旅程数字化转型，力求开拓数字营销新赛道，深度还原品牌与用户关系的桥梁，为汽车行业用户运营提供新思路。

（二）展望

数字化已经成为全球公认的经济发展和技术创新的重点，如何抓住数字技术变革机遇，为人类下一个重要阶段“智能化时代”打下坚实的发展基础，显得尤为重要。下一步将更加明确数字化发展方向，促进数字产业快速增长，将数据作为生产要素，加快数字技术的推广应用进程，驱动产业数字化升级。

通过数字化手段了解用户不断变化的需求及消费习惯，加速汽车数字化营销，在汽车各大垂直媒体、社交媒体、视频媒体等多平台开展数字化营销，丰富线上营销渠道，聚焦身处多元媒体和消费场景中用户的注意力，以完成生产端与用户端的连接，实现数字营销的精准化、定制化和协同化，以数据驱动营销活动。

B.26
基于大数据的用户全生命周期精细化管理研究

刘英男　谢雪钰　祖明宇*

摘　要： 存量竞争市场下，经销商面临用户增长困难、两极分化加剧及多元化销售渠道冲击等多重痛点，需借助数字化技术打通“人－车－店－厂”触点，实现客户全生命周期精细化运营。本文基于大数据深入分析我国经销商发展现状和数字化发展趋势，并运用大数据技术构建数字化模型和应用场景，赋能经销商实现库存管理、营销和售后等方面的数字化转型，最后提出基于用户全生命周期的数字化解决方案——数字门店，为经销商建立“消费者－经销商－主机厂”数字生态体系、扩展门店功能范畴提供可行思路。

关键词： 经销商数字化　全生命周期　数字门店

一　大数据时代背景下经销商发展现状及痛点分析

（一）我国汽车行业进入存量市场，经销商陷入用户增长困境

2018 年以来，中国的汽车销售量开始由正增长转变为负增长，持续 28 年

* 刘英男，中汽数据有限公司后市场数据室主任，中级工程师，研究方向为汽车后市场产业链研究；谢雪钰，中汽数据有限公司后市场数据室研究助理，研究方向为汽车后市场产业链研究；祖明宇，中汽数据有限公司市场数据室项目经理，研究方向为车企数字化场景及消费者大数据研究。

的高增量时代结束，迎来了连续三年的负增长时期。中国的汽车市场已经从以产品为导向的卖方市场进入了以消费为导向的买方市场，汽车市场也由增量市场转入存量市场。从全国汽车市场表现来看，近十年我国私人汽车拥有量增速始终高于汽车销量增速，如何在存量竞争市场进行保客营销成为主机厂及经销商关注的焦点（见图 1）。

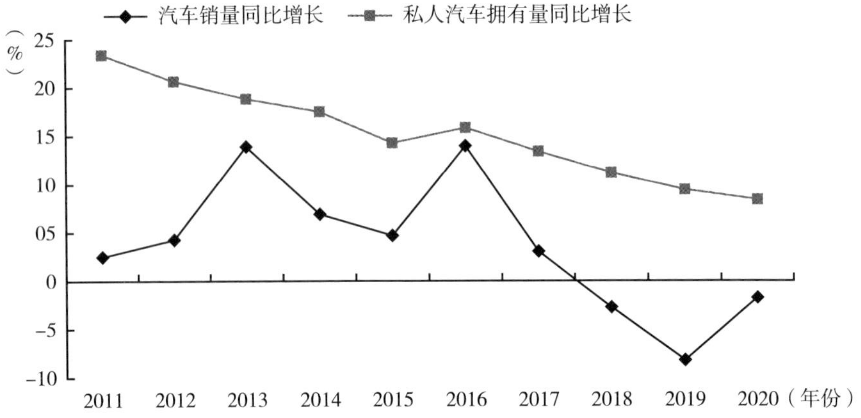

图 1　近十年我国汽车销量增速与私人汽车拥有量增速对比

资料来源：国家统计局。

随着汽车垂直网媒、直播平台等作用不断放大，用户新生代的数字化体验需求觉醒，加之新冠肺炎疫情的影响，经销商与用户直接接触的机会出现较大幅度的下降。根据 J. D. Power 对 2020 年中国汽车售后服务满意度研究（CSI）显示，汽车消费者 2020 年光顾经销商的次数和在经销商花费的金额较 2019 年同期分别下降 17% 和 10%；拥车 13 ~24 个月的用户首次使用第三方维修中心的时间较历史数据提前 1 个月，表明经销商面临的客户流失挑战加速了 1 个月。此外，J. D. Power 对中国汽车经销商满意度研究（DAS）结果表明，2019 年不盈利的经销商占比达到 58%。综合数字化时代消费者消费偏好及经销商盈利情况发现，经销商保客竞争激烈，面临客户忠诚度下降和盈利空间压缩的双重危机，如何在保住存量红海市场的同时开拓新的蓝海市场成为其核心议题。

（二）疫情影响下汽车消费需求疲软，经销商两极分化加剧

在疫情影响下，汽车消费呈现需求疲软的趋势，加之芯片短缺问题持续发

酵，车辆交付周期延长导致销量不稳，经销商运营压力加剧。一方面，在售前领域，终端需求下降直接导致店内新车销售业务量减少；另一方面，在售后领域，疫情导致的出行场景和出行时间骤降，影响了保有客户到店维修保养的周期，使得现金流量无法与经销商经营支出相抵，加大了其生存风险。根据中国汽车流通协会数据，2020 年，中国汽车经销商库存预警指数连续 12 个月高于 50% 的荣枯线，最高达到 81.2%；2021 年上半年，经销商库存预警指数较 2020 年虽有所下降，但仍保持在荣枯线之上（见图 2）。高库存压力使得经销商运营成本上升、资金周转困难，2020 年，迫于经营压力关闭原代理品牌店面的经销商数量高达 3098 家，其中 4S 店 2362 家，更有部分经销商直接退网或转换其他品牌经营。

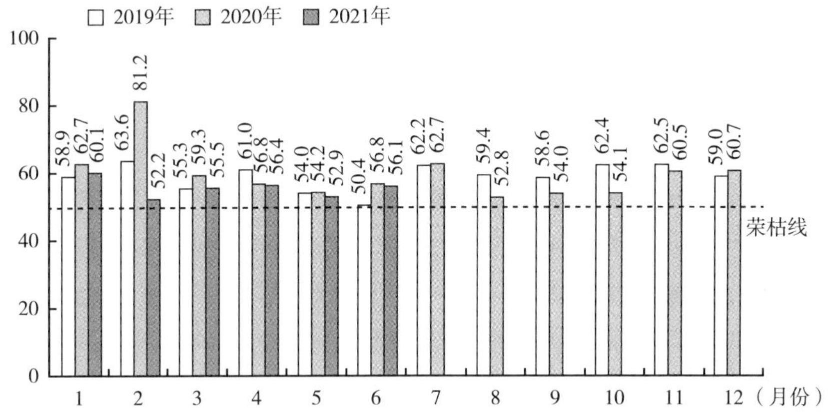

图 2　2019 ~ 2021 年中国汽车经销商库存预警指数

资料来源：中国汽车流通协会。

值得注意的是，不同经销商在外界冲击下应对能力的差异，导致其两极分化加剧，使得“强愈强，弱愈弱”的马太效应愈发明显。其中，各豪华品牌经销商网络规模呈现正向增长态势，相对平价的合资品牌经销商网络变动率较高；自主品牌受多方面因素影响，网络稳定性最弱，经销商退网规模超千家；处于扩张期的新能源品牌网络发展呈现两极化趋势，如特斯拉、蔚来、理想和小鹏的经销商新增数量较多，而广汽埃安和威马等品牌已出现部分退网现象。此外，从地域来看，我国经销商网络呈现东密西疏、南多北寡的分布态势，一线城市经销商网络密度最高，平均经销商数量达到600家以上。从运营规模来看，我国经销商已形成集团化运作模式，其中70%以上的欧系、德系豪华品牌和日系强势品牌被中大型经销商集团占有，而小型经销商集团拥有强势品牌的比例不到30%，两极分化现象较为严重。

（三）渠道模式多元化发展，传统经销商模式亟须变革纾困

目前，全球数字化浪潮正在催生规模性产业洗牌，加速我国汽车产业数字化转型，全面颠覆产品生产、交付、销售整个旅程，由此推动汽车终端销售模式也在发生深刻的变革。为了适应未来汽车的销售、服务业态，助推汽车数字化发展浪潮，以车企直营、电商直营、直播销售等为代表的创新汽车终端服务生态应运而生。

以特斯拉为代表的汽车直营模式让传统汽车制造商看到更多可能，逐步探索客户运营与全渠道营销。根据2021年麦肯锡中国汽车消费者洞察显示（见图3），在购车旅程中，有25%～40%消费者更倾向于选择与汽车厂商直接互动，但由于数据壁垒的存在，主机厂未能满足消费者个性化的预期，如何打通“人－车－店－厂”触点、实现客户全生命周期精细化运营，成为经销商数字化变革的重要目标导向。

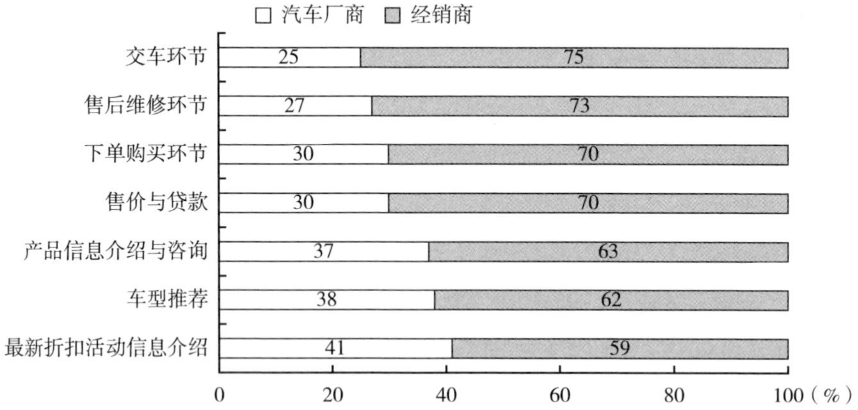

图3　2021年麦肯锡中国汽车消费者洞察

资料来源：公开资料整理。

此外，开展电商直营和直播卖车也成为汽车销售新风口。目前，已有超过50个汽车品牌入驻天猫，涵盖90%以上的主流品牌。数据表明，在2020年“6·18”期间，天猫汽车销量达18万订单，相当于中国第一大汽车经销商集团旗下150家4S店一年的销售总量。与此同时，随着直播行业的迅猛发展，各大汽车品牌借助直播平台也取得可观销量，多种渠道融合并存的新局面正在形成。

二　经销商数字化发展现状及趋势分析

（一）汽车经销商数字化发展现状

“智能化、电动化、网联化、共享化”正加速重塑中国汽车产业价值链，加速推动整个汽车行业商业模式重组。在该趋势下，无论是汽车主机厂还是经销商集团都逐步开展并加快数字化进程。在汽车经销商数字化发展的过程中，也存在着诸多问题，其痛点共分为以下几个方面。

1. 经销商门店管理层对数字化平台的认知不足导致运营数据增长乏力

经销商在数字化转型过程中，从总经理、管理层到一线员工，均出现对数字化理解不到位的情况。大型经销商率先开展数字化平台运营，吸引部分小型经销商的学习和效仿，但是在实践的过程中会有诸多问题产生。例如，对用户需求把握不准，上线后发现很多需求都是伪需求，并没有切实解决客户的问题，浪费了很多时间和精力搭建一个使用率和转化率都不高的系统。这归结于门店管理层对线上数字化营销平台认知度不够，没有将数字化平台融合到客户的需求中。其次，对于经销商来说，需要认清汽车服务的高频和低频，经销商门店内的大部分服务都是低频的，客户平均到店周期为半年到一年，因此，需进行服务升级、消费升级，进一步引入高频服务，这不仅关系到数字化平台运行的有效性，而且对增加利润来源点，对汽车经销商盈利模式升级至关重要。

2. 经销商门店管理层缺乏用户思维

过去二十年，小型经销商门店的销售方式相对比较单一，数字化转型过程中存在着一些固有思维，主要依托产品进行营销。单一的售前、售后数字化功能无法满足整体业务需求。对于该类经销商而言，将多种业务有机交互、内部管理结合外部营销，员工与客户有效互动，才能实现数字化营销的价值。未能站在用户的视角结合数字化平台做营销，将会流失掉一部分老用户，且难以获得新增客户。以客户为中心的数字化营销产品才有生命力，总体而言，仅仅是开发一个数字化平台不是解决问题的关键，而是需要经营者从用户的角度出发进行销售及售后服务。

3. 经销商在数字化平台和软件的开发上存在问题

在软件平台的开发方面，一些经销商尝试将软件外包开发，这会产生一些隐患：一次开发难以成型，二次开发成本过高，持续的开发和维修将对经销商造成一笔巨大的开销。而且，由于利益不均等，一些互联网产品都没有切实的和经销商达成以真正完成数字化转型为目标的合作，因此，难免会使得一些经销商产生对互联网的抵触。一些大型经销商选择自建团队，虽然可以解决持续更新功能和及时响应需求的问题，但开发成本更高，而且，领域内缺少既懂经销商又懂互联网的专业人才，团队之间的磨合和平台的优化需要时间成本。

4. 投入资金不足以维系数字化营销

数字化营销需要较大的资金支撑和精力投入。众所周知，一个产业由传统转化为数字型是存在诸多挑战的，很多小型经销商担心转型失败会带来更大的损失，不敢贸然投入数字化转型，有的企业进行了探索和尝试，但是不进行长期投入，没有强有力的资金支持，很多小型经销商无法坚持下去。特别是单店和非连锁经销商，做数字化转型的风险较大。

（二）汽车经销商数字化发展趋势分析

1. 以用户为中心的数字化营销体系

自疫情以来，消费者已经习惯线上连接品牌和运营商。随着品牌和运营商服务的不断改进，用户在线上获得的服务会越来越好，响应也会越来越快，这已经成为一个不可逆的趋势。在销售渠道和营销方面，经销商会继续发展O2O模式，并且会在现有的模式基础上，搭建更多新的数字化消费场景。汽车的销售和营销模式在数字经济背景下正在发生明显变化，O2O线上线下融合渠道模式成为主流的发展趋势。以汽车经销商和4S为主体的销售模式，正在被灵活多样的多样化渠道所代替。

在售后服务方面，经销商将对智能系统的自动化程度进行升级，更加便捷的线上服务会提高消费者的留存率。并通过大数据技术，对客户的再次接受服务时机进行预判，主动向客户触发标准的数字化售后商品，将从现阶段的“以业务为中心”转变为“以客户为中心”，逐步将售后服务融入客户的生活中。

2. 挖掘数据背后的商业价值，驱动业务发展

未来，汽车经销商将会将用户、生态和数据三者的融合，继续完成数字化的转型。数字化营销转型，需要更高层的牵动力来驱动，包括领导和业务的流程和思维方式的转变，落脚点是站在用户的角度，结合数据分析，为销售提供更多的转化率的用户资源。经销商所在意的不是眼下的数据和资源，应该放眼未来，将前期的地基筑牢，后期就会有源源不断的客流和资源。

三　大数据赋能经销商数字化转型升级

（一）库存管理数字化

对于经销商而言，目前库存管理的痛点主要在仓库结构复杂，配套设备多，基建和设备投资大，维护成本高；货架安装要求精度高，施工比较困难，施工周期长；高层货架利用标准货位进行单元储存，对储存货物的种类有一定的限制；仓库自动控制与管理对工作人员的技术业务素质要求比较高。

因而，将大数据技术与库存管理结合起来，实现库存管理数字化是大势所趋。实现库存管理数字化，就是利用大数据技术来针对性地找出人工管理出现的低效高耗问题，运用数字技术的工具系统来对库存管理环节的结构、流程、模式和员工能力等进行全方位深化变革，提高效率，降低成本。库存管理包括了从订货、收货、储存、拣货、发货的全流程，是企业管理的关键点。大数据对经销商库存管理赋能主要表现在以下几个方面。

1. 经销商需求预测及库存管理

基于历史销售大数据，结合自然因素及人为因素建立预测模型，并设定服务满足率，自动运算库存优化策略，对经销商备货目标制定及备货数量提供决策依据。

2. 库存云

以全面建立售后配件供应链协同体系为目标，基于大数据技术搭建主机厂—供应商—经销商等多主体协同管理的库存云系统，详细记录出入库商品及商品流，同时涵盖零部件及汽车必备设施库存数量，通过一系列政策、流程、大数据云平台、IT 管理工具的配套，形成全方位调配库存的能力。

3. 供销协同系统

参考多维度信息，基于配件更细分化的全生命周期预测，使预测都更为精准。基于精准预测的经销商订购计划，将总体的订购计划分解成各部分，使供销协同系统更加完善，发挥更大的作用。

因此，建立主机厂、供应商和经销商之间的协同管理机制至关重要，利用大数据技术，建立完整的供应链系统，可以有效缓解库存积压或是库存不足的情况，提高工作效率，使车辆或是设备能够尽快交付到消费者手中。

（二）营销数字化

在新车销量增长疲软的存量竞争市场下，传统 4S 店营销模式正面临着获客难、潜客转化率低、营销成本高以及营销手段创新不足等显著问题。因此，经销商需借助数字化工具打通客户触点，实现“店”与“人”的高效连接；并利用数字化平台对客群大数据进行有效洞察，提升对用户行为和偏好的了解，进一步优化营销策略，提升转化成交效率。

1. 打通全域触点，建立以用户为中心的数字化营销体系

大数据时代背景下，线上线下触点激增，集合大量信息流和资金流，但普遍存在“数据孤岛”现象，各场景数据难以实现融合打通，数字触点被打散在不同的“场”中，触点的脱节导致“信号”的中断。因此经销商应全面梳理客户不同时间、不同场景的触点，并通过云计算、物流网、数据中台等数字化手段，实现内外部、线上线下触点的打通；进一步利用数字化技术连接用户、经销商、产品，加快数字化体验平台的搭建速度，形成以用户为中心的看车、购车、用车的数字化营销体系。

2. 打造数字化创新营销模式，线下服务场景向线上转移

随着客户需求由大众化向个性化发展，经销商需建立基于客户行为、客户特征、客户细分的客户数据资产，对其展开网络画像、需求聆听及同理心研究

等精细化客户运营工作，洞察消费趋势及心理变化、明确个性需求特征，进而精准定位目标客户进行广告投放、媒介分配，设计相应营销策略。为适应客户线上消费的习惯变化，经销商应进一步强化线上+线下合力营销，打造线下与线上相结合的新零售模式。例如，采用线上VR智能展厅等新型数字化工具，打造线上互动分享直播平台，有针对性地提供更精准的产品和服务推送等，有效加强线上线下之间的流量互通与转化。

3. 挖掘消费者换购升级方向，把握客户车辆置换契机

近年来零售市场增速呈下滑趋势，而换购对新车销售的贡献度则呈提升趋势，中汽数据研究表明：2016年至2020年，换购对于整体零售市场的贡献度呈上升趋势，由24.8%提高至33.6%，换购市场的重要性进一步提升；《麦肯锡2021汽车消费者洞察报告》显示：消费升级仍为主要趋势，近60%的消费者都计划在下一次购车时升级至更高价的产品。为此，经销商应积极布局换购业务领域，借助数字化技术洞察消费者换购行为，基于换购大数据挖掘消费者换购升级方向、品牌换购来源及去向，对细分车型进行换购分析，把握换购市场动态；在此基础上，精准掌握各品牌整体市场表现，及时发现品牌建设问题，针对性制定品牌提升策略。

总之，经销商应利用大数据技术提供全新的“线上+线下+服务”体系，深耕全渠道营销与用户运营，围绕用户、生态和数据三者的融合，构建数字营销体系；利用数字技术赋能数据治理、精准营销和置换预测，打造基于用户全生命周期的业务场景、商业模式和产业生态。

（三）售后数字化

不断攀升的汽车保有量和平均车龄保证了中国后市场持续的增长潜力，产业互联网的深入发展则以数字化之手为汽车后市场全价值链带来了效率的突破，也进一步加速了行业的变革与整合。在此背景下，经销商应践行数字化变革，挖掘新兴售后业务，基于用户全生命周期创新经营模式。

1. 打造智慧透明车间，构建维修保养新型经营模式

经销商可通过打通线上线下渠道，纵向整合价值链，将电商零售思想融入维修保养业务领域，构建基于客户维修保养全生命周期的维修保养新型经营模式。首先，依托行驶里程数据、历史维保数据和零部件适配数据对客户维保需

求进行预测，适时进行维保提醒、刺激需求；其次，基于用户车型、历史消费数据等进行智能化产品推荐，促进客户线上下单率提升；而后，智能定位配件区域仓，形成最优配送方案，在 DMS 和用户端实时同步，方便客户追踪物流进度；在此基础上，客户到店后，识别车型、需求、历史服务信息，并以口头和平台推送形式向客户传达车辆检查结果，收到实时进度推送随时查看施工进度；最后，验收结算，平台邀请客户评价存档本次服务项目相关信息，个性化制定下次维保促销方案，提升客户黏性。

2. 加强智能客户关系管理，实现客户全生命周期价值运营

通过积累用户数据，挖掘用户需求，兑现用户承诺，依托车主生活 App 及在线增值服务等营造差异化的综合客户体验，与用户形成强感情纽带，建立深度的品牌认知，使经销商与用户成为长期的伙伴。售前，针对消费者需求明确线上交互策略，针对目标客户使用习惯实施精准营销；在潜客成为车主后，则可打造线上社区以提升用户黏性，依托 App 提升品牌好感度，如举办车主聚会、推送基于位置的优惠活动信息、推广品牌周边产品、车主专属团购等，满足 OTA 需求收集、用户体验反馈的需要，并基于 SERVQUAL 模型和模糊综合评价法，通过提取 App 端关键字段，统计客户评价，定位较差的服务流程阶段，帮助经销商管理人员进行服务优化决策。

综上所述，经销商应重视数据融合，打通线上线下渠道，利用数字化工具结合流程进行再造，将流程各步骤构建数字化足迹，推动汽车后市场“人、货、款、客、店”的现象级重构，助力数字化营收增长。

四　解决方案：数字门店——实现用户全生命周期精细化管理

汽车 4S 门店作为连接客户的枢纽，是车企及经销商观察市场的眼睛，内外部销售环境联合驱动下，精准把握客户需求、增强客户黏性、建立“消费者—经销商—主机厂”数字生态体系成为汽车门店转型的目标导向。一方面，受新冠肺炎疫情影响，客户到店量骤降，对经销商收集客户信息、洞察客户需求变化产生不利影响，与此同时，国家推行数字基建、AI 技术大规模商用，线上线下融合的新零售模式将得到大力支持；另一方面，经销商在销售、售后

和管理方面存在诸多痛点，如销售端转化率低、留资率低、客户流失率高、客户管理深度不足等。基于此，经销商应借助数字化技术，融合打通多渠道数据，重点围绕流量监测、营销系统、智能巡店、客户管理和信息中心等环节，搭建汽车门店数字场景，扩展门店功能范畴，实现用户全生命周期精细化管理。

（一）盘活数据资产，打造经销商数字化平台

1. 打破数据孤岛，融合打通数据资产

目前，“人－店－厂”各环节之间存在数据壁垒，线上线下触点未打通，导致“数据孤岛”现象存在，因此，经销商应充分整合多方数据资源，如DMS系统中客户购车数据、维保数据、保险数据、车牌数据，互联网平台的消费数据、行为偏好数据，以及区域销量数据、品牌满意度数据等，对多源数据资产进行融合打通、挖掘分析，进而支撑数字门店功能场景搭建。

2. 搭建数字化服务平台，充分发挥数据价值

经销商需打造可扩展的数据和数字化平台，提供数据整合、分析和服务的基础设施，通过输入规范完整的高质量数据，围绕业务运营指标建设完善的数据资产治理体系，基于数据集成、数据治理、服务开发、数据服务、可视化工具等，实现数字化应用过程中数据从采集、存储、管理、计算、分析利用和数据交互的功能，提升数据资产的变现能力。

（二）连通店内触点，实现线下触点数据化

借助数字化技术，打通店内进店区、接待区、销售区、休息区、洽谈区和体验区等各区域触点，实现线下触点数据化，进而融合并分析多渠道数据，挖掘数字经济价值。

1. 从体验出发创造客户数字旅程

①基于人脸识别及模糊化处理、车牌识别、语音识别、数据埋点及数据标签等数字化技术，在迎宾区域标识客户ID，识别VIP客户和回头客，主动推送至店内营销人员；②在体验区域通过智能广告机和数字化互动对客户进行精准营销、诱导留资；③进入展车区域通过电子型录进行车型介绍和扫描下载分享，并通过AI机器人核心卖点互动讲解营造智能语音体验；④在洽谈区域，

进行车型对比、电子报价及购车金融方案试算，促进本品置换转化率提升、增加二手车车源。以上店内数字触点的连通为客户创造连贯的数字旅程体验，更加高效地将每个消费者资产向兴趣客、购买客、价值客、口碑客过渡，最终实现客户全生命价值运营。

2. 以精细化智能管理为方向挖掘数据价值

①客流分析。基于人体检测准确统计过店客流与进店客流，为门店入口的陈列设置、店前促销活动提供决策与评估基础，构建客群画像辅助店员分析客群画像及进店率、停留率、转化率，有效评估营销策略与营销回报相关性。②服务效率分析。基于移动终端和 Web 端进行数据采集和任务流管理，在系统内制订定点巡查计划，有效实现人员行动的精细化管理。③精细智能管理。搭建智能化数字场景，实现潜客挖掘、置换预测、二手车定价和智能续保等核心功能。④满意度分析。通过虚拟驾驶、AI 机器人等互动提升客户滞留时间，进行 SSI&CSI 分析，评估销售口碑，寻找服务突破口以提升客户满意度。

（三）挖掘数据资产，搭建数字化功能场景

经销商需基于用户全生命周期搭建数据业务场景，实现对汽车消费全生命周期的数字化、智能化管理和运营，并针对各种场景，妥善选择适用的模型，通过业务闭环进行效果分析，持续调整和优化。

1. 场景一：客流监测

基于客流监控、客流分析和客流追踪搭建汽车数字门店流量监测场景，实时监测并呈现经销商店流量数据，分别基于日度/周度/月度进行店头流量热度对比分析；追踪用户访问其他竞品经销商店的情况，分析客流走势，结合竞争对手分析和消费者特征分析，制定销售策略；结合多渠道数据构建消费者画像，分析客户流失原因及流失去向，为精准营销策略制定、销售转化率提升助力。

2. 场景二：潜客挖掘

通过打通经销商消费者导流数据及其他平台数据，获取获客流程数据、消费者标签数据及消费行为数据等，实现漏斗分析、用户分群、行为路径分析等功能，赋能精准营销，实现获客流程优化、潜客画像形成、客户导向分类、客户兴趣分级及客户价值意愿分级等功能。

3. 场景三：售后服务客户流失预警

基于驾驶行为和车况跟踪对客户到店保养时间进行敏感性分析，结合保客数据、维保数据预计客户到店保养时间，根据以上分析将客群划分为忠诚客户和潜在流失客户。对于潜在流失客户，以车险数据、搜索数据、浏览数据和行驶路线数据等为依托，针对性采取服务优化措施、进行回访调查，若理赔地点或行驶地点为其他非4S店，则客户流失；若搜索和浏览信息为相关其他非4S店维修信息，则存在潜在流失风险。

4. 场景四：置换预测

将多渠道置换数据、区域销售数据、客户消费数据、车型数据、维保数据等进行融合打通，借助数字化技术对进店客户进行细分，提取客户特征，结合置换流转线索、周期线索和价格线索建立置换预测模型，对客户置换需求强度进行评级，有针对性地制定销售策略，进而提升新车销售率，同时带动二手车车源。

5. 场景五：二手车定价

基于品牌、车型、行驶里程、维保程度、车辆事故程度等数据，通过VIN码提取维保数据、出险数据，结合区域成交量及价格数据，构建包含基础因素和修正因素的二手车估价模型，打造二手车智能估价终端，赋能二手车精准估价。一方面，二手车价相对合理精确，符合客户预期，赢得客户信赖；另一方面，二手车估价终端收集大量二手车车源线索，助力经销商二手车业务发展。

B.27

汽车金融数字化转型与发展

陈依然*

摘　要：目前中国已发展成为全球最大的汽车产销国，在以国内大循环为主体、国内国际双循环相互促进的发展格局下，汽车消费对促进我国经济快速增长的意义和重要性日益显著。相较于欧美成熟市场，我国汽车金融渗透率仍然处于较低水平，未来还将具有巨大的潜力和广阔的市场发展空间。随着消费者年龄结构、消费意识的转变，市场对汽车金融产品的服务能力提出了更高的要求。在数字化浪潮席卷全球之时，消费者行为迅速线上化及互联网新型竞争者的加入使传统汽车金融市场迎接时代机遇的同时也面临着巨大挑战。能否借助金融科技深化数字化应用能力，创新产品模式，探索基于数据驱动的业务流程自动化、触达营销精准化、风险管理智能化将成为汽车金融实现数字化转型的关键。

关键词：汽车金融　数字化　金融科技

一　我国汽车金融行业概述

随着汽车行业及汽车消费市场的快速发展，汽车金融（以下简称汽融）的含义愈加丰富。广义的汽车金融是指汽车金融产品及服务全面渗透至整个汽车价值产业链中，包括新车贷款、二手车贷款、融资租赁等零售汽车金融，以

---

* 陈依然，中国银行保险信息技术管理有限公司市场业务专员，研究方向为金融数字化。

库存融资为主的经销商汽车金融，覆盖汽车从零配件生产到销售终端的全产业链金融。

（一）我国汽车金融市场发展概况

2009 年我国成为全球第一大汽车消费市场，汽车销量的持续增长带动了汽车金融市场的快速发展，此后我国汽车金融市场经历了黄金十年。2012 年起，融资租赁、互联网平台等新兴模式相继入场，汽车金融市场逐步向多元化、创新化发展。2018 年后我国汽车产业受宏观经济增速持续放缓、需求预支等因素影响，逐渐步入成熟发展的新常态，市场由增量竞争向存量竞争转变。伴随着经济逐步回暖、行业逐步成熟及政策红利的扶持，截至 2020 年底，我国汽车保有量近 3 亿辆，汽车金融市场规模约 2. 2 万亿元，可以预见我国汽车金融消费市场具有较大增长潜力。

从需求端来看，目前我国已经成为全球最大的汽车生产制造和销售市场，汽车产业庞大的需求总量为汽车金融市场提供了坚实的市场基础。在经济增长、消费升级等因素的多重驱动下，近年来细分领域发展迅速，成为新的行业增长点。一是我国汽车高保有量为二手车市场提供了坚实的基础；二是在碳中和的目标驱动下，新能源汽车金融需求将加速释放；三是在共享经济理念加速渗透的大环境下，以分时租赁为代表的共享汽车平台将购置更多汽车作为生产工具，衍生出较高的金融杠杆需求。

从供给端来看，随着中国汽车消费行业的迅速发展及消费客群观念的转变，我国汽车金融渗透率逐年上升。据中国汽车流通协会数据显示，2020 年我国新车金融渗透率接近 50%，同比增长 16%。相比之下，欧美发达国家汽车金融市场更为成熟，新车金融渗透率约 85%，二手车金融渗透率约 50%，融资租赁渗透率约 30%。在当前居民消费升级、内需持续扩张、消费者信贷接受度提升等因素的综合驱动下，我国汽车金融渗透率依然具有较大的提升空间。

（二）汽车金融行业发展趋势

数字化已经成为现代金融的核心竞争力，以金融科技驱动的创新业务模式不断涌现，客户画像、智能投顾、人脸识别、大数据风控等创新应用场景已得到广泛应用。汽车金融作为汽车产业与金融业的融合，在平台化、数据化、移动化、共享化等方面均有业务创新变革的需求。汽车金融主体只有加大金融科技投入力度，不断加强完善数字化建设，借助数字化转型开展应用创新、产品升级，进而快速响应市场需求，提升金融服务水平，才能适应新时代汽车金融的发展要求，为企业长足发展提供保障。

二　汽车金融行业数字化转型驱动力

（一）宏观政策为行业数字化发展提供新动能

2020 年中央经济工作会议明确提出将扩大内需、刺激消费作为战略基点，国家及地方出台系列政策对新车销售加以扶持。多地政府实施解除限购、增加牌照等政策；银保监会下调汽车金融公司的拨备覆盖率，使其融资渠道得以放宽。同年 4 月，国家发改委等 11 个相关部门要求适当下调汽车首付款比例和贷款利率，延长其还款周期以释放汽车消费潜力，给予汽融主体更灵活的产品提升空间，激发更多消费者通过汽车金融产品购车的意愿。

在国内大循环的背景下，系列汽车消费政策利好行业发展。一是国家大力推动二手车市场发展。在新车销量进入拐点时，二手车成为近年来发展迅速的细分市场。2018 年央行将二手车最高贷款比例上调至 70%；2020 年将二手车经销增值税由 2% 下调至 0.5%，并取消二手车限迁政策，不断刺激二手车金融市场，激励行业规模化发展。二是国家积极引导扶持新能源汽车发展。新能源汽车由于较高的电池成本，整体价格相对较高，更多消费者需要借助汽车金融满足购车需求。2017 年汽车贷款政策将新能源汽车最高贷款比例上调至 85%，高于燃油车贷款比例，2020 年财政部发布对新能源车免征购置税政策延长两年的公告。系列政策出台有效提升了新能源车消费动力，使新能源汽车金融服务成为汽车金融市场新的发力点。

国家政策与地方细则双轮驱动为汽车金融数字化发展创造了良好环境，汽融市场在迎来机遇的同时，也面临着巨大挑战。更高比例的新车、二手车购置贷款意味着风险敞口加大，对汽融主体的融资及风控能力提出更高要求。汽车金融主体亟须借助数字化技术提升风险识别、贷后监测能力，有效应对内外部环境变化。

（二）行业竞争加剧形成更具挑战的市场新格局

随着汽车行业进入周期性调整阶段，汽车金融主体间的竞争愈加激烈，从原始的价格竞争、客户竞争向产品服务竞争、综合能力竞争方向转变。

从市场参与方来看，汽车金融主体主要由商业银行、汽融公司、融资租赁等类金融主体构成，其中，银行以及汽车金融公司的市场占比超过五分之四。汽车金融公司背靠主机厂，与经销商联系紧密，拥有良好的客群基础及明显的渠道优势；但受限于资金成本高、金融专业能力不足，使其发展受到一定约束。商业银行资金实力雄厚，但自身场景及客户渠道的匮乏限制了其在汽车金融市场的占有率。融资租赁公司准入门槛低、产品灵活多变，不断探索下沉市场，积极覆盖小微企业及个体农户，但未能对信用资质差异较大的借款人进行有效风险识别与监测。随着互联网科技在汽车金融领域的应用，各互联网平台作为新兴势力相继入局，利用自身数据与科技优势迅速抢占市场份额，行业竞争进一步加剧。

2020 年中央经济工作会议提出加大金融创新审慎监管力度，为避免系统性风险，要求降低融资租赁公司融资杠杆倍数，融资租赁牌照逐渐收紧；互联网贷款新规、网络小贷新规均强调加强对联合贷款和风险的管控。在监管趋严、合规发展的背景下，汽车金融主体面临前所未有的压力与竞争，市场将加速优胜劣汰。数字化转型将助力汽车金融主体提升业务运行效率、降低资金成本、拓宽渠道营销体系、建立合规风险管控，全面提高汽车金融主体的竞争力。

（三）传统运营模式加剧压缩行业利润空间

在宏观去杠杆的政策背景下，各类汽车金融主体融资成本居高不下。前期为抢占市场，业务扩张迅速，产生较高的运营成本。同时，现有的审贷系统无法对贷前、贷中、贷后进行有效风险评估，随着客户及经销商欺诈行为的增多，损失不断增大。

汽车金融主体产品线主要包括经销商库存融资、个人汽车信贷以及融资租赁。2020 年，受新冠肺炎疫情影响，我国汽车市场增速严重下滑，市场需求逐渐从购车向置换转变，导致经销商库存融资周转周期加长，各主体的财务成本急剧升高，业务风险加剧；标准化的个人信贷产品无法满足年轻一代消费需求，加之有着灵活高效产品体系的互联网平台大批涌入，部分主体不得不放弃业务利润，相继降低融资利率来吸引客户。在竞争愈发激烈的市场环境下，汽车金融主体的利润加剧被压缩，市场要求各主体进一步控制业务风险、降低运营成本、形成创新产品体系，数字化转型刻不容缓。

（四）现有定价及管控能力无法有效预判风险

传统的汽车金融风控流程从提交申请、初审、复审、终审到发放贷款涉及十余个流程，线下更多是以纸质的形式流转，线上也仅能留存个人关键信息，未能搭建一个系统化的数据池，且审核方式大多依靠审贷人员的行业经验等主观行为进行判断，无法有效识别风险点。因此，这种人工审核的方式逐渐被机器审核替代，部分公司开始利用历史数据建模，构建单个业务领域的风控模型用于评估客户风险。在此环节，模型用到的数据大多来源于客户填写的基本信息及央行征信信息，但多数汽车金融主体未能接入征信系统且查询到的信息有限，目前仍存在许多个人和机构的征信记录空缺，缺乏对多维度客户信息进行全面风险识别，基于此种分析模型的审贷决策依然面临着较大风险。

（五）消费理念变迁与产品需求变更加速数字化转型进程

“90后”消费者个性化选择观念增强且更具备金融意识，逐渐成为汽车消费市场的主力军，希望选择用更低的首付贷款、融资租赁等灵活的获车方式换得更高品质的用车体验。汽车金融主体可以紧抓年轻一代群体超前消费的观念，利用大数据分析精准定位目标客户群体，设计出满足其追求灵活还款方式的差异化弹性个贷产品；利用租赁市场准入门槛低、无须首付的优势，对直租回租市场产品的差异化、定制化开展探索，推动汽车金融各细分领域的产品数字化创新，从而满足不同汽车用户差异化的金融服务需求。

新消费群体和需求的出现，使传统单一的产品线无法满足汽车金融市场日益增长和变化的消费需求，随着二手车贷款、融资租赁、汽车衍生品等消费需求逐年增长，我国汽车金融产品逐步向多元化发展。换购、复购比例的提升为汽车金融市场的创新发展带来新的机遇，在新车贷款、租赁等零售汽车金融的基础上，汽融主体应着重关注覆盖“购买、使用、置换、售后”等渗透汽车全生命周期的金融服务，借助科技手段探索更加多元的服务模式以应对市场变化。

综上所述，数字化转型是汽车金融主体可持续发展的内生驱动力。在“新经济”发展战略模式和产业升级的背景下，以移动互联网、云计算、大数据、人工智能和区块链为代表的新一代信息技术快速发展，技术的成熟为汽车金融数字化转型提供了良好环境。在科技创新的赋能下，未来金融科技将会与汽车金融深度融合，为业务发展、模式创新提供源源不断的驱动力，逐步引领汽融行业从电子化、网络化走向数字化和智能化。

三　汽车金融数字化转型战略

（一）汽车金融数字化转型战略目标

汽车金融数字化转型需要以国家发展战略规划为引领，高度重视顶层设计，发挥金融科技的驱动作用，以数字化建设为中心，精准洞察汽车消费者需求，寻求差异化产品模式，以数据驱动风险决策，助力汽融主体实现降本增效。同时，加强数字化在业务流程、系统架构、产品体系、客户管理等全方位重构，贯通业务链条与技术链条，实现科技手段与汽车金融业务场景高度融合，打造客户服务智能、系统架构完备、业务运营共享联动、产品创新高效灵活的汽车金融生态体系。

（二）汽车金融数字化转型基础

1. 数据是汽车金融数字化转型的基本要素

伴随着人工智能、大数据技术的广泛应用，数据已经成为企业竞争的重要战略资源，行业的转型更加依赖于对多维数据的获取及感知分析能力。汽车金融主体需要建立企业数据治理架构，以提升数据质量；引入大数据处理、分析平台，增强数据处理能力。当前，汽车金融主体仅利用自身的数据管理系统对客户背景信息、交易结算信息进行分析已不能满足业务需求，亟须引入多维度数据，利用关联分析方法，挖掘数据背后的价值。例如，在建立用户画像及全流程风控环节，积极对接通信、交管、税务、保险、高法等国有权威数据；在合规的前提下，加强与互联网平台社交、消费等数据的交互，有效对征信数据进行补充。通过技术手段打破数据孤岛，汇集多维度的海量数据，深度挖掘并释放数据蕴含的内在价值，助力汽融主体形成更为科学的决策。

2. 金融科技为汽车金融数字化转型提供强有力的保障

以云计算、大数据、人工智能、区块链为代表的技术已深入传统汽车金融的各个细分领域，成为汽车金融行业改革创新与发展转型的强大推动力。

大数据帮助汽车金融主体充分利用消费者行为偏好等信息对客户开展全面贷前风控评估；云计算利用强大存储及处理能力提升汽车金融主体的运行处理效率；人工智能技术利用多维数据建立用户画像，从而提供更为精准的金融服务；区块链技术为数据信息提供安全可靠的数据屏障，确保用户数据信息不被泄露。汽车金融业务依托科技手段不断完善产品设计、实现精准营销、助力量化风控、降低服务成本，提升金融服务质效，重构数字化汽车金融业务体系，推动汽车金融市场步入新的创新与变革。

（三）汽车金融数字化转型路径

1. 挖掘数据价值，实现精准营销

汽车金融行业通过数字化赋能，重构了汽车金融主体与用户的连接方式，使传统的营销模式不断向大数据营销、精准营销转变，极大提升了汽融产品和金融服务的可得性。

汽车金融市场规模的逐步扩大及客群结构的不断变化，使得传统的营销触达模式越来越难以满足业务发展需求。与此同时，场景的深挖、客群的深耕、精准式画像等能力正在成为占据市场的关键。在现有模式下，汽车金融主体可利用数字化技术，对用户基础属性信息、交易信息和运营信息等自有数据进行深度挖掘，形成数字化闭环以实现数据信息迭代。

汽车金融主体在整合内部数据的同时，应不断丰富数据样本维度，积极借助保险、交通、出行、支付等三方跨界外部数据补充用户画像信息，搭建客群信息表，绘制平台生态谱图，利用多维度信息资源筑牢数据基础，通过大数据技术在细分场景中更为精准的获取目标客户。同时，依托数字化工具刻画用户特征并对用户购车需求进行精准识别，设计出针对不同客群开发定制的个性化产品，为用户提供精准的产品推荐及汽车金融服务，形成用户一键式触达，构建以大数据驱动的营销体系。

2. 优化线上化运营流程，构建一站式全生命周期服务

随着科技创新的发展及用户对线上服务需求日益扩大，汽车金融主体开始建立线上线下一体化的业务运营模式，利用数据搭建智能化运营管理体系，开展全方位数字化运营管理工作，增强汽车金融服务的便利性和可获得性。

在触达获客环节，辅以信息在线预填、资料预审、服务方案预试算、电子合同管理等技术使业务流程线上化，帮助前端人员快速获得有效决策信息，简化业务办理步骤，提升用户满意度；在授信放款阶段，通过人脸识别、电子签名认证等技术防止贷款信息造假，同时利用电子化技术实现在线自动审核放款，加快资金审批速度，提升业务办理效率，缩短业务办理和等候时长，释放的人力与精力能够专注于运营效率和服务品质的提升，帮助企业真正实现降本增效；在贷后管理方面，线上的数字化汽车金融业务模式，不仅可以为用户提供一站式解决方案，还能直接完成用户信息、业务数据的在线收集，为进一步识别购车后客户潜在的保养、维修、置换需求搭建基础。利用大数据技术二次挖掘客户潜在需求，汽车金融主体可进一步开展增购贷款、直租回租、二手车置换、抵押贷款、车辆保险、汽车周边及后市场消费金融营销和服务，实现从单一服务向综合服务转变，最大化拓宽业务渠道，形成客户价值全周期服务体系。

3. 丰富数据来源，强化数字化风控体系

大数据等互联网技术在风控领域逐步发展运用，通过打通数据资源，利用大数据分析实现线上化智能风控，提高整体运行效率，重构汽车金融风控体系。一是丰富数据维度，强化挖掘能力。汽车金融行业如今依然面临严重的资料造假、内外部欺诈和信用欺诈风险，数据与适用场景匹配度较低，有效信息未能被充分利用，且零散的电子材料和征信信息无法结构化存储以进行风险量化分析。有效的大数据风控能够在各垂直细分领域综合多方数据源，实现从静态数据向动态数据转变，从单一来源数据向多方交叉数据来源转变。在模型评分中引入司法涉案、互联网经济消费等多方数据对信贷系统作为强有力的补充，归集客户多种动态数据，真实客观地反映客户信贷资质，有助于汽融主体在信审环节做出更准确和客观的决定。

二是借助数字化手段，建立高效风控体系。数字化风控利用多维数据辅以

模型和策略的应用，将迭代周期大幅缩短，减少依靠人工经验、技巧完成的资信审核，从经验驱动向数字驱动转型，实现自动化的风险评估和审批放款。汽车金融主体在贷前审批阶段，通过生物识别、知识图谱等技术，可快速验证用户真实身份，有效识别并降低经销商欺诈、团伙骗贷风险；在授信放款阶段，通过多维数据分析提取用户特征，借助大数据分析技术，建立客户评价体系及信用评分模型，实现自动化、精准化审批授信；在贷后管理阶段，利用大数据技术对客户还款情况进行监测跟踪，对出现司法涉案、黑名单等负面信息的客户进行异常风险提示，建立汽车金融自身的催收评分模型，制定差异化风控措施。

4. 提升数据信度，建立安全屏障

数据安全是企业生存发展的关键，针对非法收集、过度使用、非法买卖个人信息导致用户个人信息泄露、危害人民生命财产安全的现象，2021 年国家先后印发《个人信息法（草案）》《金融数据安全数据生命周期安全规范》，对金融行业数据生命周期安全管理、数据存储、数据加密等方面提出更高要求。汽车金融作为强场景业务，涉及大量用户个人信息，如何在推动业务创新发展的同时，保证用户隐私不被泄露且满足数据使用的合规性是当前仍需解决的问题。数字化转型利用区块链、数据令牌化、数字水印、同态加密等新技术，进一步解决数据确权、数据追踪、数据可用不可见等问题，使交易流程公开透明，提升数据可信度。在使用过程中防止数据泄露，加强客户隐私信息保护和数据资源安全管理，为汽车金融数字化稳定发展提供安全支撑。

总　结

汽车金融在未来汽车市场的发展过程中是不可或缺的角色，而数字化转型将是汽车金融行业发展的必然选择。汽车金融主体需要正视数字化技术发展带来的变革，同时找准自身数字化发展定位，强化顶层设计，从金融服务的全链路入手进行数字化转型，充分理解并整合运用内外部资源，借助金融科技手段高效践行数字化营销、自动化审批、大数据风控，创新性产品，实现降本增效，增强汽车金融产品服务能力，提升客户满意度，助力行业不断发展，构建可持续发展的汽车金融新业态。

B.28

上汽大通：由 C2B 模式倒逼出来的数字化转型之路

杨 扬 曾 贺*

摘 要： 汽车市场外部环境遇冷，消费者的个性化需求日益强烈，对整车企业形成了内外交加的挑战。数字化、网络化、智能化等新技术的发展使得大规模个性化定制生产模式成为可能。上汽大通的 C2B 模式以“用户驱动企业生产”为核心，进行了汽车大规模个性化定制的探索。本文描述了 C2B 模式对车企的挑战和困难，上汽大通在数字化营销系统、模块化研发体系、柔性化制造体系、协同供应链和个性化产品服务等方面的数字化转型实践之路。最后对数字化转型的未来发展趋势进行了展望。

关键词： 大规模个性化定制生产 C2B 数字化转型

一 汽车定制化发展浅析

（一）中国汽车环境

过去十几年，中国汽车市场经历了高速发展，但从 2017 年开始，中国汽

---

* 杨扬，上汽大通汽车有限公司制造工程部系统经理，研究方向为汽车市场及汽车行业数字化转型；曾贺，上汽大通汽车有限公司制造工程部副总监，研究方向为汽车市场及汽车行业数字化转型。

车销量增速开始放缓（见图 1）。当汽车市场由增量市场变为存量市场后，汽车企业间的竞争也从蓝海模式进入到红海模式。

图 1　2008～2021 年 6 月中国汽车销量

资料来源：中国汽车工业协会。

在这种市场环境下，上汽大通作为一家年轻的整车企业，如何从激烈的竞争中突围，打造属于自己的汽车品牌，是企业管理者亟须解决的问题。恶劣的外部环境倒逼企业进行创新。

第一，汽车行业的外部市场环境日益恶化，从 2017 年起，汽车行业整体增长趋缓甚至出现下滑，各家汽车厂商的产品同质化竞争日益激烈。

第二，消费者年轻化趋势明显，“80 后”“90 后”成为消费的主力群体，大家更希望张扬个性，希望产品跟个性化需求匹配。而大部分车企的产销模式仍然是给消费者提供一组预设的配置，让消费者在有限的选择中选取车型配置，消费者很难买到自己真正想要的配置车型。所以，这种伪“C2B”模式下，消费者看上去有很多选择，但其实选择的空间却很有限。例如，你想要一个全景天窗，就不得不选择最高配，但这其中很多豪华的配置却可能是你用不到的。

第三，互联网技术的不断发展，线上线下的体验已经越来越作为一种模式能够成熟地展现给大家。

第四，云计算、大数据以及智能制造等技术的成熟，为 C2B 个性化定制提供了可能。

在当前大数据、网联技术、人工智能技术推动的全球传统行业转型发展中，企业在产品方面需要从传统的产品提供商向综合服务提供商转型，在产品提供方式和业务模式方面需要从传统的大规模标准化向大规模定制化、个性化转型，也就是向 C2B（Customer to Business）模式转型。

（二）C2B 模式发展

制造一直是一个国家经济发展的重要环节。随着技术的发展，制造模式也在不断发生变化，响应速度越来越快，并且与消费者的需求和市场变化衔接的越来越紧密。从制造诞生以来，制造模式就在不断的变革，在历史上，总结下来共发生过三次“工业革命”，现在，我们正处在第四次工业革命的进程中。

第一次工业革命，又被称为“工业 1.0”或者“手工生产（CP）”。以机器制造代替手工制造作为主要特征。在此之前，制造产品是基于少部分人花费巨大成本和较少数量的需要来实现的，直到蒸汽机的发明，打破了这种束缚。

第二次工业革命，又被称为“工业 2.0”或者“批量生产（MP）”。这个阶段，制造成本大幅下降，但产品种类非常有限。以亨利福特的 T 型车为代表，流水线式的批量生产取得了巨大的成功。1926 年，福特指出“顾客可以选择他想要的任何一种颜色的汽车，只要这个颜色是黑色”，说明在批量生产模式下，顾客可以选择的产品种类非常有限。

第三次工业革命，又被称为“工业 3.0”或者“大规模定制生产（MCP）”。在 20 世纪 80 年代末，顾客对产品种类的需求有了一个很大的飞跃，导致了大规模定制生产的发展。基于信息技术、自动化技术等的进步，产生了很多柔性生产设备和系统，如工业机器人、生产执行系统、企业资源管理系统等的应用，使得生产线能够生产的产品种类增加。

第四次工业革命，又被称为“工业 4.0”时代，生产模式以“大规模个性化定制生产（MPP）”为特征。在这个阶段，生产的核心逐渐从生产企业向用户的需求转移，顾客的需求作为驱动企业变革的原动力。同时，生产企业也遇到了前所未有的竞争与挑战，数字化、网络化、智能化等技术赋能生产制造，使得“大规模个性化定制”生产模式成为可能。新技术、新理念被广泛应用于满足顾客的消费需求。消费者对产品的个性化需求与相对短缺的产品种类形成了强烈的反差，为了解决个性化需求与大规模生产的矛盾，大规模个性化定制生产模式需要拥有成本、质量、柔性、生产周期和多样性等各方面的优势。现在，这种趋势正在席卷而来，迫使越来越多的车企转变和变革传统的制造模式（见图 2）。

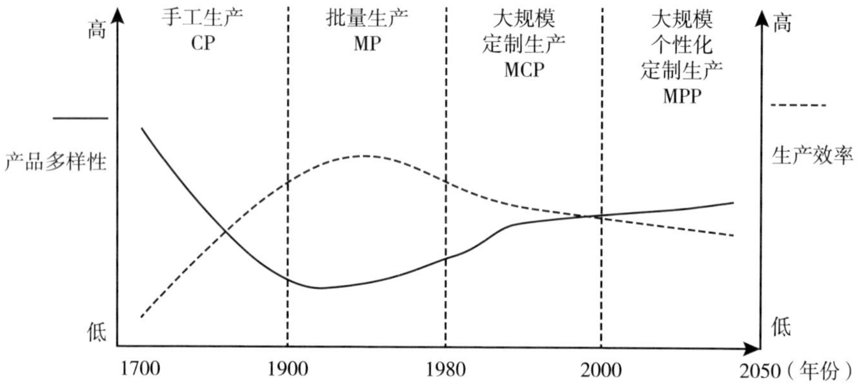

图 2　大规模个性化定制概念的演变趋势

资料来源：根据公开资料整理。

上汽大通的 C2B 模式就是“用户驱动企业生产”的一种“定制化”模式，颠覆了传统的由车企驱动生产的 B2C 造车模式。消费者可以根据自身需求定制产品，或主动参与产品设计，而生产企业会根据需求来进行定制化的生产。简单来说，C2B 模式本质就是按需定制。

二　C2B 模式对整车企业数字化的挑战

（一）上汽大通 C2B 发展历程

上汽大通从 2016 年开始，发起汽车大规模个性化定制的 C2B 项目，将 D90 作为上汽大通首个全过程引入 C2B 理念开发的新车型。在车型设计前期，启动用户参与产品开发、验证工作，通过“设计大赛”和“校园行”活动，征集了上千份的创意作品，并进行了筛选和优秀作品的创意转化。最终产品上市后，其可选配置中的“MAXUS”和“满天星”格栅设计就是来源于用户创意。

2017 年，上汽大通 D90 车型首次以 C2B 定制化模式上市，提供了包括轮毂、座椅、驾驶模式、外饰颜色、内饰风格、格栅设计、科技配置等多种配置选择，极大丰富了用户的个性化选择。

2019 年，上汽大通 G50 车型的上市，标志着上汽大通 C2B 模式已扩展到全系车型，开启了 C2B 实践的新篇章，用户可通过蜘蛛智选平台选择适合自己的个性化配置。根据数据统计，C2B 大规模智能化定制订单占比超过了 90%。

到目前为止，上汽大通拥有 324 个数字化项目，已初步构建起完整的数字化生态系统，C2B 模式也日趋成熟。作为上汽集团数字化转型的探路先锋和试验田，上汽大通走出了一条与众不同的汽车制造之路。

（二）冲击和挑战

个性化定制天生与批量生产有着冲突和矛盾。对于企业而言，依靠流水作业线、工业机器人、自动化技术的成熟应用，批量生产的成本和效率有着巨大的优势。但对于消费者而言，个性化产品的需求日益强烈，更倾向于拥有一台符合自己特性、独一无二的汽车。在这种冲突下，企业让步于消费者是必然的选择，以“用户驱动生产”替代“企业驱动生产”。通过了解消费者的需求与偏好，甚至让消费者参与产品的设计开发及方案确认，来满足消费者的特定需求，根据客户的个性化和偏好，为单个客户生产或提供个性化的产品和服务。

当然任何创新都不会是一帆风顺的，上汽大通在 C2B 实践过程中也遇到了很多困难和挑战。以上汽大通某车型为例，开放配置几千项高感知配置，其排列组合可以达到 180 亿种，实现每个用户都拥有唯一的车辆的要求。面对如此多的配置，无论对产品开发还是生产制造来说，都是一个巨大的挑战。例如，车型物料清单、生产工艺排布、供应链的响应协同等，都与传统制造方式有着“由量变引发质变”的不同。

如何以批量生产的成本满足个性化定制生产的要求？如何优化制造环节，提高生产效率，能够在更短的周期内为消费者交付产品？如何使个性化定制产品的质量等于甚至优于批量生产产品的质量？这些都是上汽大通在 C2B 实践过程中面临的挑战。

（三）主要问题

尽管 C2B 模式在服装、家具、家电领域已经有了系统的解决方案和先进的成功实践案例，但汽车制造本身是一个极其复杂的过程，包含了四大工艺，需要将几万种零件连接、装配到一起，最终形成一个整车产品。因此对于汽车行业，C2B 模式现在仍存在一些问题，制约着大规模个性化定制模式的发展。其主要包括以下几个方面。

（1）需求交互：车企与用户交互的渠道受限，导致用户需求数据的收集以及需求结构化的方法缺失。传统的线下配置选择流程复杂，缺乏可视化的交互工具，使得客户转化率不高，订单增长缓慢。

（2）研发设计：封闭设计导致可配置模块少，汽车设计与配置约束复杂并且专业程度较高，依赖工程师的创意和设计方案。可配模块互换性差，接口缺乏统一的标准，使得零部件的成本较高。

（3）工艺制造：定制模式下产品的个性化和零件的多样化导致工艺信息管理复杂，标准件种类多样，共用率低；工艺防错要求高，防错成本上升；制造过程中，工人装配易出错。

（4）供应链协同：供应链的能力薄弱，数据、知识等无法高效协同，无法与整车厂同步处理订单需求、拉动生产。

（5）产品服务：产品的个性化导致服务成本增大，个性化服务管理困难。消费者对个性化服务的高期望与汽车运营的低成本意愿相冲突。

三　上汽大通数字化转型的实践

在 C2B 大规模个性化定制模式下，上汽大通打造的数字化平台包含了数字化用户运营体系和数字化营销体系，并以数字化研发制造体系和我行大数据平台作为支撑。

通过“我行数字化用户运营”，向潜在用户或用户提供尽可能多的产品与服务选项，提升用户体验以获取更高的订单转化率。洞悉用户产品需求及产品使用数据，推动新产品开发及产品迭代。

通过“蜘蛛智选”，打穿营销体系和研发制造体系数据链，实现企业信息系统的互联互通，实现全业务价值链的在线化、数字化，以支持客户选配的个性化汽车敏捷制造响应，并最终实现用户个性化的产品和服务需求。

通过数字化平台，用户可以与主机厂进行直接互动，提出产品需求、产品选配意向、进行下单和接受车辆，背后是用户运营体系、营销体系和制造体系的支撑。因此，上汽大通对用户运营体系、营销体系和研发制造体系进行了全面的数字化改造，实现了用户运营在线、营销在线、设计在线、制造在线、供应链在线和车在线等一系列在线系统。通过贯穿全业务链的数字化在线系统，实现了连接消费者、车企、供应链等各个对象的数字化生态体系。图 3 所示是上汽大通基于 C2B 模式的汽车大规模个性化定制的系统解决方案。

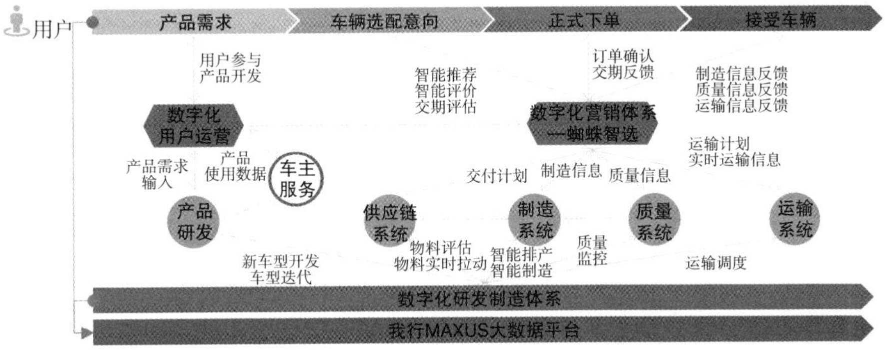

图 3　上汽大通 C2B 模式系统解决方案

（一）数字化营销系统

数字化营销体系以蜘蛛智选为媒介，提供了大通旗下全系车型的用户自定义选配功能，支持实时 3D 模型展示的多种选配模式，支持外观、内饰、动力总成、科技装备等共计 400 多个大类，两千余个高感知项的自由选配。全方位为消费者提供独一无二的购车选择，满足消费者的个性化需求（见图 4）。

开创了从选配到下单、支付、排产、制造、发运直至提车的全生命周期在线跟踪和数据留存。用户可以享有以下服务。

图4 蜘蛛智选3D选配界面

（1）通过配置分享，可随时跨平台保存和分享自己中意的车型和配置。

（2）通过在线订单，用户可以通过多个线上平台，生成线上订单，并与整车厂签订在线合同，避开传统的经销商等中间环节。

（3）通过日历订车，实现C2B模式下的实时交车计算，找到客户需求与生产计划的平衡点，连通车厂和最终用户，强化产品交付全周期的客户体验；基于销、产、存、供应链数据互联，以缩短响应和决策时间、提供智能分析为目标，统筹相关业务功能块，实现从智能客户需求、智能生产计划到智能供应链响应的一体化方案。

（4）通过进度透明化，消费者可随时查看车辆的交付进度，从物料拉动到质检下线，覆盖整个生产环节。

（二）模块化研发体系

上汽大通基于KBE（Knowledge Based Engineering）数字化知识平台，打造了智能化、模块化的研发体系，建立了具有上汽大通特色的知识工程流程，提高研发设计的效率，加强设计质量，减少人工成本。

数字化知识平台是将以往开发车型的标准件、设计案例库、已开发零件库以及工程经验整合，形成更全面的、面向产品开发的知识平台。产品设计时，可在线调用标准件库、已开发零件库，按照零件分组搭建配置模块化结构，并根据配置筛选条件，在线解析单一配置结构。

数字化知识平台衔接了上游造型和整车输入，提速零件工程设计；同时对接下游工艺开发和生产制造的全过程应用场景。实现了产品开发过程中的基于知识的产品开发设计，并通过车型迭代不断完善知识库，打造数字化、模块化、知识化的产品研发体系。

通过数字化知识平台的应用，单项目节约工程师零部件开发工时达 30% 以上。

（三）柔性化制造体系

通过柔性化制造体系确保个性化订单的准确实施。

1. 工艺数字化

数字化工艺管理平台通过与 GBOM、PLM 等上游系统，与工艺可视化等下游系统的无缝对接，打通了“产品数据 - 工艺开发 - 现场工艺指导”等全过程的数据传输，达到设计、生产的同步协同和无差错实施。同时，全过程的数字化能够快速响应工程更改，通过平台实现虚拟仿真与现实生产之间的互联。

2. 智能排程

APS（Advanced Production Scheduling）智能排程系统根据硬性限制条件，包括线速度、产能限制等；柔性限制条件，包括人力、物料限制等，对订单进行自动化排产，发布生产计划。

根据车间特性进行排产，优化车身 - 涂装 - 总装的生产过程控制，由数字化驱动制造自动化，更有效支撑 C2B 定制化生产业务模式。

基于排产计划确定当天的制造队列，根据不同车间的生产节拍与各车间的制造工艺约束，最大程度减少切换次数，使生产序列执行的预测生产节拍达到最优。

3. 制造防错

整车个性化定制，多车型混线生产，给车辆的制造防错和质量检测带来了很大的挑战。个性化、多样化的需求导致整车零件配置种类增多，现场装配人工辨识困难，终端检测难度增加。

上汽大通利用视觉识别及大数据分析等人工智能技术，结合实物特征和生产序列，实现了对 C2B 重点零件错误的自动分析预警，并给出智能的解决方案，对整个纠错过程进行追溯管理。智能防错系统的目标是实现 30% 的人工检测替代，在整车定制化特征检测方面，预期实现 100% 的自动化检测。

4. 工艺可视化

整车制造过程中，工艺可视化系统实现装配工人、自动化设备及生产对象整车的协同，准确地将每一个客户订单的工艺信息、车辆配置信息及物料信息高效、准确的传递到制造现场，完成客户与每一个制造单元的直连，为大规模定制化生产建立基础。

由于 C2B 配置的多样性，一个零件可能多达几十种配置，装配工人按照传统的记忆标准操作单的工作方式是无法完成的。因此，上汽大通开发了工艺可视化系统，在每个工位前安装显示屏，根据订单配置，显示屏上显示对应的工艺操作，工人按照屏幕上可视化的工艺操作即可，减轻了工人的负担，同时提升了零件装配的准确率。

（四）协同供应链

供应链是个性化定制生产中的一个重要环节，包括个性化产品所需物料准备的快速响应，订单预测的准确性和预测精度，零部件生产的拉动和排产计划等。这些都需要纳入产品制造的整个数字化环节，形成协同效应，否则就会成为整个生产过程的短板，限制个性化定制产品的交付周期、生产成本。

上汽大通通过整车与供应链的数字化直联平台，实现了供应链物料的精准拉动和智能排产。客户在蜘蛛智选终端下单后，订单信息就会通过直联系统同时传送给整车厂和供应链，供应商在第一时间根据订单信息进行排产，确保个性化订单的准确实施。零件发运过程中，零部件出库、入库信息的数字化使得物流过程更加受控。供应商的生产进度和物流信息也会实时的上传到系统终端，方便消费者实时了解产品制造进度，使整个产品交付过程可控和透明化。

（五）个性化产品服务

个性化的产品对应着个性化的服务，用户在享有个性化定制产品的同时，也希望能享有个性化定制的服务。

如果要实现个性化的售后配件服务，传统的 BOM（Bill of Material）架构是无法满足要求的。传统的 BOM 主要是针对生产过程使用，没有对非生产性的售后 BOM 进行维护和整合，导致传统 BOM 在与售后件进行匹配时性能差，准确率低。

上汽大通通过打造全产品生命周期的 BOM 来支撑个性化的服务，在前期产品开发中就考虑到售后配件服务的延伸，将单车 BOM 和超级 BOM 相结合，提出了现有的 SBOM 方案，对售后 BOM 管理系统实施改革创新。将每一辆车及每一个订单的生产 BOM 进行实时记录并随车存储。而对于非生产售后件则采用超级 BOM 的方式维护，这样既有效解决当前 SBOM 准确率低，响应慢的问题，又避免了非生产性售后件维护的烦琐，提高服务响应速度。从而实现企业与用户在全价值链上的互动体验，使企业与用户形成相互认可的服务关系。

四　数字化转型未来展望

国家“十四五”规划提出，“发展数字化经济，建设数字中国”的目标，将数字经济发展和数字化转型的目标与作用提高到了国民经济的高度。

对于传统企业而言，数字化转型已经从可选项变成了必选项，需要利用数字技术进行多角度、全方位、全业务链、全价值链的企业转型。而 2020 年新冠肺炎疫情的出现更是加快了企业数字化转型的进程。通过数字技术在运营、研发、生产和供应链等诸多环节的应用和深化变革，实现企业数字化、网络化、智能化的发展，依托数字技术的放大、叠加作用，使传统企业在效率提速、质量提升、成本优化方面实现数量级的变革。

聚焦于汽车企业，我们应主要从以下几个方向着手。

1. 打造全生命周期的数字化

数字双胎等技术的发展使得数字化可以覆盖产品的研发、制造生产、售后的全生命周期。建立全生命周期的产品服务模式满足消费者的需求，为消费者提供更好的体验。

2. 提供个性化产品和服务

新消费群体对产品的个性化需求成为趋势，需要打破传统的产销模式。建立“用户驱动生产”的制造方式，在充分了解消费者个性化需求和偏好的情况下，让消费者参与产品的开发设计。

3. 新技术赋能制造

主要是云计算、大数据算法及智能制造等技术的发展和突破，为汽车企业的赋能转型提供了动力和引擎。通过新技术的应用，发展先进制造，提高制造效率，提升产品质量，降低制造成本。

4. 绿色制造、碳中和

结合电动化、新能源化的汽车趋势，走汽车制造的可持续发展之路。通过数字化及大数据挖掘，不断优化制造过程的消耗，最终达到绿色制造。

上汽大通，经过了 5 年的 C2B 和数字化转型实践，已经取得了一定的成果，得到了无论在国内还是国际上的业内同仁的支持与肯定。上汽大通作为上汽集团数字化转型的探路先锋和试验田，会坚定地在 C2B 这条路上走下去，走出具有上汽大通特色的数字化转型之路。

B.29 电动智能网联时代的汽车保险服务变革

黄　颖*

摘　要：　在电动智能网联化的产业发展趋势下，汽车消费者出行服务需求增加，汽车保险服务可在其中发挥更大作用。在车险综合改革和汽车产业变革的双期叠加之下，汽车保险亟待跟上实体产业高质量发展的步伐，顺应产业趋势，建立产品思维，以客户为中心，打造电动智能网联专题保险产品，订制用车场景化服务整合方案，实现汽车产业与保险行业的互利共赢。

关键词：　汽车保险　改革　服务　电动智能网联

一　近年我国汽车保险市场主题——改革

我国商业车险改革启动于2015年6月，改革以保障责任扩大化、产品费率市场化、消费者权益优化和市场秩序规范化为主要导向。2020年是车险行业条款费率的综合改革年，9月19日改革正式落地。未来，车辆保险拟实现标准化与个性化并存的条款体系以及高度市场化的费率机制，市场有望出现创新产品逐步上市、赔付率上行、费用率下行、市场良性竞争且有序发展的新局面。

* 黄颖，中国银行保险信息技术管理有限公司业务三部，中级经济师，研究方向为汽车新四化与保险产品创新。

二　近几年我国汽车产业主题——电动智能网联化

近年来，我国汽车产业同样处于重大变革期，电动化、智能网联化已成为产业中长期发展方向，汽车产业发展正在改变人们的出行模式，未来出行新业态也在逐步显现。

从电动化来看，新能源汽车的风险特征与传统车辆存在显著差异，分别体现在特殊零部件、特殊风险、特殊场景等方面。在特殊零部件方面，动力电池体现为高换件比、电量衰减与保额确定难、技术和品质与风险的关联度高等，高压线束和充电口体现为易因碰撞事故造成损失。在特殊风险方面，自然灾害类事故发生率高，如雷电、高温导致自燃，暴雨导致水淹等。在特殊场景方面，包括充电和换电场景（充电设施不规范和不恰当充电行为）、事故后处理和检测维修场景（处理不当）、动力电池运输场景及车辆长期停放场景。

从智能网联化来看，智能网联汽车同样存在多种不同于传统车辆的风险特征，分别体现在驾驶模式、硬件设备与软件系统、外部环境等方面。在驾驶模式方面，智能网联汽车呈现驾驶人驾驶、有条件自动驾驶两种模式，驾驶人的角色可能包括驾驶、监控和特情接管，事故责任主体因而更为复杂。在硬件设备与软件系统方面，不同等级的驾驶辅助系统、传感器等设备在环境识别、决策和执行等环节存在局限性，车联网系统可能遭遇病毒、非法入侵等风险。在外部环境方面，自动驾驶车辆处于与传统车辆混合的复杂交通状态，追尾等非本车原因事故率高，在实际道路测试中可能存在参与者故意尝试可能影响车辆安全行驶的行为，也有公众好奇心引发的车身划伤、玻璃破碎、设备损坏/盗抢风险。

在电动智能网联化趋势下，汽车消费者在出行过程中可能产生更多服务或风险保障需求，汽车保险或者说汽车风险服务方案可在其中发挥更大作用。

三　汽车保险服务变革思路

在车险综合改革和汽车产业变革的双期叠加之下，当下汽车保险亟待跟上实体产业高质量发展的步伐，加速变革与创新。从保险行业通常意义上的同质化的机动车辆保险产品（商业险 + 交强险），拓展至符合实体产业特征的可定制化“汽车保险服务”。

汽车保险服务应顺应产业趋势，建立产品思维，真正以客户为中心，从“车”和“人”两个角度切入，挖掘汽车产业变革新趋势下的创新点，解决客户的真实痛点，突破既有险种划分限制，打造符合未来出行需求的保险服务生态。

（一）聚焦产业趋势，打造电动智能网联专题保险产品

在电动化方面，聚焦车辆安全、电池安全和充电安全，为客户制定保险方案（见表 1）。

表 1　电动化专题保险创新产品

创新产品	核心内容
综合商业保险	明确自燃、水淹等自然灾害和意外事故的保障范围
产品责任保险（延保）	拓展汽车三包责任，赔偿质量缺陷等车辆本身原因导致的损失
动力电池延保责任险	保险期间内免费更换电池
动力电池财产责任全险	配合车电分离趋势，为动力电池运营商提供财产损失和责任补偿
充电设施财产责任全险	为车主/充电运营商提供家用/公用财产损失和责任补偿
GAP 险	第一年车损险全损事故，免费更换新车
车辆及电池检测费用补偿	客户刚需
道路救援费用补偿	解决续航里程和故障焦虑，融合移动充电车、充电等服务

在智能化方面，区分团体客户和个人客户、自动驾驶级别等因素，为智能网联汽车设计差异化的保险方案（见表 2）。

表 2　智能化专题保险创新产品

创新产品	核心内容
道路测试专属商业保险	针对 L4 - L5 级道路测试车辆，为测试主体提供专属保障方案
高级驾驶辅助系统 汽车人身意外附加险	针对 L2 - L3 级量产车型，为消费者提供因设备失灵等导致人身伤亡的赔偿
主动安全系统附加险	针对前后装主动安全管理系统的车辆提供优惠费率和安全管理服务
自动驾驶系统责任险	适应自动驾驶系统与车辆分离的趋势，单独设置系统责任补偿
自动驾驶设备财产险	自动驾驶相关设备的专属财产损失补偿
测试人员团体意外险	针对自动驾驶测试的技术人员，提供人身意外风险保障

在网联化方面，5G 和车联网技术的发展使得基于车辆使用情况定价成为产品创新重要领域，UBI 将改变传统车险计费方法和标准，按照驾驶行为、行驶里程、时长等计费，以满足不同使用性质车辆、不同消费者碎片化、多样化保障需求。当下，里程计费型车辆保险为市场所广泛关注，其核心特征为维持一年保险期限，引入新的风险计量单位“行驶里程”，产品保费 = 固定保险费 + 里程保费 × 行驶里程，基于实时计量的行驶里程收取里程保险费。目标客户为行驶里程较少的家用车客户或希望按里程计费的团体客户，如租赁平台。

与此同时，越来越多的市场主体倾向于综合应用车、路、人的静动态多维数据监测车辆风险。例如，以车辆动态数据为基础，借助车况远程监测与诊断，实现碰撞预警、危险行驶动态报警、防盗追踪；以驾驶员行为数据为基础，监测高风险驾驶行为，实现高风险事故场景的事先防御，降低事故发生率。

（二）围绕客户用车场景，订制场景化服务整合产品

保险公司可以在有效客户分类的前提下，聚焦不同客户的出行场景痛点，订制差异化服务套餐，寻找其在车主生态中的优势定位。场景化服务意味着增值服务的标准化和规范化，也代表着保险行业基于客户需求的产品升级。对消费者而言，场景化服务旨在改变客户需要自己思考需求、分散选择项目的模式，为其梳理不同场景下的需求体系、打通服务项目，使客户更加省心省时。对保险公司而言，符合“一揽子保险产品”的需求趋势，能够利用场景推动服务、产品互利共赢，进而推动业务发展。保险公司可通过提升服务资源整合能力，逐步引导消费者从免费享受服务到有意愿为更高品质服务买单。

例如，车主出行的痛点可能包括异地出行车辆临时出险、车辆突发故障无专业人士咨询、车主/车上人员出行时发生健康问题等，场景化服务制定方案可能为整合代步车资源的异地出行管家、整合维修专家资源的车辆故障远程顾问、整合医生资源的在途健康护卫等。

随着服务资源整合能力的不断提升，保险公司可探索逐步构建汽车保险客户的车辆生命周期服务体系，即按照购车、用车、换车全流程，布局客户体验与价值提升的系统性解决方案。同时通过线上平台开展营销活动，将公司业务、服务信息界面和部分业务处理流程转移到线上平台，重构客户界面，提高

客户的参与性，增加公司与客户互动频次。

总之，在金融服务于实体产业的导向下，保险行业需要加速研究和创新保险服务方案，为汽车产业的高质量发展提供更大助力；汽车产业也可通过更多渠道把握保险市场动态，围绕高质量发展对保险行业提出更高要求，实现汽车产业与保险行业的互利共赢。

皮书

智库报告的主要形式
同一主题智库报告的聚合

❖ 皮书定义 ❖

皮书是对中国与世界发展状况和热点问题进行年度监测，以专业的角度、专家的视野和实证研究方法，针对某一领域或区域现状与发展态势展开分析和预测，具备前沿性、原创性、实证性、连续性、时效性等特点的公开出版物，由一系列权威研究报告组成。

❖ 皮书作者 ❖

皮书系列报告作者以国内外一流研究机构、知名高校等重点智库的研究人员为主，多为相关领域一流专家学者，他们的观点代表了当下学界对中国与世界的现实和未来最高水平的解读与分析。截至 2021 年，皮书研创机构有近千家，报告作者累计超过 7 万人。

❖ 皮书荣誉 ❖

皮书系列已成为社会科学文献出版社的著名图书品牌和中国社会科学院的知名学术品牌。2016 年皮书系列正式列入“十三五”国家重点出版规划项目；2013~2021 年，重点皮书列入中国社会科学院承担的国家哲学社会科学创新工程项目。

S 基本子库
UB DATABASE

中国社会发展数据库（下设 12 个子库）

整合国内外中国社会发展研究成果，汇聚独家统计数据、深度分析报告，涉及社会、人口、政治、教育、法律等 12 个领域，为了解中国社会发展动态、跟踪社会核心热点、分析社会发展趋势提供一站式资源搜索和数据服务。

中国经济发展数据库（下设 12 个子库）

围绕国内外中国经济发展主题研究报告、学术资讯、基础数据等资料构建，内容涵盖宏观经济、农业经济、工业经济、产业经济等 12 个重点经济领域，为实时掌控经济运行态势、把握经济发展规律、洞察经济形势、进行经济决策提供参考和依据。

中国行业发展数据库（下设 17 个子库）

以中国国民经济行业分类为依据，覆盖金融业、旅游、医疗卫生、交通运输、能源矿产等 100 多个行业，跟踪分析国民经济相关行业市场运行状况和政策导向，汇集行业发展前沿资讯，为投资、从业及各种经济决策提供理论基础和实践指导。

中国区域发展数据库（下设 6 个子库）

对中国特定区域内的经济、社会、文化等领域现状与发展情况进行深度分析和预测，研究层级至县及县以下行政区，涉及省份、区域经济体、城市、农村等不同维度，为地方经济社会宏观态势研究、发展经验研究、案例分析提供数据服务。

中国文化传媒数据库（下设 18 个子库）

汇聚文化传媒领域专家观点、热点资讯，梳理国内外中国文化发展相关学术研究成果、一手统计数据，涵盖文化产业、新闻传播、电影娱乐、文学艺术、群众文化等 18 个重点研究领域。为文化传媒研究提供相关数据、研究报告和综合分析服务。

世界经济与国际关系数据库（下设 6 个子库）

立足“皮书系列”世界经济、国际关系相关学术资源，整合世界经济、国际政治、世界文化与科技、全球性问题、国际组织与国际法、区域研究 6 大领域研究成果，为世界经济与国际关系研究提供全方位数据分析，为决策和形势研判提供参考。

法律声明